I0025570

Vladimir Zakharov
(Владимир Захаров)

Putin: A Shackled President
Кандалы Президента

LVZ Human Development Center, Inc.
Eden Prairie, Minnesota
2018

Zakharov Vladimir Petrovich
Putin: A Shackled President. LVZ Human Development Center, Inc., 8116 Curtis Ln., Eden Prairie, MN 55347, USA. 2nd edition, 2018. – 394 pp., email: vladimir.zakharov@gmail.com

Захаров Владимир Петрович / Кандалы Президента / ЛВЗ Центр Развития Человеческого Потенциала - Иден Прери, Миннесота, США. – 2-е изд., перераб. и дополн., 2018. – 394 с.

Владимир Захаров, доктор психологии. В течение девятнадцати лет работал в Ленинградском Государственном Университете. Занимался проблемами психодиагностики и социально-психологического тренинга, затем основал и в течение пяти лет руководил кафедрой промышленной психологии в Санкт-Петербургском Техническом Университете. Автор многочисленны публикаций и в частности известной книги Русская расплата, 2014 (The Price Russians Pay [117]). В настоящее время проживает в США, штат Миннесота.

Я стал думать о президенте РФ Владимире Путине, как об объекте психологического описания, когда увидел, какую роль этот небольшого роста невзрачный человек – в 90-е годы малоизвестный, стал оказывать на страну. Без имени "Путин" уже ничего серьёзного в России сделать нельзя. Государственные планы, решения невозможны без его визы и согласия. Глядя на телеэкран, может сложиться впечатление, что в России работает он один. Другие создают фон.

Есть два Путиных – один лубочный, списанный со страниц его верноподданных бытописателей, а другой – реальный, которого можно охарактеризовать по его действиям. Большей части русского народа второй, реальный Путин не нужен. Красивой картинки им бывает достаточно. Поэтому пропутинские авторы обходят скользкие моменты, связанные с его правлением и его личностью. Из его биографии вымараны правдивые детали, которые делают его живым человеком.

ISBN-13: 978-0692988114 Vladimir Zakharov (USA)

*К столетию большевистского переворота 1917 года –
главной Русской трагедии ХХ века*

Contents in English

Contents

Contents

Содержание

Содержание

Предисловие

Есть две полярных точки зрения на роль личности в истории и в государстве: первая, согласно которой "кресло" делает лидера государства и нации, и вторая, говорящая в пользу того, что личность лидера определяет политику, экономику, военные достижения и взаимоотношения в стране. Первая более справедлива для демократических стран, вторая - для автократических. Россия до сих пор страна автократическая. Поэтому в ней наблюдается традиционное преувеличение роли главной личности в государстве. Причём это преувеличение достигается за счёт преуменьшения роли остальных граждан.

Я стал думать о президенте РФ Владимире Путине, как об объекте психологического описания, когда я увидел, какую роль этот небольшого роста невзрачный человек – в 90-е годы малоизвестный, стал оказывать на страну. Без имени "Путин" уже ничего серьёзного в России сделать нельзя. Государственные планы, решения невозможны без его визы и согласия. Глядя на телеэкран, может сложиться впечатление, что в России работает он один. Другие создают фон.

Посвящать книгу психологическому анализу одного человека имеет смысл только в случае его незаурядности. В то же время, Путин отражает ментальность русско-советского человека наилучшим образом. Он сумел захватить почти неограниченную власть в стране и в течение длительного времени является выразителем надежд и чаяний значительной части русского народа. Ведь у него недаром такой устойчиво высокий рейтинг. Эта книга о том, как мальчик из ленинградской рабочей среды сделал себя и свою жизнь и где оказались пределы его возможностей.

Когда в середине 60-х годов я начал заниматься психологией, на факультете психологии Ленинградского университета, было модно составлять психографические описания личности конкретных людей, опираясь на совокупность психологических, физиологических и социально-психологических данных о них. Работа велась под руководством выдающегося психолога, академика Бориса Ананьева. Поскольку я делал описание личности президента Владимира Путина заочно, то не могу гарантировать высокую точность моих интерпретаций и выводов. Получилась, скорее, психологическая справка на основе публицистической литературы, интервью с Путиным и видеофильмов о нём, чем строгая научная характеристика.

Мне как психологу-прикладнику по жизни приходилось давать характеристики тысячам людей. А Путин никак не "срастался" в целостную личность - портрет какой-то гибридный, противоречивый получался. Неясно, сидит ли в Путине один человек или как минимум два. Один – скрытный, никому не доверяющий, подозрительный, другой открытый, всё понимающий, дипломатичный. Один правильный советский человек, законченный продукт советской системы воспитания, образец для подражания. Другой хитрый, добивающийся своих целей нечестными приёмами и манипулятивными методами.

Про Путина написано не просто много, а очень много. Появился даже термин: путиноведение. Путиноведение – это область публицистики, изучающая поведение Путина. Его жизнь представлена достаточно полно и им самим, и в рассказах друзей и близких, и в описаниях журналистов. Последние 18 лет представлены почти под микроскопом. Путин много чего наговорил и наделал за эти годы. Достаточно сопоставить его слова и дела, и многое можно заключить.

Пробраться через созданные прессой образ Путина очень трудно. Российская пресса создаёт свой образ, западная – свой. Первая – с положительным знаком, вторая – преимущественно с отрицательным. Кроме того, те, кто пишут о нём, проецируют на него свои личные психологические проблемы.

Есть два Путиных – один лубочный, списанный со страниц его верноподданных бытописателей, а другой – реальный, которого можно охарактеризовать по его действиям. Большей части русского народа второй, реальный Путин не нужен. Красивой картинки им бывает достаточно. Поэтому пропутинские авторы обходят скользкие моменты, связанные с его правлением и с его личностью. Из его биографии вымараны правдивые детали, которые делают его живым человеком.

Я постарался разобраться в доступном материале и сделать это с позиций психолога. Для меня не так важна фактическая, событийная сторона дела, как важно то, как повлияла личности президента Путина на то, что вокруг него происходит. В этом смысле книга не совсем обычна. Насколько удачно получилось - судить вам, мои читатели.

Когда я собирал материал для книги и писал отдельные куски, у меня часто возникало желание бросить это дело. И если бы не привычка доводить начатое до конца, я бы это сделал. К тому же я хорошо представляю, что, если не я, то кто-то другой рано или поздно сделает эту работу. Но сделает уже на основе серьёзных документов и статистики. В этом плане моя работа предваряет более тщательные расследования, которые будут вестись в этом направлении.

И ещё один немаловажный фактор, который стимулировал меня на эту работу. После ухода на пенсию меня интересует психология советского человека – того самого, который был создан усилиями изначальных большевиков-ленинцев, троцкистов, сталинистов и других обманутых коммунистическими идеями людей. Путин про себя говорил, что он продукт советского воспитания, как, впрочем, и все мы – люди, родившиеся в советские годы. Изучая его, я изучаю себя и заодно всех советских людей, кто родился и жил в те времена в СССР.

Первоначальное рабочее название книги: "Путин. Заочный психологический портрет имперского политика". Однако, имперских политиков много, а Путин – один.

Главные инструменты, которыми я пользовался – это компьютер, Интернет и остатки интеллекта.

Эта книга написана без поддержки моих близких людей, которые оказались жуткими патриотами, которые голосуют в России за любого правителя потому, что он "от Бога". Поэтому благодарить их я могу только за то, что мне не мешали. Так что, если что не так – все претензии к одному мне.

Глава 1

Путь Наверх

С целью периодизации юношеской и зрелой жизни и деятельности Путина я сгруппировал жизнь Путина в три больших блока:

1)Юношеский и начальный взрослый период. Становление зрелой личности, поиск своего пути в жизни, усвоение базовых жизненных навыков и умений, до сих пор составляющих базис путинской личности, его мировоззрение, жизненный тупик, карьерный кризис до начала развала Варшавского договора в 1989 году;

2)Поиск нового места в жизни. Борьба за власть. Слом или коррекция жизненных, профессиональных стереотипов, определявших предыдущее поведение. Борьба за место под новым капиталистическим солнцем и совершенствование навыков скрытого управления людьми (период с 1990-2000 гг.);

3)Приведение России к традиционному авторитарному централизованному правлению. Расстановка "своих" или послушных людей на все ключевые должности в России – на Государственную Думу, на Совет Федерации, на Генеральную прокуратуру и Следственный Комитет, на ФСБ, на Министерство Обороны. Формирование своего образа как образа "лидера нации". Увольнение и отстранение от власти людей, которые не вписывались в путинскую вертикаль власти основанную на экспорте сырья, природных ресурсов и вооружений.

1.1. Варианты Делания Карьеры в СССР

В советские времена для ребят из рабочей и сельской среды было несколько возможностей продвинуться и сделать успешную карьеру:

-через учёбу в школе, техникуме, ВУЗе,
-через службу в армии, авиации и на флоте (суворовские и нахимовские училища),
-делая карьеру рабочим или мастером на производстве или в сельском хозяйстве,
-продвигаясь по комсомольской, профсоюзной или партийной линии через общественную деятельность и членство в КПСС,
-через работу в КГБ.
Большинство из этих возможностей носили гибридный характер.

Их реализация предполагала следование одним из следующих путей:
-Первый путь был для способных детей из рабочих и крестьян.
-Второй путь был популярен в офицерской среде кадровых военных.
-Третий – производственно-административный путь.
-Четвёртый – партийно-номенклатурный путь.
-Пятый путь был особенно хорош для так называемых скрытых лидеров и детей "себе на уме".

Володя Путин выбрал пятый путь. Он был всегда "себе на уме". Этот путь вначале привёл его во внешнюю разведку, а потом, когда всё в СССР стало разваливаться – повел по административной стезе и, в конце концов, он оказался в высшем кресле России.

В жизни и карьере Путина можно выделить две составляющих - романтическую и реальную. Романтическая существовала изначально, но проявилась с момента, когда Путина назначили премьер-министром и он стал интересен широкой публике. Всё, что с Путиным происходит реально покрыто мраком тайны и любопытствующие люди нос туда не суют, чтобы не прищемили. Хотя, как только Путин уйдёт от верховной власти, желающих это сделать будет предостаточно.

В поздние советские времена дети интеллигентных родителей не стремились быть чекистами, разве что традиции семьи, призвание или желание сделать карьеру подталкивали их к этому. Это была прерогатива детей "из простых" – рабочих, крестьян, мелких служащих. Путин был как раз из этих последних слоёв советского населения.

В юности у Путина была альтернатива – либо участвовать в уличных бандах вместе с Юрием Сидоровым или с братьями Ковшовыми, либо взяться за ум, учиться и вести жизнь нормального советского гражданина. В первом случае в перспективе у Путина была тюрьма и, если останется жив, – позиция коронованного вора в законе. Интуиция не подвела его, и он выбрал второй путь, который привёл его в президентское кресло.

В рамках советской культуры (литературы, поэзии, живописи, музыки, архитектуры) иногда создавались необычные, оригинальные произведения. Там, где речь шла о вещах, не затрагивавших советскую марксистско-ленинскую идеологию, творцы имели некоторые степени свободы. Так были сделаны многие полуфантастические книги и фильмы про разведчиков. В частности, фильмы "Операция Трест", "Щит и меч" и "Семнадцать мгновений весны". Такие авторы, как Лев Никулин, Вадим Кожевников, Юлиан Семёнов своими романами, а режиссёры Сергей Колосов, Владимир Басов, и Татьяна Лиознова своими фильмами сделали популярными в народе образы героев-разведчиков – Александра Якушева, Иоганна Вайса и Макса Штирлица. Фильмы придавали красивый вид деятельности чекистов и чекистской организации. Эта организация не подчинялась законам других государств, а иногда и общечеловеческим законам. Для тех, кто в ней работал последние инструкции и указания советского партийного начальства были важнее правил какой-то буржуазной морали.

Придуманные в писательских кабинетах образы советских чекистов были привлекательны тем, что шпион, сидя в своём кабинете, мог влиять на большую политику, двигать армии и даже определять исходы сражений. Молодой романтический Путин был, по его словам, настолько увлечён этими книжными образами, что решил связать своё будущее с чекистской организацией. Парень из рабочей среды выбрал перспективную с советской точки зрения карьеру чекиста, ещё как следует не зная, что это такое.

Чекистская культура – культура особая. Чекист живёт как бы двойной жизнью. Семья, дети, с которыми нельзя делиться деталями своей работы, и сослуживцы, в чьей среде проходит его настоящая жизнь, где чекист делает карьеру и получает зарплату.

При этом он обязан демонстрировать лояльность своей стране и своей власти. Иначе его карьера может быстро закончиться.

В 9-м классе Володя Путин решил поступать в Ленинградский университет на юридически факультет, что было непростой задачей. Конкурсы на гуманитарные факультеты для выпускников средней школы начинались в среднем от 10 человек на место. От Володи потребовались упорство и настойчивость, чтобы преодолеть этот барьер. Он, как правило, добивался чего хотел. Добился и на этот раз.

Конечно, Путин говорит не всё. Романтика профессии играла роль, но не только это. Выбиться "в люди" мальчику из рабочей семьи без "волосатой лапы" по советской карьерной лестнице быстрее всего можно было через КГБ. При выборе Путиным профессии сыграло роль и то, что представители Службы внешней разведки считались "белой костью" по отношению к внутренним чекистам – "мужикам". Уделом последних были Первые отделы на предприятиях и в организациях, режимные и пропускные службы, охрана ведомственных секретов, выявление внутренней "контры", диссидентов, внутренняя идеологическая или военная контрразведка и т.д.

Это потом, намного позже, Путин увидел негативные стороны профессии – неоправданную секретность, тотальное недоверие друг к другу, стукачество, вербовку дрянных людей или наивных простаков, поскольку другие в сети шпионажа попадаются редко. Но дело было сделано и, если бы не распад системы социализма, Варшавского пакта и СССР, подполковник Путин никогда бы не вышел из-за занавеса чекистской секретности.

Предназначение чекистов в Советском Союзе было быть инструментом подавления личности ради государственных идей (советских, имперских), интересов и в угоду правящей верхушке. В руках фанатиков вроде Ленина и Сталина, или недалёких карьеристов-манипуляторов вроде верховных партработников поздней советской поры, этот инструмент становился скальпелем, кастрирующим творческую индивидуальность людей в стране. Многие вещи у чекистов, также как у большинства советских людей просто не воспитывали ни в семье, ни в школе. Например, Путин так и не научился хвалить других людей. По крайней мере так было до недавнего времени. А это один из важнейших показателей внутренней культуры человека.

Зато образы внешних и внутренних врагов у чекистов воспитывали обязательно. Без наличия образа врага ни один чекист не может состояться, как профессионал.

Люди идут в чекисты для того, чтобы реализовать свою потребность в скрытой власти над себе подобными. Потребность эта не всегда осознаётся. Задача чекиста состоит в том, чтобы поставить другого человека в зависимое от себя положение, когда у того не остаётся хороших вариантов выхода из ситуации и когда он делает вынужденные ходы и ошибки, которые чекист использует в своих далеко не благородных целях.

Многие чекисты в душе довольно грубые примитивные люди, особенно те из них, которые вышли из низов и подняты наверх методом возгонки (см. об этом далее). Те из них, которые осознают морально-этическую ущербность своей работы, стараются скомпенсировать для себя самих последствия своих действий. Ум помогает им в этом, вновь приобретённая культура – тоже, но до конца преодолеть свою душевную чёрствость и другие психологические дефициты они не могут. Это функциональные хорошо натренированные люди. Однако, с эмпатией у многих из них проблемы. Некоторые из них вымуштрованы и выдрессированы, как роботы, но в душе они остаются эгоцентристами, эгоистами и консерваторами, которые с трудом принимают нововведения. Хотя из этих правил бывают исключения.

Львиная доля профессионального багажа разведчика состоит в умении входить в контакт с людьми, ставить вопросы, которые интересуют руководство, выбирать нужных людей. Это красивая часть списка умений, которыми нужно овладеть в разведшколе. Курсантов обучают и более "грязным" приёмам и техникам добывания информации и вербовки агентов, а некоторых также приёмам "мокрой" работы (отравления, убийства, как вручную, так и с помощью оружия). С времени похищения и ликвидации лидеров Белого движения за рубежом в 20-е годы XX века, практика похищений, убийств и отравлений применялась чекистами довольно часто. С 1937 года в формальное подчинение НКВД была передана токсикологическая лаборатория, которая под другим названием существовала с начала 20-х годов в Институте Биохимии. Внутри СССР прибегать к сложным способам ликвидации людей не было нужды. При Ленине-

Сталине человеческая жизнь и так не стоила ничего. И только с середины 50-х годов её цена стала понемногу расти.

Путина направили в ГДР – форпост советской политической системы на должность чиновника в дрезденский Дом дружбы СССР – ГДР. В ГДР великолепно работала восточногерманская разведка "Штази" под руководством легендарного Маркуса Вольфа и советским шпионам там было делать нечего. Путин быстро понял расклад и ему с его деятельной натурой стало тоскливо. Ничего похожего на настоящую работу разведчика в капиталистической стране не наблюдалось.

Романтические черты Путин сохранял ещё долго. Романтика романтикой, но прозрение и отрезвление рано или поздно наступает. Особенно у людей, которые твёрдо стоят обеими ногами на этой грешной земле. А Путин несомненно прагматик, хотя и со склонностью к теоретическим построениям. Понимание того, чем приходится заниматься, видимо, пришло довольно быстро, а вот прозрение наступило для него в 1989 году. Это случилось после того, как Путин увидел скрытую подоплёку того, что происходит на политической поверхности в ГДР и в СССР, и как СДЕПГ и КПСС теряют влияние в народе, а власть и народ морально и идейно разлагаются. Вот тогда-то и наступило разочарование работой. Можно сказать, работал, работал на СССР и на КПСС, а они оказались беспомощными экономическими и политическими банкротами.

Деятельность чекиста, который работает "в поле", непыльная, но гнусноватая. Ведь приходится втираться в доверие к наивным ничего не подозревающим людям, потом писать на них рапорты-доносы. Получается, что человек тебе доверился, а ты обманываешь его доверие - по сути предаёшь, прикрывалсь отговоркой: "кто его знает, может это потенциальный враг – поэтому на всякий случай надо его проверить; лучше заподозрить 99 честных людей, чем пропустить одного врага", а уж обмануть врага – это для чекиста вообще достойное всяческой похвалы дело.

Ну, хорошо, допустим Советский Союз был построен на ненависти к буржуазии. Раз большевики руками чекистов уничтожили свою буржуазию после 1917 года, то надо было уничтожить и международную буржуазию заодно, а с врагами все средства хороши. Сейчас в России демонстрируются фильмы, которые показывают, как бравые чекисты из советской внешней разведки добывали технические секреты у доверчивых западных идеалистов, либеральных профессоров, которые ради справедливости, равенства и братства народов во всём мире, отдавали задаром или продавали за небольшие деньги военные секреты своих стран. Всё в соответствии с заветной ленинской концепцией, согласно которой "капиталисты сами продадут нам верёвку, на которой мы их повесим".

С буржуазными странами всё было ясно и вербовать доверчивых простаков в этих "неправильных" странах было проявлением чести и доблести для советских разведчиков. Но ГДР была "правильной" страной, которая строила социализм. Более того – ГДР была "визитной карточкой" всего Варшавского блока – ни вонючих от мочи парадных, ни мата на улицах, ни валяющихся пьяных в канавах.

Как только Путин осознал бесперспективность своей работы, ему стало неинтересно. Однако, пути назад без провалов в карьере, без серьёзной потери реноме у Путина уже не было. Всё ради чего он так много работал и боролся, всё, к чему стремился (учёба, спортивные достижения, карьера), оказалось если уж не бесполезным, то, по крайней мере, ненужным. И вот тогда начался самый мрачный период в его жизни. Он стал злоупотреблять пивом, сильно располнел и по слухам как-то раз потерял ключи от секретного сейфа КГБ. В доме начались ссоры и непонимания. [111] Единственным реальным выходом из его работы в ГДР было накопление денег на автомашину. Для среднего советского человека тоже неплохо, но тщеславному Путину этого было мало.

В молодости Путин хорошо усвоил советские ценности, адаптировался к ним и карьера на поприще внешней разведки казалась ему достойным делом всей жизни. Он неоднократно говорил, что настоящей катастрофой для него, равно как и для многих советских людей был развал СССР. В 1991 году разрушилось всё, чем мы жили всю жизнь. Помимо геополитической это была и личная трагедия практически для всех жителей бывшего СССР. Это был крах марксистско-ленинской идеологии, крах принципов, в которые Путин верил. Но что более существенно, это была геополитическая катастрофа Советской империи, построенной на крови и на десятках миллионов человеческих жизней.

Одной из причин этой катастрофы послужила деградировавшая советская верхушка, ни на какие инновации уже не способная. Все эти партийные бюрократы были больше поглощены своей властью, карьерой, своими интригами, чем экономическим обновлением страны. Они тупо следовали марксистско-ленинским догматам, которые устарели много десятков лет назад. Еще одна причина заключалась в чрезмерной централизации управления Советским блоком, с центром в Кремле. Весь мир мог наблюдать за процессом экономического выздоровления и процветания Южной Кореи по сравнению с Северной Кореей, ФРГ по сравнению с ГДР и всё равно дремучие коммунистические лидеры не хотели менять свои режимы, а сохраняли модель распределительного социализма, которая не оправдала себя.

1.2. Как Повлиял Распад СССР на Путина?

Как это ни странно, но на Путина развал СССР оказал благотворное влияние. Он почувствовал интерес к жизни, бросил карьеру чекиста и фактически начал жизнь заново. Путин восстановил физическую форму, похудел, практически перестал употреблять алкоголь, у них наладились отношения в семье. Так что развал СССР для Путина лично в конечном итоге оказался благом.

До 1990 года Путин был законченным продуктом советской системы воспитания и промывания мозгов в школе КГБ. После развала СССР перед нами сильно изменившийся человек, который потерял часть нравственных ориентиров в условиях развивающегося в стране беспредела. Он живёт в ломающейся стране, потерявшей идеологические, нравственные и экономические опоры. Этот офицер КГБ, подполковник, который всю жизнь много работал на СССР.

Представьте себе состояние Путина в это время: тридцать шесть лет жизни из них последние двадцать - коту под хвост. Россия вливается в международную семью. Его профессия чекиста мало кому нужна. То, что ему предлагают начальники – это российское воплощение следующих положений: "не разрешать", "ограничивать доступ", "держать в тайне" и "информировать по инстанции". И всё это внутри страны, а, следовательно, на скромном жаловании и с демонстрацией верности к усыхающей до размеров России родине. Надо заново начинать жизнь, адаптироваться к новым рыночным условиям и заново "лепить из себя" другого человека, а тут ему снова предлагают всё ту же чекистскую схему: "держать и не пущать". Кого держать, кого не пущать, когда всё разваливается и деградирует? Совершенно ясно, что Горбачёв со своей ролью главного перестройщика СССР не справляется. Между тем живёт себе припеваючи на своих дачах, с личной охраной, на всём готовом и в ус себе не дует. А он, Путин, всю жизнь пахал, как проклятый на СССР, тот СССР, который Горбачёв отдал ни за понюшку табаку. Несправедливо!

Воровство и вседозволенность были практически узаконены в СССР с принятием закона о кооперации в 1988 году. И дело не в том, что этот закон был плох. Он был просто несвоевремен для такой высокоинтегрированной страны, как СССР, в которой крупные предприятия и народнохозяйственные комплексы преобладали над средними и мелкими. Плюс экономика страны была ориентирована на войну. Советская система хозяйствования охватывала в ряде сырьевых областей до трети мировой экономики. Из-за того, что в этой разветвлённой системе стали параллельно работали два механизма - кооперативно-рыночный и старый советский планово-распределительный, началась дезорганизация в управлении на всех уровнях - от предприятий до министерств. Нарушилась также межотраслевая кооперация внутри мировой системы социализма. Искусственная ленинско-сталинская система распределительного социализма потекла, как кусок льда под лучами рыночного солнца.

Думающие люди в СССР понимали, что уровень деградации государственных структур в СССР был ужасным. Никто не знал, чем кончится затеянная Горбачёвым перестройка. Причём ощущение разложения и развала Варшавского Пакта появилось у Путина ещё в ГДР. Он уже тогда знал, что ГДР — это нежизнеспособное государство. Однако то, что разложение политических и хозяйственных структур распространится в СССР так быстро, тогда не мог представить себе никто – даже самые проницательные люди и не только в СССР, но и за рубежом. Большинство считало Горбачёва и других людей во власти умнее. Они полагали, что до такого позора лидеры страну не доведут. Это для Западных политиков Горби был подарком, о котором они могли только мечтать. Для своего народа Горбачёв в конце концов стал выглядеть Иванушкой-дурачком, вместе с супругой пускающим слюни при виде роскошных западных магазинов. Недаром его рейтинг к 1996 году снизился до 0.5%.

Вот когда в очередной раз сказалось отсутствие в стране глубоко мыслящей культурной части русского общества, вырезанной под корень большевиками. Те верхогляды-коммунисты, составившие костяк экономической команды Гайдара, нахватались кое-каких рыночных истин и быстренько развалили экономику России. Однако, ничего нового не создали и скатили страну до положения сырьевого придатка для развитых стран. Про чудовищное неравенство в уровне жизни населения, созданное в этот период я уже не говорю.

Я имею сильное подозрение, что первым заданием Путина по линии КГБ после возвращения из ГДР в 1990 году было внедрение в среду демократов, понимание их сильных и слабых сторон с целью последующего воздействия на них. Почему я думаю, что это так, потому что в то же время КГБ всюду насаждало своих людей, "Контора" помогла Владимиру Жириновскому создать новую политическую партию (Либеральные демократы) в качестве ложной альтернативы Коммунистической партии Советского Союза. Ну кто же мог подумать ещё в 1990 году, что СССР развалится в одночасье в 1991 году, а "демократы" [Прим.1] оседлают процессы приватизации, захватят львиную долю государственной собственности и объединятся с продажной российской властью.

А пока в 1990 году операция по внедрению разведчика Путина в "демократическую тусовку" прошла успешно, и он сам стал частью этой тусовки причём немаловажной частью. Это было тем более легко, что в то время вообще было трудно понять кто есть кто – бывшие коммунисты перемешались с диссидентами, торговцы с ворами, номенклатурные бюрократы с иностранными предпринимателями. И только через десять лет после внедрения, став главным в стране, Путин смог показать своё истинное лицо государственника, авторитара и консерватора. Он реализовал свою юношескую мечту из романа Вадима Кожевникова "Щит и Меч": проникнул в стан демократического врага, стал ключевой фигурой в этом стане и изменил ход русской истории.

Рыночные отношения оказались новым явлением для большинства советских людей, а не только для Путина. Только некоторые из них сумели к этим условиям быстро приспособиться. А выживать-то было надо всем, хотя бы для того, чтобы кормить семью. Такие жулики, как Борис Березовский адаптировались к рыночной вседозволенности мгновенно, как будто в этих условиях родились. Но это были единицы.

Большинство коммунистов и чекистов потеряли идеологические и нравственные ориентиры в жизни. До меня доходили слухи, что в последние годы перед развалом СССР некоторые чекисты были на содержании у Бориса Березовского, когда он через компанию ЛогоВАЗ[Прим.2] продавал легковые машины "Лада" и "Мерседес-Бенц" по безналичному расчёту организациям и частным лицам. По советским понятиям работа на мошенников уже ни в какие ворота не лезла. Это свидетельствовало о моральной деградации даже базовой опоры советской власти, её чекистской гвардии, раньше имевшей идеологическое и моральное оправдание достаточное для того, чтобы безнаказанно уничтожать врагов советской власти внутри страны и за рубежом.

Когда Борис Ельцин, Леонид Кравчук и Станислав Шушкевич затеяли развал СССР в 1991 году, председателю КГБ Владимиру Крючкову было достаточно нескольких десятков преданных чекистов, чтобы арестовать государственных изменников, разваливающих СССР. Но советский бюрократ Крючков даже отдалённо не напоминал большевистского фанатика "железного" Феликса Дзержинского, который такие элементарные задачки решал между завтраком и обедом.

После окончания советской эпохи коммунисты и чекисты не покаялись ни в чём. Террор, репрессии, уничтожение собственного народа. Как будто так оно и должно быть. Они должны были на коленях стоять перед своим народом, да и перед теми народами, которых они подвергали депортациям и геноциду и просить прощения за то зло, которое они им причинили. Вместо этого они до сих пор надувают щеки и изображают из себя первых парней в русской туземной деревне. Фанаберия и самомнение так и сквозят в поведении многих из них. Начиная с 2000-го года, они, видимо, полагают, что раз они теперь правят Россией, то любые акции и даже преступления они делают во имя и на благо своего государства.

Когда в 1993 году я приехал в США, многих американцев интересовал вопрос: "Почему распался СССР?" Была такая мощная держава – серьёзный конкурент НАТО и США, и по словам коммунистических пропагандистов – "надежда всего прогрессивного человечества". Причём распался, имея внешний долг всего 50 млрд долларов. (У США сейчас внешний долг – 20 триллионов долларов, а страна и не думает разваливаться). Я, как мог отвечал, что у этих ребят - советских коммунистов последней волны были хорошо подвешены языки, но плохо было с самостоятельным независимым мышлением. Большинство членов КПСС в 80-е годы предпочитали повторять затверженные в юности марксистско-ленинские истины, чем думать о том, что делать для того, чтобы преодолеть разрыв в технологическом отставании СССР от развитых стран.

Политические свободы и демократия – великие вещи, но они идут вторым номером программы преобразования распределительного социализма в капитализм, а рынок и конкуренция идут первым номером, да и то поэтапно. Но даже те политики и экономисты, которые были готовы изменять и совершенствовать советскую экономику, не знали, как это грамотно делать и не имели достаточно власти и опыта для проведения изменений. Так был пропущен первый творческий импульс русского народа внутренне готового для проведения преобразований в середине 80-х годов. В 1988 году вперёд выскочили не технари, не организаторы инновационного производства, не те, кто был готов встроиться пусть на вторых ролях в технологические цепочки и международное разделение труда, а взяточники, спекулянты, блатники и другие аморальные типы, для которых деньги и собственность любой ценой были альфой и омегой их деятельности. В результате вместо экономической перестройки в России произошёл второй за столетие грабёж собственности - на этот раз государственной.

1.3. Путь в Верховную Власть

Обдумывая путь, которым Путин шёл к верховной власти, меня интересовало прежде всего, как советский офицер и чекист, имеющий хорошую репутацию, сумел приспособиться и вписаться в гражданскую жизнь полную соблазнов, искушений и порока. В какой степени он пересмотрел свои взгляды на работу, на власть, на деньги, на людей. Сильно ли изменился? Как расширились его морально-этические рамки допуска нарушений закона по сравнению с прежним состоянием? И вот некоторые факты, которые проливают свет на путинские изменения в это время.

Когда сократили Отдел внешней разведки КГБ, работавший в ГДР, Путин остался без работы и не у дел. После того, как стало ясно, что есть другие, более интересные и денежные виды работ, чем "вынюхивать" чужие секреты во имя мифического блага деградирующей социалистической родины, он ушел в Санкт-Петербургский Университет. По счастью для него в 1990 году Путин был молод, а поэтому перспективен для гражданской карьеры.

Позиция помощника проректора ЛГУ по международным вопросам – весьма рутинная, скучная, бюрократическая и с творчеством не связана никак. Это позиция для чекиста предпенсионного возраста. К тому же – эта должность была понижением для Путина. Он был внешним разведчиком - "белой костью", а снизил статус до охранника научных и учебных секретов – "мужика". Эта позиция не могла устраивает молодого, упорного, амбициозного человека с неплохими способностями. С другой стороны, университет давал Путину возможность приобщиться к науке и сделать научную карьеру, например, дослужиться до завкафедрой и даже декана юридического факультета.

После наступления рыночных отношений в России защищать кандидатские и докторские диссертации стало совсем легко. (Подобный период в СССР был в 30-е годы, когда рабоче-крестьянская молодёжь и национальные кадры из союзных республик массово пошли в науку.) В 90-е – 2000-е годы политики, высокопоставленные бюрократы, и вообще все, кому не лень, защищали диссертации ради престижа и ради повышения социального статуса. Защищали всякую чепуху, которую в советские времена защищать было практически невозможно. Были установлены расценки на написание научных работ, монографий и диссертаций. Научные подёнщики этим занимались, чтобы кормить свои семьи. В 90-е годы каждый выживал, как мог.

Путин поначалу двинулся в научном направлении, но серьёзная научная работа требует особых навыков и устойчивой научной ориентации. Кандидатскую диссертацию он "дожал" к 1997 году поскольку привык дожимать любое дело до победного конца, но потом решил, что научная деятельность не соответствует его интересам и способностям.

В вопросе о написании кандидатской диссертации в путиноведческой литературе есть две точки зрения: первая, что Путин писал её сам и вторая, что он заплатил за её написание или по крайней мере за консультирование научному подёнщику, каких в середине 90-х было пруд пруди. Работы у гуманитариев не было. Советская наука разваливалась на глазах. А деньги, чтобы заплатить за написание кандидатской диссертации у Путина водились – хватило, чтобы построить добротную дачу на Карельском перешейке (кооператив "Озеро") и купить машину. Ещё один подозрительный момент состоит в том, что диссертация была не по юриспруденции, а по экономике и защищалась она не в альма-матер - Санкт-Петербургском Университете, а в Горном институте. При такой занятости, какая была у Путина все эти годы, без навыков научной работы, сдать положенные экзамены, написать положенное число статей и диссертацию по другой специальности было возможно только при выдающихся способностях или серьёзной помощи извне.

Кроме того, уже много позже дотошные исследователи из "Диссернета" Прим.3 усмотрели в диссертации Путина признаки плагиата, а именно, использование кусков научной работы двух учёных из США - профессора Уильяма Кинга и Дэвида Клиланда. Правда на статьи и монографии в списке использованной литературы имелись ссылки. К чести Путина, после защиты он убрал кандидатские корочки в ящик письменного стола вслед за партийным билетом члена КПСС и в дальнейшем ими не пользовался. Он сразу понял, что научная деятельность не для него.

В 1990 году по предложению председателя Ленинградского городского Совета народных депутатов Анатолия Собчака Путин занял должность его советника. Собчак был ярким талантливым оратором, но, как и большинство профессоров университета мало понимал в административно-хозяйственных вопросах. Впрочем, и не хотел понимать. После избрания на должность мэра Ленинграда 12 июня 1991 года, он предложил Путину стать председателем Комитета по внешним связям. С марта 1994 г. по июнь 1996 г. Путин был первым заместителем мэра Санкт-Петербурга.

Формально Путин уволился из КГБ в августе 1991 года к концу путча ГКЧП, но эта корпорация никого до конца не выпускает из своих объятий разве что провожая в последний путь "в белых тапочках". А поскольку Путин пошёл в КГБ по призванию, то он на всю жизнь остался верен заветам своей коммунистической молодости, как бы он ФСБ впоследствии не критиковал. А в основе этих заветов лежит концепция справедливого социалистического государства рабочих и крестьян, которой начал служить ещё первый председатель ВЧК, фанатик Феликс Дзержинский.

Даже, если бы Путин знал, через что ему придётся пройти в процессе движения по другой стезе, делая гражданскую карьеру, он бы всё равно пошёл этим путём, хотя власть в такой стране, как Россия – это штука не для слабонервных и не для высокоморальных людей. Большинство из тех, кто решил выбрать этот путь – люди с очень гибкой моралью и очень толерантные к нарушениям закона, если это лежит в зоне их личных интересов. Главными критериями успешности для них является личная власть, политическое влияние и финансовая выгода. Всё остальное — это пустые слова, которые применяются для прикрытия основных намерений. В общем, если хочешь потерять остатки чести, совести и достоинства, то лучшей карьеры, чем карьера российского политика трудно себе придумать.

Количество должностей, которые совмещал Путин, работая в мэрии, было впечатляющим. С июня 1991 г. по июнь 1996 г. - председатель Комитета по внешним связям мэрии Санкт-Петербурга. С марта 1994 г. по июнь 1996 г. - первый заместитель мэра Санкт- Петербурга. Возглавлял комиссию мэрии по оперативным вопросам и заменял мэра в его отсутствие в городе. "Круг его влияния был достаточно широк: он занимался дипломатическими представительствами, гостиницами, игорным бизнесом, общественными объединениями и, естественно, курировал все силовые структуры и обеспечивал взаимодействие с подразделениями армии, МВД, ФСК, прокуратурой, таможней. Одновременно Путин занимался крупными инвестиционными проектами". (Об этом пишет "Независимая газета" от 10 августа

1999 г.) С ноября 1996 г. по июнь 1997 г. он - председатель Совета Санкт-петербургского регионального отделения движения "Наш дом - Россия".

Весной 1996 г. Путин возглавил предвыборный штаб Анатолия Собчака на выборах губернатора (мэра) Санкт-Петербурга. У меня не сложилось впечатления, что Путин очень сильно хотел победы своего шефа. Зная настырный характер Путина, я не сомневаюсь в том, что, если бы он очень хотел, чтобы его шеф победил невзрачного Яковлева, у которого главной движущей силой в карьере была пробивная жена, он бы это сделал. Проигрыш в этих пока ещё относительно демократических выборах многому Путина научил. После этого он не проиграл ни одной собственной выборной кампании. Вероятно, он крепко запомнил фразу, сказанную Наполеоном III после очередного плебисцита во Франции: "не важно, как проголосуют, а важно то, как посчитают". Применительно к России эта фраза звучит так: "если назначить своих людей на все ключевые должности в государстве, а потом мобилизовать финансы для своей предвыборной кампании, то и проголосуют, и посчитают как надо". Поэтому элемент неопределённости был для Путина только перед первыми выборами президента в 2000 году. В дальнейшем шансов у его соперников не было. Да и сейчас нет. И не потому, что Путин такой выдающийся политик, а потому, что у него всё везде схвачено и все ключевые политические игроки, которых он назначает, от него зависят или являются выходцами из спецслужб, которые в XXI веке управляют Россией.

В 1996 году Путин переехал в Москву. Работал в президентской администрации Бориса Ельцина. С августа 1996 года он был заместителем управляющего делами президента РФ Павла Бородина. 25 марта 1997 года стал заместителем руководителя администрации президента РФ и начальником Главного контрольного управления президента. 25 мая 1998 года был назначен первым заместителем руководителя администрации, ответственным за региональную политику.

В конце 90-х годов самыми крепкими ребятами, которые постепенно продвинулись в российскую власть и стали оказывать влияние на политику России были бывшие представители советских спецслужб и силовики. В СССР они знали своё место и работали в рамках созданной коммунистами административной системы. Но когда они увидели, кто захватил власть и собственность в России, и как они этими властью и собственностью распоряжаются, они решили вписаться в систему новой власти, чтобы влиять на неё изнутри. Наиболее видными представителями бывших силовых ведомств к 1998 году оказались Евгений Примаков, Сергей Степашин и Владимир Путин. Для победы в соревновании за главный пост в стране им было важно "преодолеть" главный барьер - капризного дедушку Ельцина и его семейную команду, которая кстати не состояла из самоубийц и гибко реагировала на вызовы времени.

При председателе правительства Евгении Примакове Россия менее, чем за год, выбралась из кризиса и дефолта 1998 года. Никаких конкретных обещаний и гарантий в случае, если он станет президентом, Примаков Ельцину не давал, ссылаясь на законодательство Российской Федерации. Это была его ошибка. Начиная с Ленина верховную власть в России и в СССР захватывали люди, которые ловко умели обманывать окружающих, обещать народу то, что не собирались выполнять. Честных людей быстро оттирали от управления страной, или просто не допускали в правящую группировку.

3 июля 1998 г. боевой генерал Лев Рохлин, которого Ельцин и его семья рассматривали, как самую большую угрозу его режиму, был застрелен тремя людьми в масках. Эти люди действовали по наводке охранника генерала –сотрудника ФСБ Александра Плескачева, который польстился на большую сумму денег, собранной со всей России единомышленниками Рохлина для финансирования акции по освобождению страны от банды Ельцина. После убийства Тамару избили и заставили взять вину на себя. В противном случае угрожали убить сына. Судья Наро-фоминского горсуда Жилина, действуя по указке ельцинских доверенных лиц, без серьёзных доказательств приговорила Тамару Рохлину к 8 годам колонии. Историю эту раскрутил Первый министр печати России Михаил Полторанин в своей книге: "Власть в тротиловом эквиваленте". [69] Он утверждал, что решение об убийстве Рохлина принимали на даче четыре человека – Борис Ельцин, Александр Волошин, Валентин Юмашев и Татьяна Дьяченко. Организация акции была поручена малоизвестному чиновнику администрации президента, бывшему чекисту Владимиру Путину. Спустя три недели после убийства 25 июля 1998 года Ельцин срочно в течение 20 минут уволил действующего руководителя Федеральной Службы

Безопасности, самой мощной спецслужбы в мире –генерала Николая Ковалева и назначил подполковника Владимира Путина на его место. Для Путина эта акция стала решающим поворотом в карьере. Через год он был назначен Ельциным председателем правительства, а вскоре президентом РФ.

Впоследствии Путин говорил, что не хотел возвращаться в своё ведомство, но тем не менее год там отработал. Генералом ФСБ он предусмотрительно не стал. Он стал первым гражданским руководителем Федеральной Службы Безопасности. Главная причина слома "генеральского" стереотипа заключалась в том, что любой генерал – фигура подневольная и зависимая от президента. Интуиция правильно подсказала ему, что позиция главы ФСБ будет для него временной, промежуточной ступенькой. Да и Ельцин, видимо, пообещал Путину скорое повышение.

В последние годы Ельцин не справлялся со своей работой президента. Все знали о его пошатнувшемся здоровье и алкоголизме. Ни в одной стране, кроме России такого президента не стали бы терпеть. Вопрос о продлении его полномочий не обсуждался всерьёз даже среди его сторонников. Только в случае введения чрезвычайного положения в стране, он сохранял свою должность и в 2000-м году. Но он до того надоел народу и всей управленческой головке России, что никто не хотел рассматривать этот вариант. Ельцин лихорадочно суетился, подыскивая себе преемника. А люди-то его окружали под стать ему – ненадёжные, думающие о себе больше, чем о стране. На их фоне патриот и "демократ" Путин, который делал то, что обещал и во всём угождал Ельцину и его "семье", явно выигрывал.

В октябре 1998 года Путина ввели в состав Совета безопасности РФ в качестве постоянного члена и секретаря. 9 августа 1999 года он был назначен исполняющим обязанности Председателя Правительства Российской Федерации. 16 августа 1999 года Государственная Дума РФ утвердила назначение Путина премьером. Вопреки неоднократным утверждениям Путина о том, что стать президентом ему помогло то, что он не хотел им быть, он сразу же заявил о своем намерении баллотироваться в президенты. В том-то и дело, что он очень хотел быть президентом, но тщательно скрывал свои намерения от окружающих. То, что Путин хитрый парень себе на уме, можно было понять уже тогда.

Путин вряд ли когда-нибудь захочет подробно рассказывать, как он стал президентом России в действительности. А именно, о методах, которыми он пользовался, о людях на которых он опирался, о цене, которую ему пришлось за это заплатить, об интригах и "спецоперациях", проведённых им на пути движения к цели. Это была кропотливая, настойчивая работа, финал которой не был известен никому. Но это был шанс. И когда люди, которые про него пишут и говорят, что Путин - совершенно не карьерист, а просто трудоголик – позвольте с ними не согласиться. Политический трудоголик не имеющий цели – это попахивает бессмыслицей, а Путин в плане власти – прагматик и во всём ищет рациональное зерно и сухой остаток.

Другой вопрос, что о своих политических целях Путин предпочитает не распространяться, а наоборот маскирует их за завесой благородных слов о патриотизме, любви к России, пользе дела, приятном чувстве ответственности, но факт остаётся фактом: без "волосатой лапы" малоизвестный невзрачный чиновник из Санкт-Петербурга стал Президентом Российской Федерации. Не правда ли, похоже на русскую народную сказку, где одно чудо наслаивается на другое, а вместе они дают хэппи энд? На самом деле никакого чуда нет. Есть властолюбивый карьерист, который мечтал стать единоличным правителем России и ради этого был готов пойти на многое.

Большую часть своей службы в органах Путин работал "по приказу" поскольку КГБ – это та же армия, только пользующаяся большими привилегиями и имеющая большие возможности. Перейдя на гражданку главным способом делания карьеры для Путина стало установление и поддержание знакомств с полезными людьми. Выходил он на нужных людей по рекомендации или с помощью личной инициативы. Надо отдать должное путинской интуиции, позволявшей ему не делать лишних шагов и вовремя спрыгивать с тонущего корабля (КГБ СССР), уходить от неперспективных для него организаций (мэрия Санкт-Петербурга после 1996 года, когда выборы выиграл Яковлев), не подписывать финансовых бумаг, которые могут его скомпрометировать, делать всё втайне и чужими руками. У Путина в общественно-политической жизни всё время проявляется умение выжидать наиболее благоприятный момент, использовать благоприятные обстоятельства для занятия новой перспективной позиции во власти. И при этом ни в коем случае не говорить о своих истинных целях, которых он хочет добиться в действительности.

Идти честным прямым путём на пост президента полуфеодальной страны очень хлопотно, накладно и малоперспективно, хотя бы потому, что нужно самому суметь себя раскрутить и "продать" избирателям. В любом случае по умолчанию 12-15 млн человек в России проголосуют за действующего президента, которого они хотя бы знают - какой бы плохой он не был. Кроме того, претенденту на такую должность нужны деньги и поддержка влиятельных людей, а сколько бы Путин не заработал в мэрии Санкт-Петербурга – для Москвы это небольшие деньги.

Путин сильно облегчил себе жизнь, избегнув обычных предвыборных процедур. Он вовремя понял, что в новой неустоявшейся, переходной России знакомства, связи и взаимные обязательства решают многое, если не всё. Немудрено, что он избежал многих унижений, с которыми приходится сталкиваться политику, идущему обычным путём к власти. Сравните, например, с чем приходится иметь дело лидеру Фонда борьбы с коррупцией Алексею Навальному, который пытается стать реальной альтернативой Путину на выборах 2018 года. Все остальные лидеры думских партий (язык не поворачивается назвать их оппозиционными) просто "погулять вышли". Они знают, что у них шансов нет, но как умеют поддерживают сложившийся режим имитационной демократии в стране. За это их и держат.

Как и принято в среде людей, которые поднимаются "из грязи в князи", Путин делал всё, чтобы поправиться своим начальникам и как мог помогал решать их проблемы. Вначале это был Анатолий Собчак, потом Павел Бородин, потом Борис Ельцин. При этом Путина не столько интересовало действительное улучшение работы ведомств, которые он возглавлял (иностранного отдела мэрии Санкт-Петербурга, Главного контрольного управления президента, Федеральной службы безопасности), сколько использование резервов своего ведомства для того, чтобы выслужиться перед очередным начальником и заодно поставить его от себя в зависимость, чтоб тот помнил, кому обязан информацией, услугами, знакомствами, деньгами. При этом Путин не брезговал носить портфель своего начальника Собчака, помогал ему решать жилищные и финансовые вопросы. А уже став своим среди демократов, он мог сам влиять на политику и на людей.

Путин до сих пор скрытно и очень искусно управляет своим окружением. Ещё идя к власти он, прикинувшись простаком, переиграл всех, кто мог повлиять на его назначение премьер-министром РФ в августе 1999 года. Путин лучше, чем другие определил, что требуется Ельцину в данный момент и помогал тому решать возникающие проблемы. Например, Путин способствовал тому, чтобы убрать из политики Генпрокурора Юрия Скуратова, который был Ельцину "как острый нож к горлу". Про более деликатные операции, проведённые главой ФСБ Путиным, я уже и не говорю. В то же время под его руководством ФСБ так и не раскрыло полтора десятка заказных убийств и терактов, совершённых за год его пребывания в должности. По сути Путин использовал службу ФСБ для помощи президенту Ельцину и его окружению, а не по прямому назначению для борьбы с террористами, наркодилерами, организованной преступностью и т.д.

В то время по Конституции Генеральная прокуратура России была независима от Президента, и Генеральный прокурор Юрий Скуратов вёл целый ряд дел против высокопоставленных представителей российской элиты – банкиров, промышленников, Главы Администрации президента, членов семьи президента. Расследовалось также дело экс-мэра Санкт-Петербурга Анатолия Собчака и его команды, в которую входил его заместитель – Владимир Путин. Скуратова нужно было срочно нейтрализовать. Это было в интересах и Ельцина и Путина. Ловкие ребята близкие к ФСБ собрали на Скуратова компромат, засняв на плёнку похождения "человека похожего на генерального прокурора" в бане с проститутками. В результате Скуратов вынужден был уволиться с поста Генерального прокурора и расследование против всех перечисленных людей было вначале заторможено, а потом прекращено.

Ельцин оценил большую роль Путина в дискредитации Скуратова. С его простым умом прораба строительного участка Ельцин даже не подозревал, что тот, кто угождает твоим желаниям сегодня, совсем не обязательно разделяет твои мысли о преобразовании России завтра. Для Ельцина тактические цели избавиться от Рохлина и Скуратова на тот момент была главными, а человек, который помогал в решении этих частных задач был для него лучшим соратником. Таковым к 1999 году для него стал Путин. Он и стал главным преемником.

В августе 1999 года рейтинг Путина в народе был не более 2% и если бы выборы проходили в середине 1999 года, то никаким президентом он бы не стал. Рейтинг премьер-министра Евгения Примакова был на порядок выше. К тому времени Российские спецслужбисты обложили капризного президента Ельцина со всех сторон, чтобы он уже никуда не делся со своими "загогулинами". Когда Ельцин понял, что его, как крысу загоняют в угол, а он уже предал почти всех лояльных к нему людей, на которых он мог положиться, он выбрал для себя и своей "семьи" наиболее щадящий вариант, сделав Путина председателем правительства и пообещав ему президентство. Однако, Путин хорошо представлял себе цену ельцинскому слову. Как настоящий хозяин своего слова, тот мог в любой момент взять его назад. Поэтому надо было затянуть "деда Бориса" в Кавказскую ловушку как можно глубже.

31 августа 1999 года заканчивался срок действия Хасавюртовских соглашений между Россией и Ичкерией (Чечнёй). С беглой республикой нужно было что-то решать: оставить её фактически независимой или подчинить метрополии военным путём. И вот тут 7 августа как нельзя более кстати случилось вторжение отрядов чеченских и ваххабитских командиров Шамиля Басаева и Эмира-аль-Хаттаба в Дагестан, который является частью России, а в начале сентября – случились взрывы домов в Буйнакске, Москве и Волгодонске. Это явилось поводом для начала Второй Чеченской войны.

Есть две главных версии о том, кто взорвал эти четыре дома: 1) Это сделали чеченцы или кавказцы с ними связанные, чтобы посеять в России панику и окончательно отделить мусульманский Кавказ от России, хотя никто из террористических исламистских организаций ответственность за взрывы на себя не взял,
2) Это сделало ФСБ для того, чтобы привести к власти своего человека – Путина, который возглавлял ФСБ за три с половиной недели до взрывов. [50], [68]. Я подозреваю, что в недрах КГБ-ФСБ традиционно разрабатываются несколько стратегических сверхсекретных сценариев, которые до поры до времени лежат в бронированном сейфе. В большинстве случаев эти сценарии так и остаются на бумаге. Но на середину 1999 года политическая

ситуация в России сложилась так, что один из этих сценариев со взрывами домов приносил большие выгоды для смены тренда развития страны, который не устраивал подавляющее большинство россиян. Его и задействовало руководство ФСБ. Были намечены исполнители с Кавказа, на которых эти взрывы потом и свалили.

Обе версии много обсуждались в российской и зарубежной печати, однако поскольку первая версия поддерживается государством, рука об руку с его мощной структурой – ФСБ, то она и возобладала. Пока Путин находится у власти, вторая версия не имеет шансов на объективное рассмотрение. На часть документов с ней связанных и, особенно, на так называемые "учения" в Рязани наложен гриф секретности на 75 лет, а подавляющее большинство свидетелей и участников взрывов убиты, нейтрализованы, осуждены пожизненно или находятся в международном розыске.

Тщательность и планомерность, с которой были организованы взрывы домов, их своевременность указывают на причастность к ним государственных структур скорее, чем на причастность разрозненных военизированных бандформирований. К тому же здесь важным является принцип: "Cui prodest?" (лат.) - "Кому выгодно?", а выгодно это было прежде всего ФСБ и Путину, которые на волне страха населения России и пришли к власти в 2000-м году, сменив "демократов".

Важным показателем того, что во взрывах домов и других акциях против своего народа замешаны спецслужбы, является реакция на расследования, поиски свидетелей, документов и пр. Если люди из ФСБ чисты, как ангелы, то зачем засекречивать информацию, зачищать концы, избегать публичного обсуждения, не отвечать на официальные запросы, преследовать тех, кто пытается разобраться в случившемся?

Ещё один вопрос: можно ли было обойтись без взрывов и гибели своих людей? Наверное, можно. Но чекистам нужна была стопроцентная гарантия того, что они получат власть над Россией. За 74 года советской власти они уже уничтожили сотни тысяч людей и лишние сотни покойников их не смущали. Дело в том, что такого духовного разброда и дезорганизации среди народа и власти в России, как в 90-х годах уже давно не наблюдалось. Только возрождением страха за свою жизнь этот народ можно было мобилизовать на активные осмысленные действия. Теракты были подходящим средством для этого.

В этом был заинтересован и Борис Ельцин, который мечтал о введении в России чрезвычайного положения и продлении своих президентских полномочий после 1999 года. В этом были заинтересованы имперские патриоты для того, чтобы не допустить дальнейшего развала России. В этом были заинтересованы спецслужбы, у которых появился реальный шанс перехватить власть у "демократов", пустивших Россию с молотка. В этом был заинтересован Владимир Путин, которому нужно было срочно поднять свой рейтинг до президентских выборных высот, а лучшего средства, чем маленькая победоносная война для этого не было. Только русский народ не был заинтересован в том, чтобы его взрывали, но кто и когда спрашивал русский народ, чего он хочет?

Я этому уделил особое внимание поскольку, если вторая версия справедлива, то легитимность нынешней власти в России под сомнением. Впрочем, власть большевиков-ленинцев тоже была нелегитимна после 1917 года, когда они набрали на выборах в Учредительное собрание почти в два раза меньше голосов, чем эсеры (24% против 40%), но силой перехватили у эсеров власть и расстреляли несогласных. И вот вопреки воле большинства народа эта нелегитимная власть большевиков укрепилась с помощью террора и гражданской войны и просуществовала 74 года. Поэтому такую большую цену народ заплатил за то, что позволил ничтожной кучке террористов править Советским Союзом так долго. Так что русскому народу не привыкать к мошенничеству негодяев, которые ложью, хитростью и силой исподтишка захватывают власть.

Дома взорвали 4-го, 8-го, 13-го и 16 сентября. 22 сентября ФСБ "прокололась" с антитеррористическими "учениями" в Рязани – слишком грязно сработали, а уже 23 сентября 1999 года Ельцин отменил Хасавюртовские соглашения и приказал начать бомбардировку чеченской столицы - Грозного. 30 сентября в Чечню были введены российские войска. Вторая чеченская война началась. Теперь у Ельцина, впрочем, как и у председателя правительства Путина не было хорошего выхода из ситуации. Им надо было либо победить, либо уйти на вторые роли в российской властной верхушке, а Ельцину вообще бесславно завершить своё правление и даже угодить под суд.

Первую чеченскую войну Россия фактически проиграла. В целом безвозвратные людские потери федеральных сил в Первой чеченской войне 1994-1996 годов составили 5,552 человека и 16,098 раненых, контуженных и травмированных. Число погибших боевиков оценивается в 2,5-2,7 тыс. человек. Потери среди гражданского населения - 25-30 тыс. человек.

Став председателем правительства, Путин занялся мобилизацией деморализованной на то время российской армии и усилением деградировавших спецслужб. И это у него получилось. Одновременно были мобилизованы и подконтрольные властям российские СМИ. В результате о гуманных способах ведения войны российские генералы забыли. Вторая чеченская война была жестокой и беспощадной. Но если в 1993 году, воюя с Чечнёй, русская армия была деморализована распадом СССР и воевала из рук вон плохо, то в 1999 году Путин мобилизовал имперские патриотические силы, которые в России ещё оставались, решив идти до конца. И чеченцы это поняли по тому, с какой жестокостью производились зачистки чеченских сёл и убийства мирных жителей только за то, что боевики были оттуда родом.

В 1944 году во времена Сталинско-Бериевской поголовной депортации чеченцев в Казахстан, речь шла о выживании чеченского народа или его уничтожении, если он будет сопротивляться. По рассказам моего знакомого чеченца, относящимся к середине 70-х годов, лишь около половины чеченцев добрались до Казахстана живыми. В 1999 году речи о тотальном уничтожении чеченцев не шло, но был создан негативный образ среднего представителя чеченского народа. Патриотические российские газеты заполнили статьи на тему: "Чеченцы не понимают хорошего языка. С ними можно только по-плохому". В 2000 году главный муфтий Чечни Ахмат Кадыров перешёл на сторону Кремля, но война фактически продолжалась до 2009 года. России удалось её выиграть с большим трудом, понеся немалые потери. Помимо убитых, покалеченных и пленных русских солдат, в 2000-х годах из-за многочисленных терактов сильно пострадало мирное население России. По сравнению со взрывами домов сентября 1999 года, после 2000-года чеченцы брали на себя ответственность за большую часть терактов на территории России.

Но зато рейтинг Путина, как решительного политика, за эти месяцы с октября 1999-го до марта 2000-го годов сильно вырос. Особо следует подчеркнуть в этом восхождении роль главы президентской администрации – Александра Волошина. Тогда ещё никто из "демократов" и олигархов, да и сам Ельцин не подозревали, что все они "факиры-на-час" и служат ступеньками для восхождения к неограниченной власти имперского авторитарного политика и будущего лидера клана-команды российских силовиков и чекистов.

Вторую чеченскую войну Россия выиграла, но цена победы была тоже не маленькой. Общие потери федеральных сил во Второй чеченской войне составили 4,572 человека убитыми и 15,549 ранеными. Со стороны боевиков за период 1999-2002 гг. насчитывается 3,6 тыс. убитых и среди гражданского населения - 5,5 тыс. убитых. Однако, все эти цифры лишь частично отражают реальность. После этого чеченцы стали мстить всем русским уже на территории России. Поскольку Путин и Ельцин находились за тройным кольцом охраны, то страдали в основном гражданские лица, но когда российской власти было дело до российских граждан?

С 23 по 26 октября 2002 года группа чеченских террористов, снабжённых огнестрельным оружием, боеприпасами и взрывными устройствами во главе с Мовсаром Бараевым захватила 916 заложников из числа зрителей мюзикла "Норд-Ост" в здании Дома культуры ОАО "Московский подшипник" в Москве на Дубровке. В результате операции по освобождению заложников большая их часть была освобождена, а террористы уничтожены. При освобождении погибли 130 заложников.

В 2004 году произошла серия терактов, осуществлённых чеченскими террористами и их пособниками, ответственность за которые взял на себя террорист Шамиль Басаев. Вот самые крупные из них:
- 6 февраля террорист-смертник привёл в действие взрывное устройство мощностью 4 кг, в тротиловом эквиваленте в вагоне поезда московского метро, на перегоне между станциями "Автозаводская" и "Павелецкая". Погиб 41 человек и более 250 получили ранения.
- 21-22 июня группа боевиков под руководством Шамиля Басаева напала на город Назрань - столицу Ингушетии. В ходе этой операции погибло 95 человек, в том числе 25 мирных жителей.

- 24 августа террористки-смертницы подорвали самолёты Ту-154 и Ту-134 в воздухе над Тульской и Ростовской областями. Погибли 90 человек.
- 1-3 сентября террористы захватили более 1100 заложников в средней школе № 1 города Беслана Республики Северная Осетия-Алания. Погибло 334, ранено более 800 человек. По свидетельству бывшего советника Путина Андрея Илларионова, заложников можно было спасти, если бы прибегли к услугам тогдашнего президента Чечни Аслана Масхадова. Но Путин не хотел быть ничем обязанным своему врагу и распорядился не пускать Масхадова в школу для переговоров с террористами. [31]

Теракты продолжались и позднее.
-27 ноября 2009 года террористы подорвали поезд "Невский экспресс" под Бологое. Погибло 28 и ранено 132 человека.
-29 марта 2010 года две террористки-смертницы осуществили взрывы в московском метро на станциях "Лубянка" и "Парк культуры". Погибло 41 и ранено 88 человек.
-31 марта 2010 года два террориста-смертника произвели взрывы в городе Кизляр. Погибло 12 человек и ранено около 30 человек.
-24 января 2011 года террорист-смертник Магомед Евлоев подорвал себя в московском аэропорту "Домодедово". Погибло 37 человек и 170 человек ранено.

После 2004-го года Путину удалось притушить этот очаг межнациональной напряжённости большими финансовыми вливаниями в экономику Чечни, а это около миллиарда долларов в год. Судя по этим контрибуциям, которые Россия регулярно выплачивает Чечне на восстановление инфраструктуры и на поддержание её экономики на плаву, то и Вторую войну чеченцы тоже выиграли, избавившись от значительной части русского населения в 90-е годы и получая деньги от федерального центра. Теперь Чечня по сути мононациональная республика, управляемая чеченским руководством. Законы Российской Федерации на территории Чечни действуют до тех пор, пока этого хочет глава Чечни. Как долго мир в этом регионе продлится не может предсказать никто. Стоит России ослабнуть или прекратить финансирование, как Чечня снова может взять курс на отделение, тем более, что у неё есть собственные запасы нефти и боеспособные военные. Когда речь идёт о Кавказе предсказать что-либо бывает очень трудно также как трудно найти того, кто прав, а кто виноват. В этом регионе часто говорят одно, а делают другое.

1.4. Почему Путин так держится за Верховную Власть?

90-е годы — это было благословенное для богатых людей время, когда они – недавние советские "голодранцы" (инженеры, экономисты), стрелявшие трёшку до получки, получили почти неограниченную власть над энергоресурсами страны и над средствами массовой информации. Это было время, когда олигарх Борис Березовский, ошалевший от вседозволенности и от денег говорил собеседнику: "хочешь я этот стул президентом России сделаю", когда олигарх Александр Смоленский говорил о своих вкладчиках после дефолта российской экономики в 1998 году: "от мертвого осла уши они получат, а не свои вклады", когда олигарх Владимир Гусинский говорил губернатору Яковлеву: "Хочешь посмотреть: вот сейчас Борис Николаевич говорит одно, а сейчас мы ему позвоним, скажем, что это нельзя говорить, и он будет говорить совсем другое?". Из песни слов не выкинешь. В сознании народа все эти люди остались такими. И ругать теперь Путина и говорить, какой он нехороший бессмысленно. Вы сами привели его к власти своей глупостью, жадностью и наглостью. Ругайте себя.

Теперь вернёмся к ситуации прихода Путина к власти в 1999-2000 годах. Ельцин был храбрым человеком, но на фоне всеобщей народной ненависти и постоянных проблем со здоровьем он решил уйти от дел. Тем более, что Путин к этому времени уже проявил себя деятельным лидером, который умеет объединять людей. Ельцин интуитивно почувствовал в нём сильную волю и решимость сохранить целостность России во что бы то ни стало.

Путину удалось "показать товар лицом" успешнее остальных претендентов. Он сумел получить одобрение олигархов, правящей элиты, коммунистов, "демократов", Государственной Думы и обложить со всех сторон Ельцина новой войной на Кавказе, чтобы тот в последний момент не "взбрыкнул" и не "соскочил". Русский народ был как всегда не в счёт. С ним власти обращаются, как с малым ребёнком, которому можно пообещать хоть рай, хоть коммунизм, он и поверит, а если не поверит, то всё равно разойдётся по домам ("ему с три короба наврёшь и делай с ним что хошь" – это из сказки про русского Буратино).

После раздувания ельцинского пузыря в 1996 году, когда Ельцину из шестипроцентного рейтинга за пару месяцев сделали пятьдесят три процента, чиновников его Администрации операция "Новый наследник" не пугала. Опять что-нибудь наврут, подкупят людей какой-нибудь малостью, подтасуют результаты и рейтинг нового президента готов. С времён большевиков-ленинцев мало что изменилось с имитацией выборного процесса в стране. Но на этот раз в 1999-2000-м году новая чеченская война раскрутила рейтинг Путина лучше всякой агитации и выборных подтасовок.

90-е годы были годами борьбы между советскими консерваторами – бывшими коммуно-чекистскими деятелями, и советскими инноваторами - так называемыми демократами, которые исповедовали идеи рыночной экономики, к которым причислял себя сам Ельцин. К концу второго срока правления Ельцин выбрал самого гибкого представителя из бывших чекистов – Владимира Путина, который лучше других замаскировался под демократа, и назначил его президентом вместо себя.

Как и большинство лидеров России и СССР до него, Путин стал правителем России через назначение, а потом был проведён через процедуру голосования. В 2000-м году элемент неопределённости на президентских выборах у Путина сохранялся. Зато после этого послушный народ, голосовал так, как надо и как ему скажут голосовать люди, поставленные Путиным на все ключевые точки управления страной. В России настоящей свободы волеизъявления у людей не было никогда и любого избирателя можно запугать, купить подарком, обещанием улучшить его материальное положение и авторитетом власти, мол все голосуют за этого человека – не будь белой вороной.

В обмен на пост президента России Путин пообещал Ельцину хороший пенсионный пакет, а именно: охрану, личную канцелярию, хорошую пенсию и жилищные условия, свободу передвижения для его "семьи" по всему миру, сохранение денег и собственности, приобретённых в 90-е годы и уже много позже - финансирование мемориала памяти Ельцина в Екатеринбурге (ныне – музей Ельцина). Как человек, умеющий держать слово, всё это Путин выполнил. Так что первому президенту России, ради власти развалившему СССР, раздавшему за бесценок народные богатства кучке проходимцев, который довёл страну до положения международной проститутки, обманул многих из тех, кто в него верил, и который к 1999 году снова имел в народе рейтинг несколько процентов, наконец-то повезло. Он смог дожить до старости и умереть спокойно в своей постели.

В фильме Оливера Стоуна: "Интервью с Путиным" (2017 год), Путин не зря сделал упор на отсутствии гарантий безопасности ему и его семье в августе 1999-го года, когда Ельцин сделал его премьер-министром. До объявления Ельцина об отставке 31 декабря 1999 года положение Путина было очень нестабильно. Он сам об этом говорил так: "Просто я для себя тогда решил, что, если судьба вот так распорядилась, надо тогда уже до конца идти. И я тогда еще не знал на сто процентов, что я буду президентом. Никаких гарантий по этому поводу никто не давал". [19] Тут самое главное до какого конца был готов идти Путин ради президентства и какую цену он был готов за это заплатить. Зная Путина, как жёсткого и даже жестокого человека, который ради власти готов на многое, можно полагать, что эта цена для народа могла быть очень высока. Единственно, что умеряет путинскую жестокость является его же рациональность. В отличие от волка, который, попав в стадо, режет избыточное число овец, Путин "режет" только тех, кто ему и его власти мешает.

Зная своих бывших коллег, а также спецназовцев, оставшихся без работы и просто людей без принципов, которые после краха коммунистической идеи разуверились во всём и за несколько десятков тысяч долларов могли пойти на любое преступление, а тут какой-то отставной подполковник внешней разведки, Путин в начале 2000 года не без оснований опасался за свою жизнь. Тем более, что в числе претендентов на место президента были всякие люди. Ведь выбор Ельцина в августе 1999 года сочли очередной причудой вечно пьяного "царя". Сегодня – Путин, завтра кто-нибудь другой. А пост президента в полуфеодальной России сулит многомиллиардные выгоды и жизнь при коммунизме.

Видимо, Путина предупредили о возможности покушения на его жизнь, и он отменил свои поездки за границу в начале 2000 года. Убрать человека легче всего, когда он летит самолётом или вертолётом. Например, 9 марта 2000 года при взлете в Шереметьевском аэропорту в Москве при очень подозрительных

обстоятельствах разбился самолет Як-40, на борту которого
находилось девять человек: президент холдинга "Совершенно
секретно" Артем Боровик, глава холдинга АО "Группа Альянс",
чеченец Зия Бажаев, два его телохранителя и пять членов
экипажа. Путин вроде отважный человек и на такие авантюры
иногда идёт (вроде аннексии Крыма), а вот на тебе - до смешного
боится за свою жизнь. Видно начитался русской истории от
Карамзина с её многочисленными убийствами царственных особ
и претендентов на трон.

За охрану своей жизни Путин сделал ответственным Виктора
Золотова. Если придерживаться версии, изложенный изданию
"The New Times" историком российских спецслужб, в прошлом
офицером спецназа ГРУ Борисом Володарским, то Золотов —
отличный охранник. "Он сам обладает большой физической
силой, очень жесток." Золотов, в бытность свою охранником
Путина, отвечал чуть ли не за каждую минуту жизни президента:
"Путин очень боится покушения. Водители, уборщики, повара,
садовники — все мужчины, Путин женщинам не доверяет". [18]
Впрочем, и дед Путина был поваром у Ленина и Сталина и дожил
до преклонных лет невзирая ни на какие чистки. А это о многом
говорит.

Во время своего первого президентского срока на том
гипотетическом месте, на котором расположена историческая
память русского народа, Путину нужна была "Tabula rasa" –
чистая доска без людей, которые бы вспоминали о "счастливых"
ельцинских временах до 2000-го года. Поэтому, самые опасные
для Путина люди - непримиримые оппоненты и те, кто пытался
играть собственную игру, были устранены от власти и от
собственности довольно быстро. Для начала методы устранения
были гуманными – увольнение по собственному желанию, отъезд
за границу, продажа или передача другим людям своего
российского бизнеса и пр. Лояльных Путину людей прощали,
забывали их "грехи молодости" и включали в путинскую обойму,
которая была готова принять преданных людей в своё лоно.

Уже в начале 2000-х годов из трёх крупных политических
партий, возникших в 90-е годы, с подачи президента Путина была
организована одна правящая партия, состоящая из послушных
людей, на которых он может опираться пока находится у власти,
партия чиновников – "Единая Россия", которая с тех пор
принимает главные законодательные решения и влияет на

управление государством. На самом деле это не партия вовсе, а конъюнктурная бюрократическая организация – узконаправленный инструмент в руках исполнительной власти – нечто вроде молотка, которым Путин забивает нужные гвозди в нужное место. Все силовики: Армия, ФСБ, Прокуратура, Следственный комитет, Полиция, ФСО и другие ведомства Путину безоговорочно подчиняются. В его ведении также находится Совет по правам человека и другие показные организации.

"Единая Россия" – партия конъюнктурная, свёрстанная из осколков других партий из того, что было в распоряжении Путинских людей. А было немногое. Деньги, тщеславие, посулы иммунитета от уголовного преследования сделали остальное. Главную партию России "слепили" из отходов других партий, построили на обещаниях, на деньгах, на обмане. И держится она до сих пор. Правда, сам Путин созданную им партию не уважает – кто же уважает купленную на улице "девушку с пониженной социальной ответственностью", которой попользовался и в любой момент прогнать можно. Что ни говори, но КПСС до последних дней была настоящей политической партией со своей идеологией, со своими традициями, со своими апологетами. Её можно было уважать и гордиться принадлежностью к ней. Недаром Путин до сих пор гордится принадлежностью к советским коммунистам.

Из-за того, что многие права в России замыкает на себя первое лицо, участь остальных лиц и даже целых ветвей власти незавидна, а именно быть приложением к этому первому лицу. Ни о каких сдержках и противовесах при такой моноцентрической системе власти речи и быть не может. "У нас, например, невозможна уже передача власти от Путина кому-либо кроме, там, какому-нибудь преемнику, да? Это говорит о том, что разрушен институт президентства. У нас невозможны нормальные выборы в Государственную Думу. У нас разрушен институт законодательной власти" - считает главный редактор журнала "The New Times" Евгения Альбац. [3] Впрочем, не только законодательной, но и региональной исполнительной власти разрушен тоже.

1.5. Унижение, как Стартовый Толчок для Включения Механизма Самоутверждения

Русский человек из тех, кто не выродился и не спился за столетия крепостнического рабства, коня на скаку остановить мог, но перед властью он пасовал - по первому требованию барина послушно снимал штаны и протягивал плётку, чтобы его выпороли. Этот генетический страх перед властью вбивали в него многие поколения царей, помещиков, попов, а потом - коммунистов и чекистов.

В XVII веке в России помещик имел право продавать принадлежавшего ему крепостного крестьянина с землей, или без земли, разлучать семьи, продавая детей, отдельно от родителей, сечь их кнутом за малейшую провинность, или просто из самодурства. [47] Даже в XIX веке русский помещик бывало порол крестьянина подобно тому, как отец порет непослушного отпрыска. [108] Правда в крестьянстве ходила поговорка: "Бить надо пока поперёк лавки". Взрослых крестьян пороть было уже бесполезно – это их только озлобляло, но делалось в силу народной традиции, "чтобы кожа на заднице прочнее была".

В России и до сих пор взрослые практикуют порку своих детей, подзатыльники и другие наказания. Согласно данным опроса "Левада-Центра", проведённого 19-22 мая 2017 года в России каждый третий русский (32%) уверен, что родители имеют право физически наказывать подростка 13-14 лет. [82] А попробуй-ка дай подзатыльник ребёнку (даже своему) во многих цивилизованных странах. Мигом лишишься родительских прав.

И Ельцина, и Путина отцы пороли в детстве поскольку оба были хулиганами и заводилами, подбивавшими сверстников на всякие авантюры, которые могли плохо закончиться. И у Ельцина, и у Путина просматривается жажда власти, но у Ельцина она была топорная, прямая, "от сохи", а у Путина аккуратная, игровая, аналитическая. Ельцин мог бы повторить про себя вслед за Юлием Цезарем: "Лучше быть первым в провинции, чем вторым в Риме". Он рано стал противопоставлять себя отцу и отцовской воле самодура, и патриархального хозяина. Володя Путин рос в атмосфере любви и заботы – всё-таки поздний сын у пожилых родителей. Однако до шестого класса он доставлял много хлопот родителям, и отец его нередко порол ремнём. Впрочем, я полагаю, что многих из тех, кто составляет нынешнюю элиту русского общества, родители тоже пороли, так что можно сказать, что Россией до сих пор управляют представители поротых поколений русских и советских людей.

Согласно современным концепциям воспитания, поротые люди не вырастают полноценными личностями без комплексов и личностных проблем поскольку детские психологические травмы сказываются у человека в течение всей жизни. Если ребёнка били в детстве, то у него копился заряд агрессии, злобы и ненависти, особенно если он родился психологически сильным человеком и не мог просто так "сломаться" от побоев в силу своего характера. Позднее уже во взрослом состоянии детская агрессия может переноситься на других людей, которые не имеют отношения к "обидчикам" - отцу или матери. В любом случае детские побои помнятся всю жизнь.

Поротое поколение советских людей, возглавляемое Путиным - само весьма зажатое - стало ограничивать свободы молодых людей в России, пользуясь методами принуждения, постепенно, шаг за шагом, начиная с 2000-го года. Они это делают поскольку не мыслят других методов воздействия, не умеют воспитывать людей другими методами, чем воспитывали их самих. Ведь над другими воспитательными методами думать надо, нужна культура воспитания, атмосфера нетерпимости к насилию в обществе. По привычной схеме "ремень, подзатыльник и наручники" в России действуют более надёжно, чем педагогические трактаты Яна Амоса Каменского, Йоганна Песталоцци, Константина Ушинского и Антона Макаренко вместе взятых. Путин и его силовики компенсируют своё неумение воздействовать на народ ненасильственными методами, используя традиционные русские методы ограничений и унижений – физических и моральных.

Сейчас в России пороть детей стали меньше, и они растут более свободными людьми без таких психологических комплексов как у Ельцина, Путина и их современников. Зато теперь наказания в детском возрасте заменены законотворческими ограничениями, принимаемыми нынешней Государственной Думой в отношении тех, кто пытается реализовать свои конституционные права на свободу слова, мирных собраний, и демонстраций. Всё это сделано, видимо для того, чтобы страх не уходил из душ новой русской молодёжи слишком далеко.

После провокаций правоохранителей на митинге 6 мая 2012 года и высосанного из пальца "Болотного дела", семнадцать человек сели на нары. Этого оказалось достаточно для остального народа России, чтобы вести себя тихо и не демонстрировать своё несогласие с действиями исполнительной власти. Неприятности для оппозиционеров действующая власть инициирует очень легко через проверки, аресты, наказания и административные воздействия по линии работы и учёбы. Всё, как в Советском Союзе.

После "Болотного дела" народ в России опомнился только через пять лет 26 марта 2017 года. В протесты против премьер-министра Дмитрия Медведева, подозреваемого в коррупции, пошла непоротая молодёжь. И задача путинской власти состояла в том, чтобы её сразу как следует выпороть, чтобы они тоже боялись, как боятся отцы и матери, как боялись деды и прадеды, жившие в подневольной России и в ещё более подневольном Советском Союзе.

Отличие 2011 и 2017 годов состоит в том, что пять-шесть лет назад зарплаты в России были на подъёме, а сейчас они на спаде. Рост цен на продукты и товары первой необходимости после 2014 года также не прекращается. Это ожесточает даже поротых людей и заставляет их преодолевать страх перед властью. Поэтому исполнительная власть, возглавляемая Путиным, готова платить хорошие деньги полиции, ОМОНу, Росгвардии, ФСО, ФСБ за то, чтобы те надёжно охраняли их драгоценные шкуры, пардон – чтобы они охраняли закон и порядок в "самом лояльном к инакомыслию обществе в мире" (это по Путину).

Всем силовикам повысили зарплаты и дали много других льгот. В 2007 году они получили возможность брать ипотеку на квартиры под 4% годовых. А, следовательно, они попали в долговую кабалу не только к банкам, но и к Путинской власти, которая даёт им работу. Теперь они будут выполнять то, что прикажут. – разгонять, так разгонять, стрелять, так стрелять. И всё это под Путинско-Медведевскими лозунгами: "Мы должны выполнить поставленную цель". "Мы должны скоординировать усилия" или "Мы должны сосредоточиться на совместной работе". А подтекст при этом такой: "Мы будем руководить, а вы будете выполнять наши указания какими бы глупыми они вам не казались".

1.6. Влияние Возгонки на Путина

Возгонка – это резкое изменение общественного статуса человека. Примеры:
1) человек из крестьян вроде Троцкого, чьи предки десятилетиями работали на земле, мололи муку и занимались тяжёлым крестьянским трудом, вдруг сам получает право распоряжаться судьбами населения России, или
2) человек с наследственным генетическим заболеванием вроде Ленина, становится практическим воплотителем марксистской кабинетной теории и действует с колоссальными человеческими жертвами по сути вопреки этой теории, или
3) сын пьяницы-сапожника, которого нещадно избивали в детстве отец и мать вроде Сталина, становится пожизненным диктатором огромного государства - СССР.
Редко у кого психика такое выдержит и останется в пределах нормы.

Те рабочие, крестьяне, солдаты, люмпены, которые пришли к власти в 1917 году, были в большинстве своём из простых людей, которые с презрением относились как к себе, так и к себе подобным. Для многих из них убийство классовых врагов, а также убийство людей, которые имели другое мнение, убийство фактически ни за что, не считалось большим грехом. Они убивали людей в случае, если какой-нибудь фанатик вроде Ленина, Троцкого, Свердлова, Дзержинского или Лациса приказывал им сделать это. Презрение к человеческой жизни у таких людей было частью презрения к самим себе. То, во что погрузилась Россия после 1917 года – это закономерный психологический итог возгонки или резкого повышения статуса многих людей, которые были одномоментно подняты "из грязи в князи".

Возгонка людей из одного культурного, статусного, имущественного слоя общества в другой или из одной менее развитой культурной общности в другую обычно происходит во многих странах и для обновления культурных слоёв в стране это бывает полезно. Однако, когда возгонка происходит массово, как это случилось после октябрьского переворота в России, то в политической, экономической, культурной, научной жизни страны начинаются перекосы, а то и моральная деградация этих "счастливчиков". Люди без глубокой культуры, без образования, без знаний претендуют на высокие должности, на привилегии, на свою особость и исключительность, в конце концов. Они стремятся к самореализации и самоутверждению в науке, в искусстве, в живописи, в музыке, архитектуре и пр., не имея достаточного личностного потенциала и культуры для этого. В архиве ЦК КПСС до сих пор хранятся более 1200 записок председателя ВЦИК Якова Свердлова с требованием пристроить своих знакомых и родственников на верхние государственные должности в СССР.

Если исходить из общих гуманных соображений – да ради бога. Пусть человек со способностями займёт хорошую должность и будет получать хорошую зарплату. Через год-два он освоит бюрократическую науку достаточно, чтобы выполнять государственные функции. Но ведь фокус-то не только в этом. Есть такие вещи, как честность, моральность, порядочность, принципиальность, чувство долга. Этому так запросто не научишь. Вот и начинаются подсиживания, доносы, ложь, предательство из-за власти, карьеры и пр. Этим люди в СССР "наелись досыта" в годы Военного Коммунизма и Большого Террора.

Вспомним убийцу царя и его семьи из Екатеринбурга – Янкеля Юровского. Кем он был до переворота? Никому не известным часовщиком. Кем он стал после того, как расстрелял царскую семью с чадами и домочадцами? Директором алмазного фонда, распоряжавшимся частью советского "общака" Прим.6. И всё бы ничего, если бы расстреляли они царскую фамилию публично. (Как известно, в январе 1793 года на площади Согласия по приговору якобинского масонского Национального собрания был публично казнён король Франции Людовик XVI, а в октябре того же года гильотинирована его жена королева Мария-Антуанетта). Так ведь нет. Всё сделали тайно, подло и спрятали концы в воду, залив останки царственных покойников серной кислотой, которую добыл по своим каналам Пётр Войков – впоследствии полпред СССР в Польше.

А сделали Юровский и Войков это потому, что у обоих было множество психологических комплексов и неуёмное тщеславие. Они ведь покусились на сакральную русскую память – главный капитал русских людей. И как бы русский народ не был неграмотен, и как бы его не оболванивали и не обкрадывали с тех пор ленинские пропагандисты и распорядители коммунистического "общака", но такие вещи он и через несколько поколений припомнит убийцам. Поэтому большевики и их последователи стараются как можно дольше остаться у власти, чтобы народная память не настигла их в могилах. И ведь лежат воры и убийцы у кремлёвской стены до сих пор рядом с достойными людьми, а нынешняя власть им это позволяет ради своего заветного рейтинга.

Люди, поднятые наверх методом возгонки в России, как правило, имеют более гибкую мораль и совесть, чем цельные люди, воспитанные в одной парадигме, например, в рамках одной религии или чем те, которых родители с детства приучали к тому, что такое хорошо и что такое плохо. Возгонке нередко сопутствуют зависть, тщеславие, желание отомстить за что-то, стремление самоутвердиться за чей-то счёт. Путь наверх для человека средних способностей в России требует идти на сделки с совестью, делать вещи, которые ему неприятны и уж, конечно, держать "язык за зубами" гораздо крепче, чем обычно. Если такой человек позволял себе в детстве быть естественным в семье, в школе, то после возгонки естественное поведение уже не соответствует образцам правильного поведения в другом "элитном" обществе. И он насильно ограничивает своё естество, свою природу и пытается изменить свои начальные культурные навыки, данные ему простыми родителями. Конечно, это даром для его психики не проходит.

Большинство из тех, кто участвует в бюрократических играх на самом верху, не заводят новых друзей. Они отовсюду ожидают предательства и подсиживания. Про лицемерие и ложь уже и речи нет – этого добра в верхних эшелонах российской власти немеряно. Столкнувшись с этим, став президентом в 2000-м году, Путин окончательно закрылся ото всех и даже от семьи. Тем более, что по его собственным оценкам, он "слишком доверчив" (сказано в 2003 году). Насчёт путинской доверчивости я не уверен, но что он привык держать язык "на привязи" – это точно.

Чем плоха возгонка? Тем, что у такого человека могут перестать действовать механизмы обратной связи. Вот Путин стал президентом России волею обстоятельств или случая, или благодаря удачному расположению звёзд на небе, в конце концов. Адекватный человек с богатыми культурными традициями, воспитанными поколениями интеллигентов, никогда об этом не забывает. Он чувствует пределы своих возможностей, своей компетенции. Путин же, судя по его поведению, склонен приписывать свой нынешний статус своей исключительности, своему упорству, трудолюбию, способностям, характеру и т.д. К концу второго срока он исчерпал свой экономический потенциал нужный для дальнейшего развития России, но этого не чувствует.

Он то, видимо, полагает, что раз у него всё везде "схвачено" и есть поддержка простых людей, то это даёт ему право на длительное почти пожизненное занятие верховной должности в стране лишь бы была грамотная "раскрутка" его образа в федеральных СМИ. И ему не докажешь обратного. Ведь оказалось, что одних силы воли, ощущения своей миссии, своего высокого предназначения для того, чтобы быть президентом недостаточно. Нужна ещё глубокая экономическая и общая культура. Но Путин оказался одержим властью настолько, что она заслонила для него реальную картину мира и своего места в этом мире.

По своим личностным и профессиональным возможностям Путин уже давно выработал свой потенциал, как президент цивилизованной страны в XXI веке. Иногда Путин ещё позволяет себе нестандартные ходы, которые ставят в тупик аналитиков его поведения за рубежом. Но большей частью он предсказуем, как старый автомобиль. К настоящему времени он создал для себя схему жизни и несколько линий своего поведения – государственного и личного. Теперь он, как робот, включает у себя ту, или иную кнопку, отвечая на вопросы журналистов, давая объяснения зарубежным деятелям по поводу проводимой им политики и отдельных своих поступков. Всё это настолько предсказуемо, что сейчас политолог Станислав Белковский может работать Путиным, что он неоднократно демонстрировал на телеканале "Дождь". Про его пресс-секретаря Дмитрия Пескова уже и разговора нет – у него Путинские формулировки от зубов отскакивают в какое время ночи не разбуди. Поэтому мне странно поведение бизнесменов, учёных, деятелей культуры России на конференциях, симпозиумах – они-то чего так внимательно слушают эти путинские "сказки про белого бычка?"

По общечеловеческим нравственным критериям Путин оказался далеко не таким хорошим человеком, каким казался, судя по ранним школьным воспоминаниям о нём учительницы немецкого языка. Он очень эгоцентричен и толстокож. Для личного душевного и физического здоровья это может быть и неплохо, но для близких людей и коллег его поведение доставляет много хлопот. Начиная с какого-то времени, практически неограниченная власть испортила не только самого Путина, но и испортила жизнь его близким. Первыми почувствовали необратимые изменения, происходящие с личностью Путина его семейные и друзья, потом коллеги. Простой народ в массе своей до сих пор находится под путинским обаянием и под агитацией со стороны федеральных СМИ. Да и выхода у него другого нет.

То, что в семье Путиных произошёл раскол, было видно давно невооружённым глазом. Начиная с середины 2000-х годов, его жена, Людмила стала сама не своя. Она можно сказать положила себя на алтарь мужу, дочерям, мужниной карьере, на людях во всём слушалась мужа, преклонялась перед его волей, работоспособностью, а он её оказывается использовал. Как только он достиг вершины карьеры, он "вильнул хвостом". Уж не знаю, из-за чего или из-за кого он это сделал, не хочу гадать или повторять интернетовские сплетни, но сейчас Людмила выглядит, как разбитая, потерявшая смысл жизни женщина. И когда говорят о её новом замужестве, это скорее всего часть очередной спецоперации, придуманной её изобретательным мужем. Она, и её дочери вряд ли счастливые люди несмотря на то, что материально они обеспечены хорошо.

Ещё один провал, видимый невооружённым глазом, связан с тем, что Путин фактически "подставил" своего ближайшего друга Сергея Ролдугина с Панамскими офшорами. Как бизнесмен Сергей видимо ничего собой не представляет. Вместо него действуют всякие "темные дельцы", не обременённые высокими моральными принципами. И они постоянно ставят Сергея в положение, когда он вынужден подписывать какие-то документы, за которые потом приходится краснеть и оправдываться. На его фонд "Талант и Успех" (теперь фонд называется "Возрождение традиций") подают в суд, а те беспринципные дельцы, которые манипулируют деньгами в его фонде, видимо, утешают известного виолончелиста тем, что мол ну кто с президентом связываться будет. Но что именем друга твориться много сомнительных дел - этим пахнет издалека. И вряд ли сам Сергей от этого счастлив, как бы он не был погружён в своё музыкальное творчество.

Получается, что дворовый мальчишка из простой семьи оказался морально не готов к возгонке "из грязи в князи". То, как сейчас президента показывают народу по телевизору, это во многом лубочная картинка – продукт творения имиджмейкеров, спичрайтеров и телеоператоров. Человеку, который поднимался к вершинам власти снизу из рабочих, возгонка даром не прошла. Благодаря своему уму и способностям Путин научился хорошо держаться в любом обществе и окружении, грамотно излагать свои мысли, но необходимость говорить не то, что хочется, а то, что надо, его тяготит. И он уезжает от повседневной рутины понырять в море за амфорами, погрузиться в глубину Байкала, съездить в тайгу, чтобы половить рыбку – туда, где он может быть более естественным. Это переключение даёт Путину силы тянуть свою президентскую лямку дальше. Ведь в президентской работе бывает немало неприятных моментов. Сейчас у Путина появились новое развлечение – хоккей. Регулярные спортивные тренировки тоже облегчают его бюрократическую жизнь.

Глава 2

Влияние Ценностей и Установок Путина на Структуру Власти в России

2.1. Как Работает Путинская Вертикаль Власти?

Путин – в своей основе человек простой, о чём сам неоднократно говорил. Поэтому он построил в России ту простую конструкцию, которую только умеет строить – вертикаль власти. По его мнению, "власть должна быть консолидированной и эффективной". Я бы добавил к этому элемент контроля, без которого Путин своей власти не мыслит. Попробуем разобраться, добился ли он этого за 18 лет правления.

Что касается консолидации и централизации, то Путину это полностью осуществил. Большая часть рычагов управления в России находится в руках Кремля, Москвы и его лично. Все ветви власти, как послушные школьники марширують в ногу вслед за президентом, его администрацией и ключевыми лицами исполнительной власти. Силовики, промышленники, сельскохозяйственные и социальные работники присоединились к этому маршу миллионов. Всё большее число частных банков переходит под контроль государства. Дело идёт к консолидации и монополизации не только административной и политической, но и финансовой власти, как было в СССР.

Главный способ управления Путина с самого начала правления – всё держать под контролем: от назначения губернаторов, до выборов оппозиции. Про других глав исполнительной, законодательной и судебной власти федерального уровня уже и разговоров нет – без рекомендации президента их никто не выберет. И тем более не назначит. Это по Путину и есть вертикаль власти. Для управления легко, для развития страны – возврат в советский тупик. К счастью, или несчастью для себя Путин этого не осознаёт. Подобно тому, как не осознаёт динозавр, что скоро его род вымрет. Сейчас-то ему хорошо.

При Путине выборы окончательно превратились в фикцию. Если главный в регионе, органе власти, организации является человеком, одобренным или назначенным президентом, то и всё, кем и чем этот человек руководит, находится в ведении и под контролем президента или его доверенных лиц. При этом сам президент ничего никому не объясняет – ни мотивов своих рекомендаций при назначении человека на должность, ни мотивов его увольнения. Путин играет роль государственного бога – вездесущего и непогрешимого.

Назначая и рекомендуя людей на должности Путин, как ребёнок играет в свою любимую игру под названием: "упрочение вертикали российской государственной власти". Эта игра для Путина превратилась в наркотик, без которого он не может жить. Он бы иногда и рад руководить государством и людьми по-другому, но не умеет, поскольку с детства не научен. Его семья была патриархальной и домостроевской. Без абсолютного контроля над всем вокруг Путин не мыслит своего управления. Впрочем, если люди в России его поддерживают, значит он со своими патриархальными взглядами находит отклик в их душах. Но находить отклик в душах – это одно, а превратить страну в индустриальный локомотив – это другое.

Путин фактически присвоил себе единоличное право снимать и назначать губернаторов. Пусть никого не обманывает приставка ВРИО, когда Путин назначает нужного ему человека. Партия "Единая Россия", руководимая верными ему людьми никогда не подведёт, выберет нужного президенту ВРИО в качестве губернатора. И хотя Путин при назначении этих ВРИО сам делает ошибки, но с него почему-то никто за это не спрашивает. А недавнее "озеленение" губернаторского корпуса чего стоит? В течение полумесяца Путин сменил одиннадцать губернаторов. И он ни перед кем не отчитался - почему и зачем он это сделал. Для него русский народ давно превратился в электоральную единицу.

С времени народных волнений в ГДР, свидетелем которых Путин был лично, он как огня боится охлократии – власти неуправляемой толпы. И какие бы плохие не были коммунистический ретроград, председатель СДЕПГ Эрих

Хоннекер в ГДР, а потом президент Украины - коррупционер Виктор Янукович, но, согласно заветной идее Путина, народу нельзя давать возможность самому менять власть на улице. Путин полагает, что люди не имеют права на спонтанные выступления по свержению законно избранной власти какая бы плохая эта власть не была и какой бы скверный человек на вершине власти не стоял. И точка! Раз народ этого человека когда-то выбрал, значит не такой уж он был плохой. Надо терпеть такого до следующих выборов. Для Путина слова: "законно избранный президент" ключевые и оправдывают всё, что этот человек делает. Даже если это выбранный большинством голосов в Сирии диктатор Башар Асад, который проводил голосование по своему избранию только на подконтрольных ему территориях.

Если следовать путинской логике, то и рейхсканцлера Германии - Адольфа Гитлера народ не имел бы права свергать, даже если бы и захотел, поскольку он был всенародно избран большинством голосов (62%) в 1933 году, а после смерти рейхс президента Гинденбурга в 1934 году Гитлер стал совмещать позиции канцлера и президента. Если сделать ещё один шаг вслед за рассуждениями Путина, то всякая власть от бога особенно, если народ эту власть когда-то поддержал. А как поддержал – из страха за свою жизнь, потому, что его обманули или добровольно – Путину неважно.

Путину легче представить русскую историю, как непрерывную цепь событий, когда русские князья, цари, генсеки, президенты сменяют друг друга. Ему сюрпризы в управлении не нужны. Ему нужно плавное консервативное наследование власти в России. Тогда он сам является легитимным представителем и последователем своих предшественников – Новгородского Рюрика, Киевского Владимира Святославича, Московского Ивана Грозного, Санкт-Петербургского Петра Великого, Николая Второго, Ленина, Сталина, Хрущёва, Брежнева, Горбачёва, Ельцина. А он сам, следуя традиции, является следующим на очереди поскольку сменил Ельцина. Он – законный и легитимный наследник власти русских правителей, которые были до него в течение одиннадцати с половиной веков. Путин подстраховал себя и свою власть со всех сторон и, если он сам не захочет, никто на его президентское место не сядет.

Многим народам, у которых нет такого количества полезных ископаемых, дающих устойчивый постоянный доход, надо думать над тем, как выжить в этом мире. Например, у эстонцев, которые совсем недавно снова стали независимыми, кроме лесов на территории ничего нет. Им пришлось заложить свой лес – единственное своё богатство Великобритании и всё время приходится напрягать интеллект для того, чтобы выжить и преуспеть в цивилизованном мире. Русским напрягать ничего не надо. У них на территории почти всё есть. Им надо только охранять свою границу от внешних супостатов, которые алчно зарятся на их природные богатства и от внутренних жуликов, которые приобретя это природное добро за бесценок у Кремлёвских чиновников-взяточников, норовят побыстрее продать его на внешнем рынке. Имея боеспособную армию, русские могут жить и "разлагаться" в своё удовольствие, понемногу продавая свои природные богатства и распределяя доход от продажи на всех. Пусть не поровну, но на всех. С голоду не умрут. Им хватит надолго. Поэтому свергать путинскую власть у русских нет особой нужды. Да и ради чего? Чтобы более интенсивно работать на заводе или в поле? Или чтобы на смену Путину пришёл какой-нибудь более глупый политик, который опять всё развалит?

Для русского человека неважно какой ценой правитель делает то, или иное завоевание территории, важно было только то, что эта территория отныне принадлежит России. Ему также неважно может ли он эту территорию грамотно использовать или нет. Наполеон и Гитлер были глупцами, когда пытались завоевать Россию. Они не учитывали государственный менталитет русского человека и то, как он мало ценит свою жизнь и каким сильным он становится, как государственный человек. Ну, а уж после разработки оружия массового поражения, завоевать Россию стало практически невозможно. Она может сгнить только изнутри, что уже не раз бывало. Поэтому Путин так боится настоящей, а не фейковой, как сейчас, оппозиции и "пятой колонны". Он ограничивает и пресекает всяческое финансирование местных организаций из-за рубежа. Хватит России одного Ленина, который сделал октябрьскую революцию на немецкие деньги, что обернулось для страны минимум пятьюдесятью миллионами покойников.

Путин воссоздал полувоенную систему административного управления государством. Теоретически в этой системе есть всё, что положено в демократических государствах, все ветви власти – исполнительная, законодательная и судебная. Но на практике всё опять сводится к стандартной русской схеме: "правитель – чиновники – одобряющая толпа", сознание которой "накачивают" верноподданные СМИ. Вертикаль власти отличается от советской административно-командной системы наличием упомянутых имитационных демократических "прокладок": Государственной Думы, Совета Федерации, Верховного суда, Генеральной Прокуратуры и множества организаций помельче. Всё, как в цивилизованных странах. Ну и, конечно, важно, что только около 30% собственности в современной России принадлежит частным лицам. Остальное – государству. Главные вопросы, связанные с управлением страной и финансами, решаются исполнительной властью в Кремле и в доме правительства. На долю других организаций-имитаторов остаются рутинные вопросы обобщения, согласования, уточнения и разговоров для внутренней и международной общественности.

Одна из отговорок Путина, комментирующего дело, попавшее на рассмотрение правоохранительных органов, состоит в сентенции: "Это определит суд". Говорит так, как будто не знает, что судьи нижних инстанций в России не бывают независимыми – независимые долго на своих местах не держатся. В большинстве случаев они независимы только теоретически, а на практике они зависят от председателя суда, а тот – от исполнительной власти, которая платит судьям хорошие зарплаты в том числе и за то, что они проявляют кооперативность с действующей властью. Воссозданная самим Путиным вслед за административной государственной вертикалью власти, вертикаль судебной власти не даёт судьям быть независимыми. Многие ограничивающие и запрещающие законы тоже инициируются сверху – из администрации президента и из правительства, а эти бюрократические инстанции блюдут прежде всего интересы государства и свои собственные. Эта тенденция усиливается тем, что подавляющее большинство судей пришли из правоохранительной системы ещё с советских времён (из милиции, из прокуратуры, из адвокатуры) и у них свои критерии о том, что хорошо и что плохо и как надо действовать в позиции судьи.

По мнению главного редактора журнала "The New Times" Евгении Альбац, когда Путин вступает во взаимодействие с лидерами демократических государств для него становится "неприятным открытием, что мир не везде устроен так, как в России. Российские власти, точнее Путин, привык, что в России решает всё практически один человек; что институты, которые должны были бы решать, они на самом деле – это такая ширма. Совет безопасности — это ширма. Министерство иностранных дел – это ширма. Институты экспертизы... — всё это ширма." [4] То есть не то, чтобы на рациональном уровне Путин не понимает ограниченные полномочия и возможности перечисленных выше организаций, но у него в голове не укладывается зачем ему нужно согласовывать каждый свой шаг с этими картинными ветвями власти, которых он и его Администрация предлагали к избранию, зачем так важно согласовывать разные точки зрения на конкретные вопросы при принятии решений. Ведь всем этим людям государство платит хорошую зарплату для того, чтобы правильно голосовали за нужные решения. Чего ещё надо?

В основе работы путинской вертикали власти лежат следующие базовые положения:

1. Власть в России носит кланово-командный характер.

2. Внутри правящего клана-команды люди живут не только по закону, но и по понятиям.

3. Информация сверху вниз идет дозированная. Утечек практически не бывает. Главный источник новостей – президент. Он же – главный интерпретатор целей, задач, фактов.

4. Борьба за место под президентским солнцем идёт кабинетная, подковёрная. Никого не интересует правдива ли информация о том, или ином человеке, а интересует, кто его "заказал".

5. В России сверху донизу действует система полулегальных и нелегальных "общаков", пополняющих доходы участников чиновничьих сообществ по местным понятиям и по местной справедливости.

6. Базовым идеологическим трендом в политике и экономике России является возврат граждан к традиционным "духовным скрепам", выступающим в форме ново-старых идеологических и нравственных ценностей.

7. Опорой нынешнего российского правящего режима являются ОМОН, Росгвардия, ФСБ и армия[Прим.3]. Они, как верные псы

президента всегда у его ноги. За это им хорошо платят и обеспечивают неплохие жилищные условия.

8. В России постепенно осуществляется переход к милитаристскому государству. Это значит: централизация власти на всех уровнях, разобщение людей, создание образа врага, недоверие друг к другу и повседневная агрессия на бытовом уровне.

9. Президент имеет полную информацию о собственности каждого члена правящего клана-команды (дома, участки, машины, квартиры, деньги, яхты, самолёты) даже если собственность записана на родственников или знакомых. Если что-то оказывается вне "государева глаза" – это рассматривается, как пятно на репутации чиновника за что он может понести наказание.

10. Все верхние чиновники оказываются намертво привязаны к клану-команде власти и к президенту поскольку каждого всегда можно прихватить через собственность. Главным распорядителем денег и благ является сам президент[Прим.4], который делает это используя взносы российских олигархов в офшоры и в прочие тайные места.

Терпеть русский народ привык. Вот уже многие сотни лет терпит. И чтобы народ не вздумал изменять своим привычкам, Путин создал условия, благодаря которым не терпеть стало нельзя. Придя к власти в России, он начал с того, что постепенно расставил представителей спецслужб и силовых ведомств на все ключевые посты в государстве (Председатель Госдумы и Председатель главной партии "Единая Россия"– Борис Грызлов (2003), Председатель Совета Федерации – Сергей Миронов (2001), Председателем правительства вначале стал Михаил Фрадков (2004), а затем Виктор Зубков (2007), ФСБ возглавил вначале Николай Патрушев (1999), а затем Александр Бортников (2008), МВД вначале находилось в ведении Рашида Нургалиева (2003), а затем Владимира Колокольцева (2012). Все эти люди - бывшие советские коммунисты, силовики и спецслужбисты. Они привыкли терпеть любые порядки и любое начальство сами и создают надлежащую среду для того, чтобы другие подчинялись и терпели, как и они. А кто не хочет терпеть – с вещами на выход.

Параллельно с расстановкой своих людей на ключевые посты в государстве и укрепившись к концу первого президентского срока, Путин стал перестраивать политику и экономику под своё понимание того, как должна функционировать власть в России. Ни о каком балансе ветвей власти при Путине речь никогда не шла. Его суверенная демократия сводится к имитационной демократии или к демократии для невзыскательных внешних наблюдателей, которых с каждым годом становится в мире всё меньше. Говорят, Ельцин иногда звонил Путину в начале 2000-х годов со своими советами. Но после очередного совета Путин немного урезал привилегии Ельцина своим сентябрьским указом от 2000 года. Ельцин сразу всё понял и стал вести себя прилично. В награду за послушание Путин позволил сторонникам бывшего президента построить огромный Ельцинский центр в Екатеринбурге за государственный счёт. На это ушло несколько миллиардов рублей.

Путин, как военный человек, не стал разводить демократическую канитель, а формально закрепил своё автократическое правление, сделав оппозицию (КПРФ, ЛДПР, СР) карманной. Он добился этого через установление лимитов государственного финансирования партийных фондов, и денег, собираемых с бизнесменов, которые поддерживают ту или иную партию. При этом львиная доля денег уходит в "Единую Россию". Как результат этой фактической однопартийности Государственная Дума ни разу не голосовала против президентской инициативы или приняла хотя бы одну инициативу, исходящую из регионов.

Поскольку финансирование партий, выборная и агитационная процедуры идут сверху, то те, кто платит, те и заказывают музыку для того, чтобы послушный русский народ добровольного и правильно изъявлял свою волю. Так в России демократия и закончилась. Вертикаль власти её похоронила, забила в крышку гроба большой гвоздь и ещё сплясала на поминках. Экономика тоже оказалась под бдительным оком исполнительной власти. Крупные частные бизнесмены за своё послушание имеют немалые доходы – в западных странах столько не получишь, но они вынуждены либо платить за это власти, либо перекочевать за рубеж. По словам видного российского политика Ирины Хакамады, сейчас "крупных независимых бизнесменов в России не осталось. Все уехали за границу. Нынешний крупный бизнес в России связан с энергоносителями, а он весь под Кремлём". [99]

В общем настойчивость, последовательность в сочетании с удачей дали Путину нужный результат. Ко вторым выборам президента 2004-го года вертикаль власти была готова. Серьёзных внутренних противников внутри России у Путина не осталось. Были отдельные непослушные организации и граждане, с которыми можно было не особенно считаться и даже до поры до времени позволять им высказывать собственное мнение. Дальше пошла шлифовка, сглаживание шероховатостей русской политической системы и дальнейшее укрепление вертикали власти. Демократия в России закончилась и на её возрождении в России был поставлен большой крест. По крайней мере на несколько десятков последующих лет.

Путин создал вертикаль власти потому, что в силу своей советской ментальности ничего другого создать не может. Для её практического внедрения он полагается на военные и специальные силы - практику, которая веками испытана в России, неважно соответствует ли она реалиям XXI века или нет. Затем он ввёл элементы командной вертикали во все сферы жизни России: жизнь по понятиям, как в ленинградской подворотне, право сильного, как в первобытном обществе, патриархат, как в русской крестьянской семье, единоначалие, как в армии. При нём схема "пастух-стадо" работает неотвратимо. Просто пастух, быки и коровы в современном русском обществе носят платья и галстуки, а упругий кнут пастуха обёрнут денежными купюрами.

До 1991 года государство под названием СССР было главным собственником всего, что было в России. За счёт приватизации в 90-е годы доля государственной собственности снизилась по крайней мере в два раза. Правда за время путинского правления проникновение государства в экономику страны опять возросло до 70%.

Профессор Университетского колледжа в Лондоне, социолог Алена Леденева, живущая в Великобритании, "видит Россию как сетевое государство, огромную паутину, состоящую из денег и власти, скреплённую посредством неформальных методов, кланов и личных отношений и управляемую при помощи неписаных правил и кодов. Эта сложная схема образует "систему", где царствует Путин — и где он такой же пленник, как все." "Эта система представляет собой "созависимость паразитирующих властных элит и паразитирующих масс", в которой Путин "правит при помощи двух механизмов: лояльности и ручного контроля". [21]

Сам Путин выглядит, как приличный фасад российского реакционного государственного уклада. Своей упёртостью и нечувствительностью к веяниям времени, он успешен только на внутреннем российском политическом рынке. Он может одновременно ублажать и игнорировать только внутренний электорат. Вовне его авантюризм слишком бросается в глаза. В ответ на его воинственную риторику и "асимметричные ответы", цивилизованные страны просто наращивают своё военное присутствие и военный потенциал в чувствительных для России точках и вводят новые экономические санкции. В результате пока Путин получает эффект обратный желаемому. Он остаётся мальчиком из ленинградской подворотни, который силён только в своей подворотне. Там он делает всё, что хочет – надувает щёки, заводит своих силовиков, организует своё местное телевидение, которое вещает на близлежащие дворы, награждает орденами и медалями своих местных героев, деятелей искусства, науки и спорта, но в соседних подворотнях его награды немногого стоят.

Тенденцию на изоляцию страны Путин поддерживает и одобряет. В верхнем эшелоне власти сложилось представление, что "мы и сами с усами" и чем меньше вмешиваются иностранцы в наши дела, тем лучше для развития России. По мнению директора программы "Экономическая политика" Московского Центра Карнеги Андрея Мовчана, который анализирует влияние новых санкций, принятых сенатом США в отношении России в июне 2017 года, эти "санкции на руку Кремлю, который уже давно взял курс на экономическую, политическую и культурную изоляцию, позволяющую ему держать страну под контролем и создавать ощущение угрозы, сплачивающее нацию вокруг своих лидеров, в то время как потоки нефти в ЕС продолжают обеспечивать и раздутый военный бюджет, и спортивные мегапроекты, и супер яхты с замками для тысячи приближенных к власти семей, и приличный доход для полумиллиона чиновников и близких власти бизнесменов, и кусок хлеба для остальных граждан." [59] Фактически конгрессмены и сенаторы США действуют в соответствии с тайными желаниями Путина и его чекистского окружения, которые добиваются изоляции России от внешнего мира, чтобы ей было легче управлять.

По человеческим качествам для преданных ему людей Путин неплохой парень. Он здраво мыслит, обладает чувством юмора, у него хорошая реакция. Но, создав понятную ему вертикаль власти – единственную, которую он умеет создавать (как лесные муравьи рода Formica создают муравейники только одного типа в виде двухметровых куполов), он стал её заложником и отрезал для себе возможности отступления и преобразования политической и экономической системы России. В этом его главная трагедия. Но Путин это как трагедию не воспринимает. Ему чем проще, тем лучше. Даже структурные экономические реформы Путин уже не может себе позволить в России провести, хотя назрели они уже позавчера. Говорит о реформах он часто, но воз и ныне там – ведь тогда придётся отказаться от руководящей и направляющей роли Кремля и его лично. Но если Путин счастлив в своём автократическом невежестве и сами русские им довольны - так пусть эта консервативная идиллия длится долго. Дай бог им всем счастья и здоровья.

Вначале правления Путин играл по правилам, которые достались ему от Ельцина. Но когда он увидел, что вместо того, чтобы развивать отечественную промышленность и сельское хозяйство обогатившиеся на нефти олигархи норовят перепродать свои российские активы на Запад или спекулируют ими внутри страны, он поспешил забрать их назад во владение государства. А если совсем просто, то бывшие комсомольские работники, авантюристы и воры в законе, завладевшие государственной собственностью, не сумели усовершенствовать предприятия ещё советских времён до мирового уровня. Они были не заинтересованы развивать то, что им досталось за бесценок от государства. В этом смысле приведение олигархов "к общему знаменателю" в краткосрочной перспективе было важно хотя бы для того, чтобы кормить своих пенсионеров и не вызвать социального напряжения в Российском обществе. Ведь русские старики и старухи не виноваты в том, что все их правители, начиная с Ленина, были идеологически упёртыми идиотами.

Для Путина главными параметрами, определяющими его поведение и отношения, являются три фактора – "Кто здесь главный?", "Кто контролирует собственность?" и "Кто распоряжается деньгами?" Это даёт ему право доминировать в споре хозяйствующих субъектов. Когда демократы раздарили и распродали по дешёвке бывшую советскую собственность, немалая часть её всё ещё принадлежала государству. Воспользовавшись этим, а также административным ресурсом Путин постепенно вернул государству значительную часть ранее принадлежавшей ему собственности. Подтекстом деятельности Путина можно написать слова: "Раз народ меня избрал, значит доверяет. А раз доверяет, то я буду делать то, что считаю нужным и правильным для моего народа и государства."

Когда Путин стал всемогущим русским президентом ("что хочу, то и ворочу"), то авторитарно-патриархально-консервативно-советская основа в стране окончательно восторжествовала над поздними рыночно-демократическими наслоениями. Поэтому сейчас в лице Путина народ имеет то, что имеет, а именно некий гибрид между русским царём и советским генсеком, между православным христианином и мультиконфессионалом, между своевольным мальчишкой и искусным переговорщиком. А всё вместе это называется президентом Путиным.

Путин задавил частного человека, пользуясь тем, что у того иммунитета против диктатуры за многие сотни лет так и не выработалось. За последние 100 лет русский народ превращён большевиками в управляемое стадо, состоящее из послушных людей, которых не менее половины населения. Несмотря на хорошие правильные слова о народе и о простом человеке, как раз на конкретного простого человека – Путин внимания не обращает (кроме частных случаев персональных просьб во время пресс-конференций с народом). Его больше волнует условный среднестатистический русский. За этого-то среднестатистического человека Путин и решает в кабинете Кремля или в задней переговорной комнате. Все его спекуляции о демократии – это пустые слова. Несмотря на весь свой ум, он даже не понимает, что это такое, а если понимает, то понятие "власть народа" лично ему глубоко чуждо.

Что до встреч с простым народом по поводу какой-нибудь аварии, пожара или другого несчастья, то если раньше таковые встречи случались часто, то теперь его пиарщики признали это нерациональным поскольку выигрыша от таких встреч бывает немного, а критических замечаний от оппозиционных журналистов на несколько лет хватает. Поэтому Путин встречается с людьми на улицах всё реже. С ними разбираются другие начальники рангом пониже, а в бунтарских случаях – ОМОН, Росгвардия и ФСБ. Там разговор бывает коротким, как и принято в России.

В чём опасность централизованной власти в России? Она быстро перестаёт быть адекватной и наглеет. Многие из нынешних руководителей, кто пережил нищее советское детство, стараются побыстрее о нём забыть и упиваются своим новым положением во власти и имущественным благополучием. Им не хочется думать о том, что при таком архаичном авторитарном правлении рано или поздно бедная жизнь может вернуться к ним и "останется баба у разбитого корыта". Всё это потому, что внутренней культуры для долгосрочного поддержания себя в новом властном или богатом состоянии у них нет. Они целиком зависят от правителя, который сегодня принял обличие Путина, а завтра кого-нибудь ещё. Они не понимают, что работать должны государственные институты, а не личность. Тогда собственность и гражданские права будут защищены.

Путин не может остановиться в своей игре на повышение роли государства поскольку, повышая роль государства, он повышает свою роль, как президента-ключника, который имеет ключи от всех дверей в этом государстве. Он постоянно усиливает роль государства и ослабляет роль частного человека в экономике и политике. Люди в России фактически обменяли свою свободу на относительно обеспеченную жизнь. Хотя какая это обеспеченная жизнь, когда средняя зарплата в России сейчас 3.3 доллара в час, в Норвегии – 53, а в Германии – 40 долларов в час.

Причины длительной популярности Путина:
- он умеет понятно говорить с людьми и нравиться им,
- он умеет привлекать людей и удерживать их внимание,
- он держит дистанцию с другими людьми и подчиненными, не позволяет никому слишком близко подойти к нему,
- он соблюдает осторожность и дипломатичность в заявлениях, сочетая их с простым народным языком,
- он позволяет себе использовать оригинальные языковые каламбуры, шутки, анекдоты, импровизации, яркие образы, которые нравятся людям,
- у него есть чувство меры,
- он демонстрирует естественность и искренность,
- он защищает своих друзей, не позволяет оскорблять их,

- он понимает, что нельзя ожидать большего от россиянина, чем он может дать,
- он тщательно защищает свою личную жизнь от глаз широкой публики, показывает только то, что считает необходимым.

2.2. Сильная Воля Правителя, как Основа Устойчивой Власти в России

Вертикаль власти по-путински – это единство воли. Не Бог весть какая оригинальная идея, но для России она пока работает. По крайней мере страна ещё функционирует, хотя и в ручном режиме. Правитель находится в центре и всем управляет (даже если лихорадочно перемещается по всей стране и по зарубежью), другие ждут его указаний, согласований, советов, финансирования и пр. На него замыкаются основные назначения, решения и связи.

Чтобы самоотверженно подчиняться своему правителю, русские люди должны чувствовать его волю. Тогда они готовы жертвовать имуществом и даже жизнью ради целей, которые правитель перед ними ставит. Как только это ощущение пропадает, в России начинается недовольство, сплетни, брожение в умах, а там недалеко и до смуты. Дело в том, что те обыватели, которые в рядовой ситуации безоговорочно подчинялись правителю, в необычной стрессовой ситуации, когда правитель слабеет, вдруг перестают ощущать его непреклонную волю, влияние и давление. Они тут же начинают сравнивать себя с ним ("он такой же, как и я") и все слабости, которые они подавляли в себе, возлагая ответственность за своё успехи и неудачи на этого правителя или на какую-то высшую силу, начинают проявляться во всей своей негативной красе.

Русские не умеют быть снисходительными к слабостям своего правителя. Русский народ устаёт от слабых, неопределившихся лидеров и слабой, неопределившейся власти. При таких правителях страна деградирует поскольку самим русским людям не хватает воли и пассионарности. Поэтому они предпочитают сильных волевых вменяемых лидеров. К сожалению, с демократическими правителями их предпочтения согласуются редко.

У Путина в характере с молодых лет просматривалась самостоятельная личность и сильная воля. Окружающие видели в нём это. "Володя был неяркий, небросский, но в нём привлекала вот эта внутренняя сила, которая и привлекает сейчас всех." – говорила о нём его жена – Людмила. [19] Эта внутренняя сила усилилась с обретением Путиным статуса президента. В России статус главного человека в государстве "перебивает" всё остальное.

За счёт чего поднялся Путин как, впрочем, и прежние лидеры в СССР и в России? Преимущественно за счёт характера, воли и закулисной политической игры. Путин преодолевал себя в продолжение всей жизни. Он ставил цели и добивался их выполнения, выбирал тех людей, которые способствовали его развитию и совершенствованию. В общем он всю жизнь "делал себя", используя те преимущества, которые давала советская система. В результате получился образованный и правильно воспитанный волевой советский человек. Все его плюсы и минусы определяются этим советским и чекистским воспитанием. Он заводил полезные знакомства и динамично приспосабливался к новым ситуациям. Он ни минуты не позволял себе расслабиться в своём движении по карьерной лестнице к вершинам российской власти. И в этом его сила и притягательность для простых людей. Он "self-made man" и этим заслуживает глубочайшего уважения.

Как волевой человек, Путин научился преодолевать свою стеснительность, а также справился с рядом других коммуникативных личностных проблем, хотя и не со всеми. Например, фиксировать глаза на человеке во время персонального разговора он долгое время не мог научиться. Это глубинный механизм, требующий особого тренинга. Например, полезно знать, что чем дальше находишься от собеседника, тем легче фиксировать на нём глаза во время разговора. Помогает также, если сидишь не прямо напротив него, а под углом около 90 градусов. Но учёт этих проксемических факторов лишь облегчает, но не преодолевает глубинный психологический комплекс Путина, идущий с глубокого детства. Только в последнее время у него, кажется, появился хороший тренер, который частично скорректировал этот недостаток.

По мнению журналиста Эйди Игнатиуса из журнала "Тайм" "Первое впечатление от Владимира Путина — это человек, внутри которого таится сдерживаемая мощь: фигура у него компактная, движения скованные, но точные. Он в хорошей спортивной форме. Хотя он не очень высокого роста, вероятно метр семьдесят, - от него исходит стальная уверенность в себе и сила. По лицу в Путине сразу можно угадать русского: чётко вылепленные черты лица и эти глаза, проникающие взглядом насквозь. Он подаёт себя, не видя необходимости очаровывать - не прилагает усилий, чтобы снискать ваше расположение. Чувствуется, что он постоянно подчиняет себя некоей чёткой внутренней дисциплине". И далее: "Такого пристального взгляда, как взгляд Владимира Путина, у людей от рождения не бывает. Светло-голубые глаза президента настолько холодны, настолько не выдают никаких эмоций, что свою манеру смотреть на людей он, верно, избрал нарочно, понимая, что власти можно добиться, подавив в себе обыденные потребности, например, потребность моргать. Теперь манера накрепко срослась с ним, и поэтому разговаривая с российским президентом, не только испытываешь утомление, но часто чувствуешь озноб. Этот взгляд точно говорит: "Я - главный"." [цит. по 56] Такого хвалебного описания Путина я давно не видел. Очаровал Путин этого парня по самое некуда. Кроме того, еда в путинской усадьбе была изысканная. Журналисты за рубежом такую себе позволить не могут.

Путин усовершенствовал своё тело через активную двигательно-моторную деятельность и тяжелые физические тренировки. Активные физические нагрузки дают ему заряд энергии и заодно дают ему возможность быстро переключаться с одной деятельности на другую.

В результате того, что управление в России держится на одном волевом человеке страна имеет одну из самых неэффективных политических систем в мире. Получается один правитель на 147 млн человек или на 112 миллионов послушных избирателей (это на середину 2017 года). Работать должны люди, а президент только создаёт условия для этого. Когда президент берёт на себя слишком много функций — это способствует подавлению инициативы частного человека.

Годы президентства Владимира Путина многие социологи и психологи характеризуют как "эпоху торжествующей апатии". [10] Политическая жизнь от избирателя уже давно практически не зависит. Реальная роль русского народа в политике ничтожна, что бы там не говорили о великом русском чудо-богатыре и матушке России русские правители, верноподданные борзописцы и ура-патриоты. Немудрено, что на выборах в Государственную Думу и в Совет Федерации РФ VII созыва 18 сентября 2016 года явка избирателей составила 47,88%. Для западноевропейских стран совсем неплохой показатель, но ведь выбирать-то русским не из кого. Вот их и мобилизуют на выборы сверху по разнарядке, как в прежние коммунистические времена.

Власти России всё больше устраняют людей от принятия важных решений, от проявления инициативы в общественно-политической деятельности. В подсознании у многих вертится мысль: "А что я могу сделать?". Воля советского человека была изначально подавлена большевистским террором в 1918-1922 годах. Годы большевистского террора, а затем советского правления я вообще не хочу комментировать. Там всё было однозначно: кого предложат, того и выберем. Потом Ельцин стал давить волю нового русского человека (так называемого россиянина) уже в 1993 году, расстреляв из танков Верховный Совет Российской Федерации. И это неважно, что этот Верховный Совет был рудиментарным остатком Советского Союза, но он был выбран всем народом России. Хотя бы из уважения к народному волеизъявлению можно было обращаться с ним более уважительно. Но поротый президент Ельцин предпочёл быть единоличным хозяином России, пусть и с некоторыми ограничениями. Ради этого он и "пустил под откос" Советский Союз в 1991 году.

В России волю ребёнка подавляют с самого рождения. Большинство родителей моего поколения пеленали ребёнка примерно до года вместе с ручками, ножками в так называемые "кульки". Это самый простой метод ограничения спонтанных проявлений ребёнка. Многие родители и учителя в школе до сих пор используют силовое и словесное ограничение активности детей, как основной метод воздействия. Другие цивилизованные методы воздействия предполагают наличие специальной психологической подготовки, которой учителя в России, как правило, не владеют. В результате скрытая агрессия копится у ребёнка в течение всех начальных лет жизни. Вот откуда такие закомплексованные агрессивные взрослые в России получаются. Их спонтанную активность изначально ограничивали, и они, в свою очередь, ограничивают активность других. Путин как раз из их числа.

2.3. Личная Система Приоритетов и Духовные Скрепы Государства

Главные жизненные установки Путина вытекают из его эгоцентризма: "Я считаю это правильным" и точка. Другой вариант: "Это соответствует моим представлениям о должном". "Должно быть так, а не иначе. И вряд ли вы меня сможете убедить в обратном". Поскольку Путин сам для себя является законом, он пропускает мнения других через свой эгоцентрический фильтр и очень часто игнорирует мнение окружающих. Игнорирует красиво, уважительно, убедительно, предварительно внимательно выслушав, но суть игнорирования от этого не меняется. Это приписывают его сопротивляемости и неуступчивости, нежеланию идти на поводу у кого-то. Но по факту он не способен перешагнуть через свои предубеждения и предрассудки, которые сформировались в советском детстве.

Какова система приоритетов, которыми Путин в жизни руководствуется?

1) Россия, как государство, – для него безусловно высшая ценность. У Путина есть своя вера, концепция, почти религия, которая называется приверженность величию русского государства. Эта вера, концепция не экономическая, а традиционная, имперская, консервативная, геополитическая. Он от неё не отходит. Его сила в том, что он не только следует ей сам, но и ждёт, что ей будут следовать другие люди в России. Однако, он слишком поздно родился – этак через двести-триста лет после того, как эта вера была руководством для деятельности русских царей и их подданных.

2) Человеческая жизнь тоже ценна, но если стоит выбор между благополучием России и человеческой жизнью, то Путин однозначно выбирает Россию. Людей в России всё ещё много, а Россия одна.

3) Правде лучше не изменять - чревато потерей реноме, имиджа, репутации. А вот саму правду можно и даже нужно менять особенно если это для пользы государственного дела. В частности, выпустить поправки к Конституции - основному закону Российской Федерации, отменяющие или изменяющие действие неугодных правителю статей этого закона. Например,

был срок действия президентских полномочий – четыре года, захотелось лидеру пожить при личном коммунизме подольше ... и вот он порекомендовал послушной, подконтрольной, хорошо оплачиваемой Государственной Думе увеличить срок правления с четырёх до шести лет, и недавний Гомо Советикус будет президентствовать до старости. Всю остальную "подтирочную" работу доделывают зависимые от власти федеральные СМИ.

В 2012 году взамен утраченный советских ценностей Путин предложил народу духовные скрепы – заменители традиционных для Российской империи основ: Православия, Самодержавия, Народности. Новые скрепы-ценности должны по путинской задумке объединять народ России в единое духовное пространство. Формулируя их, Путин говорит о русском языке, русской культуре и совместной тысячелетней истории восточнославянских народов. Духовные скрепы по Путину подразумевают:

1) Нравственные основы, включающие веру в ценность семьи, дружбы, труда и межчеловеческих отношений.

2) Положительные черты национального характера, подразумевающие патриотизм, терпение и преданность власти.

3) Сохранение исторической памяти об основных победах и трагедиях в истории страны.

4) Гордость за достижения страны.

5) Приверженность лучшим традициям – русским и советским.

6) Поддержание общего языка и культуры.

7) Защита своей территории.

Перечисленные скрепы по Путину вместе призваны возродить милосердие, сострадание и сочувствие друг к другу издавна присущие русскому народу. Выглядит действительно красиво, если бы не предыдущая трагическая история страны, которая тоже опиралась на красивые, благородный идеи.

2.4. Патриотизм и Сохранение Целостности России

Путин рассматривает себя, как защитника всех русских от зарубежных недоброжелателей, которые так и норовят Россию в чём-то ущемить и оскорбить. Лучшего патриота, чем Путин, Ельцин не мог бы выбрать. Тем более, что у самого Ельцина уже не хватало сил и энергии противостоять зарубежным политикам и лидерам, которые перестали считаться с Россией, как с мировой державой.

Самые ярые критики не могут отказать Путину в патриотизме. Он действительно ощущает себя частью народа и не мыслит жизни вне России в отличие от многих сомневающихся людей, которые всегда готовы к другим вариантам. За достоинство России Путин всегда стоит жёстко. В первой книге о нём [19] рассказывают случаи, когда Путин боролся за достоинство России пусть не всегда дипломатично, но искренне. Например, в книге приводится случай, произошедший в Гамбурге на заседании общин Ганзейского союза в феврале 1994 года. Владимир Путин, присутствовал на заседании в качестве гостя, как вице-мэр Санкт-Петербурга, города-побратима Гамбурга. В своём публичном выступлении президент Эстонии Леннарт Мери позволил себе некорректно (с позиции Путина) трактовать историю взаимоотношений СССР и Эстонии. В ответ на это патриот Путин встал и, по-военному, чеканя шаг, по скрипящему паркету, прошёл к двери и вышел из зала, громко хлопнув дверью.

Как известно, освещение события зависит от мировоззрения, установок, ценностей человека, который их интерпретирует. У Мери и Путина они сильно расходятся. В частности, по вопросу о добровольном присоединении Эстонии к СССР в 1940 году. Согласно договору Молотова-Риббентропа, при разделе Польши Прибалтийские страны и Финляндия, а также Западная Украина и Западная Белоруссия отходили к СССР. Отказалась подчиниться этому грабительскому пакту только Финляндия. Руководство Эстонии, понимая, что меньше миллиона эстонцев не смогут противостоять многомиллионной Красной Армии, было вынуждено согласиться. Это как женщина "добровольно" отдаётся насильнику, который угрожает ей ножом. Иначе всё равно изнасилует, да ещё и убьёт в придачу.

После этого по Эстонии было арестовано с конфискацией имущества и направлено в лагеря на срок от 5 до 8 лет 9,156 человек - деловые люди, интеллигенция, военные и жандармы – цвет нации. Леннарт Мери — сын эстонских дипломатов вместе с родителями и со всей семьёй был сослан в Сибирь. Впоследствии он стал советским диссидентом. Работал драматургом и переводчиком.

Совершенно другая судьба была у Владимира Путина. Он был воспитан, как 100% советский человек. В настоящее время он - сторонник сильной России и считает развал СССР геополитической катастрофой. Естественно, этим людям трудно понять друг друга.

Леннарт Мери высказал в своем выступлении мысль о том, что Россия, несмотря на внешнюю победу демократии при Ельцине, не перестала быть империей, и однажды рано или поздно обязательно захватит соседние земли. Собственно, так это и происходит не без прямого участия имперского патриота Путина. Так что путинский демарш в Гамбурге был как минимум бестактен. Впрочем, чего ещё можно было ожидать от недавнего советского идейного чекиста. Хорошо ещё, что не застрелил Леннарта Мери прямо в зале.

Вот в то, что Путин до сих пор ещё сохранил черты советского романтика, в это поверить можно. Так его учили в детстве. Когда он публично произносит слова о том, что идеи патриотизма настолько сильны в России, что никому не удастся перекодировать нашу страну, он в них верит. Спичрайтеры вряд ли "высосали их из пальца". И это не важно, что, произнося их, Путин идеализирует русских людей, меряет их по себе - прежнему, советскому человеку. Зато у многих создаётся впечатление, что в стране главный патриот – это президент. В поведении Путина удачно сочетается личное достоинство и соблюдение интересов своей страны. Это, кстати, и бесит тех, кто недоволен им, его политикой, его популярностью. Эти люди могут "на уши встать", кучу денег израсходовать, тысячи ругательных статей про Путина написать, а популярность его в народе всё равно не уменьшается. А всё потому, что простые люди чувствуют в них дерьмецо, двойное дно, двойную игру, задние мысли, личный интерес, а Путину многие доверяют. Хотя, если покопаться, то во многих вопросах Путин далеко не святой, но людей это не смущает.

Лозунг сохранения целостности России является основным для Путина с самого начала, когда они вместе с Ельциным вторглись в Чечню в сентябре 1999 года. И это было началом укрепления российской армии, флота, воздушных и космических сил, перевооружения армия и роста патриотических настроений среди людей. Но это произошло после того, как правительство России стало зарабатывать большие деньги на нефти и газе, начиная с 2004 года.

Когда экономика России стала стагнировать к 2013 году, а майские указы Путина от 2012 года не выполнялись, стало ясно, что путинский инновационно-экономический потенциал подошёл к концу. Тогда он решил переключить внимание народа с экономики, на внешнюю политику. Для этого он отобрал у Украины Крым, поддержал сепаратистские воинские подразделения в Донецкой и Луганской областях и полез в сирийский ближневосточный муравейник, чтобы поддержать диктатора Башара Асада. Во времена СССР такие операции ещё допускались международным сообществом поскольку против "советского ядерного лома не было приёма", а сейчас они возбуждают патриотические настроения только у своего одураченного федеральной Кремлёвской пропагандой народа.

Возврат психологии людей к естественному рыночному состоянию в России затянулся. После вакханалии 90-х годов, когда всё советское отрицалось, как порочное, начался возврат России к привычному автократическому государственному укладу. Переосмысливается русско-советское наследие, делаются попытки найти новое место страны в окружающем мире. В духовном плане в начале XXI века в России наступила гибридная феодально-имперско-капиталистическая эпоха. Она характеризуется тем, что ничего нового в идеологическом плане, российские "властители дум" так и не смогли придумать. Они пользуются обломками старого. На автократической русской осине демократические апельсины так и не растут.

2.5. Морально-этические Ценности и Установки

В царской России испокон веков мораль не была обязательной основой основ поведения людей. Однако, пока православная церковь и крестьянская патриархальная община следили за нравственностью людей, у русских было ощущение бога, который всё видит и оценивает добрые и злые дела. Это сдерживало многих от плохого, аморального поведения. При Советской власти, когда образ бога сильно поблек в сознании людей, а коммунисты ничего кроме террора и обсуждения "антипартийного" поведения своих членов на партсобраниях, предложить не могли, моральное состояние людей зависело в основном от семейных традиций и индивидуального воспитания.

Занимаясь прикладной разведывательной работой Путину приходилось делать несимпатичные с морально-этический точки зрения вещи, которые ему вряд ли нравились. И при этом ему надо было показывать, что он уважает других людей и сохраняет чувство собственного достоинства. Для того, чтобы успешно выполнять свою работу и сильно не идти наперекор своей совести, Путину приходилось вырабатывать компенсационные психологические механизмы: уговаривание себя, самовнушение, придумывание социально приемлемых легенд, объясняющих и оправдывающих своё поведение и пр.

Например, Путин несомненно подсознательно включал фрейдовский механизм сублимации, когда, стараясь забыть о детских травмирующих переживаниях или событиях, он переключался на такие социально приемлемые для общества виды деятельности, как совместное времяпровождение и выпивка, чтение исторической литературы, поездки на рыбалку и т.д.

Для человека, который занимается работой, которая ему не нравится характерным является подсознательное использование механизма рационализации или нахождения социально приемлемых объяснений и причин для неприемлемых мыслей или действий. Это делается для снятия внутреннего напряжения при переживании внутреннего конфликта и избавлении от него.

Ну и, конечно, как и многие из нас, Путин использует фрейдовский механизм проекции, когда он подсознательно приписывает другим людям собственные вытесненные мотивы, переживания и черты характера. Защитный механизм проекции является следствием вытеснения из активного сознания подавленных желаний загнанных в глубины подсознания.

При этом Путин часто говорит политически корректные, благостные вещи. Всем хочет помочь. Всех понимает. За всех переживает. Делают плохие вещи другие, но делают их под влиянием имперской автократической идеологии, которую Путин воскресил в России.

В КГБ у людей всегда был дефицит с морально-этическими принципами, и они старались от них избавиться – ведь мешают проклятые работать. Например, вопрос о том, можно ли пользоваться незаконными для вскрытия правды методами? Тут не только добывание и публикация переписки внутри демократической партии США в 2016 году, но и взлом информации ВАДА о легальном применении допинга зарубежными спортсменами с разрешения врача и публикация добытой нелегальными способами информации. Всё это правда, хотя и нечестно добытая правда – никуда от этого не денешься.

Существует морально-этическое понятие – "люфт дозволенного" (moral backlash). Это те моральные рамки, которые допускает для себя человек в процессе своего общественного поведения. В этот люфт входят допуски нарушения моральных норм. Как и многие моральные нормы этот люфт бывает разным у разных людей и применительно к разным общественным устройствам и ситуациям. А именно, применительно к десяти заповедям, применительно к своей-чужой референтной группе (религиозной, профессиональной, национальной), применительно к разным условиям борьбы и выживания. Например, можно ли воровать, если умираешь с голоду, или во имя чего можно лгать, или какую свободу сексуальных отношений человек может себе позволить и т.д.

Кроме того, люфт дозволенного зависит от условий допустимости нарушения моральных норм под влиянием страха, любопытства, болезни, стресса, внушения со стороны других людей и др. факторов. В разных обществах (первобытном, обществе распределительного социализма, современном западном обществе) этот люфт дозволенного различен и зависит от традиционных в этом обществе представлениях о нравственности. Поскольку Путин родился в атеистическом обществе распределительного социализма, с теоретическими представлениями о классовой борьбе, справедливости, порядочности и пр., то и люфт дозволенного у него весьма широк, что показали те изменения, которые с ним происходили в 90-е годы.

Путин живёт в мире своих представлений о том, что хорошо и что плохо. У него свой мир, который он создавал в течение жизни. Иногда этот мир совпадает с общепринятыми нравственными представлениями о хорошем и плохом, в другое время – не совпадает. Если бы его деятельность на посту президента была только его личным делом – да ради бога, пусть говорит и делает что угодно, лишь бы уголовный кодекс не нарушал. Но вот когда Путин втягивает других людей в свои авантюры вроде авантюр в Крыму, на Донбассе и в Сирии и эти люди страдают от его действий, это плохо пахнет с морально-этической точки зрения, какими бы отговорками Путин не оправдывал свои действия.

2.6. Персонифицированный Характер Управления Страной

В России работают не независимые организации и институты власти, а работают личности. По мнению бывшего Госсекретаря США, ныне профессора политологии в Стэнфордском университете профессора Кондолизы Райс, Путин не учитывает, что демократия основана не на личностях, а на институтах. Правду сказать, Путина институты не больно-то и волнуют. Он сам считает себя главным институтом в России.

Персонифицированный характер власти в России предполагает, что решение большинства серьёзных государственных вопросов завязано на президенте и на его администрации при слабом участии и слабой ответственности других политиков перед избирателями. Избиратели своих политиков почти не знают. Иногда кто-то из избранников народа мелькает на публике и даже высказывается о чём-то, но не в том качестве, для которого он был избран. Например, члены Государственной Думы или Совета Федерации на телевизионном экране, нередко высказываются по вопросам, которые не находятся в их прямой компетенции и в зоне их ответственности. Серьёзные вопросы, за которые они отвечают, остаются за кадром. Иногда процедят что-то сквозь зубы и опять за старое, непрофильное.

Россия - страна, где уровень персональных взаимоотношений превалирует над институциональным уровнем отношений между организациями, институтами и региональными образованиями. Недаром в российскую печать часто просачивается информация о плохих отношениях между высокопоставленными людьми и их нелицеприятные высказывания друг о друге. Например, Кудрин-Медведев, Лужков-Медведев, Медведев-Саакашвили. В отличии от России, у западных политиков личные отношения не заслоняют формальные, деловые. Они могут не переносить друг друга, но интересы своей страны для них важнее любых личных симпатий и антипатий. За это им и платят зарплату. А в России всё ещё работает девичье: "любит-не любит, плюнет-поцелует, к сердцу прижмёт-к чёрту пошлёт".

Персонализация деловых отношений, как часть российского менталитета людей из управляющей верхушки, состоит в выяснении следующих моментов: "Кто стоит за действием или поведением?", "Где подслушано?", "Кем напета эта постановка вопроса?" "Какая "птичка на хвосте" принесла данную информацию?", "Кто "заказал" человека?" Любое естественное проявление недовольства, удивления, возмущения сразу ассоциируется с наездом. Можно ли с таким византийским мышлением строить цивилизованную страну? Так в России её и не пытаются строить. Большинство высших начальников имеют средневековый менталитет.

К 2012 году Путин разделил внутреннюю политику в стране на две части – открытая – для телевидения и пиара и закрытая, находящаяся в тайной зоне и осуществляемая "под ковром" с помощью секретных указаний, спецопераций и пр. Когда кто-то из его подчинённых "бульдогов" слишком активно барахтается под ковром и его морда, хвост или лапа высовывается оттуда, Путин пинками загоняет этого пса опять под ковёр. Для него главными приоритетами являются отсутствие информационных утечек из своего клана-команды и создание ощущения единства правящей верхушки. В конце декабря 2017 года Путину пришлось лично мирить руководителей крупнейших российских компаний: Владимира Евтушенкова (АФК "Система") и Игоря Сечина ("Роснефть") и согласовывать их взаимные претензии.

Все ветви власти превращены Путиным в технический аппарат исполнения его воли. При этом он сам только озвучивает стоящие перед Россией задачи, скомпонованные его аналитиками и сформулированные спичрайтерами в соответствии с его задумками, а правительство отчитывается о выполнении поставленных президентом задач, естественно, в выгодном для себя ключе. После банкротства советской власти "втирание очков" друг другу и во внешний мир не прекратилось.

Путин считает, что Россия была великой, когда ей правили сильные личности – Петр Первый, Александр Второй. Себя он тоже считает выдающейся личностью, который объединяет жителей России и делает страну сильной - Владимиром Великим. По крайней мере он уже зарезервировал себе место на Аллее правителей России в Петроверигском переулке в центре Москвы.

2.7. Патернализм и Имитационная Демократия

Переход власти в России на имитационно-демократические рельсы проходил плавно. Уже в конце 90-х во властных структурах и в выборных органах России стали побеждать силовики и спецслужбисты поддерживаемые коммунистами поскольку наглость новоиспечённых "демократов" стала просто "шибать в нос" и все это чувствовали. Так что приход во власть Примакова, Путина или какого-то другого силовика был предопределён. Просто Путин замаскировался под демократа лучше других. Его поддержала "семья", Администрация Президента Ельцина и ФСБ. По 25 млн долларов на его президентскую кампанию дали олигархи Березовский и Абрамович. Он и победил. За Примаковым тоже стояли мощные силы. Его поддерживал мэр Москвы Юрий Лужков со своей партией, Служба внешней разведки и многие коммунисты. Однако им не хватило денег, поддержки Ельцина и его "семьи".

Путин предрасположен к единоличному патриархальному правлению, но он бы не стал фактически единоличным правителем России, если бы у народа не было запроса на твёрдую руку после анархии и беспредела 90-х годов, когда так называемые демократы под предлогом необходимости рынка и избегания гражданской войны, за бесценок раздали только своим людям природные богатства огромной страны, созданные всем народом.

Путин вернул страну к ограничению прав и свобод. Эта процедура прошла очень легко поскольку подавляющее число жителей России не умеют своими правами и свободами пользоваться. А если кое-кто и пользуется, то не на благо общества, а для себя и своих не всегда благовидных целей. Путин понял, что подавляющему числу русских людей, небольшого перечня демократических свобод за глаза хватит – они всё равно не знают, что с этим инструментом делать. Пользование демократическими свободами — это вопрос не одного поколения.

После теракта в Беслане (Северная Осетия) в 2004 году Путин распорядился отменить выборы губернаторов по всей России, хотя было неясно, какое отношение имел этот теракт к выборам губернаторов Тамбовской, Новгородской и других областей? А вот захотела "левая нога" президента Путина отменить эту существенную демократическую привилегию народа и взять её себе – взял и отменил. А русский народ послушно проглотил это незаконное неконституционное действие, как, впрочем, и все последующие.

Я ещё понимаю, если бы президент Путин сам не делал ошибок при назначении и утверждении губернаторов, но ведь сколько ошибок с тех пор сделал. Этот губернатор взяточником оказался, тот свою родню и знакомых на все ключевые должности посадил, третьему – не областью, а голубятней командовать. Про губернаторов, которые вообще не пригодны к хозяйственной работе, но зато имеют гибкий позвоночник уже и разговора нет.

В декабре 2011 года после объявления правящим тандемом об обратной рокировке, в России начались протестные выступления, которые продолжались вплоть до 6 мая 2012 года. Для Путина это, видимо, было неожиданностью или он притворился, что это для него неожиданность. Как? Он такой умный, крутой, всё понимающий, много работающий и вдруг: "Путин, уходи". Его же так любили до 2008 года. Его рекомендации поверили и выбрали его протеже – Медведева президентом. А тут вдруг, какое-то дурачьё, которое, несомненно поёт с чужого вражеского забугорного голоса, что-то там смеет говорить. Надо было срочно пресечь это "безобразие", несомненно инициированное врагами России извне и "пятой колонной" изнутри.

В отличие от Путина президентская команда Медведева испугалась, когда начались массовые митинги в декабре 2011 года, пошла на уступки народу и вновь ввела выборы губернаторов незаконно отнятые у граждан РФ Путиным.

Однако, 6 мая 2012 года в Москве за день до инаугурации Путина силовики спровоцировали применение силы со стороны мирных демонстрантов. Это была типичная провокационная операция спецслужб. Она закончилась жёстким усмирением демонстрантов и наказанием "виновников". Когда народ таким образом успокоили, Путин опять превратил выборы губернаторов в управляемый процесс назначения временно исполняющих обязанности губернаторов, хотя и с последующим проведением их через формальную выборную процедуру. Просто процедура их назначения и последующего выбора несколько усложнилась и стала более изощрённой.

А уж какие политические технологии Кремль использует для повышения управляемости Субъектов Федерации и облегчения себе работы – не так важно. Всё равно деньги из регионов Кремль отбирает, а потом распределяет по регионам, а "кто платит, тот и заказывает музыку," то есть экономику и даже политику губернаторов. Таким образом, настоящим хозяином на всей территории России всё равно является президент и его люди в Москве, а губернаторы вынуждены выпрашивать у центра финансирование незапланированных сверху местных проектов.

Чтобы оправдать свой откат от демократического правления и ужесточение внутренней политики, придя к власти в 2012 году перед своим третьим сроком, Путин писал: "введение демократических форм государства принесло практически сразу же остановку необходимых экономических реформ, а чуть позже — сами эти формы оказались оккупированы местными и центральными олигархическими элитами, беззастенчиво использующими государство в своих интересах, делящими общенародное достояние... В результате в 90-е годы под флагом воцарения демократии мы получили не современное государство, а подковёрную борьбу кланов и множество полуфеодальных кормлений. Не новое качество жизни, а огромные социальные издержки. Не справедливое и свободное общество, а произвол самоназначенных "элит", откровенно пренебрегавших интересами простых людей. Все это "отравило" переход России к демократии и рыночной экономике — устойчивым недоверием большой части населения к самим этим понятиям, нежеланием участвовать в общественной жизни." [73]

Когда Путин писал эти слова он, мягко говоря, преувеличивал, а, грубо говоря, врал. Всё, о чём он писал, имело место в некоторых регионах Российской Федерации в переходный период перехода к демократии. На то он и переходный, чтобы терпеть и примиряться с негативными явлениями и думать, как их исправить демократическим путём. Путин терпеть и думать не захотел. Ему ближе армейский принцип управления государством, когда все шагают в ногу по его команде. Вот и получил стагнацию экономики Российской Федерации, начиная с 2013 года. Но ведь он никогда не признается, что наделал ошибок лично он – у Путина виноваты, как всегда, другие.

Ещё в начале 2000-го года он утверждал что он большой сторонник демократии, то, получив власть, эта любовь к демократии у него быстро пошла на убыль и к началу второго срока всем стало ясно "кто есть мистер Путин", а именно – традиционный русский авторитарный правитель. Сейчас в 2017 году обнаружилось, что вместо временного отката от демократических форм правления русские получили возврат к патриархальным автократическим порядкам, к которым Россия привыкла за предыдущие столетия. Процесс созревания русского народа до настоящей, а не имитационной демократии сильно затягивается.

Демократия – это всегда трудно, особенно на начальном этапе становления и этот период нужно пережить и перетерпеть. Период связан с постоянным недовольством людей, с неоднократными падениями рейтинга правителей, их сменами. Путин терпеть не захотел. Ему нужен покорный народ, с которым лично он может делать всё, что считает нужным, не церемонясь с личными мнениями, предпочтениями и прочей демократической ерундой. Ему лично процесс управления государством представляется просто. Раз он получил власть над народом – это всё равно, как завоевал неприятельский город. Теперь всё, что есть в этом городе принадлежит ему, включая людей. Их мнения уже никто не спрашивает. Захотел отобрать любую собственность у любого владельца - отобрал без лишних разговоров.

Нынешняя демократия в России – это фикция – нечто вроде расхожей присказки власть имущих. В условиях путинской вертикали власти демократия — это пустое лишённое реального содержания слово. Но Путин, как, впрочем, и многие авторитарные правители (Сталин, например) прикрывает словом "демократия" свои действия. Ему демократические процедуры заменяют саму демократию. Путин понимает демократию по-своему - не как власть, вытекающую из волеизъявления народа, а как специально организованную властью формальную процедуру по легитимизации решений и назначений, сделанных его властью. Все другие слова – это от лукавого. Он произносит их для того, чтобы оправдаться перед самим собой, ну и заодно перед завоёванным им народом.

Чем отличается демократическое, правовое государство от автократического? Тем, что оно более устойчиво и меньше зависит от личности лидера. Мягкая диктатура в Российской Федерации относительно устойчива только при сильном лидере, каковым является Путин. Например, губернатор Чечни Рамзан Кадыров подчиняется лично ему и никому больше. А всё потому, что они оба уважают прежде всего силу. Интеллигентские рассуждения о свободе и независимых судах вызывают у них в душе активный протест и даже смех, хотя громко и от души оба смеяться не умеют. По складу мышления и личности Путин и Кадыров похожи. Просто Кадыров ближе к феодальному Востоку, а Путин нахватался демократических идей на Западе. Поэтому они друг друга хорошо понимают и дополняют. Такое положение вряд ли сохранится при другом президенте России. Проблемы с Чечнёй у России начнутся после окончательного ухода Путина с правящего поста.

Правила игры в Российской бюрократической вертикали власти Путин соблюдает и будет соблюдать в дальнейшем, поскольку в этом залог его политического долголетия. Поэтому и править он будет долго и так, как сочтёт нужным, пока всевышний не приберёт его к себе, а затем, незадолго до конца, он, как Ельцин, передаст бразды правления верному человеку, который его не предаст, заводить уголовных дел на него и его родственников не станет, то есть на человека из своей обоймы, повязанного с ними одной цепью, приковывающей их обоих к русской галере. Народу на этой галере отводится, как и всегда было в России – роль статиста, который сидит в трюме и которого услужливые средства массовой информации заранее готовят к голосованию за нужного человека. Современная схема бюрократической вертикали власти немного более изощрённая, чем в советские времена, но вариантов и случайностей она не допускает. Я описал базовый политический сценарий функционирования российской власти, хотя возможны и отклонения от него.

Владимир Путин вовсю поддерживает легенду о наличии демократии у себя в стране. Его заигрывания с демократией и демократами в 90-е годы были всего лишь недолгими увлечениями, "вживанием разведчика в новый образ". Однако, после того, как он увидел, как сложно и долго её добиваться в условиях России, а многие "демократы" – это обычные ловкачи и жулики, которые хотят, обогатившись уехать из страны, он вернулся к советской идее о необходимости централизованного государственного регулирования экономики и политики. При Путине Россия вернулась в свой традиционный авторитарный имперский вариант существования.

Ну уж если какой-нибудь излишне "наглый" зарубежный корреспондент осмелится задать Путину вопрос об отсутствии демократии в России – всегда можно сделать изумлённое выражение лица и сказать: "Милый, ты что, белены объелся? Вот же она, российская демократия – Государственная Дума, Совет Федерации, Конституционный суд, Избирательный комитет, Оппозиционные партии – всё, как у вас и даже лучше. А если и есть какие-то отличия в нашей политической системе от других стран, так у России свой особый путь и вы к нам со своими советами не лезьте."

Также, как и Ельцин, Путин никогда не был демократом. Во многих тактических вопросах межличностного общения они оба вели себя, как либералы, но не как демократы. Настоящих демократов советская власть не воспитывала. В лучшем случае в постсоветской России можно найти людей с демократическим душком, преследующих свой личный интерес. Хорошо приспособившись к новой "демократической" властной тусовке, Путин сумел всем "втереть очки". Только получив верховную власть, он "показал характер" и оседлал настроения народа. И то не сразу. Постепенно он отжал от власти и от халявных нефтегазовых денег самых беспардонных олигархов и убрал из своего окружения и из власти чиновников и депутатов, которые этих олигархов поддерживали. Затем он выстроил по ранжиру всех остальных – тех, кто присягнул ему на верность. Только после этого вертикаль власти стала стальной конструкцией, о которую любой оппозиционер может "сломать зубы".

К середине третьего срока правления, Путин ужесточил законы по отношению к средствам массовой информации, к несогласным с государственной политикой гражданам, к иностранным агентам, к врагам России (террористам, украинским националистам, НАТО, деструктивным силам за рубежом и пр.). Без этих законов недовольство и агрессия русского народа могли перенаправиться на властную верхушку или на него самого. Зато после ужесточений и ограничений сам Путин вернулся в привычную командно-административную колею жизни, в которой был воспитан. Если ему об этом сказать, он обидится, но даже он не сможет отрицать, что страна управляется не снизу-вверх, а через имитационные прокладки сверху-вниз

Отвечая критикам, обвиняющим его в ограничении свободы прессы в России, её удушении, Путин сказал, что "в России никогда не было свободы слова, так что ему лично непонятно, что тут душить." [79]. Во-первых, если бы Путин повнимательнее читал русскую историю, то он бы вычитал оттуда, что между 2 марта и 7 ноября 1917 года полная свобода слова в России была. Уничтожил её большевик Ленин равно как он же ввёл на волеизъявление людей (выпуск газет, личную переписку и пр.) жесточайшую цензуру, создав Главлит. Во-вторых, несмотря на склонность к авторитарному правлению, путинский предшественник, Борис Ельцин никогда не покушался на свободу средств массовой информации в 90-е годы, хотя ему постоянно от них доставалось – за дело и без дела. От несправедливостей "отвязанных" журналистов Ельцин лечился алкоголем. Путин не пьёт, и решает вопрос разнузданных СМИ проще. Он отнял независимые телеканалы у владельцев (Владимира Гусинского, Бориса Березовского) и передал их послушным управляющим – Константину Эрнсту, Олегу Добродееву, Владимиру Кулистикову (ныне Алексей Земский), которые на рожон не лезут   живут сами и дают жить своим журналистам лишь бы те не наступали на святая святых – рекламу, дающую немалые деньги телеканалам. Из-за созданной ими пропагандистской системы СМИ, народу показывают только то, что ему положено знать. Остальное даётся под соответствующим ракурсом или вообще скрывается.

В рейтинге свободы прессы Россия находится в нижней части списка из 195 стран мира. За 25 лет между 1993 - 2017 годом в России зарегистрировано более 200 случаев убийства журналистов и более 30 случаев их смерти в результате перестрелки. Из них число убийств за первые несколько лет правления Путина сильно превышает среднегодовые данные по эпохе Ельцина. Начиная с 2007 года число смертей журналистов становится меньше, чем в ельцинские годы. Обстоятельства гибели журналистов были разные: убийство, несчастный случай, перестрелка, теракт, несчастный случай на работе и др. Многие случаи гибели журналистов в России можно отнести к обычной преступности. [115]

Убийства журналистов – пусть мрачный, но показатель того, что в обществе ещё теплится жизнь и того, что не все разуверились в том, что правда в конце концов восторжествует. Это относится и к убийствам коллег по цеху из конкуренции и к убийствам журналистов-идеалистов, которые ещё верят в порядочность, закон и справедливость и пытаются добиться правды любыми методами.

Когда Путин в интервью с Ларри Кингом говорит, что Россия управляется народом ("Наша демократия — это суверенный выбор российского народа"), он или сознательно дурачит настырного американца или уж до того отдалился от народа с времени своего детства, что не может правильно оценивать ситуацию. Скорее всего, он себя закодировал, зомбировал, усвоил легенду, как делал в старые добрые времена в бытность свою шпионом и теперь ему желаемое кажется действительностью, и он через телеэкран зомбирует население России. Как можно говорить о свободном выборе русского народа, когда сама система власти выстроена под одного персонажа. Этот же персонаж доминирует на политическом небосклоне России. Остальные хорошо знают свои места согласно должностному расписанию. Этот урок они усвоили твёрдо. А когда забывают - им ненавязчиво об этом напоминают. Впрочем, для самых непонятливых можно врезать и "в лоб". Босс не любит делать грязную работу сам и это с удовольствием делают за него другие.

Когда Государственная Дума принимает тот или иной закон, ограничивающий права граждан, большинство людей просто не замечают, что их ущемляют. А раз эти ущемления по большому счёту многих устраивают, то стоит ли что-то менять в российском государстве. И так сойдёт. А что отечественные несогласные с властью люди побузят немного – так и ладно – им всегда чего-то не хватает, они всегда чем-то недовольны. Пошумят и успокоятся – им не привыкать к кухонным разговорам за бутылкой водки, коньяку или сухого вина.

2.8. Имперский Консерватизм Путина и Русский Застой

Малоперспективно одним прошлым подпитывать будущее, а именно возводить памятники правителям и деятелям прошлого, малоперспективно неоднократно реконструировать Бородинское сражение двухсотлетней давности, Сталинградскую битву семидесятилетней давности, малоперспективно вновь и вновь опрашивать выживших во второй мировой войне ветеранов, которым уже больше 90 лет, малоперспективно на регулярной основе организовывать "бессмертные полки". Причём всё это делать не для небольшого круга заинтересованных людей, а для всего народа, как праздники побед и трагедии народных потерь. Это ненормально, когда мозг сегодняшнего молодого человека погружён во вчерашний день. Оставьте старое историкам. Её изучают в средней школе. Перспективнее думать о том, как жить сегодня и завтра.

Духовные скрепы – это хорошо, но мало потому, что скрепы – это государственная категория для воспитания национального духа в молодости, а частный человек живёт тем, что у него есть сегодня и думает о том, что с ним будет завтра. Путин понимает, что новое делать рискованно – можно испортить репутацию непогрешимого правителя, показаться беспомощным перед своим народом. Уж лучше по старинке – военные парады, олимпиады, поощрение отличившихся и наказание проштрафившихся. На этом не прогадаешь. Но таким образом он никогда не станет выдающимся лидером, который сохранит свое имя в истории среди тех, кто изменил направление развития России к лучшему. Количество лет, проведённых во власти в XXI веке уже недостаточно для этого.

Тем, что жители России пустили чекистов к политической власти в 2000 году, они в очередной раз затормозили развитие страны. И дело не в том, что чекисты никудышные люди. Многие из них патриоты и в критических ситуациях ведут себя весьма достойно. Дело в том, что они воспитаны на ограничение, а не на разрешение. Лучше всего поведение усреднённого чекиста иллюстрирует фраза вертухая: "Шаг вправо, шаг влево – стреляю". А любое свежее начинание требует отхода от закостенелой инструкции, от стереотипного поведения. В переходные периоды развития страны особенно нужны люди, обладающие свободным, незамутнённым сознанием, которые могут предлагать нестандартные решения привычных проблем. Советские чекисты всегда были ограничены своими супернормативностью и консерватизмом по типу: "Раз человек плывёт не вместе со всеми по течению, значит он ненормальный", а, следовательно, должен быть изолирован от общества - в тюрьме, в психушке или просто в могиле - неважно. Кроме того, в массе своей чекисты не ценят достоинство частного человека.

У Путина с молодых лет присутствует тактический гибкий подвижный ум, но он его не развивал до стратегических высот, а потом разменял на тягу к авторитарной власти, основанную на русских консервативных ценностях. Он слишком увлёкся старой имперской идеей о могучем русском государстве, ради которого можно пожертвовать многим. Поэтому большинство ценностей, которые он декларирует, являются ценностями прикрытия, также, как легенды, придумываемые им для прикрытия спецопераций.

Вопреки надеждам российских оппозиционеров и ожиданиям большинства зарубежных политиков, Путин не ушёл в 2008 году насовсем. В результате страна опять медленно погружается в привычный застой. И хотя в 2012 году к началу третьего срока Путину было 60 лет – для политика возраст "детский", но с тех пор он не предлагает ничего нового в экономическом плане кроме целей и задач напоминающих таковые у застойного Политбюро ЦК КПСС. По своему воспитанию он типичный советский человек, чей пик становления личности пришёлся на застойные брежневские 60-е-70-е годы. Но своего ограниченного личностного потенциала он, видимо, не понимает. Его нынешняя деятельность стиснута стереотипами советского прошлого. Вот уже почти 18 лет Путин воссоздаёт новую русскую империю, с которой все в мире обязаны считаться. Империя выглядит красиво и престижно, но несовременно и, главное, - очень затратно.

24 сентября 2011 года, когда стало ясно, что Путин возвращается на верхнюю позицию, вдруг бросилась в глаза тенденция, на которую пока рос уровень жизни населения и "царствовал" поклонник айфонов Медведев в народе закрывали глаза. Оказалось, что пока люди обустраивали свой быт и ездили по заграницам, их от управления страной фактически устранили, а экономическая ситуация в России стала постепенно, но

неуклонно ухудшаться и "светлое капиталистическое будущее", равно как раньше "светлое коммунистическое будущее" стало отодвигаться на неопределённое расстояние подобно линии горизонта. К самому началу третьего президентского срока Путина, активную часть народа загнали в привычное политическое стоило.

При Путине укрепилась консервативная вертикаль государственной власти во главе с одним человеком. Практически все ветви власти и СМИ открыто или неявно управляются из Кремля. Полиция охраняет вышестоящих от нижестоящих. Послушные присмиревшие богачи охраняют себя сами. На всякий случай деньги они держат в офшорах или просто за границей. Россия опять вернулась к традиционной автократической модели, от которой строго говоря далеко и не уходила. Поскольку страна всё-таки наполовину европейская, феодальные азиатские порядки в ней афишировать не модно. "Noblesse obliges". Приходится терпеть так называемые оппозиционные партии в Думе и куцую несистемную оппозицию вне её. Её представители иногда позволяют себе "взбрыкнуть" в малотиражных печатных изданиях или в Интернете. Но на этих людей Путинская власть быстро находят управу, если те начинают слишком громко шуметь. А немного поскулить о своей тяжёлой жизни и беспардонности власти, это ради бога – всё равно мало кто их видит, слышит и читает. Тем более, что "свобода стоит дорого" (Евгения Альбац) – значительной части рядовых граждан в провинции не по карману.

Современная Россия 2017 года всё больше и больше напоминает гибрид из Императорской России, Советского Союза и современной постиндустриальной страны. Руководство страны упорно не хочет идти путем реальных политических и экономических преобразований. Многое из того, что делается – это имитация преобразований. Причём вновь рождающиеся после 1991 года поколения наряду с современными экономическими и технологическими новшествами усваивают как имперскую амбициозную схему построения русского государства, так и консервативную русско-советскую ментальность.

Глядя на то, что делает Путин, видно, что он возрождает не столько новый, сколько старый опыт. И с каждым годом всё больше. Самое скверное, что он вовлекает в свой старый советский опыт непоротую молодёжь.

А вот и примеры того, что уже вернулось в Россию с советских времён:

-проведение обязательных мероприятий (военные и морские парады, полупринудительные акции сгона населения для поддержки и одобрения нынешнего правителя),

-создание всё новых молодёжных проправительственных организаций по типу прежних ("Идущие вместе", "Наши", "Молодая гвардия Единой России", "Россия молодая" и пр.),

-единая патриотическая политика федеральных СМИ,

-засилье чиновничества на всех уровнях,

-воскрешение государственных планов,

-назначение виноватых за собственные ошибки.

29 октября 2016 года журналист Владимир Кара-Мурза сформулировал несколько негативных последствий нынешнего консервативного правления Путина:

-Кризис в экономике углубляется.

-Растёт цензура.

-Критика почти исчезла из официального лексикона.

-Вновь, как при Ельцине, стала расти эмиграция.

-Оппозиционеров подавляют и убивают.

-Коррупция не прекращается.

-Продолжается война в Украине и конца ей не видно.

-Количество военных учений увеличивается. [36]

По мнению известного политолога Станислава Белковского: "В России устарело все. В России безнадежно устарели технологии, экономическая модель, силовые структуры, сам Владимир Владимирович. Так что то, что устарел формат "Прямой линии", — это лишь следствие более глубокого устаревания и износа всего национального организма". [7]

И вот всё в России в очередной раз возвращается к советским временам. Если в начале 2000-х годов люди ещё проявляли политическую активность, выступая против монетизации льгот для пенсионеров и против других непродуманных инициатив правительства, то сейчас любая активность балансирует на грани дозволенного и недозволенного властями. Причём грань между этими категориями очень тонка и любой гражданин может угодить в категорию нарушителей закона, в любой момент просто прикоснувшись к руке омоновца или кинув пустую пластиковую банку из-под пепси колы в сторону полицейского.

На конференции "Российские альтернативы" 8 декабря 2009 года директор Левада-Центра, доктор философских наук Лев Гудков сделал анализ путинизма, как явления присущего послеельцинскому состоянию русского общества и самого Путина, как личности: "Путин не "фюрер", не "демагог" или трибун, завоевавший доверие масс в ситуации глубокого кризиса; по своей ментальности — это чиновник "из органов", пришедший к власти в результате аппаратных сделок и интриг, которому пропаганда, уже задним числом, после утверждения его у власти, придала "харизматический" ореол. Причины его популярности лежат, с одной стороны, в иллюзиях масс, что его руководство страной позволит сохранить нынешний уровень жизни; с другой - в устранении с политической сцены любых влиятельных политических фигур, в стерилизации критики, в создании обстановки безальтернативности положения президента. Следов какого-то "обожания" ВВП в исследованиях общественного мнения не отмечено. Основа доверия к нему - вполне консервативна, и не связана с идеями "нового мирового порядка"." [24] Анализ сделан Гудковым 8 лет назад, но до сих пор не потерял своей актуальности.

В декабре 2016 года пресс-секретарь Путина Дмитрий Песков высказал мысль о том, что Путин не консерватор, как многие считают, а либерал. Путин либерал в том смысле, что он слушает и допускает любые высказывания и открыто может выразить своё согласие или несогласие с собеседником или с чужой точкой зрения. В некоторых вопросах Путин проявляет либеральную гибкость. Например, в вопросе о введении публичных домов и легализации проституции. Тем не менее, либеральная у Путина только форма общения. Но когда речь идёт о его личной жизни или о его отношении к государственным ценностям, то тут он патриархальный консерватор.

"Нельзя войти в одну воду дважды". Путин пытается это сделать, восстановив патриархальную вертикаль власти, вернув Православию роль базовой религией в России, восстановив и усилив силовые блоки государства - армию, флот, космические войска, и ведя войны. Кончится всё это для России, к сожалению, как обычно, то есть плохо. Не при нём, так при его преемниках.

Отмечая консервативность и левую социальную ориентированность Путина и российской власти, редактор Независимой газеты Константин Ремчуков отмечает, что Путин "глубоко не понимает природу происхождения тех проблем, о которых он узнаёт, а, следовательно, нередко принимает неверные решения. В ментальности и лексиконе Путина понятия "конкуренция", "политические и экономические свободы", "модернизация" занимают незначительное место. В его мышлении произошла консервация слов и понятий на уровне лексики 60-х годов прошлого века. "Накажем", "Выявим"." [80]

То состояние экономики и политики, которое можно наблюдать в России имеет все признаки классического застоя, который продолжается вот уже более 8 лет, начиная с 2009 года. Средним в это время является рост экономики на 1% в год. [102] До Четырёх Малых Азиатских Тигров - Южной Кореи, Сингапура, Гонконга и Тайваня с их 8-14%-ным годовым ростом не дотянуться. Да и до Большого Дракона - Китая тоже.

При том уровне амбиций, которые есть у Путина и у военного руководства страны жить по средствам или "по одёжке протягивать ножки" Россия уже не может. А, следовательно, на военно-промышленный комплекс России будут тратить всё больше и больше денег. Так было в СССР. Ну и конец рано или поздно будет такой же, как у СССР. Чудес на свете не бывает. Геополитика должна быть на службе у экономики, а не наоборот.

В ноябре 2016 года директор программы "Экономическая политика" Московского Центра Карнеги Андрей Мовчан предположил, что главной заботой разработчиков экономических программ в России является "краткосрочная стабильность, которую изо всех сил поддерживает патерналистская модель государства, залезающего все дальше в капкан социального обеспечения на фоне сокращения трудовых ресурсов, падения ВВП и роста количества пенсионеров." [57] При этом Мовчан считает, что в таком состоянии российская экономика может существовать до 10 лет. Правда, экономические прогнозы в XXI веке – вещь неблагодарная. Тем более на 10 лет. За это время, в соответствие с восточной притчей, кто-нибудь обязательно помрёт – либо предсказатель, либо правитель, либо ишак.

Разница между президентом Путинам и любым президентом США – неважно демократом или республиканцем - в геополитических подходах. Путин всё время призывает к стабильности, к выработке единых понятных правил как для своей страны, так и для других стран, содружеств стран, для континентов, для всего земного шара, в конце концов. Американцы всё время призывают к переменам и приветствуют их. Любой кризис для человека, государства — это вызов, на который нужно отвечать адекватными изменениями. И в этом причина того, что США впереди планеты всей.

Сколько слов потратили российские правители и дипломаты, пытаясь напомнить США, Европейскому Союзу, НАТО о старых соглашениях 20-ти, 30-ти летней давности, о словах того или иного представителя НАТО, Европейского альянса, генсека, президента или другого политика, обвиняя всех и вся в нарушении обещаний, двойных стандартах и пр. При этом они совершенно не учитывают, что-мир-то меняется ежегодно, ежемесячно, ежедневно. И то, что было сказано, обещано и подписано два-три десятка лет назад - уже не актуально, безнадёжно устарело. Тем более, что раз коммунистического Советского Союза, построенного на марксистско-ленинских идеях, больше не существует, значит Холодная война уже закончилась. Закончилось противостояние двух систем – капиталистической и социалистической. Осталась традиционная международная дипломатия, основанная на экономических и политических интересах разных государств и групп государств. А Путин и другие члены его команды всё топчутся на одном месте между прошлым и настоящим, пытаясь найти стабильность в нестабильном меняющемся море современной политики и экономики.

Глава 3

Жизнь по Понятиям

3.1. Роль Законов и Понятий в Современной Русской Жизни

Жизнь "по понятиям" – ключевое явление для всей социальной, экономической и политической жизни современного российского общества. По многим вопросам в России закон подменяется личными договорённостями. В основе жизни по понятиям лежит особое понимание своих интересов, правильности, справедливости, свободы поведения представителями разных групп населения. То, что для одной группы кажется правильным, естественным и справедливым, не кажется таковым для других групп. Например, оплата труда не кажется справедливой шахтёрам, в отличие от предпринимателей и руководителей шахты, которые считают, что и так переплачивают шахтёрам за их труд. Или, когда ученик, подойдя сзади, подставил "рожки" нелюбимому учителю, это вызывает негативные эмоции у учителя и смех у детей. Налицо разное понимание справедливости.

Неписаные правила жизни заполняют те ниши общественных отношений, которые не регулируются официальным законом. Сущность неформальных правил (понятий), как и любых общественных правил, состоит в приведении в соответствие, или в равновесие таких материальных и нравственных интересов, как благополучие человека и его окружения, личная свобода и общественное благо. Обычно понятия не вступают в противоречие с законом, они существуют как бы параллельно с ним, но иногда они противоречат закону и зачастую имеют гораздо большую силу, чем закон. Например, корпоративный сговор может противоречить закону о демонополизации рынка, однако для финансистов и бизнесменов неформальные договорённости часто работают сильнее, чем закон.

Понятия (неформальные правила и соглашения) – это неписанные договорённости, действующие между людьми внутри социальных групп. Понятия определяют поведение членов этих групп и подталкивают их к тому, чтобы жить не только по закону, но и по неформальным правилам, установленным в этих группах. Таких групп в современном обществе очень много: политики, врачи, правоохранители, преступники и т.д.

Слово "понятие" в русском языке является эквивалентом словосочетаниям: "этическая норма", "неписанное правило", "моральное предписание", "культурный шаблон поведения". Слово "понятие" достаточно простое и ёмкое. В уголовном мире термин "понятие" происходит от слова "понятно". В общепринятых терминах понятия — это неформальные правила и соглашения, принятые в сообществе людей.

Люди жили по понятиям всегда. Просто это называлось по-другому: согласование интересов, неформальные договорённости, взаимные уступки для упрощения взаимоотношений и пр. Понятия надо прочувствовать, попав в конкретную социальную среду, став участником конкретной группы. Это и свой язык, и свои нормы обмена информацией, и свои правила на то, что можно и чего нельзя делать, свои ограничения на "вынос сора из избы" и пр.

С момента большевистского государственного переворота вся правящая головка русского общества стала уголовной. СССР возглавили фанатики и преступники - террористы, убийцы, воры, грабители, социопаты и прочие отбросы царского общества. Они привлекли для воплощения своих преступных замыслов идейных международных интернационалистов, наёмников из разных стран мира – Латвии, Венгрии, Китая и просто уголовников. Они выступали под знаменем теоретических марксистских концепций, хотя марксистами из них являлись единицы.

Для охраны своей мафиозной государственной структуры от несогласных с ними людей, большевики создали террористическую организацию – Всероссийскую Чрезвычайную Комиссию (ВЧК), и поставили во главе её каторжника - Феликса Дзержинского. Этот фанатик отвечал за проведение террора в государственном масштабе. Для того, чтобы создать видимость закона, правопорядка и правосудия главные преступники, совершившие в России государственный переворот (Ленин, Троцкий, Свердлов и др.) выработали систему понятий, которые они назвали декретами (декрет о земле, декрет о свободе совести, декрет о церковных и религиозных обществах; декрет о печати; декрет об аннулировании государственных займов; декрет о национализации банков; декрет о создании террористической ВЧК, декрет о создании народных судов и революционных трибуналов и т.д.). Согласно этим декретам, всё, что при Царском и Временном правительстве было социальной патологией, стало нормой и наоборот - всё, что было нормой - стало патологией. Например, моральная норма: "убивать себе подобных нельзя", превратилась в норму: "классовых врагов убивать можно и даже нужно". К классовым врагам большевики относили любых представителей ранее правящего класса и владельцев собственности (классовый стратоцид[Прим.7]), а вскоре, всех, кто был с политикой большевиков не согласен (рабочих, крестьян, интеллигенцию и т.д.).

Отъём чужой собственности, лживые мифы о справедливости и народном счастье, распределение хлеба, благ, имущества по спискам и по карточкам – все эти неестественные, надуманные понятия, правила общественной жизни стали естественными при большевиках. Поначалу это удивляло и вызывало неприятие обывателей. Люди не хотели жить по новым правилам-понятиям. Но в условиях террора у них не было другого выхода. Понадобилось несколько лет и миллионы убитых, умерших от голода и болезней, выгнанных за границу людей прежде чем жители Советского Союза привыкли к таком неестественному образу жизни - жизни по большевистским понятиям. Эти понятия стали нормой жизни для советских людей на много лет вперёд и даже перестали удивлять. Например, всё в стране кроме предметов личного пользования отныне принадлежало государству или входило в государственный "общак".

С 1 января 1927 года вступил в силу Уголовный кодекс РСФСР. Все правила, которые не входили в этот кодекс можно было расценивать как понятия. В частности, для Воров в Законе до сих пор действует система понятий-запретов, таких как: нельзя работать, воевать на стороне государства, сотрудничать с властями в любом качестве (свидетеля или жертвы) и другие. Для помощи своим или попавшим в беду товарищам уголовники должны вносить деньги в воровской "общак" (по типу кассы взаимопомощи для преступников).

Группы изолированных от общества людей, названных судом преступниками, вырабатывают свои правила-понятия, по которым они живут в отрыве от общества. Большинство из этих правил-понятий не являются противозаконными сами по себе. Они просто подчёркивают особость группы изолированных от общества людей-преступников.

Прошли в России те времена, когда "жить по понятиям" значило жить по воровским понятиям. Сейчас жить по понятиям означает лишь жить по неформальным правилам группы, к которой ты себя относишь или принадлежишь.

Назначение понятий состоит в обособлении каждой группы от других. Понятия также упрощают общение членов группы между собой. Жить по понятиям было бы вовсе не так уж плохо, если бы не рассогласования и нестыковки понятий, используемых в разных группах и противоречия некоторых понятий законам страны.

Понятия всегда заземлены на быт, на реальную практическую деятельность, на взаимодействия. Чаще всего этика жизни по понятиям нигде не прописана и не существует на уровне правил и инструкций. Она просто подразумевается, как часть профессиональной или общественной деятельности специалиста. Например, не обсуждать внутренние дела группы с посторонними, не предавать своих даже по мелочам, использовать профессиональную терминологию в любом окружении и др.

Любому человеку, попавшему в профессиональную группу или в неформальную среду, приходится жить и действовать по понятиям или в соответствии с профессиональной этикой. Например, врачи, адвокаты, коллекционеры во многих странах даже, вполне цивилизованных имеют свои группировки, которые поддерживают друг друга, живут по правилам, принятым в их среде и не допускают в неё чужаков.

В большинстве профессий, связанных с обслуживанием человека в цивилизованных странах прописаны многие варианты деятельности, которые случаются в практике. Но всё прописать нельзя. Например, если один врач в России ставит ребёнку в детском доме диагноз "олигофрения", то аттестационная комиссия редко возражает, а большей частью этот диагноз впоследствии многократно подтверждает, то есть действует по принципу: "рука руку моет", хотя ребёнок с возрастом мог измениться в лучшую сторону.

Особенно много неписаных правил у представителей тех профессий, которые не являются высокоморальными в общечеловеческом смысле слова - шпионы, гадалки, газетчики жёлтой прессы и пр. – то есть тех профессий, где "не обманешь, не проживёшь".

У людей, живущих по понятиям, принятым в этих группах имеется много общего. Например,
- Контроль своей территории, принадлежащей группе.
- Безопасность членов своей группы, поддержка и защита их в конфликтных ситуациях.
- Сохранение идей и выводов внутри группы и обсуждение этих идеи в основном с членами группы.
- Отрицательное отношение к нарушению правил и понятий, принятых в группе.
- Запрет на вынос "сора из избы".
- Применение санкций в отношении тех, кто нарушает правила группы.
- Избавление от ненадежных членов группы.
- Применение определенного стиля в одежде и поведении, как показатель статуса и положения членов в группе и обществе.

Жизнь по понятиям усиливается при усилении системы ограничений и неоправданных запретов, накладываемых государственными органами на население страны с целью или под предлогом повышения управляемости, укрепления обороноспособности страны, оптимизации правовой системы и пр. Таким ужесточением административной и экономической организации, власти вынуждают население уходить в "серую зону", жить по своим понятиям. В частности, 20-30 млн человек в России (частные бизнесы – репетиторы, парикмахеры, кулинары, люди, работающие на земле и др.) находятся "в тени" и выходить оттуда не спешат, невзирая на призывы кремлёвского начальства. Вот эти "теневики" живут преимущественно по понятиям, а иначе в России, с её амбициозным руководством, с её жуликоватым и, одновременно, простодушным народом не проживёшь. Как правило, понятия направлены на выживание и процветание себя самого, своих близких, своей неформальной группы по типу "ты -мне, а я - тебе" или "рука руку моет".

Жизнь по понятиям и правовой нигилизм стали расхожими штампами в современной России. Однако, пока жизнь по понятиям не подменяет собой жизнь по закону, эти две реальности находятся в равновесии. Как только члены какой-то группы договариваются друг с другом о чём-то незаконном и проводят договорённости в жизнь, они нарушают этот баланс (так поступают коллекционеры древностей, контрабандисты, "чёрные копатели" и пр.). Поскольку вступает в противоречие с законом уже не один человек, а целая группа, то они как бы частично снимают с себя ответственность за свои незаконные действия.

Ни один закон не может охватить все отклонения поведения жителя страны от социально приемлемого поведения. Обязательно оказываются области неопределённости в деловых или общественных отношениях, которые не регулируются формально установленным законом. Например, имеешь ли ты право оказывать протекцию своему родственнику или хорошему знакомому при назначении того на должность, для занятия которой он не имеет достаточной квалификации? Или, следует ли сообщать в органы правопорядка о том, что твой близкий друг или родственник, невзирая на уговоры, сел за руль своего автомобиля "сильно пьяным".

Жизнь по понятиям в России возможна при молчаливом попустительстве основной массы населения этому явлению. В современной России по понятиям живут все – президент и дворник, олигарх и пенсионер, начальник и подчинённый, российский эмигрант за рубежом и коренной житель проживающий в России. Поэтому Россию после 1991 года, когда рухнула советская система взаимоотношений, сразу никуда нельзя было пускать без экзаменов на зрелость - ни в Совет Европы, ни во Всемирную торговую Организацию, ни в Семёрку, ни в Двадцатку, ни в любую другую организацию, где участники следуют международным законам и морально-этическим правилам. Ведь никому в голову не приходит принимать в Совет Европы популяцию кроликов или стадо оленей. России надо было вначале научиться жить по общечеловеческим законам и в соответствии с вековыми морально-этическими заповедями цивилизованного человечества, а потом делать её равноправным участником международных организаций. Иначе рано или поздно её приходится штрафовать за невыполнение обязательств или выгонять из этих организаций, а это болезненный удар по престижу страны и самолюбию амбициозных российских чиновников. Уж лучше было не принимать с самого начала без выполнения перечня условий. А так уже обнаружилась масса расхождений правил, действующих в России с правилами ЕСПЧ, Совета Европы и других престижных организаций. А после лишения России права голоса в Совете Европы (ПАСЕ), России, видимо, будет трудно сохранять своё полноправное членство в этой организации в обозримом будущем. Она уже сейчас платит в ПАСЕ только часть своих взносов из-за этого.

В идеале закон должен действовать одинаково для всех, то есть защищать законопослушных граждан и карать нарушителей, не взирая на лица. Однако, в России закон применяется выборочно в зависимости от статуса человека, размеров его кошелька, его лояльности к власти или к влиятельным группировкам. Поэтому неотвратимости действия закона для всех без исключения граждан в России нет. И это связано с фактором субъективности, произвольности трактовки и применения закона. Большая часть населения России считает, что закон не писан для хороших людей, а только для плохих. Нередко закон в России применяют как дубинку, когда нужно кого-то наказать, а иногда его не применяют по отношению к "своим" людям, которые его нарушили. Поэтому рядовые граждане к власти относятся не как к носительнице, хранительнице и защитнице закона, которая следит за его соблюдением во всех случаях и применительно ко всем членам общества, невзирая на лица, а как к носительнице силы. Представители власти, наоборот, рассматривают свой должностной статус, как привилегию по отношению к закону и используют его для реализации своих целей, не считаясь с интересами граждан и со справедливостью. В отдельных исключительных случаях добиться соблюдения закона, равно как и отмены неформальных корпоративных договорённостей в России может очень настойчивый и последовательный человек, который посвятит этому часть жизни. При этом правоохранители ему не обязательно будут помогать.

В сентябре-ноябре 1999 года в городе Петрозаводске (Карелия) был проведён опрос об отношении к законным и незаконным способам действий в России. Опрошено 840 осужденных преступников, содержащихся в исправительных колониях Карелии, 630 законопослушных граждан, взятых в случайном порядке и 270 сотрудников милиции, проходящих службу в органах МВД. В результате анкетирования выяснилось, что от 52% до 66% опрошенных полагают, что большинство проблем решаются с помощью неформальных договорённостей по типу: "ты - мне, я - тебе". [92] Суждения подобные "так все делают", "ну это общеизвестно", "ну это общепринято", "не будь белой вороной", "хочешь чистеньким быть?" являются обычными сентенциями в практике повседневного общения людей, которые хотят утвердить своё право жить по понятиям.

Да и как можно ожидать уважения к закону в России, если только за последние сто лет всё, что составляет основу ментальности народа менялось несколько раз. Например,
-Форма собственности сменилась два раза.
-Наиболее образованные, умные, работящие люди страны были уничтожены выгнаны за границу и запуганы до смерти после 1917 года.
-Конституция СССР и России менялась в 1936 (под Сталина), в 1977 (под Брежнева) и в 1993 (под Ельцина) годах. А сколько коррекций "сверху" она перенесла? Складывается впечатление, что Конституция каждый раз пишется и изменяется не для народа, а для правящей верхушки и даже для одного правителя. Про изменение других символов государства (гимна, флага, герба и пр.) уже и речи нет. Их меняют, как вышедшие из моды ботинки.
-Всё, что составляет основу культуры и морали нации (религия, народные традиции, основы национальной культуры) в России не раз выкорчёвывалось и подменялось суррогатами (например, Моральным Кодексом Строителя Коммунизма).

Неформальные отношения начинаются в России на самом верху и пронизывают всю вертикаль власти. Конечно после таких социопатов, как Ленин, Троцкий, Свердлов и Сталин нынешние русские лидеры кажутся почти ангелами, но переступить через свою советскую природу они тоже не могут. Ведь почти все были членами КПСС (Владимир Путин, Дмитрий Медведев, Борис Грызлов, Валентина Матвиенко, Сергей Нарышкин, Вячеслав Володин, Валерий Зорькин, Сергей Лавров, Сергей Шойгу, Сергей Миронов и даже половина русских олигархов). Все ей изменили. Все оказались достаточно адаптивны, чтобы приспособиться к кому угодно и к чему угодно – к новым лидерам, к новым соратникам, к новым условиям, к новым работодателям, к букве любого закона – хоть советского, хоть российского. Это не какие-то идейные догматики начала XX века. Но что осталось прежним – это авторитарный способ мышления и направленное применение законов – одно для "своих" и другое для всех прочих ("для друзей – всё, для остальных – закон").

Впрочем, и для большинства других граждан России понятие "торжество закона" — это во-многом пустое словосочетание, которое не несёт прикладной смысловой нагрузки. Складывается впечатление, что Россия ещё долго не будет законопослушной цивилизованной страной. И кто бы не стал во главе российского государства, это ничего не изменит. Что ни говорите, а ситуация с жизнью не столько по закону, сколько по понятиям в России была бы невозможна без молчаливого попустительства основной массы населения этому явлению.

Типичной схемой поведения немалого числа людей в России является схема жизни по понятиям, обходя закон где только можно, в таких областях и сферах деятельности, где нарушителя закона скорее всего не поймают, не уличат, не осудят. Вообще нарушения закона ну, кроме быть может похищения детей, педофилии, убийств и ряда других из ряда вон выходящих асоциальных явлений, не вызывают у большинства людей в России внутреннего протеста. Наоборот, добровольное, осознанное выполнение законов часто вызывает кривые улыбки: "Ишь ты, какой праведный выискался!" Личное, произвольное желание является более мощной движущей силой поведения, не вызывающей активного неприятия и протеста, чем следование закону, мол "если нельзя, но очень хочется, то можно".

Те из бывших советских людей, которые ведут бизнес в России и за рубежом, нередко нарушают законы. Но подходят они к этим нарушениям не с юридической ("законно-незаконно") или с морально-этической точки зрения ("хорошо-плохо", "морально-аморально"), а с точки зрения "решить-не решить проблему". Для того, чтобы проблему не только решить, но ещё получить на этом выгоду, им приходится нарушать законы своего государства, равно как и законы других государств, где они ведут бизнес. Этим определяется большое количество русских, объявленных в международный розыск и отбывающих наказание в тюрьмах других государств. Впрочем, самое интересное даже не это.

Российские официальные лица вместо того, чтобы помогать отлавливать российских преступников, наоборот пытаются их обелить и вытащить из ловушек, в которые те попали по запросам других государств. Это ли не показатель того, что в моральном отношении они сами недалеко от этих преступников ушли. И вообще представители власти в России могут закрывать глаза на отдельные нарушения закона, но по согласованию с ней и, в добавок, если человек проявляет лояльность и кооперативность.

В России все друг у друга заложники: народ у своих начальников и работодателей, законодатели у администрации президента и исполнительной власти, богатые люди у чиновников, судьи у председателей суда, президент у чекистской корпорации. В этом и состоит феномен взаимной повязанности граждан России друг с другом.

3.2. Понятия, которых Придерживается Путин

Путин – любопытнейший гибрид между человеком, действующим по своим личным правилам и понятиям и тем, который вынужден соблюдать закон, между предводителем уличной ватаги мальчишек и верховным государственным чиновником. В нём есть черты чиновника, тщательно соблюдающего условия подписанных соглашений и неформальных договорённостей и разбойника с большой дороги, который обирает богатых людей России с целью восстановить социальную справедливость (так, как он эту справедливость понимает). Несмотря на постоянные апелляции к законам, он сам их соблюдает очень выборочно. Когда Путина какие-то соглашения не устраивают, он их просто игнорирует (например, Будапештские соглашения по Украине, подписанные в 1994 году Россией, США, Великобританией и самой Украиной) или меняет Конституцию России так, как это ему нужно (например, инициирует увеличение срока действия президентских полномочий с четырёх до шести лет). И не надо говорить, что это изменение Конституции инициировал тогдашний президент Медведев, а потом за него проголосовали депутаты Государственной Думы и Совет Федерации. Это наглая ложь. Всю спецоперацию с начала до конца втайне задумал и осуществил один человек, и имя этого человека - Владимир Путин.

В конце сентября 2010 года меня шокировал комментарий тогдашнего премьер-министра Владимира Путина на отставку мэра Москвы Юрия Лужкова: мол тому надо было с Медведевым договариваться. Какое право имел Путин ссылаться на возможность персонального договора между официальными лицами, получающими зарплату от государства? Если мэр Москвы использовал служебное положение в деловых целях своей жены - Елены Батуриной, то пусть идёт под суд. В любом случае президент Медведев был обязан его снять с должности не "в связи с утратой доверия", или из-за его нелестных высказываний в адрес самого Медведева, а по более жёсткой статье. Тем более всем известны финансовые махинации бывшего мэра в пользу своей супруги в 90-е - 2000-е годы. Свидетельств – много. Но трогать клептократическое правящее болото нельзя – там повязаны многие. Запачкать одного Лужкова не получится. У самого Медведева "рыльце" тоже в "пушку".

Подобный же комментарий широкий слушатель и зритель мог слышать из уст Владимира Путина уже не в первый раз. Годом ранее на вопрос корреспондента о том, кто будет баллотироваться на следующий срок в президенты Российской Федерации - он или Медведев, Путин ответил: "договоримся". Это со своей женой можно договориться о ночном сексе, а договорённость с другим чиновником — это клептократия и коррупция даже если они договариваются без денег. Это значит, что даже главные люди страны живут не по закону, а по понятиям. Как после этого можно увещевать свой народ следовать закону, если сам подменяешь закон личными договорённостями?

Путин как был в душе предводителем уличной ватаги мальчишек, так им и остался, став президентом. Рассказывая о себе, Путин говорил, что лидерство смолоду ему нужно для того, чтобы выполнять роль судьи, облечённого властью и полномочиями и для того, чтобы выносить окончательный приговор, который и сторона обвинения, и сторона защиты обязаны соблюдать. Для выполнения этой роли сегодня Путин обсадил себя правоохранителями, а также силовиками, которые поддерживают баланс сил внутри страны и на международном уровне. А он, Путин, стоит над всеми этими людьми, стоит одновременно как человек инициирующий и подписывающий законы, как человек, стоящий на страже законов, как человек, который имеет право карать и миловать нарушителей этих законов внутри страны и заодно, как человек, который имеет право применять силовые санкции к тем, кто нарушает международный баланс сил. Вот из-за этой тройной роли законотворца, судьи и исполнителя одновременно, которую Путин на себя возложил, он и чувствует себя всемогущим человеком, наследником русских императоров и советских генеральных секретарей.

Использование протекции и знакомств для устройства на престижную работу, неформальные договорённости в задней комнате о скидках на нефть и газ в обмен на лояльность или на какие-то уступки в геостратегической сфере, помощь друзьям при получении выгодных государственных контрактов и др. — это для Путина и есть нормы повседневной жизни по понятиям ради чего он и живёт. То, за что в Южной Корее президента Пак Джон Хи подвергли импичменту, а люди, связанные с лоббированием частных интересов, пошли под суд и даже в тюрьму (в том числе президент крупнейшей международной корпорации "Samsung"), в России даже не считается чем-то из ряда вон выходящим, потому, что все так делают. В том-то и дело, что делают так только в государствах, живущих по понятиям – таких, как Россия. Потому и население в стране живёт плохо.

Чекистская схема управления, также, как и любая клановая, мафиозная работает потому, что она основана на том, что люди повязаны друг с другом обязательствами, государственными интересами, идеями вроде патриотизма и имперской централизации, деньгами и даже кровью. Согласно базовой концепции Путина, каждый богатый человек в России должен делиться с властной верхушкой частью нажитого добра и дохода, и "добровольно" отдавать ей часть денег, которые получил в виде собственности у государства и народа в 90-е и в более поздние годы и продолжает получать с этой собственности доход до настоящего времени.

Выход из путинского клана-команды по своей доброй воле без разрешения президента заканчивается большими неприятностями – хорошо, если не тюрьмой. Путин держит в памяти список неблагонадёжных лиц из своего окружения. Если ситуация становится непредсказуемой или угрожающей благополучию системы, например, член команды чем-то запачкал себя, запускается механизм дискредитации таких людей. Для этого Путину даже не надо давать распоряжение. Все всё и так знают, и понимают. Начинается спецоперация по сбору улик. Прослушиваются телефонные разговоры, отслеживаются перемещения неблагонадёжного лица, фиксируются покупки им недвижимости. Затем следователи провоцируют подозреваемого на совершение преступного акта (взятка, откат). Затем идёт задержание и тюрьма. Всё разыгрывается, как по нотам. Примеры с задержанием федерального министра экономического развития Алексея Улюкаева, губернатора Кировской области Никиты Белых, а также чиновников помельче, об этом говорят. А поскольку абсолютно чистеньких в Путинском клане-команде нет, каждый держит "язык за зубами". Потому, что все в чём-то замешаны. Не обязательно их грехи тянут на уголовную статью, но нелояльность – это уже грех. Если при Сталине на чиновников действовал страх смерти, то сейчас действует страх потери собственности, денег, ну и такой "мелочи", как утрата деловой и личной репутации.

Для Путина не так важны устоявшиеся морально-этические нормы, выработанные кем-то, где-то и когда-то, как важны те ценности, понятия, которые приняты в его референтной группе, те соглашения, о которых он с кем-то договорился тет-а-тет, лишь бы эти договорённости не обнародовались до поры до времени. Зачем людям знать о том, что их прямо не касается?

Когда в декабре 2013 года президент Путин встречался со студентами юридических факультетов столичных вузов, он сказал: "Право – это что? Это бумажка, которая регулирует определенные правила, которые регулируют, в свою очередь, определенные общественные отношения". [Цит. по 67] Если следовать этой логике, Конституция РФ – это тоже бумажка, которую можно в любой момент подкорректировать или даже переписать. И ведь корректируют, переписывают. Вот это и называется "правовой нигилизм", на который так яростно ополчился в своё время президент Медведев. Видимо, ополчился в приступе самокритики.

Если в России такой президент и премьер министр, то чего ждать от их подчинённых и от всего народа. Для них право и Конституция не являются опорой общественной жизни. Эту опору каждый из них вырабатывает для себя сам. У каждого из них своё понимание честности и порядочности, патриотизма, свои личные жизненные принципы, опирающиеся на свою систему понятий и ценностей. Это в США за 226 лет принято всего 27 поправок к конституции, а в России даже конституция своя, особая – меняется под настроение каждого правителя и зависит от того, с какой ноги он утром встал.

На что опираются личные путинские понятия, которые он не афиширует, но придерживается?

1. У кого сила (собственность, деньги, должностной статус) – тот и прав.

2. Не изменяй уже принятому закону, меняй сам закон в нужную тебе сторону и тогда правда всегда будет на твоей стороне.

3. Скрытая работа во власти даёт больше преимуществ, чем открытая деятельность.

4. Дискредитируй и избавляйся от сильных и самостоятельных людей, которые могут составить тебе конкуренцию.

5. Вымуштрованная серость и ленивая беднота – главные опоры правителя, который хочет управлять Россией до конца своих дней.

6. Обеспечивай привилегии и защиту только для друзей и соратников, которые живут по таким же понятиям, как и ты сам, для остальных существуют официальные инструкции и закон.

7. Успешный правитель не разглашает своих планов и желаний. Озвучивание плана может стать его слабым местом в случае невыполнения намеченного. Правитель не должен выглядеть слабым или болтливым. Позиция осторожного, выжидающего умника, который все про всех знает и всё просчитал наперёд, более выигрышная в глазах подчинённых.

8. Личина честного человека для политика важнее, чем быть честным в реальности.

9. Обещай людям то, что они хотят получить. Главное, чтобы они ушли от тебя довольными.

10. Следуй своей линии и делай то, что считаешь нужным. Для всего остального содержи штат интерпретаторов, которые объяснят твои действия в нужном ключе.

11. Если можешь, будь предусмотрительнее, хитрее, умнее других, но не показывай им этого.

12. Твори добрые дела только в случаях, когда это необходимо для пиара, и чтобы привлечь и закрепить за собой сторонников, а не на постоянной основе. Не к чему попусту баловать людей.

13. Неважно, что происходит в стране и в мире на самом деле. Важно, как это преподносится. Выборочные статистические данные, правдоподобные объяснения происходящего и красивые выигрышные иллюстрации – это то, что нужно народу для того, чтобы тебя поддерживать и быть счастливым.

14. Используй замалчивание негативных, нежелательных вещей. Недаром в народе говорят: "промолчишь – за умного сойдёшь".

3.3. Отношение к Деньгам и Личное Финансовое Состояние Путина

Существует немало свидетельств о путинской честности и порядочности в то время, когда он работал в КГБ. Во внешней разведке СССР личная корысть была категорически запрещена. Иногда через руки разведчиков проходили большие неконтролируемые деньги в валюте. Сама мысль о взятке была бы для Путина унизительной в то время. По свидетельству бывшего начальника, резидента КГБ СССР при Министерстве госбезопасности ГДР полковника Лазаря Матвеева, Путин кристально честный человек. Если во время работы у разведчика обнаруживалась корысть, от него немедленно избавлялись. [9] Понятие Родины и пользы Отечеству были для Путина не пустым звуком. Но после краха СССР и всего того во что он и многие военные и чекисты верили и после перехода Путина на гражданку многое изменилось. С Путиным и его отношением к деньгам стали происходить странные вещи.

Оказавшись в попустительской атмосфере Ленинградского университета, а потом в мэрии Санкт-Петербурга, Путин как будто заново учился жить. И, судя по многим публикациям в СМИ и в Интернете, документальным фильмам, освещающим его путь к верховной власти и к большим деньгам – это был путь далеко не святого человека. [15], [29], [37], [62], [84]. Личное обогащение стало него новым идолом, который мирно уживался с остатками его веры в советское государство и с другими советскими понятиями.

В российских организациях и учреждениях, которые во многом копируют советские, существует несколько правил-понятий для продвижения по службе обязательных для соблюдения.

Правило номер один. Если хочешь удержаться на своём месте и неплохо зарабатывать, надо закрывать глаза на многое – на нарушения в оформлении документов, на неточности, на "липу", на "один пишем, два в уме" и т.д.

Правило номер два. Необходимо освоить искусство интриги, уметь сталкивать лбами людей, заводить друзей, поддерживать контакты с нужными людьми, нейтрализовывать врагов.

Правило номер три (действует для чиновников, занимающих "хлебные" места). Нужно создать и уметь грамотно пользоваться "общаком" – то есть неподконтрольным государству или вышестоящим инстанциям денежным фондом, который можно тратить по своему усмотрению – выдавать сотрудникам премии за работу, расплачиваться за оказанные услуги, на которые государство не выделило денег и пр.

В СССР существовала система премиальных, доплат и полставок. Сотрудники, работавшие в закрытых КБ, НИИ и предприятиях (в бывших "шарагах") имели ежемесячный "приварок" к зарплате в 20-30% к окладу. Это были абсолютно легальные деньги, выделяемые заказчиком (союзным министерством, ведомством) за выполнение работ.

В учебных заведениях СССР работала система хоздоговоров между ВУЗами и предприятиями, учреждениями, НИИ и КБ. Помимо основной ставки многие "номенклатурные" руководители (деканы, заведующие кафедрами) получали ещё полставки по хоздоговорам. Они иногда даже не знали, откуда берутся эти деньги. В технических вузах хоздоговорная практика была повсеместной, в гуманитарных вузах и на факультетах она была менее распространена. Если человек добирался до "номенклатурной" позиции, то полставки ему начисляли почти автоматически независимо от того отрабатывал он эти деньги или нет. Отчего ж не поддержать нужного человека от которого зависят защита диссертации или позиция в научном мире?

В Питерской мэрии денег, выделяемых государством на чиновников, им, конечно, не хватало. В 90-е годы жизнь дорожала не по дням, а по часам. Если бы чиновники мэрии были настоящими патриотами своей страны, они бы во всём себе отказывали, полуголодными ходили на работу только для того, чтобы была польза родине. Но подавляющее большинство чиновников готовы были быть патриотами своей родины только за счёт других, но не за счёт себя и своего кармана. Недаром, на такие "хлебные" места, как у Путина, было много желающих, но он плотно взял этот кусок власти в свои руки и только отставка Собчака заставила его искать другую работу уже в Москве.

Я подозреваю, за основу доплат в мэрии была взята система доплат по хоздоговорам, которая существовала в вузах и НИИ страны в позднее советское время. На фоне того, что творилось с экономикой страны в 90-е годы это был основной путь стимулирования работников и сохранения кадров. Видимо, питерский мэр этой практике не препятствовал.

По словам бывшего следователя по особо важным делам подполковника юстиции Андрея Зыкова, о том, что Собчак сам пользовался незаконными источниками доходов, говорит и тот случай, что в 1993 году мэра задержали в Лондонском аэропорту Хитроу с дипломатом, в котором была сумма свыше миллиона долларов. Разгорелся скандал. Звонили Ельцину. Ельцин звонил в Лондон чтобы Собчака отпустили и после четырёх часов задержания, он был отпущен. По словам Зыкова, в коррупционных схемах были замешаны почти все руководители различных контролирующих структур: и таможенные органы, и санэпидстанции, и сотрудники ФСБ, и сотрудники силовых структур Санкт-Петербурга. [86] Змеюшник в Питере был ещё тот.

Вероятно, Путину пришлось создать "общак" для того, чтобы приплачивать слугам народа из своего ведомства за их "нелёгкий" бюрократический труд. Кроме того, немало денег уходило на оплату зарубежных поездок, на ремонты, на покупку мебели, на приёмы зарубежных гостей и пр. Бюджет всего не покрывал. Основные деньги стекались от бизнесменов, которым нужны были официальные разрешения и лицензии. Процент от международной торговли сырьём и природными ресурсами (лесом, нефтью), от разрешений на работу питерских казино тоже шёл в этот "общак". Формально лицензии на экспорт сырья выдавала Москва, но в отдельных случаях это правило нарушалось и документы подписывали местные чиновники. Для этого оформлялась липовая разрешающая бумага.

Ещё в 90-е годы было много сообщений в питерской прессе о расследовании, проведённом группой депутатов Ленсовета Санкт-Петербурга под руководством Марины Салье. Это было одно из немногих расследований, имевших солидную документальную базу. По их информации к 1995 году Путин присвоил крупную сумму денег на непоставках продуктов в обмен на сырьё в соответствии с международной программой: "редкоземельные металлы в обмен на продовольствие для Санкт-Петербурга". Причём продовольствие до граждан города так и не дошло. Объясняя финансовые потери города, Путин ссылался на свою неопытность во внешнеэкономической деятельности и на то, что его обманули бизнесмены, ответственные за поставки продовольствия. У него нашлись покровители, которые помогли спустить дело, инициированное депутатами "на тормозах". Да и Собчак его поддержал. Дело было закрыто. Все остались на своих местах, хотя репутация Собчака и его подчинённых пострадала.

Кроме того, деньги в мэрию стекались от продажи лицензий для открытия казино на базе фирмы "Нева-Шанс". Одна лицензия-разрешение стоила от 100 тысяч долларов. Какой процент от этих денег попадал в государственную казну сказать трудно. Сейчас уже нелегко найти концы этих и других историй, да никто этим не будет заниматься – слишком опасно, хлопотно, документы утеряны, перекочевали в Москву и пр.

От непредвиденных разоблачений Путин подстраховался как мог и старался нигде не оставлять следов. Большинство документов подписывал его заместитель Александр Аникин. Работавшие в его окружении люди были довольны и главное, что они "держали язык за зубами". Был только один чиновник по имени Александр Русаков, который занимался экспортными квотами на сырьё в обмен на продовольствие в Путинском комитете по внешнеэкономическим связям. Этот Русаков позволил депутатам Ленсовета Евгению Цвиленеву и Юрию Гладкову скопировать большое количество документов, на основе которых депутатское расследование и было инициировано. После этого, Русаков якобы уехал в Канаду, откуда написал заявление об уходе и его следы теряются.

В 90-е годы Путин и другие питерские чиновники, имя которых сегодня на слуху, имели деловые отношения с совместным советско-германским предприятием "SPAG" и с фирмой "ХХ трест". Недаром в 1999 году на основе материалов проверки главным следственным управлением ГУВД Петербурга было начато уголовное дело №144128. Вёл дело бывший следователь по особо важным делам подполковник юстиции Андрей Зыков. В начале 2000-го года ему позвонил заместитель начальника СК при МВД Новоселов и дал указание собрать со всех членов следственной группы подписки о неразглашении, а по сути прекратить расследование этого дела. Таким образом, как только Путин стал президентом, уголовное дело, в котором фигурировало его имя, было сдано в архив. [86]

Положение чиновников в мэрии в 90-е годы было хорошо ещё и тем, что они сами могли организовывать фирмы, открывать расчётные счета или участвовать в прибылях кампаний, организованных при их участии или с их согласия. Поэтому, гораздо больше, чем взятки, чиновникам давало участие в доходах бизнеса несмотря на риски с этим связанные.

В 90-е годы среди чиновников мэрии были люди, работавшие консультантами в компаниях. Так теперешний премьер-министр Дмитрий Медведев в 90-е годы получал свои "полставки" работая юристом-консультантом. В 1993 года он стал одним из основателей фирмы "Финцелл", которая потом учредила ЗАО "Илим Палп Энтерпрайз". Сегодня — это один из гигантов российского (и мирового) лесопромышленного бизнеса. Так что даже если забыть о многомиллиардной собственности, записанной на родственников, друзей и знакомых Медведева, руководящих благотворительными фондами типа "Дар" (см. фильм Алексея Навального: "Он вам не Димон"), там ещё много чего останется, чтобы Медведев и его семья на старости лет не просили милостыню на паперти.

С тех пор многое изменилось. Путин стал президентом. Официально сейчас он проживает в государственной резиденции, находящейся в Подмосковье, Ново-Огарево. Эта усадьба, построенная в XIX веке, обустроена в соответствии с его потребностями и желаниями. Здесь у него есть здание для официальных приемов, кинозал для гостей, конюшня, спортивный зал, бассейн, часовня и вертолетная площадка. "Закон о гарантиях Президенту" гарантирует ему резиденцию для постоянного проживания после того, как он покинет свой пост. Пожизненное содержание президента составит 75% от его нынешнего заработка.

Несмотря на государственные резиденции и дворец в Геленджике, который молва и некий бизнесмен, Сергей Колесников, проживающий за рубежом, приписывают Путину (акции на дворец оформлены на предъявителя), у Путина до сих пор сохранилась психология бедного человека. Из-за скудной жизни в молодости у него не мог не сложиться самооценочный образ обиженного судьбой и даже униженного человека, который заслуживает большего, чем ему дала судьба. Этот образ преследует его до сих пор. Возможно, судьбу тайного агента Путин выбрал для того, чтобы скомпенсировать этот образ в своём сознании.

При всей своей незаурядной воле, Путин не умеет отказываться от подарков даже если они ему не нужны. Правда потом Путин не всегда знает, что с этими подарками делать. В одном из репортажей про Путина я наблюдал, что на какой-то стройке он снял часы (видимо, дорогие) с руки и бросил их в бетон (видимо, чтобы прочнее был). Таких часов у него полно, не все ему нравятся, и он не знает, что с ними делать. Ему, вряд ли приходит в голову, что подарки накладывают моральные обязательства на принимающую сторону, но он не хочет обижать дарителя, для которого часы за 30 тысяч долларов, это всё равно, как домашние тапочки.

Чтобы преуспеть в российском бизнесе нужно иметь фантастическую наглость, не иметь никаких моральных ограничений и при этом уметь быстро считать в уме. У Путина хорошая память, но он не подходит для этой работы по совокупному набору качеств. Он, конечно может надрессировать себя до бизнесмена средней руки, но это вряд ли достойно масштаба личности этого человека, который за 18 лет привёл Россию к контролируемому послушному состоянию.

Когда речь идёт о богатствах Путина – первый вопрос – для чего? При жизни он ими воспользоваться не сможет. Каждый год он декларирует доходы и расходы в налоговое ведомство и там всё абсолютно законно. По наследству детям и внукам деньги тоже не оставишь разве что несколько законно заработанных миллионов долларов в банке Россия. Впрочем, всю родню Путин и так хорошо пристроил. Им путинское наследство не жизненно важно. Попробуем разобраться в его мотивах при накоплении денег.

Беглый банкир и близкий знакомый Путина Сергей Пугачёв как-то сказал, что Путин с самого начала сосредоточился на приумножении личного капитала. Он этого и не скрывал. Он зарабатывал деньги где только мог. Вместе с тем, личные запросы Путина не так велики: еда и личные жизненные удобства не составляют главного смысла его жизни. На путинские переезды и путешествия денег уходит гораздо больше, но это всё казённые деньги. Государство покрывает его нужды, как президента и не только в сфере его официальных мероприятий. Например, я уверен, что Путин не покрывал свой недавний прогулочный полёт на землю Франца Иосифа из своего кармана. А среди его сопровождающих были задействованы десятки если не сотни человек, которым государство платит зарплаты. Я уже не говорю о его полётах в Сибирь, чтобы половить рыбку.

Путин – президент с полномочиями больше царских. То, сколько он зарабатывает, интересует многих. Официально он не имеет ничего кроме "жалких" 10-12 тысяч долларов в месяц (зарплата хорошего программиста в США), что раз в 30 больше, чем зарплата среднего учителя в российской школе. Правда Путин себе зарплату назначает сам, а рядовые граждане пользуются тем, что им даёт государство или частный бизнес.

Теперь о богатствах, приписываемых Путину в настоящее время. По словам известного политолога Станислава Белковского, Президент России имеет 230 акций банка ОАО "Санкт-Петербург", 37% акций "Сургутнефтегаза", 4,5% акций "Газпрома" (самого большого экспортера российского газа) и 75% поставщика нефти "Gunvor". Отношение Владимира Путина к пакетам акций данных компаний доказано через цепочку посредников, хотя сам он официально среди акционеров не числится.

В соответствии с подсчётами всё того же вездесущего Белковского в 2007 году личный капитал Путина составлял более

40 млрд долларов. Такая же цифра прозвучала в эфире Би-Би-Си со ссылкой на некий секретный доклад ЦРУ. С тех пор, несмотря на падение цен на энергоносители, его капитал якобы увеличился. По недавней оценке бизнесмена Билла Браудера – заклятого врага Кремля и внука Эрла Браудера, возглавлявшего Компартию США в 1932-1945 годах, состояние Путина превышает 200 млрд долларов. Есть более достоверные данные о том, что суммарная стоимость компаний, которыми владеют или контролируют люди из окружения Владимира Путина, составляет 92,9 млрд. долларов. [83]

Кроме того, Путину приписывают много другой собственности, наличие которой он, естественно, отрицает. В частности, он якобы пользуется целым парком самолетов и вертолетов, а также несколькими дворцами и загородными виллами ("Daily Mail"), имеет коллекцию часов общей стоимостью полмиллиона долларов ("The Telegraph"), яхту "Олимпия" за 35 млн. долларов, которую Путину якобы подарил владелец футбольного клуба "Челси" Роман Абрамович (Борис Немцов). О личных богатствах Путина за рубежом сделано несколько фильмов. [112], [114], [116] Впрочем, без документов все эти слова о путинской собственности – досужие разговоры и спекуляции, о чём с удовольствием говорит его верный пресс-секретарь Дмитрий Песков.

Если принять за основу гипотезу о том, что Путин - самый богатый человек в мире, то он очень уязвим. Владение собственностью привязывает человека к этой грешной земле многими нитями. Собственность, как якорь, который удерживает корабль на месте. Путин может "петушиться", троллить людей на Западе, повышать ставки, показывать всем, какой он крутой, но до самого конца на международной арене он не пойдёт никогда. Он слишком любит себя и свою роскошную жизнь, которую ему даёт верховная власть.

Главное богатство Путина, которым он распоряжается практически бесконтрольно и единолично – это "теневой государственный общак". Специалист в области государственного управления экономикой, профессор Никита Кричевский, считает, что "общак" — это не резервуар, а "механизм, суть которого не в сборе фиксированного объема добровольных пожертвований, а в обеспечении бесперебойного функционирования всей коррумпированной системы. ... В сегодняшней России до 90% производственной собственности оформлено на компании из юрисдикций, где конечные бенефициары (выгодополучатели) не раскрываются. Это офшорные компании. Конечно, далеко не все "общаковые" деньги инвестируются в финансово-промышленное имущество. Огромное внимание уделяется "арматуре" — вложениям в спортивные, культурные, информационно-пропагандистские, политико-правовые активы. Создание положительного имиджа имеет ключевое значение не только для спокойного "сравнительно честного" изъятия денег из общественного кармана, но и для принятия нужных решений на уровне вышестоящего руководства." [48]

Далее Кричевский указывает на "следующие основные статьи доходов в путинский "общак":
-плата за продажу государственных должностей;
-комиссии за получаемые государственные заказы, подряды и иные выгодные сделки с органами государственной власти;
-доходы от деятельности государственных корпораций, понуждаемых конфиденциально направлять часть прибыли на финансирование непрофильных проектов;
-отчисления от незаконных "промыслов", осуществляемых под надзором правоохранительных органов, в первую очередь, от операций по "обналичиванию" денег, их отмыванию и выводу за рубеж, которые в принципе не могут быть реализованы без соучастия контролирующих ведомств;
-незаконный возврат налогов (НДС и налога на прибыль), поставленный в 2004-2010 годах "на поток"." [48]

Наверное, пока Путин находится во власти, он может себе позволить купить спортивный костюм за 3 тысячи долларов. Но это мелочь по сравнению с десятками миллиардов долларов, которые ему приписывают. В полной мере пользоваться "своей" собственность Путин всё равно не может. Только на благо государства. А какая же тогда это собственность? В лучшем случае он может получать плюшкинское удовлетворение от тайного обладания несметными богатствами поскольку само ощущение обладания денежной или иной собственностью является уже достаточным основанием для удовлетворения личных амбиций. ("Я знаю мощь мою: с меня довольно сего сознанья" - Александр Пушкин, Скупой рыцарь – 1830 год).

Путин до сих пор сохраняет верховную власть, поскольку она даёт ему ту атмосферу богатства и роскоши, к которой он привык и от которой не намерен отказываться. Однако по факту он остаётся на уровне неформального держателя "общака", "положенца" или "смотрящего" по уголовной классификации. Он пользуется доверием тех, кто в "общак" вкладывается. Вопрос состоит только в том, в какой мере этот "общак" используется на благо России и русского народа, то есть принадлежит ли "общак" условному Робин Гуду или условному Эбенезеру Скруджу.

Путин не может не понимать, что его собственность, денежные накопления, которые он приобрёл на "честной, беспорочной службе на благо русского государства" рано или поздно куда-то и кому-то уплывут. И оказывается, что его сила заключается только в его власти. Уйдёт власть, уйдёт и всё остальное. Поэтому его пессимистическое высказывание: "У гроба карманов нет" из фильма Оливера Стоуна, сделанного на основе цикла интервью, отражает эту безысходность. "В могилу с собой ничего не унесёшь" другое путинское высказывание из книги: "Путь наверх". [9] Или ещё одно: "миллиарды в гроб не положишь". Получается, что всю жизнь работал, добивался власти, денег - и всё уйдёт вместе с жизнью. Хорошо если в государственный карман. Хуже, если в карманы каких-нибудь ловких прохиндеев, которые сумеют вовремя подсуетиться. Слёзы на глаза наворачиваются, когда думаешь о печальной судьбе денег и другой собственности, которой распоряжается президент после его окончательного ухода от власти.

Сейчас Путин живёт вряд ли зная, сколько стоит колбаса в супермаркете или киловатт час электроэнергии в его доме и будет жить так по крайней мере до 72-х лет. Его бывшая жена, дочери, внуки и все родственники хорошо пристроены. Зачем ему личные дворцы и яхты? Их так просто не легализуешь разве что разработать специальную схему и узаконить её на государственном уровне. Тем более, что у правящей бюрократической партии имеется конституционное большинство в Государственной Думе - легализуют хоть монархию, хоть диктатуру, хоть новую русскую империю – прямую наследницу прежней. С них станется. И патриарх всё это освятит, побрызгает куда надо. Впрочем, если даже до всего этого дело дойдёт, самому Путину на старости лет будут нужны только сиделка и хороший сортир. Разумом Путин всё это понимает, но, как утверждают психоаналитики, нами управляет подсознание.

Журналист "Новой газеты" и региональный директор Центра по исследованию коррупции и организованной преступности (OCCRP) Роман Шлейнов рассказал в интервью "Радио Свобода" о расследовании, проведённом журналистами "Новой газеты". По их данным суммарное состояние людей, входящих в так называемый "личный круг" президента России Владимира Путина, составляет 24 миллиарда долларов. Часть из этих активов президента России записаны на так называемых номинальщиков. Этих людей называют "кошельками Путина". Это виолончелист Сергей Ролдугин, друг детства Путина Петр Колбин и сын двоюродной сестры Путина Любови Шеломовой - Михаил Шеломов. "Номинальщики" часто даже не знают названия компаний, которыми владеют и не могут объяснить в чём состоит их бизнес. [49] Состояния, записанные на каждого из них, исчисляются сотнями миллионов долларов.

В публичном финансовом поле имя Сергея Ролдугина появилось в апреле 2016 года, когда вышли статьи на основе "панамского архива" — документов компании "Mossack Fonseca", которая занимается регистрацией офшоров. Как выяснили журналисты, у Сергея Ролдугина было несколько офшоров, которые зарабатывали на сомнительных сделках. Оборот средств в этих компаниях составил как минимум пару миллиардов долларов. Источник "Новой газеты", которая разбиралась в документах "панамского архива", называл Ролдугина "хранителем" денег Владимира Путина. [76] Но он хранитель только части этих денег можно сказать на мелкие карманные расходы, хранитель путинского "кошелька".

В начале апреля 2016 года, комментируя "панамский скандал" на медиафоруме Общероссийского народного фронта (ОНФ) в Санкт-Петербурге, Путин заявил, что никаких миллиардов у Ролдугина нет, а практически все свои деньги, зарабатываемые в качестве миноритарного акционера в одной из компаний, он тратит на приобретение для России музыкальных инструментов. Причём речь шла только о 12 миллионах долларов, которые Ролдугин израсходовал для покупки музыкальных инструментов для домов музыкального творчества (виолончель Страдивари и другие инструменты). Путинские приближённые, сидевшие в зале, громко зааплодировали.

А где остальные деньги? Оборот компаний, записанных на Ролдугина составляет около двух миллиардов долларов. Это что – тоже на покупку виолончелей и скрипок? Дело пахнет путинским личным фондом, с которого деньги идут на финансирование всевозможных неформальных, неафишируемых кампаний Кремля. Мне понравилась догадка, высказанная обозревателем радиостанции "Эхо Москвы" Матвеем Ганапольским о том, куда идут деньги из Ролдугинских офшоров. Матвей в своей заметке сыграл роль путинского адвоката на тему: "о бедном президенте замолвите слово".

Ганапольский полагает, что это деньги для решения оперативных и непубличных задач. "Впереди президентские выборы – откуда брать по пятьсот рублей, чтобы купить пенсионеров. Если на улице антимайдановский митинг, то откуда по пятьсот рублей, чтобы расплатиться с братвой. А сколько расходов за рубежами нашей Родины! Если видишь, как по европейской столице шагает пророссийская демонстрация — это из того самого кошелька. Если видишь, как странная европейская партия кричит, что пора прекратить санкции против Москвы – это из того кошелька. Когда так называемые патриоты в Донбассе получают оружие и зарплату в сельмаге - это из того самого кошелька. Если всевозможные западные политологи многомудро рассуждают о мудрости Путина и про то, что он снова всех победил, то для них открывается тот самый кошелёк." [16]

У меня есть косвенное психологическое подтверждение правильности догадки Ганапольского о поощрении своих людей из "кошельков номинальщиков". На одной из открытых линий Путин высказался в том духе, что те оппозиционные демонстранты, которые выступили против него, проплачены деньгами его богатых противников. Вот мне, например, такая мысль в голову бы не пришла. А путинские нукеры, видимо, таким способом оплаты его сторонников пользуются часто. Вот откуда у их босса такая идея и возникла. Типичная психологическая проекция по Фрейду.

Что значат деньги и собственность для президента Путина сейчас?
-скрытое управление природными ресурсами и людьми,
-возможность влияния на выборные процессы, на политиков, организации, партии внутри России и даже вне её,

-возможность концентрации финансов на важных хозяйственных направлениях внутри и вне государства,
-возможность поощрять верных и преданных подчинённых, которые ему служат.

Скорее всего, вся собственность которую контролирует Путин, перейдёт к его преемнику после его отставки. Преемник и станет новым контролёром этой собственности, этого "общака". В противном случае сразу начнётся двоевластие поскольку отделять власть от собственности и денег нельзя. Это и есть вариант графа Алексея Аракчеева, генерала и государственного деятеля в царствование Павла I и Александра I, который перед смертью завещал всё, что имел русскому государству: "я всё получил от государства, всё ему и возвращаю". По крайней мере, это будет честно.

Шведский профессор Андерс Аслунд, старший научный сотрудник Атлантического совета, пишет по поводу финансов и собственности, которые контролирует лично Путин, следующее: "В 2006-7 годах Путин перешел в наступление, объединив целые отрасли промышленности в крупные государственные компании с сотнями фирм, таких как Объединенная авиастроительная корпорация и Объединенная судостроительная корпорация. В 2007 году он сделал нечто необычное. Он сформировал шесть государственных корпораций, каждая из которых подчиняется своим специальным законам. Эти государственные корпорации являются юридически неправительственными организациями и не подвергаются никакому внешнему контролю. Их имущество приватизировано. Таким образом, государственные активы и средства в размере 116 миллиардов долларов были переданы неправительственным организациям, которые контролируются одним человеком Владимиром Путиным. Самой важной из этих госкорпораций является старый советский внешнеторговый банк, Внешэкономбанк (ВЭБ)[Прим.8], Российская атомная энергетическая компания ("Росатом") и компания "Ростех" (Российские Технологии) по вооружениям." И далее: "По данным российского антимонопольного комитета, доля российского валового внутреннего продукта (ВВП), произведенного государственным сектором, увеличилась с 35 процентов в 2005 году до 70 процентов в 2015 году." [109]

Несмотря на низкую эффективность и слабую конкурентоспособность на мировом рынке государственных компании, правительство Путина в очередной раз (после СССР) пошло по пути их создания и укрепления. К 2017 году эти компании контролируют около 40% экономики России. И это неважно, что сейчас они называются негосударственными. На них всё равно приходится около 22% расходной части бюджета. Из них только "Ростех" и "Росатом" приносят в бюджет реальные экспортные деньги. Остальные или работают в небольшой плюс (как "Роснано") или просто убыточны. Самое печальное, что Путин никак не хочет "по одёжке протягивать ножки". Мешают амбиции.

3.4. Как Путин Поощряет Подчинённых за Верную Службу?

Куда бы Путина не направляли руководить самостоятельным подразделением или службой, он в первую очередь заботился о финансовой базе и зарплате своим сотрудникам. Это городская мэрия, затем ФСБ. Никогда не забывая себя, Путин заботится и о подчинённых ему людях. Он понимает, что в СССР лидеры страны на своём пути к коммунизму прежде всего думали о далеко идущих планах развития мировой социалистической системы, своей советской страны и пр., а только потом о материальном благополучии людей. А люди устали от того, что о них думают во вторую и даже в последнюю очередь. Может быть потому так легко и развалилась мировая система распределительного социализма.

Путин "выбивал" для своих сотрудников из казны денежные средства, выискивал другие источники финансирования, улучшал жилищные условия. Для оголодавшего с времён распределительного социализма чиновного, служилого люда – это главный стимул, который заставлял их лучше работать и служить новому начальнику верой и правдой.

В мэрии у Путина были люди, которые отвечали за разные участки работы – за бухгалтерскую, за связь с клиентами, за юридическую, за переводы денег по адресам. Всем этим людям надо было платить. Конечно, Путин лично имел с зарубежных торговых операций какую-то часть, которую считал разумной и соизмеримой с его вкладом в совместную работу. Что бы там не говорили, но в те времена на честную чиновничью зарплату дачу на Карельском перешейке не построишь и легковую машину (даже Жигули) не купишь. Знаю по своему опыту поскольку это время я ещё застал. Но, с другой стороны, на чиновничьи взятки и откаты долларовым мультимиллионером тоже вряд ли можно было стать.

Для "хлебной" позиции заместителя мэра по иностранным делам в Санкт-Петербурге "общак" был неплохой кормушкой и источником дополнительного заработка, как для него, так и для чиновников мэрии. И, видимо, Путин был главным переговорщиком, наполнявшим эту кормушку и заодно неформальным распорядителем денег из неё. То есть он работал на "общак" для всех. И в этом состояло для него оправдание перед своей совестью.

Если кто-то скажет: "Общак — это незаконно". "Да, незаконно." Но если вспомнить, какое было время – 90-е годы и все хотели нормально жить, даже работая на государство, то станут ясны истоки повальной коррупции и противозаконного обогащения чиновников и бизнесменов. Фактически в 90-е годы антикоррупционные законы не работали. Уголовные дела можно было инициировать против любого. Просто этим некому было заниматься. Только если уж чиновник или бизнесмен действовал совсем нагло, на чём-то попадался и у него не было денег, чтобы откупиться, или не было связей наверху, чтобы влиятельный человек прикрыл его грехи, тогда он отправлялся на нары, в эмиграцию или в могилу.

Благодаря способности Путина к закулисному решению вопросов Путину удалось в 1995 году добиться утверждения большинством депутатов Законодательного собрания Санкт-Петербурга городского бюджета на 1996 год. В обмен на утверждение бюджета депутаты получили право на так называемые депутатские "резервные фонды".

У президента России расходов значительно больше, чем у заместителя мэра Санкт-Петербурга. Тут полставкой к жалованию не отделаешься. Президент России, Ельцин вскоре после развала СССР уже присвоил себе слишком большие полномочия. Они увеличились после того, как он расстрелял выборный Законодательный орган России. А назначенный им наследник, Путин после 2000-го года стал фактическим самодержцем всея Руси. Конечно, за идею на него никто работать не будет. Тем более советская идеология в России умерла. Деньги, собственность, власть и страх – вот сейчас четыре ключевых стимула для русских бюрократов и бизнесменов.

Наличие собственного бюджета – условие существования любого государства и, тем более, "государства в государстве". Без денег власти нет, поэтому победа Путина на выборах 2000-го года не могла быть полной и окончательной до тех пор, пока он не изыскал источники финансирования своего детища - теневого государства, которое живёт не только за счёт официального, но и за счёт теневого бюджета. Этот бюджет начал создаваться практически сразу после прихода Путина к власти, как своего рода неформальный резервный фонд или по-другому "бассейн", а если использовать более привычное русскому уху слово, то "общак".

В статье "Черная касса Кремля", опубликованной в журнале "The New Times" за 10 декабря 2007 года, журналистка Наталья Морарь написала о том, как начиная с 2000 года Путин и его главные замы проводят незаконные поборы наличными деньгами с политических партий и их спонсоров. Эти деньги с поборов нигде официально не фиксируются, не ведется никакой бухгалтерской отчетности. Их просто официально не существует! ... Никакая партия в России не может участвовать в выборах, не проходя эту криминальную структуру Путина. Механизмом для кастрации политической системы России оказались деньги, выделяемые разным партиям на агитацию, выборные кампании. Спонсоры политических партий обязаны негласно вносить деньги в "общак", подконтрольный Путину и его ближайшим замам. Путин создал под этот "черный общак" свой карманный Внешэкономбанк." [60] После этой статьи власти России фактически объявили Наталью Морарь персоной нон грата и в Россию не пустили. Хорошо хоть не убили.

Так называемым оппозиционным партиям (КПРФ, ЛДПР и СР) выделяются средства на порядок меньшие, чем главной партии "Единой России". Небольшие деньги получает даже партия "Яблоко". Явлинский хоть и теоретик, но вреда от него особого нет – пусть поговорит, создаст видимость демократии в России. По некоторым данным деньги партии "Союз правых сил" (СПС) в количестве спонсорских 150 млн долларов вообще этой партии не вернули. Путин сразу решил прихлопнуть её, как муху. В результате перераспределения финансовых потоков и увеличения процентной квоты на прохождение в высший законодательный орган страны, реальные оппозиционные партии уже в 2007 году выбыли из Государственной Думы. СПС, как самая вредоносная для Путина политическая партия (партия крупного капитала) прекратила своё существование в 2008 году. Таким образом, используя административные и финансовые рычаги, Путин привёл многопартийную систему, существовавшую в России при Ельцине, к фактически однопартийной системе. Нельзя же считать три других партии в Думе помимо "Единой России" в качестве независимых.

У Путина справедливость для своих, для приближённых к нему людей всегда была одна, а для остальных людей и, тем более, для тех, кто Путина не любит, она совсем другая. Главное, что отличает путинских друзей – это то, что тот же Путин, радеющий за народ, за Россию, за справедливость и подчёркивающий свою близость к народу, по сути распределяет государственные заказы на благо своих друзей, родственников и знакомых, обогатившихся за время его президентства. Против этих друзей на Западе применяют санкции, но нищими они в любом случае не станут.

Путин стал создавать капитализм для близких друзей (crony capitalism) в силу своей дворовой природы – природы пацана из ленинградской подворотни. Поэтому он вначале так понравился Ельцинской семье, которая думала остаться у власти и у источников государственного финансирования, и после воцарения Путина. Но они ошиблись. Как уже говорилось выше, самым услужливым подчинённым доверять нельзя. И вот в 2000-м году у "одиночки" Путина оказалась своя команда. Эта клан-команда, состояла из друзей и родственников, питерских чиновников, из тех, кто помог ему прийти к власти. В результате у Путина получился капитализм для близких друзей или, по словам известного специалиста по России, Ричарда Пайпса, он воссоздал древнюю феодальную модель патримониализма, которая существовала в России при царях. Это не нравилось тем людям, которые "поураганили" в 90-е годы и которых "оттащили от кормушки", хотя имена Рыжкова, Милова и Немцова Путин приплёл зря. Упомянутые трое относительно скромно себя вели в 90-е годы. Сейчас вместо членов ельцинской "семьи" и приближённых к ней олигархов, госзаказами, льготами и другими преимуществами, которые даёт близость к первому лицу российского государства, пользуются друзья, родственники и знакомые самого Путина.

Недавно Путин провёл через послушную Думу закон об отмене налогообложения с лиц, пострадавших от зарубежных санкций. Если эти люди работают на благо России – например, строят Крымский мост по заказанной государством стоимости – это имеет смысл. Вспомним во сколько раз дороже обошлось государству строительство объектов Сочинской олимпиады или моста и подъездных путей на остров Русский на Дальнем Востоке, или Санкт-Петербургского футбольного стадиона на Крестовском острове. По крайней мере, Стройгазмонтаж, принадлежащий Аркадию и Игорю Ротенбергам строит автомобильный и железнодорожный мост через Керченский пролив, соединяющего Крым и Кубань, стоимостью 228 млрд рублей по номиналу, а в России при всеобщей коррупции и откатах, да ещё в условиях персональных санкций это не так легко. Поэтому в данном конкретном случае облегчать подрядчикам строительство моста имело смысл.

Путин понимает, что за лояльность, за хорошую работу и за молчание людей из ближнего круга надо платить. В царской России монархи вознаграждали своих подданных за службу землёй, деревнями, другими ценными подарками. Путин возродил эту практику. В его распоряжении есть благотворительные денежные фонды, а также Панамские, Кипрские и другие офшоры, для "добровольных" пожертвований. Управляют офшорами и фондами специально поставленные люди, а распоряжается деньгами и распределяет собственность сам Путин. Из этих денег финансируется покупка квартир, машин, другой недвижимости, выдача премий верным и послушным подчинённым. Дома, машины, квартиры, другая собственность привязывают людей к спонсору больше, чем что бы то ни было. Обременённые всем этим, и желая эту собственность сохранить, люди становятся послушными и готовыми терпеть многое от своего спонсора. При этом сам Путин в глазах закона остаётся "чистым" поскольку его имя не фигурирует ни в каких финансовых документах. Пока он президент, он распоряжается всем, не отвечая ни за что. Да ещё русский народ к нему неплохо относится. Всем бы такое счастье!

Всех, кого Путин набрал в свою команду уже "просвечены". Видимо, перед началом работы в путинской команде они лично доложили ему о своих активах и финансовом положении (яхтах, самолётах, домах, дворцах, участках земли, акциях и пр.). Таким образом в глазах начальника они себя узаконили. Теперь зоркое око действующего в государстве закона не имеет для них значения. Расследования местных или иностранных журналистов, или Фонда Борьбы с Коррупцией Алексея Навального для них несущественны. Они себя "легализовали" близостью к первому лицу.

Есть категория чиновников из команды Путина, которые приходят к нему без больших денег и без "достойной" их нового положения собственности. Их нужно обеспечить всем этим. Вот на это используются деньги из президентского "общака" для того, чтобы президент мог чувствовать себя настоящим русским царём, а не каким-то "занюханным" скандинавским премьер-министром, который живёт на одну зарплату и за всё платит из своего кармана. А русский царь — это человек, который может себе позволить дарить чиновнику собственность и привилегии за хорошую службу и за лояльность ему лично. Естественно, о таких мелочах, как пристроить детишек и других родственников на "хлебное" или престижное место речи не идёт — это естественно и само собой разумеется. Это происходило, начиная с первых лет советской власти в СССР и продолжается до настоящего времени. С введением санкций и с падением цен на нефть государственный "общак" уменьшился, а, следовательно, уменьшились доходы кремлёвских чиновников, но их привилегии сохраняются.

Почему чиновники, составляющие головку русской бюрократии, молчат, как воды в рот набрали? Потому, что в отличии от своего босса, они боятся потерять то, что имеют – и не только его расположение и полученную собственность, а иногда нечто большее. Собственность является гарантией того, что чиновник никуда денется, не выпадет из обоймы пока этого не захочет начальник. Все они уже повязаны "одной цепью" и прикованы к галере, на которой загребным сидит их босс. Информация из этого круга повязанных лиц почти не вытекает. Все знают, как босс относится к предателям, которых надо давить, как мерзких змей. Может быть ряд людей и хотел бы добровольно выйти из Путинской обоймы, но примеры Михаила Лесина, Алексея Улюкаева и других чиновников помельче не дают им возможности воспользоваться своим правом на свободное трудоустройство в другом месте.

Что касается бизнесменов – друзей Путина: Аркадия и Бориса Ротенбергов, Юрия Ковальчука, Геннадия Тимченко и других, то они стали миллиардерами при Путине и находятся в санкционных списках западных государств. Часть из их активов имеет отношение к Путину, хотя его имя нигде не фигурирует. В феврале 2018 года законодатели США обещают принять дополнительный пакет персональных санкций против российских бизнесменов, которые не смогут объяснить контролирующим органам на Западе происхождение своих богатств. Но главные неприятности ждут теневых миллионеров и миллиардеров из разных стран в случае наступления очередного мирового финансового кризиса. Тут уж всё тайное окончательно станет явным и на все сомнительные состояния, хранящиеся в банках по всему миру будет наложен арест.

Глава 4

Ум, Гибкость и Лицемерие

4.1. Простота, как Жизненное Кредо и Избегание Сложностей в Жизни

Как известно основным признаком ума является умение выделять главное. Можно сказать, что у Путина это умение присутствует. Это помогает ему просто мыслить и понятно излагать свою точку зрения. Последним умением он овладел в процессе политической жизни и каждый год совершенствуется. Путин времён работы в СССР и Путин сегодня в этом плане – два разных человека.

А вот фраза из Евгения Онегина Александра Пушкина, сказанная как будто про Путина: "Мы все учились понемногу – чему-нибудь и как-нибудь". Если вспомнить, чем только не увлекался Путин, то это впечатляет. Он и иностранные языке учил, и историей России увлекался, и юриспруденцией, и разведкой, и экономикой, и психологией, и человеческими отношениями, и дзюдо, и горными лыжами, и хоккеем, и рыбной ловлей. И много чем ещё. Что осталось у него на хорошем уровне – это немецкий язык, приёмы из дзюдо, умение налаживать отношения и пользоваться связями. Ну и, конечно, умение организовывать спецоперации, чтобы всё делалось чужими руками, а разработчик операции был с виду не при чём. С возрастом появилось новое – умение хорошо и чётко излагать свои мысли. Всё остальное присутствует на любительском уровне.

Его самооценочная фраза о том, что "меня ничего не ставит в тупик ... Я всегда ищу выход из любой ситуации" [71] может быть интерпретирована, как хвастовство и шапкозакидательство. С другой стороны, это может свидетельствовать о легком поверхностном отношении к жизни: зачем усложнять, когда можно упростить. А более сложные, запутанные вопросы всегда можно отдать на откуп специалистам и принимать решение после консультации с ними. Впрочем, думающего человека многое ставит в тупик, и это нормально. Правда, такие люди в чекисты не идут.

Путин в основе своей – человек простой, в чём-то даже примитивный. Он и так прыгнул выше головы, заняв такую должность. Путин не стесняется признаваться в своей простоте, как петух не стесняется кукарекать, сидя на жёрдочке. "Жизнь, она такая простая штука на самом деле" - как-то сказал он. [19] Видимо, простота подхода позволяет ему, как блохе, скакать по поверхности жизни подолгу нигде не задерживаясь. Если есть возможность решить проблему быстрее, он этим пользуется, особенно не задумываясь.

Путинская простота состоит в том, что:
-Отношение к людям он сводит к ясным и простым: друг, враг, предатель.
-Он ввёл в управление простую вертикаль власти похожую на военизированную систему.
-Спецоперации, которые он разрабатывает простые, целевые.
-Он бережёт около себя преданных ему людей.
-Поддерживает лояльных к России зарубежных политиков деньгами (националистка Мари Ле Пен).
-Организовал Российскую пропагандистскую информационную машину за рубежом (RT, "Sputnik").
-У него простой незатейливый юмор на уровне анекдотов и КВН.

В декабре 1999 года был создан новый "Центр стратегических разработок", который возглавил коллега Путина по работе в мэрии Санкт-Петербурга Герман Греф. В Центре эксперты занимались разработкой двух программ – экономической и реформы государственного управления. Памятуя об изобилии рекомендаций в 90-е годы, которые ухудшали состояние экономики и системы управления вместо их улучшения, новое путинское правительство России взяло курс на упрощение всего, что только можно. В начале 2000-х годов это имело смысл делать.

Однако, помимо действительно важных вещей по типу уменьшения количества промежуточных звеньев в центральном аппарате управления, стремление к простоте касалось:
-ненужности разделения властей,
-избыточного количества высших судов,

-важности единоличного правления страной из Кремля,
-избыточности средств массовой информации, дающих читателю слишком много разных точек зрения,
-изобилия политических партий и общественных организаций, которые усложняют принятие важных для страны законов и политических решений.

Общественный деятель Георгий Сатаров, работавший в качестве помощника Президента Ельцина до 1997 года, сформулировал кредо путинской власти, как стремление к упрощению всего и вся, где простота означает ясность, управляемость, предсказуемость и безопасность. Она должна поощряться, а сложность непонятна, неконтролируема, разнообразна, автономна и непредсказуема, и поэтому она должна изничтожаться. [85] Налицо две разных позиции к управлению Россией. Президентская позиция возобладала и Россия теперь весьма простое государство, которое управляется из Кремля. Демократический путь управления оказался для России пока недоступен.

То, что Россия имеет в политике и экономике сейчас – это следствие исходных Путинских установок. Путин, судя по всему полагает, что душевная тонкость — это качество скорее нужное писателю - знатоку человеческих душ, чем политику. Иначе трудно находить с людьми (союзниками, противниками) общие и различные точки зрения, подходы к решению проблем. Да и свою позицию лучше максимально упростить. В отличие от писателя, работающего с тонкими нюансами человеческих отношений и их словесными эквивалентами, политику сложные морально-этические и психологические материи только мешают понимать суть проблем и следовать своему предназначению.

С Путиным в главной роли Россия превратилась в страну, в которой сочетаются черты прежней русской империи, дух русских народных сказок и большевистская схема построения Советского Союза. Вероятно, у Путина и его сторонников не было возможности в детском возрасте переосмыслить эти сказки в своём сознании, и они проживают этот детский период сейчас вместе со всем народом. Путин сотоварищи дали русскому народу возможность быть участником построения очередной государственной сказки-утопии со своими злодеями–террористами, зарубежными врагами-партнёрами и с имитационным демократическим государственным устройством.

Получилась почти компьютерная игра. Правда исходы этой игры далеко не такие бескровные, как в детских сказках или в реальных компьютерных играх.

4.2. Академичность при Решении Прикладных Проблем

Если судить по действиям, то Путин выглядит человеком практическим и даже прагматическим. Он ориентирован на результат, на полезность, как главный критерий при принятии решений. Для него прежде всего важна целевая установка на результат. Средства достижения цели и цена достижения результата его волнуют меньше, хотя по сравнению с прежними правителями России, он образец гуманности.

По отзывам его учителей во времена учёбы в школе КГБ Путин был склонен строить теоретические схемы, а потом проверять их на практике. Правда эти схемы не исключали возможности их коррекции. "Я помню, что указал в качестве негативных сторон в его деятельности некоторую академичность" - вспоминал полковник в отставке, преподаватель Московского Краснознамённого института имени Андропова (сейчас это Академия внешней разведки) Михаил Фролов отработавший в институте 13 лет. [19]

Для учёного проверка гипотезы на практике — это нормальный процесс, но для руководителя большого государства, проверять свои гипотезы на 145 миллионном народе это явно затратная, несовершенная тактика. Хватит уж наэкспериментировались большевики. Это обошлось советскому народу как минимум в 50 миллионов жизней, не считая калек и появления сотен миллионов советских людей с искажённой ментальностью. Путин не жертвует людьми без государственной и личной карьерной необходимости. И по этому показателю он приблизился к руководителям цивилизованных государств. То, что человек с ментальностью советского чекиста наконец заменил коммунистических партайгеноссе, которые ради своей бредовой пролетарской идеи положили миллионы на жертвенный алтарь распределительного социализма – это несомненный плюс президента Путина.

Доктор экономических наук Владислав Иноземцев полагает, что "зависимость от искусственной реальности для Путина

Глава 4. Ум, Гибкость и Лицемерие

обретает наркотический характер и является признаком слабости, а не силы. В результате "глава государства принимает свои решения на основе ошибочной информации и ложных умозаключений, которые во множестве поставляют ему окружающие чиновники и "близкие люди"." [32]

По мнению президента Фонда эффективной политики Глеба Павловского Путин рассматривает себя, как главного носителя государственности. Основной критерий Путина заключается в формуле: "Посмотрим, как это будет работать". Вначале он принимает решение, которое требует проверки (назначить губернатора, принять закон, подписать бюджет.) Например, если речь идёт о назначении человека на должность, которое в России почему-то называется выборами, то Путинская схема выглядит так: "я буду решать исходя из того, что хорошо, и что плохо для страны, причём окончательное решение приму после "обкатки" этого человека". То есть практика у Путина выступает, как контролёр теории. По сути вопрос о назначении человека на должность решается до всяких выборов. Место для народа в этой схеме назначений и апробаций отводится в конце и с краю, как откидное место в театре.

Для Путина основной руководящей идеей является старая формула XIX века: "Государство – это я". Вернее, "Государство – это мы". "Мы" – это его клан-команда. Он считает, что вначале мы решим для себя, что будет в стране, а потом вынесем наше решение на народное голосование. Народ скорее всего нас поддержит и проголосует, как нам надо. И в этом у Путина сомнений не бывает. Получается, что он и возглавляемая им команда настолько умнее, глубже, дальновиднее всех граждан страны, что выберут для них лучшее будущее. [64] И ему фактически безразлично, если какие-то граждане с ними не согласны. Вернее, он для вида может признать чью-то правоту, но потом всё равно продолжит следовать своим курсом.

С виду вся ответственность за результаты деятельности исполнительной власти ложится на Путина и его команду. Но так уж в России повелось, что решения принимают одни, а отвечают и расплачиваются за последствия другие. Почему-то первые успевают улизнуть от ответственности и уж, конечно, никогда не извиняются за свои ошибки. А подтекст у Путина такой: "Раз народ нас выбрал, то сам за это в ответе. Смотреть надо было, кого выбираешь". А что народу Путин альтернативы не оставил кроме как их всех выбрать, так это потому, что Путин такой умный, видит дальше, чем его избиратели и сумел так ловко организовать выборный процесс, что у большинства граждан другого выхода не остаётся.

В каком мире живёт Путин? В мире своих теоретических представлений, в мире сконструированных им моделей: что хорошо, что плохо, что правильно, что – нет, что можно и чего нельзя. А когда реальные люди и реальная жизнь не совпадают или противоречат его установкам, он пытается корректировать не свои установки, а реальную "неправильную" действительность – людей, объекты, исправлять отношения в соответствии со своими моделями. Для представителей творческих профессий такая схема работы с "материалом" естественна и допустима. Так, режиссёры-постановщики фильмов, спектаклей делают мир в соответствии со своими представлениями, планами, придумками, сценариями. На время работы над фильмом, спектаклем мир искусства превращается для них в мир реальности. Что касается политиков, то внедрение их теоретических моделей в практику может быть чревато для народа немалыми потерями.

Путин в душе разведчик, который всю сознательную жизнь мечтал им быть и, достигнув зрелого возраста, не может себя и свои установки изменить сейчас. Кроме того, в душе он актёр, которому необходимо внимание публики. Но он отличается от актёров, которые сняли маску и стали обычными людьми. Путин снимает одну маску, чтобы тут же надеть другую подходящую для другой обстановки, для других людей, для другой роли. В своём бытии он разведчик и актёр во всём и всегда – в семье, с друзьями, разговаривая с иностранным корреспондентом, давая команду на запуск новой буровой установки, играя в хоккей, общаясь с животными. И другим он не бывает. Он – человек с тысячью лиц. Бывает ли он настоящим? С кем и когда? А ни с кем и никогда! Он перетекает в ту форму, которая на данный момент приносит наибольшие преимущества. Что сохраняется неизменным – это его имперская сущность. И это при том, что он обязательно во главе.

4.3. Гибкость Ума и Поведения, Хитрость и Изворотливость

Гибкий ум Путина отмечала учительница немецкого языка – Вера Гуревич: "у него была очень хорошая память и гибкий ум и если что-то его интересовало, например, немецкий язык, то он схватывал его на лету." Правда другие учителя воздерживаются от хвалебных отзывов в отношении Володи Путина даже после того, как узнали, что он стал президентом. В молодости-то Володя был не подарок для учителей. Неуёмный хулиган, которого невозможно было контролировать. Кстати, должен сказать комплимент советским учителям – это была очень достойная категория советских служащих – настоящие подвижники на ниве народного образования. Многие из них понимали, что на них лежит трудная миссия давать знания детям. И это всё при том, что все мы жили в очень стеснённых материальных условиях распределительного социализма и часто работали за весьма скромную зарплату.

Путин гибок и адаптивен и, когда это ему лично нужно, использует механизмы мимикрии (социального приспособления). Когда "демократы" в СССР стали побеждать в 1990 году, он пошёл к ним служить. Это не значит, что он принял демократические идеалы. Просто всегда выгоднее присоединиться к победителю, а к этому дело шло. Кроме того, главная заповедь хорошего разведчика гласит: стань частью враждебной среды, а потом изнутри эту систему разрушай или управляй ей так, как тебе надо. Демократы для чекиста Путина изначально были чуждыми, враждебными людьми. Раньше он с ними боролся. Тогда они назывались диссидентами. После прихода демократов к власти он к ним приспособился и принял их ценности, как свои собственные, правда принял в основном на уровне риторики. Получив верховную власть, он быстро от них отошёл.

Поскольку в 1990-91 годы в СССР одномоментно не появилось настоящих демократов – то есть людей мыслящих и действующих демократически, как в Швеции, Франции, Норвегии, то управлять бывшими советскими людьми в условиях рыночной неопределённости, используя старые советские навыки, было не так уж трудно. Кроме того, на фоне окружающих советских людей Путин, как переговорщик, был асс. Простых граждан этому искусству не учили, а в школе КГБ такой предмет несомненно преподавали. Путин тем более пришёлся ко двору со своими коммуникативными навыками партнёрского общения, что неумение договариваться всегда было ахиллесовой пятой большинства переговорщиков в СССР (как специалист в области тренинга партнёрского общения, могу это лично засвидетельствовать).

Мои предыдущие соображения подтверждает мнение всемирно известного режиссёра Андрея Кончаловского, высказанное в 2012 году о том, на Путина можно влиять поскольку он человек гибкий. [41] Правда это было сказано пять лет назад. Много воды утекло с тех пор. Путин заматерел и с возрастом стал более консервативен. К тому же, если в вопросах гуманитарных, философских, где Путин не чувствует себя большим специалистом, его можно склонить к какой-либо точке зрения, то в вопросах собственности Газпрома или Роснефти, от которых зависит национальное благополучие и его собственный статус, сделать это значительно труднее.

Перекликаются с мнением Кончаловского соображения известного политолога Николая Злобина и телеведущего Владимира Соловьёва. Путин "не догматик и чутко улавливает новые мысли, идеи и встраивает их в свою концепцию, в своё видение ситуации. Только таким образом на него можно повлиять." – написали они [89]

Путин – вёрткий, как уж. Если он в чём-то убеждён, или имеет установку на что-то, то спорить с ним бесполезно, также как бесполезно его переубеждать особенно на людях. Он выворачивается из любой ситуации даже если не прав. Иногда не понять, правду он говорит или врёт. Во всяком случае он не переживает оттого, что правду он говорит не всю. С виду вроде верит в то, что говорит, а на самом деле в любой трудный для себя момент может увернуться от вопроса, лобовой атаки.

Вести разговоры с Путиным на публике – это как играть с напёрсточником или с шулером, у которого три туза в рукаве. Строгая формальная логика для него как будто не существует. От всего, что его не устраивает, он отпирается, если ему выгодно, использует нечестные приёмы, отрицает очевидное. И всё это, говоря уверенным безапелляционным тоном. С учётом его президентского статуса это работает для неискушённых слушателей.

Когда нечего сказать или возразить, Путин выступает с голословным утверждениями от имени народа: "Я знаю, что народ не хочет Майдана". Часто он апеллирует к судебной власти: "Это решит суд".

По мнению Главного редактора радиостанции "Эхо Москва" Алексея Венедиктова, Путин не столько умный, сколько хитрый человек. И это мнение не единичное. Я бы добавил, что Путин хороший политик. Впрочем, простодушным людям на его месте делать нечего. Их мгновенно обведут вокруг пальца более беспринципные люди, которых власть притягивает, как сладкое притягивает мух.

То, что Путин ведёт хитрую, непрозрачную игру – это наконец поняли во всём мире кроме оболваненного федеральными СМИ народа России. В его поведении немало лицедейства и имитации. Это скорее удачная маска искренности. Путин вовремя вживается в новый образ. Конечно, вначале идёт обработка информации, выработка концепции, схемы поведения, правдоподобной легенды. А уже потом Путин эту легенду повторяет с вариациями для разных людей – от бизнесменов до рабочих.

Путин – человек многоликий. У него много лиц. К каждому новому событию, собеседнику, группе людей он поворачивается своим лицом. Для этого нужна настройка. Настройка требует времени. Возможно, в этом одна из причин того, что Путин опаздывает на встречи – это он так готовится, подсознательно настраивается, вживается в новую роль для общения с новыми людьми.

Искусное ведение переговоров предполагает дипломатическую игру, шантаж, умалчивания и т.д. Простодушным и неопытным людям в профессии дипломата делать нечего – обманут. Путин – высококлассный переговорщик. Пример: успешные нефтяные переговоры с украинским премьер-министром Юлией Тимошенко, за что её на семь лет посадили в тюрьму и обязали возместить компании "Нафтогаз" ущерб в 189 млн долларов за превышение должностных полномочий. Другой пример: четырёхсторонние минские договорённости с участим Германии и Франции, которые до сих пор позволяют Украине и России сосуществовать в условиях гибридной войны на Донбассе, хотя обе стороны фактически остались при своих интересах и на уступки друг другу не идут.

4.4. Искренность и Умолчания на Грани Лжи

В либеральных кругах России модно говорить о самой большой ошибке Ельцина, которую он совершил в конце своего правления, выбрав Путина своим преемником. Осмелюсь заметить, что у Ельцина особого выбора-то и не было. Среди тех жуликов, рвачей и приспособленцев, которые Ельцина окружали, Путин выглядел просто образцом исполнительности и понятливости. К тому же я не думаю, что Путин сильно скрывал свои патриархальные, авторитарные взгляды от окружающих. Эти взгляды были мягче Ельцинской авторитарности и самодурства и Ельцина не раздражали. Альтернативой Путину мог быть Евгений Примаков, но после того, как он, скорее всего в шутку, предложил выпустить из тюрем 90 тысяч уголовников и посадить на их место столько же бизнесменов и чиновников-жуликов, разворовавших Россию, "демократы" во власти стали его опасаться, поскольку тогда нужно было сажать многих из них. Кроме того, у Ельцина было личное предубеждение против Примакова.

Сила Путина в том, что в нём много натурального, искреннего, но фокус в том, что он говорит не всю правду, а иногда вообще её не говорит. В этом плане он похож на своих крестьянских предков, для которых хитрость была средством выживания и преуспевания. Даже когда он манипулирует людьми, он делает это очень умело. Поэтому, идя в чекисты, ему не надо было учиться быть естественным. Это умение для продувных людей с двойным дном и с нечистой совестью составляет самую трудную часть чекистской профессии. Путину не надо было специально работать над собой, чтобы выглядеть честным человеком. Для его первоначальной профессии – это редкий талант. Единственное, что Путина выдаёт – это глаза, которые он поднимает вверх, опускает или отводит в сторону, когда сосредотачивается, вспоминает нужную легенду или имеет "задние" мысли. Правда, к настоящему времени он частично научился избавляться от этого недостатка, если ему очень нужно.

Искренность и естественность для Путина – это надёжная маска, которую он надел на себя и носит не снимая. В настоящее время он ведёт себя, как предусмотрительный и осторожный человек, который всегда блюдёт свой интерес и интерес своего государства. Его на тактической кривой не объедешь поскольку он постоянно применяет своё коронное оружие –

дипломатическую выдержку и естественность поведения и тем самым обезоруживает оппонента, партнёра, противника.

Сам Путин старается в открытую не врать – надо отдать ему должное. Разве что он делает это по некомпетентности. Для большинства случаев у него выработан перечень легенд, которые он применяет для обоснования своих действий. Основную часть работы по общению с подчинёнными, с бизнесменами, с политиками других стран, со своим народом у Путина составляют замалчивание своих намерений и изложение односторонней, выгодной ему позиции. Он замалчивает то, что окружающим знать не надо, приводит только выгодные ему факты и аргументы, которые вписываются в уже разработанную легенду. Остальное он утаивает. А чтобы такая односторонняя информация выглядела правдоподобно, Путин применяет специальные ораторские приёмы, техники манипулирования, которые делают его объяснения более убедительными для малоискушённой публики, для оппонентов-переговорщиков и для партнёров.

Путин ни с кем прямо не ссорится, но создаёт условия, при которых у людей не остаётся другого выхода, как поссориться с ним. Главное для него, чтобы всё было плавно и без перегибов. Защищать легче то, в чём сам не сомневаешься. Путин решил привести законы России в соответствии со своими понятиями о справедливости, порядочности, честности, а также с представлениями и о том, что хорошо и что плохо, что допустимо, а что нет. Это и есть самый надёжный принцип: "не изменяй правде, изменяй правду". В этом случае не сам Путин доказывает народу какую-то истину или оправдывает разработанную им модель устройства общества и управления им, а вновь принятый закон, заставляет граждан России действовать в соответствии с ним. И уже правоохранители контролируют происходящее в стране опираясь на этот закон. А что вновь принятые законы нарушают дух Конституции – так Конституция в соответствии с путинской логикой – "это всего лишь бумажка, которую и изменить можно".

Когда был раскрыт путинский обман народа с подсадным премьер-министром Медведевым 24 сентября 2011 года, это привело к декабрьским выступлениям в Москве и других крупных городах России. Но поскольку этот обман не был последней каплей, переполнившей чашу народного терпения, дело кончилось декабрьскими и майскими демонстрациями. К тому же люди в России ещё помнили повышение уровня жизни при Путине в нулевые годы и связывали это повышение напрямую с его президентством. А что Путин имеет к мировым ценам на нефть и газ и к росту благосостояния народа весьма малое отношение, так это русскому народу и невдомёк. Ему, как ребёнку, дали конфетку, он и рад.

При принятии травмирующих, жестоких военно-политических решений Путин с виду всегда не при чём. А на самом деле он всем хитро управляет, но из задней комнаты. В передней комнате он предпочитает выглядеть хорошим для окружающих. Вон даже форму лица себе подправил, сделал себя более благолепным. Для лидера благообразный вид – это красивая упаковка на товаре, который легче продать.

Аннексия Крыма стала водоразделом после которой неточности, ошибки и даже ложь стали частыми гостями в высказываниях президента. Журналисты находят по 5-10 ошибок и неточностей в его ответах на вопросы аудитории. Сомнительные утверждения, недоговорённости, умолчания, уход от ответов – это бывало часто и раньше. Однако, после многих лет пребывания в верховной власти Путин свою работу автоматизировал и работает, как одушевлённая машина по переработке и выдаче информации. Машина эта стареет с каждым годом, но Путину-то кажется, что он ещё парень хоть куда. Если раньше он допускал новинки в речи, в поведении, то теперь их всё меньше и меньше.

Из-за своей привычки постоянно красоваться на публике, он допускает много неточностей и даже прямых ошибок. После каждого его выступления или общения с аудиторией появляются статьи о фактах, которые Путин исказил или где он ошибся. Есть Интернет-портал "The Insider", который ведёт специальную рубрику ошибок, совершаемых Путиным (Антифейк) во время прямых линий с народом в 2015, 2016, 2017 годах, во время Петербургского Экономического форума, а также во время бесед с американским режиссёром Оливером Стоуном. [26], [27], [61], [90], [93], [113]

Отхватив у Украины Крым вопреки Будапештским договорённостям, которые Россия подписала вместе с США, Великобританией и самой Украиной 5 декабря 1994 года в обмен на отказ Украины от ядерного оружия, Россия стала на уровень с любым агрессивным государством. Пусть Крым был захвачен Россией без крови и при поддержке большинства крымчан, но суть силового захвата от этого не меняется. Путин, как и большинство граждан России, считает Крым российским и поэтому его аннексию считает справедливым возвратом того, что России принадлежит. Тем более, что законно избранной народом власти в Украине на момент аннексии не существовало. Была временная Майданная власть, к которой было много вопросов. Признавая всё это, давайте не будем поддаваться легенде о спонтанном волеизъявлении жителей Крыма, которые сами свергли "украинских оккупантов". Вон в Каталонии народ честно и открыто захотел в 2017 году отделиться от Испании и из этого ничего не вышло несмотря на то, что сепаратистов было большинство.

После аннексии Крыма журналисты и политики выделили несколько случаев путинской лжи. Недаром, отвечая на их вопросы Путин вертелся, как уж на сковородке. В чём состояла эта ложь? В 2013 году Путин публично говорил, что Крым не является спорной территорией. Мол мы не введём войска в Крым, есть договор с Украиной по черноморскому флоту, и мы не собираемся махать шашкой и нарушать его. При этом существенно заметить, что Путин ссылался на межгосударственный договор России с Украиной, но совершенно не упоминал более существенный, международный Будапештский договор, который Россия нарушила без согласия трёх других сторон.

Уже в начале марта 2014 года Путин сказал, что силы самообороны Крыма, одетые в военную форму, которую можно купить в любом военторге, противостоят украинским военнослужащим. Ещё позднее Путин сказал, что мы (то есть Российские войска) блокировали Украинские вооружённые части в Крыму в Балаклаве и в Евпатории, разоружили их. Теперь мы вынуждены не возвращать Крым Украине. Хотите попробовать вернуть? Дай бог нашему теляти, да волка съесть. Естественно, что желающих съесть русского волка в международном сообществе не находится. Но главное – это то, что в течение одного года Путин сменил свою точку зрения на противоположную, а если говорить попросту, то в 2013 году он врал.

Если исходить из концепции Путина о том, что Россия со всех сторон окружена врагами, то и усиление военного значения города Сочи после Зимней Олимпиады 2012 года для контроля над Кавказом, и превращение Крыма в военный ключ к Чёрному морю, и к юго-восточным странам НАТО, и укрепление военных плацдармов в Сирии для контроля над Среднеазиатскими странами (про Калининградский ракетный полигон я уж и не говорю) – это всё звенья одной цепи – усиление военной мощи России в ответ на действия НАТО по расширению этого военного блока на Восток и созданию противоракетных баз в Восточной Европе.

В результате перечисленных военно-дипломатических операций Путин, его правительство и весь народ России получили от международного сообщества пакет санкций, которые вместе с рухнувшими ценами на нефть привели к большим потерям в российской экономике. Обозреватели и аналитики, говоря о санкциях США и ЕС в ответ на агрессию России в Украину, в первую очередь, подчёркивают их экономические последствия и реже говорят о психологических последствиях для Путина лично. Для Владимира Путина эти психологические последствия не менее важны, чем экономические.

Объявив второй этап санкций против России (запрещён въезд в США и заморожены счета людей из близкого окружения Путина - совладельца банка "Россия" Юрия Ковальчука, бизнесменов Аркадия и Бориса Ротенбергов, Геннадия Тимченко, главы РЖД Владимира Якунина, председателя Совета Федерации Валентины Матвиенко, председателя Госдумы Сергея Нарышкина, лидера партии "Справедливая Россия" Сергея Миронова и других) США и Евросоюз показали, что Путин не может защитить финансы своих друзей и соратников и обеспечить им гарантии комфортной жизни, к которой они привыкли. И это для Путина очень болезненный удар. Ведь Путин известен тем, что он своих не бросает, защищает, поддерживает и пр. И члены путинской команды ожидали от него такой защиты и поддержки, но не смогли их получить. Со стороны тогдашнего президента США Барака Обамы это был очень сильный психологический ход. Он "вбил клин" в путинскую команду, живущую по понятиям. Прошло несколько лет. У многих из упомянутых людей сменилась позиция во власти, изменилось их финансовое состояние, но санкции будут действовать ещё долго, как минимум до конца правления Путина.

Поскольку Путин воспитан в парадигме противостояния с НАТО и с капиталистическим миром – "извечным врагом" СССР и "матушки" России, то его увлечение Западной культурой и Западными ценностями продолжалось недолго – примерно до конца первого срока правления. Путин полагает, что когда одетые с иголочки и пахнущие лосьонами джентльмены врут, как сивые мерины и ещё при этом всё время учат тебя, как в твоей стране продвигать самую честную западную демократию, то верить им впредь нельзя. Вот он и перестал им верить, начиная со второго срока правления. И демократии в его стране после этого не убавилось. В смысле, что она как была имитационная, так и осталась такой же. Просто в России слишком много оружия массового поражения и средств его доставки в любую точку планеты, чтобы поступить с Путиным так, как США и страны НАТО поступили со Слободаном Милошевичем, Саддамом Хусейном и с Муамаром Каддафи. Что бы там не говорили, а правит в современном мире не столько совесть, сколько сила.

Сейчас путинской целью является развал Запада, как единого целого, развал Европейского Союза и желание вбить как можно больше клиньев в любые партии и группировки зарубежных политиков, которые принимают решения по России, чтобы можно было ловить рыбку в мутной интернациональной воде. Внешне оставаясь нейтральным и беспристрастным по отношению к другим странам, и другим лидерам, он нацеливает свои СМИ, своих дипломатов и политиков на реализацию национальных интересов России и своих союзников, как бы мало этих союзников не оставалось. А именно, он поддерживает те зарубежные силы, которые стоят за отмену санкций против России, за признание захвата Крыма легальным и законным событием.

Поддержка кандидата в президенты США Дональда Трампа, поддержка Брекзита, поддержка национально ориентированного политика Марин Ле Пен во Франции, поддержка сепаратистской Венгрии, упрочение деловых отношений с мусульманской Турцией, с исламским государством Иран – это всё звенья древнего, как мир политического процесса под названием: "разделяй и властвуй". Для этого Путин использует как открытые методы (психологическое давление, финансовую и

145

информационную поддержку нужных и выгодных для России режимов, местных оппозиционеров и даже военную силу), так и скрытые методы, в которых он никогда не признается (хакерские атаки, зомбирование населения за рубежом с помощью пророссийских СМИ – "RT" и "Sputnik", влияние России на выборы в США через фальшивые аккаунты в соцсетях Facebook, Google, Twitter и т.д.).

Первыми раскусили Путина на Западе. Разговорами, которыми он пичкает своих отечественных граждан, прагматичных Западных политиков не проймёшь. Для западного человека – действия важнее слов. Если вначале Путин представлял для них загадку, то в конце концов его вычислили по его делам в их совокупности. Теперь он может говорить всё, что угодно, но веры ему нет, поскольку его неоднократно ловили на противоречиях и на несоответствии слов и дел.

Сейчас политики и лидеры на Западе недаром "перекрывают Путину кислород" то в одном, то в другом. Российские бизнесмены и политики, конечно, выкручиваются, но это стоит им и всей России всё дороже и дороже.

За прошедшие 18 лет у западных политиков и бизнесменов сложился достаточной устойчивый портрет Путина, как человека, которому верить нельзя. Поскольку Путин представляет большую ядерную страну, то тень его личной неискренности распространяется на всю Россию – с ним лучше не связываться и вообще не иметь дела без крайней необходимости. В 2017 году число контактов Западных лидеров с Путиным резво снизилось.

4.5. Ложь и Обман в Практике Людей из Путинского Окружения

Я бы различал то, что делает Путин лично и что делают его подчинённые во имя его и исходя из его интересов – вернее так, как они эти интересы понимают. Мало кто сомневается, что люди в окружении Путина весьма умны и искушённы в придворных хитростях. Каждый из них настолько изучил нрав хозяина, что может работать вместо него или уж по крайней мере знает отношение босса к разным вещам и может предсказать его реакцию на то, или иное событие (то есть умеют угадать и угодить). Его пресс-секретарь Дмитрий Песков так навострился, что комментирует любые события лучше, чем это делает сам Путин.

У политиков и дипломатов умолчания и одностороннее изложение фактов и точек зрения составляет важную часть их работы. Умолчание - самый невинный вид лжи. Оно определяется личной выдержкой дипломата и хорошей выучкой в дипломатической школе. Другой тип лжи основан на фактах, которые кажутся достоверными, но интерпретация этих фактов производится в пользу нужной политику концепции. Третий тип лжи – манипулятивный основан на уловках, риторических приёмах и ухищрениях.

Для хитрых российских дипломатов искусство византийской подковёрной игры – это естественный комплекс навыков и умений, которым они овладевают уже на подступах к верховной власти, чтобы выжить и продвинуться на дипломатическом поприще. Политические виртуозы пользуются этим набором также естественно, как дышат. Их этому учат во всяких учебных заведениях вроде МГИМО.

Совершенствованию помогает практическая работа – ранее в органах номенклатурной коммунистической, теперь – российской власти. Пользуясь этим арсеналом, Путин переиграл Барака Обаму, но на Трампе он начал спотыкаться. И даже не потому, что Трамп бьёт сразу, не раздумывая, без всяких витиеватых экивоков и политических ритуальных танцев, а потому, что Путин и его команда настроили против себя американский Конгресс и Сенат. Путин, будучи раньше дворовым хулиганом, тоже делал, как Трамп, то есть бил первым, но с возрастом поутих. Полагаю, что вся политическая головка России ещё не раз с благодарностью вспомнит благодатное время перезагрузки и нерешительного Обаму, который так боялся не оправдать свою Нобелевскую премию мира.

Примером быстрой реакции Трампа на обман является 4 апреля 2017 года. В городе Хан-Шейхун в сирийской провинции Идлиб генералы Башара Асада с его ведома или без оного, применили боевое химическое оружие (газ зарин нервнопаралитического типа, который имеется только у Асада). Доказательства химической атаки были представлены мировому сообществу Турцией. Было убито более 70 человек, пострадали около 500 мирных жителей – среди них много женщин и детей. Ещё несколько лет назад Асад обещал уничтожить всё химическое оружие под гарантии России, но видимо не сделал этого. За это он немедленно получил ракетный удар по аэродрому, получил без длительных проволочек, дополнительных оттягивающих расследований, доказательств вины и пр. Президент Трамп приказал обстрелять авиабазу сирийских войск Шайрат в провинции Хомс с помощью 56 Томагавков, расположенных на кораблях США в Средиземном море. Не желая всерьёз ссориться с Путиным, Трамп предупредил его об обстреле за два часа до этого. В результате половина Томагавков до цели не долетели, а российские лётчики успели взлететь с авиабазы.

У представителей власти в России есть ещё несколько способов выкладывания информации или аргументации. "Что скажем своему народу?" и "Что скажем во внешнем мире?" Для каждого человека и дипломата есть свой уровень лживости, превышение которого приводит к необратимым психосоматическим изменениям. Например, сердце полпреда России при ООН Виталия Чуркина в какой-то момент не выдержало необходимости защищать интересы своей страны с помощью хитроумных политических трюков. Лаврову это даётся, видимо, легче, но и ему приходится время от времени расслабляться и снимать психическое напряжение алкоголем. Путин снимает напряжение поездками в Сибирь, чтобы пообщаться с животными и птицами, которые несравненно честнее, чем многие его приближённые. Эти последние так и норовят скрыть от него правду или просто увильнуть от нежелательного прямого разговора. Поэтому, Путин с большим удовольствием общается с хищниками и другими крупными животными, чем с подчинёнными.

В Кремлёвских играх всё реальное происходит за кадром, а всё показное выносится наружу. Например, премьер-министр Дмитрий Медведев уволил министра финансов Алексея Кудрина из-за пустяка – из-за комментария, который Кудрин сделал в США о том, что он не видит себя в правительстве премьера Медведева, а тот разыграл возмущение и публично его уволил. Аналогичную византийскую комедию можно было наблюдать при увольнении Медведевым мэра Москвы Юрия Лужкова.

В России очень много подводных камней во всём. Иногда складывается впечатление, что страны под названием Россия, как самоорганизующегося организма не существует. Она существует только в речах, лозунгах, документах и пр. Люди и ведомства конфликтуют друг с другом и интригуют друг против друга. Каждый хочет иметь свой гешефт независимо от того, заслуживает он его или нет. Верность и преданность – это редкие добродетели в России. Как руководить такой страной? Это может делать только фанатик-идеалист, диктатор или очень хитрый человек. В любом случае – человек с сильным и жёстким характером.

Многие официальные лица в России особенно связанные со спецслужбами, не скрывают стремления получить больший контроль над Интернетом. Они не верят в честные намерения провайдеров, пользователей, не верят никому – ни на Западе, ни внутри страны, проецируя на них свою личность обманщиков и людей с двойным дном. Раз в других странах такой контроль осуществляется, то почему бы не перенять "передовой" опыт. Например, президент страны Владимир Путин прославился заявлением, в котором он назвал Интернет "спецпроектом ЦРУ", который развивается для пользы США. Продолжая его мысль, можно заключить, что Интернет специально создан ЦРУ для подрыва политических и экономических оппонентов США и, в частности, России. Это всё равно, как обвинять создателей топора в том, что они его придумали, чтобы убивать жителей соседней страны. Впрочем, чекиста не переделаешь.

Путин многократно обещал создать свой, российский интернет, чтобы не допускать в страну "лживую информацию" о своём правлении. Хотя нельзя сказать, что российские федеральные каналы и пророссийский телеканал "RT" за рубежом дают своей аудитории беспристрастную объективную информацию. Она носит скорее направленный, односторонний характер, как и в советские времена. Для достоверности телеведущие добавляют издевательских комментариев и сарказма (вроде "Итогов недели с Ирадой Зейналовой" на НТВ или "Вестей недели" с Дмитрием Киселёвым на канале "Россия1"). Такую информацию многие жители России воспринимают с удовольствием. Тем более, что другой у них нет.

У самих-то чекистов, что бывших, что нынешних большевистская партийность и односторонность, видимо, в крови. Их так учили при советской власти, а теперь по наследству при российской власти. Сами-то пусть бы играли в патриотов и шпионов, но, когда они ограничивают поступление объективной информации широкой публике в России — это не есть здорово. Всё то же самое было и Советском Союзе, но в то время перекрыть вредную информацию для спецслужб было легче, чем сейчас. Сейчас получить почти всё, что угодно можно через Интернет и социальные сети. Другой вопрос, что многие не тратят на это личное время. Есть более важные и неотложные дела, чем следить за тем, кто что сказал или сделал.

Когда Кремль устами своих дипломатов призывает предоставить доказательства или начать независимое расследование какого-либо международного инцидента – это значит – рыльце у Кремля в пушку и что-то там нечисто. Расследование позволяет оттянуть время, получить данные, которые могут поставить под сомнение базовую закордонную версию и т.д. Тем более, когда в инциденте замешаны несколько стран, однозначных доказательств по разным причинам получить не удаётся. А сомнение трактуется в пользу ответчика. Эту тактику Кремль использовал во многих случаях – и с использованием допинга российскими спортсменами на Зимней олимпиаде в Сочи в 2014 году, и со сбитым 17 июля 2014-го года Боингом МН-17, и с участием российских военнослужащих в гибридной войне на Донбассе, и с химической атакой в Сирии от 4 апреля 2017 года. Однако, с каждым месяцем фактов, проясняющих каждую ситуацию, становится всё больше. Так что упираться, уворачиваться и отрицать очевидное становится всё труднее.

При этом я не идеализирую политиков в других странах. Среди них тоже обманщиков и лицемеров много. Но в демократических странах существуют реальные выборные механизмы, которые не дают им "пускаться во все тяжкие" и заставляют их держаться в рамках приличия. Это голоса избирателей, которых политик не досчитается в случае, если проявит качества, не отвечающие стандартам морального законопослушного поведения. В России демократический выборный механизм фактически отключён поскольку большинство голосов избирателей сосредоточены в руках правящей верхушки и лично в руках Путина.

Жизнь по понятиям заразительна особенно если она идёт от первого лица. Но последствия жизни по понятиям бывают далеко не так благоприятны, когда Путин выходит на международный уровень. К примеру, через два года после Сочинской Олимпиады в 2016 году допинговые скандалы сотрясли российский спорт. Спортсмены России попались на допинге в государственном масштабе. Скорее всего, Путин лично здесь не при чём. В те годы, когда он занимался спортом, а это с середины 60-х до середины 70-х годов, применение допинга было гораздо менее распространено в мире, чем в последние четверть века. Но в 90-е годы допинг стал настоящим бедствием для мирового спорта и в 1999 году было организовано независимое Всемирное Антидопинговое Агентство – WADA, а ещё через 9 лет – Российское Антидопинговое Агентство – RUSADA.

По количеству завоёванных медалей на летних и зимних олимпиадах Россия всегда была в числе лидеров. Однако в 2010 году на зимних олимпийских играх в Ванкувере по количеству медалей Россия заняла лишь 11 место. Это был провал тех чиновников, кто отвечает в России за большой спорт. Зато Сочинская зимняя Олимпиада была любимым детищем Путина, которую Международный Олимпийский комитет разрешил проводить в практически неподготовленном для этого мероприятия городе - Сочи под честное слово президента Путина. В подготовку к этой олимпиаде вложено очень много денег - и государственных, и частных. Называют цифру в 50 млрд. долларов.

И вот спортивные чиновники, чтобы угодить Путину, и собрать как можно больше медалей, закрывали глаза на применение спортсменами допинга. Более того, нередко подмена образцов мочи с "грязных" на "чистые" в лаборатории РУСАДА поощрялась и проводилась организованно на регулярной основе. Этим занимались "Антидопинговый центр" в Москве и чекисты из ФСБ. В результате на сочинской олимпиаде Россия вышла на первое место по количеству медалей в командном зачёте. Об их махинациях стало известно благодаря показаниям бывшей бегуньи Юлии Степановой, её мужа, и показаниям директора "Антидопингового центра" в Москве, химика Григория Родченкова, который занимал эту позицию с 2006 по 2015 годы. Родченков разработал стероидный коктейль "Герцогиня" для улучшения спортивных результатов. Этот коктейль был оптимизирован для предотвращения обнаружения со стороны допинг-контроля. У WADA были и другие осведомители, имена которых не разглашаются из соображений их безопасности.

Если Путин во всё так вникает, то неужели ему не бросились в глаза различия в успехах российских спортсменов на Сочинской и Ванкуверской олимпиадах. Что-то я сомневаюсь, что ему, как простому обывателю, застлала глаза присказка: "Дома и стены помогают".

Бывший министр спорта России - Виталий Мутко – человек хитрый, предусмотрительный и вообще на большого любителя. Казалось бы, обделался парень в глазах всего света по самые уши и с допинговыми скандалами, и с другими околоспортивными махинациями. И, тем не менее, Путин его терпел и даже повысил до вице-премьера, хотя бы потому, что Мутко - свой человек, выполняет возложенные на него обязанности и лично Путина ни в чём не подставил, хотя для российского спорта фигура малополезная, если не сказать - вредная.

Независимое антидопинговое агентство WADA пригласило канадского профессора по международному спортивному праву Ричарда Макларена в качестве независимого эксперта для расследования "возможных случаев применения допинга российскими спортсменами на Олимпиаде в Сочи". 18 июля 2016 года Макларен опубликовал отчёт о результатах своего расследования. В его докладе сообщается, что обвинения против государственной системы поддержки допинга в России, выдвинутые Родченковым, нашли подтверждение. Результатом расследования стала дисквалификация ряда призёров Сочинской олимпиады и перемещение России с первого на пятое место по числу медалей в общекомандном зачёте.

Недавно возникла антидопинговая комиссия Освальда и Клинта, которая уточняет работу комиссии Макларена. Она работает на добровольных началах. В результате их работы 16 спортивных ассоциаций по всему миру выступили против допуска российских спортсменов на международные соревнования. На Олимпиаду в Южную Корею выступать под своим флагом они не были допущены. Но поскольку мошенничество российских чиновников и спортсменов было доказано, никто из них даже не подал на обидчиков в суд. Они уповают на то, что президент Путин из личной любви к спорту их прикроет. И ведь прикрыл и даже оправдал, хотя в нормальном правовом государстве таких чиновников увольнять надо.

В стране с нормальным отношением к спорту, например, Норвегии, спортсменам, тренерам и жуликам-чиновникам, замешанным в допинговом скандале, никто бы руки не подал. Они – изгои в обществе. Поскольку в России жизнь по понятиям – это норма, а соблюдение норм общечеловеческой порядочности – исключение, то все начали друг друга оправдывать и покрывать, начиная с самого президента Путина. Более того, стали искать недостатки с применением допинга в других странах. Для этого российские хакеры взломали сервер ВАДА, чтобы найти зарубежных спортсменов, которые пользовались допингом, пусть и с разрешения врачей.

История с допингом вышла на международный уровень поскольку спорт касается всех. Но есть одно жульничество, которое касается исключительно России. После роспуска КПСС в конце 1991 года, марксизм-ленинизм как главная государственная атеистическая религия в России перестал существовать. А поскольку "свято место" у русского трона пусто не бывает, то русское православие быстро стало набирать силу и заняло его место, практически превратившись в государственную религию, как и в прежние царские времена. Однако, после 74-х летнего господства атеистов у подавляющего большинства людей, воспитанных в СССР, не осталось за душой истинно христианской морали, которая впитывается "с молоком матери" и вместе с религиозной традицией. Поэтому весьма странно, что очень скоро после 1991 года более двух третей населения России признали себя православными людьми.

Меня насторожило то, как дружно вся правящая головка России пошла в церковь и стала осенять себя крестами после смены власти. Многие чиновники в одночасье стали верующими. Ещё совсем недавно клялись в верности делу Маркса и Ленина, которые были воинствующими атеистами, а тут свечки держат, проповеди священника с умным видом слушают и пасхальные яйца целуют. Так не бывает. Люди, которые только что сдавали в ВУЗах научный коммунизм и марксистско-ленинскую философию не могут вдруг, в одночасье поверить в легенды про Христа. Пусть не обижаются на меня истинно верующие. Или вчерашние советские люди забыли, как их предки крушили православные церкви и уничтожали мощи святых после 1917 года? Конечно, немалое количество свежих православных людей неискренни. И тем более лгут чиновники-карьеристы, у которых вера и принципы в большой мере зависят от таковых у их боссов и определяется их положением в вертикали власти. Они будут верить в то, во что надо верить в соответствии с их должностями и зарплатами.

4.6. Может ли Путин Существовать без Врагов и Недоброжелателей?

В августе 1999 года Путин принял предложение Ельцина занять должность премьер-министра. В отличие от своего предшественника - Степашина, который вёл себя излишне осторожно и не всегда последовательно, Путин как клещ вцепился в этот шанс. Он убедил не только себя, но и других, что у них нет другого пути кроме как вернуть беглую республику Ичкерию в лоно Российской Федерации. Это был ключевой момент его восшествия на российский престол.

Энергетика Путина оказалась настолько мощной, что он сумел вдохнуть новые силы в русскую армию, у которой Горбачёв с Ельциным, развалившие Советский Союз, отняли моральные силы к сражению. Да и за кого проливать кровь, когда пока ты воюешь и тебя убивают, хитрые олигархи делят народное добро по понятиям. Это как солдат сражается за родину, а какая-нибудь "тыловая крыса" спит с его женой, покупая бедную женщину, которой надо кормить детей, украденным со склада продуктовым пайком.

Имея дело с врагами, для Путина существует только два главных аргумента: бескомпромиссность и воля. Своё упорство в достижении цели он сумел довести до своих соратников и подчинённых. "Если я сказал, что бандиты в Чечне будут уничтожены, значит они будут уничтожены." И эта путинская решимость сделала из деморализованных, коррумпированных к 2000-му году русских солдат и офицеров – армию. Эта армия, проявив большую жестокость, одержала победу над фактически независимой республикой Ичкерия. И это несмотря на то, что воинский дух чеченцев в 90-е годы был значительно выше, чем воинский дух у солдат России. При Ельцине от русской армии оставалось одно название. Был пьяный сброд за бутылку водки продающий своё оружие противнику – лёгкая добыча для любого врага. Боеспособными были только специальные войска вроде спецподразделения Альфа. Натолкнувшись на железную решимость Путина, чеченский лидер - Ахмат Кадыров понял, что

Путин не остановится ни перед чем и часть чеченского народа будет уничтожена, если руководство Чечни будет настаивать на независимости. Поэтому он вынужден был признать Чечню частью России. И что бы там не говорили, но русская армия начала возрождаться именно тогда в конце 1999 года.

В первый период своего президентства Путин относился к большинству западных лидеров вполне лояльно. Правда финансовое положение России было в то время крайне неблагоприятно так что это лояльность была вынужденной. Но когда Россия расплатилась с основной массой долгов, а это было около 90% от ВВП, Путин вдруг "прозрел". Он увидел, что в политике не существует друзей. Существуют интересы и, если политик тебе улыбается, принимает тебя у себя в доме и говорит приятные слова, это ещё не значит, что он уже с тобой в одной политической связке. В России всё по-другому. Если ты установил личный неформальный контакт, значит ты в перспективе уже наполовину договорился или по крайней мере обеспечил себе преимущество или льготные условия.

После того, как Россия почти расплатилась с внешними долгами и вылезла из долговой ямы во второй половине 2000-х годов, Путин приступил к обострению отношений с Западными странами и США. Его Мюнхенская речь в 2007 году, подобно Фултонской речи Черчилля в 1946 году, заложила основы противостояния двух миров, которое мы наблюдаем во многих сферах уже сейчас. С тех пор Путин последовательно реализует свою внешнеполитическую линию на самостоятельность и независимость страны. Практически это осуществляется таким образом:

1) на любое действие НАТО и ЕС, которое рассматривается как наносящее ущерб Российской Федерации, надо обязательно дать симметричный или асимметричный ответ – неважно какой и когда; в основном это усиление армии и армейские учения,

2) во внутренней политике делается акцент на духовные скрепы и на возрождение патриотического духа в народе,

3) осуществляется постоянное укрепление вертикали власти в сочетании с безоговорочным подчинением всех ветвей власти президенту; оппозиционеры и инакомыслящие отсеиваются или отлучаются от источников денег и собственности.

Для Путина наличие противника важно, хотя бы для того, чтобы держать себя в тонусе. Ведь он по духу спортсмен и соревнуется ради победы. В этой стихии он чувствует себя более уютно, чем в сфере финансов и хозяйства, когда из всего надо извлекать выгоду, использовать свои преимущества и просчёты конкурентов, беречь каждую копейку. Путин предпочитает считать миллиардами и процентами, и это его самая большая ошибка, как бизнесмена.

За время своего правления Путин сумел поссориться с большинством стран или настроить их против себя. Пока провидение хранит Путина, и он не поссорился со своим народом, который является его главной опорой и поддержкой. Кроме народа у Путина есть команда, членов которой он подкармливает для того, чтобы обеспечить их верность, и, которая на людях его безоговорочно поддерживает, но я бы слишком не обольщался насчёт этой покупной/продажной верности.

Владимир Путин, судя по его высказываниям, полагает, что для России главный враг – деструктивные политические и военные силы США и НАТО. Выбрав для себя этих базовых внешних противников, он уподобляется лидерам "маленьких, но гордых" государств вроде Венесуэлы и Северной Кореи. Не в силах решить экономические проблемы своих стран головой, эти лидеры решают их с помощью обвинений в адрес США (в том числе и огульных), лишь бы только спихнуть с себя ответственность за свои неудачи и провалы во внутренней политике.

Путин всё время ссылается на внешних врагов, как на главную угрозу безопасности и благополучию страны. Достаточно было кандидату в президенты США Митту Ромни сказать в ходе предвыборной кампании, что Россия мол главный враг США, Путин тут же этим воспользовался, чтобы обосновать резкое увеличение военных расходов России до 2020 года, как альтернативу плану ПРО в Европе. (Кстати, использование предлогов и аналогий – любимый путинский приём для обоснования своих действий). Хотя мало ли что сболтнул в ходе предвыборной борьбы один из кандидатов на президентский пост США.

Вслед за Путиным, как лидером русского народа немалая часть населения России (около 40%) высказывается нелицеприятно о США и о некоторых других западных странах. Впрочем, через зависимые от государства федеральные СМИ народ можно "накачать" любой информацией. Жители России испытывают к передовым западным странам смешанные чувства: с одной стороны, неприязнь, идущую от ощущения своей зависимости от их технологий, а, с другой, преклонение, поскольку эти страны в целом превосходят Россию в техническом и бытовом отношении и большинство современных товаров и изделий пришло оттуда.

В словах Путина, обращённых к свезённым в Лужники на предвыборный митинг из разных мест России людям сквозит разделение на своих и чужих, призывы к борьбе с чужими, как с врагами. То есть Путин применяет ксенофобский метод неприязни к чужому, непонятному для поднятия своей популярности. В долгосрочной перспективе такие методы способствуют не объединению, а разъединению собственного народа. А русский народ и так разъединён. Нужно помогать ему с помощью добрых, а не злых методов таких, как культивирование ненависти к Украине, к США, к ЕС.

Тем более недальновидно со стороны Путина создавать атмосферу неприязни к тем, кто тебе оппонирует и при этом называть их партнёрами. Ведь рядовое население России не ощущает всех тонкостей взаимоотношений России с другими странами. Они в целях экономии времени, или из чувства доверия к президенту сразу склонны записывать этих "партнёров" во враги. Поскольку до этих "партнёров-врагов" они дотянуться не могут, то вымещают своё негодование, злость, агрессию на тех, кто ближе, на тех, кто рядом, то есть на оппозиционных политиках и журналистах (Алексей Навальный, Юлия Латынина), на выставках, которые им не нравятся и пр. Толерантность к инакомыслию – это вопрос культуры народа, который воспитывается десятилетиями. Нет ничего проще, чем возбудить ненависть к кому-то, особенно в России, которая ещё до конца не опомнилась от своего коммунистического прошлого.

Глава 5

Темперамент, Характер, Способности

5.1. Работоспособность

Путин - человек сильный, работоспособный, выносливый. Высокую работоспособность у него отмечают все без исключения, с кем, он сталкивался. "Путин - трудоголик и переживает за дело ... добросовестно, дотошно относится к любой работе, которую выполняет. Он умеет работать только в полную силу и с полной отдачей." [9]

Когда, по его словам, Путин всерьёз занялся спортом, он тренировался "сначала через день, а потом каждый день, и времени уже ни на что не оставалось. Уже начали появляться другие приоритеты, приходилось самоутверждаться в спорте, добиваться чего-то, появились другие цели. Спорт только тогда спорт, когда это связано с потом, с кровью, с тяжелой работой." [19] Последняя фраза является ключевой для понимания характера Путина – то, что легко даётся, он не ценит. Через самоотверженный труд он выковал свой характер.

Путин взвалил на себя ношу, которую любому правителю было бы нелегко нести. Он за многое хватается, иногда пробуксовывает и многого не успевает. Не может один человек в XXI веке брать на себя столько ответственности при руководстве такой огромной страной, особенно, когда все смотрят ему в рот и чего-то от него хотят. Он и направление развития экономики определяет, и знаковые государственные проекты запускает, и во внешней политике во многие детали вникает, и людей на должности назначает и переставляет, и с губернаторами и министрами встречается, и медали вручает, и по всему миру ездит. Всего не охватишь. На одном чувстве долга и работоспособности страну не разовьёшь и на современный технологический уровень не выведешь.

Когда я вижу, как Путин работает – проводит совещания и общается с людьми, у меня возникает такое впечатление, что Путин так выполняет свой долг – тяжело, натужно, без улыбки. Заученные протокольные встречи, стандартные протокольные жесты, пожатия рук и пр. по типу поведения дисциплинированного мужа: "Извини дорогая, но я пришёл к тебе сегодня ночью, чтобы выполнить свой супружеский долг". У других хоть что-то живое скрывается за протокольными фразами, а у Путина – голое выполнение обязанностей и обязательств. Он служит отечеству, отдаёт ему положенный долг. При этом ведёт себя как робот.

Путин уже пять лет, как перешагнул пенсионный возраст. Однако, как показала практика, те, кто сумел вскарабкаться так высоко и получают хорошие бенефиты от своей должности, считают, что они ещё очень ничего и могут поработать ещё с десяток лет. Вон Брежнев до "сисек-масисек" доработался. Но почему-то после его правления страна вскоре развалилась. Путин тоже стал всё больше подменять качество работы количеством и работает "на автопилоте", пользуясь старыми проверенными наработками, умениями и навыками. Его репутация сложилась до 2008 года, а теперь её надо только поддерживать. Если до 55 лет он работал, как заведённый и хватался за всё, то после 2012 года он стал выбирать более важные и яркие мероприятия, на которых можно поддерживать свой пиар.

5.2. Цельность Личности

Путин уважает сильных и цельных людей таких, как его отец – Владимир Путин-старший, тренер по дзюдо Анатолий Рахлин - люди, которые умели заставить других что-то делать. То, что нынешний Путин умеет делать также, как его наставники, подтверждают многие – даже те, кто ему не симпатизирует. Другой вопрос - насколько эффективно работают те, кто его окружает.

Можно предполагать, что такие цельные люди, как Путин, должны страдать от двурушничества и глупости окружающих людей. Путин об этом никогда прямо не говорил, но, когда романтический флёр спал с глаз новоиспечённого чекиста Путина, столкнувшегося с практическими методами работы советской чекистской братии, ему там нравилось далеко не всё.

Чекисту приходится втираться в доверие, говорить одно, а думать другое, писать отчёты о людях, с которыми он только что дружески беседовал, пил пиво. Ещё работая в ГДР, с этим можно было мириться – всё-таки люди другой национальности, которые говорили на другом языке, - но по возвращении домой он убедился, что специфика работы внутренних чекистов далека от благородных рыцарских понятий. Да и вся организация ВЧК, НКВД, КГБ изначально была жестокой и аморальной.

Цельность личности, воля, последовательность проведения политической линии, умение согласовывать интересы разных людей, способность предвидеть развитие событий ставит Путина впереди многих людей, не имеющих такой хорошей специальной подготовки.

5.3. Субъективное Понимание Порядочности

Начиная с декабря 1917 года, создатели ВЧК - Ленин и Дзержинский вкладывали в слово "порядочность" значение "классовая порядочность" - то есть порядочность, основанная на стратоциде - уничтожении "неправильных" классов – буржуазии, помещиков, священников, просто богатых людей. После 1953 года чекисты ведут себя более разумно, но их понимание порядочности всё равно сильно отличается от общечеловеческого понимания значения этого слова.

Когда я прочёл совет, который Путин кому-то дал, о том, что надо поступать из соображений порядочности [39], я очень сильно засомневался в том, имеет ли право он так говорить. Всегда ли он сам соблюдает эту заповедь. Ведь не бывает абстрактной порядочности. Она субъективна, конкретна и зависит от ситуации. Например, порядочно ли было единолично принять решение о присоединении Крыма к России, а потом переложить на весь русский народ ответственность за последствия этого решения, и, в частности, за ухудшение материального положения людей из-за санкций, которые были на Россию наложены? Личное материальное положение самого Путина ведь не ухудшилось. Он только почти утроил себе зарплату. И это при том, что он как жил при коммунизме, так и продолжает жить. Кроме того, меня умиляет, когда опытный политик со стажем говорит о порядочности. В 2000-м году из всех моральных норм Путин твёрдо помнил только моральный кодекс строителя коммунизма, а библейские заповеди были у него где-то сзади, хотя коммунистическая порядочность обанкротилась ещё в 90-е годы.

Считает ли Путин себя порядочным человеком, когда заранее договорился с Медведевым об увеличении срока президентских полномочий с 4 до 6 лет и о последующей рокировке? Немалая часть русского народа посчитала это верхом непорядочности. Но Путин чувствителен только когда кто-то обижает лично его, а в отношении других людей он очень толстокож.

Может быть кому-то не нравится словосочетание о том, что Путин навязал себя народу? А как ещё это называется, когда президент расставил на все ключевые должности в государстве своих людей, которые готовы за деньги и за должности прыгнуть "в огонь и в воду". Одно приятно, что если при Сталине сказать: "Я хочу другого генерального секретаря КПСС" было равносильно самоубийству, то сейчас говори что угодно – всё равно другого президента путинские холуи не выберут.

Субъективное понимание порядочности отражено в телевыступлении Путина после массовых манифестаций против подтасовок на выборах в Думу в декабре 2011 года. Вместо того, чтобы повиниться перед народом за мошеннические приёмы, которые применяло руководство "Единой России" для достижения нужных ей результатов голосования, Путин стал обвинять сотни тысяч демонстрантов. В частности, он утверждал, что организаторы и участники митингов получают за это деньги, а также сравнил белые ленточки – символ мирных протестов – с презервативами. Обижать даже оппозиционную часть народа правителю не рекомендуется поскольку эти люди только укрепляются в своём мнении. Но в случае с русским народом путинская тактика оказалась пригодной. Люди обиделись, обматерили Путина, надрались до четверенек, а на следующее утро всё забыли. Молиться на такой народ правителю надо. Его обманывай-не обманывай, расстреливай-не расстреливай, бомби-не бомби, взрывай-не взрывай, а он всё равно голосует за главного в стране.

Однако, как говорили в Ленинградских подворотнях, где Путин получил начальную морально-этическую подготовку: "Жила много не нажилит". И после 2012 года в России пошёл спад по всем линиям - экономической и политической. Усилился отток капитала, резко выросла эмиграция, опять стала снижаться рождаемость. С помощью воинских спецопераций (в Крыму, на Донбассе и в Сирии) Путин держится на плаву и даже имеет высокий рейтинг, но это рейтинг его должности, и усилий огромной пиар-команды, которая на него работает. В условиях санкций, упавших цен на энергоносители, роста цен на товары и услуги первой необходимости, обнищания регионов, рейтинг Путина "сдуется" в течение нескольких месяцев, если федеральные СМИ прекратят его искусственно подпитывать и появится реальная альтернатива этому мыльному пузырю.

5.4. Соотношение Рациональности и Эмоциональности в Поведении

По наблюдениям его бывшей жены - Людмилы Путиной в прежние времена (в 80-90-е годы) её муж реагировал на телевизионные новости весьма эмоционально и непосредственно: смеялся, возмущался или расстраивался.

Друг Путина - Сергей Ролдугин как-то сказал про него: "Он в принципе человек очень эмоциональный, но эмоции выражать совершенно не умел. ... Сейчас-то он, конечно, Цицерон по сравнению с тем, как говорил тогда. Я ему объяснял: "Ты говоришь очень быстро, а никогда не надо говорить быстро". Я, будучи артистом, хотел помочь ему. Эмоции-то у него сильные были, а в форму их облечь он не мог. Потому что служба, мне кажется, накладывала штампы на его речь. Вот сейчас он замечательно, блестяще говорит. Эмоционально, емко, понятно". [19] Сделал ли Путин себя сам, как умелый оратор или ему помогли кремлёвские специалисты, но сейчас перед нами другой человек. Помимо обучения, путинская скорость реакции, аналитический склад ума, непрерывная работа со словом, регулярная практика общения с людьми, необходимость часто выступать, сделали своё дело. Если Путин иногда и теряет самообладание, то внешне это почти незаметно, хотя при этом количество непредсказуемых, спонтанных реакций у него возрастает.

Путин – человек, у которого слабо развита культура проявления чувств. Он много понимает и выражает на рациональном уровне, но выразить в чувственных категориях не может поскольку с детства к этому не приучен. Он любит братьев наших меньших недаром - те тоже не могут выразить свои чувства словами. К выбору жены, друзей и сослуживцев Путин подходил скорее рационально, чем чувственно и эмоционально. Я вообще сомневаюсь, что Путин способен кого-то самозабвенно любить кроме себя и своего рейтинга и своего публичного образа.

Человеческие чувства к другим людям у Путина скорее пробиваются по долгу службы, чем по естественным причинам. С людьми хлопот всегда больше, чем с животными, которых накормил, приласкал и они тебе благодарны, а некоторых русских людей накормишь, захочешь приласкать, так они тебя и матом могут в ответ обложить. Так что общаться с простым русским человеком лучше, когда за твоей спиной стоит надёжная охрана. Тогда можно проявить милосердие и гуманность с гарантией, что твоё милосердие останется для тебя без негативных последствий.

Путин не любит критических замечаний со стороны кого бы то ни было. Например, как он яростно ударил ладонью по татами, когда бывший тренер Анатолий Рахлин сделал ему замечание о том, что у него во время тренировки правая рука не работает. Видно отвык Путин от правдивых замечаний за многие годы неограниченной власти. Вот потому политиков регулярно менять надо. Они теряют адекватность самооценки, находясь во власти и перестают чувствовать свою неадекватность.

Норов у Путина горячий, проигрывать не любит. Проигрыш для Путина — это значимое событие, когда перестаёт работать его самообладание и он позволяет себе неконтролируемые, эмоциональные и агрессивные реакции. Он это знает и избегает ситуаций, в которых его слабости могут проявиться. То, что люди видят на телеэкране – это рафинированный, очищенный от недостатков образ лидера нации, который не допускает сомнений в своей абсолютной компетентности и самообладании.

5.5. Предусмотрительность, Осторожность, Расчётливость и Работа на Опережение

Работая в ГДР, Путин многому научился у местных восточных немцев. В частности, порядку и аккуратности. И это до сих пор упорядочивает его стихийную, интуитивную натуру (естественно, кроме привычки опаздывать - в этом Путин неисправим). Функциональная упорядоченность и организованность ума сейчас преобладает в мышлении Путина бесповоротно. Это приобретённое качество, которого у него в молодом возрасте не отмечалось.

В важных государственных вопросах Путин проявляет самообладание, контролирует своё поведения особенно в тех случаях, когда их решение потянет за собой цепочку следствий, например, "отпускать-не отпускать на свободу Ходорковского" или "аннексировать-не аннексировать Крым", или "влезать-не влезать в ближневосточную гражданскую войну в Сирии".

Хочу подчеркнуть особую роль случая и удачи в жизни президента. Он их не упускал и использовал до отказа. Путин буквально домогался удачи, и она приходила к нему, как награда за упорство и настойчивость. Можно сказать, что Путин всегда был сильно мотивирован на успех и не упускал своих шансов как бы малы они не были. Это, да ещё просчёт вариантов, избегание потенциально опасных ситуаций позволяет ему прочно сидеть "на коне" власти и добиваться своего с минимальными потерями.

Иллюстрируя симптомокомплекс сочетания расчёта и удачи, его друг, Сергей Ролдугин приводит пример, как Путин кинул броском какого-то хулигана, который приставал к нему на улице, но после этого сразу заторопился с этого места уйти, поскольку знал законы Ленинградской шпаны. Через несколько минут "кинутый" привёл бы с собой кучу других хулиганов, с которыми пришлось бы драться с потерями для внешнего вида. Когда десять человек нападают на двоих, джентльменские правила драки не действуют и дзюдо может не помочь.

Есть основания полагать, что Путиным, как и многими другими авторитарными правителями, движет инстинкт самосохранения и работа на опережение. Все опасные для себя и своей власти точки он старается заранее определить и предотвратить. В условиях авторитарной власти это легче сделать, чем в условиях демократической, когда работает система сдержек и противовесов. В этом смысле Путин сильный политический игрок, который, как только возможно облегчает себе жизнь.

Путин просчитывает ситуации на предмет избегания потенциальных неприятностей и осложнений. В частности, увидев, как легко, почти играючи свергли Виктора Януковича с поста президента Украины, Путин принял меры, чтобы предотвратить свою дискредитацию и возможное последующее свержение на волне продемократических настроений 2011-2012 годов. Зато сейчас достижения горбачёвской эпохи гласности и Ельцинской поры вседозволенности практически свёрнуты. Это делается чиновниками под руководством Путина потихоньку, используя административные и финансовые рычаги через Государственную Думу, силовиков и финансовый блок правительства, но процесс ограничения прав граждан идёт неостановимо. Но Путину важнее управляемость государством из единого центра, а не то, как будет страна после него жить.

Как осторожный человек и ради сохранения своего рейтинга Путин не производит перезахоронения паноптикума у Кремлёвской стены на Мытищинское мемориальное кладбище или в другое место и не трогает несколько тысяч памятников Ленину, которого он сам считает причиной многих бед России. Конечно, Путин не боится коммуниста Геннадия Зюганова и его КПРФ, хотя бы потому что нынешний российский коммунист – это вовсе не коммунист, а скорее социалист с коммунистическим душком. К тому же, как Путин может инициировать захоронение большевистских преступников, если он сам из КГБ вышел?

5.6. Авантюризм и Непредсказуемость

Путин - человек соревновательный, рискованный, но эту отвагу на экономическую сферу он, как правило, не распространяет, а если делает это, то вынужденно (например, используя стратегию импортозамещения после западных санкций). По своей политической природе он не революционер. Он скорее рефлексивный и реактивный человек, отвечающий на вызовы времени и пытающийся исправить сложившуюся ситуацию с минимальными рисками для себя лично и для страны.

Путин умеет рисковать и просчитывает варианты, но его авантюры распространяются в основном на военную сферу, где Путин чувствует себя увереннее, чем в экономике. Поэтому и выигрывает часто.

По мнению журналиста Орхана Джемаля, подметившего одну из главных особенностей президента Путина, идущую с времён его дворового детства: "Владимир Владимирович – он пацан". Эту же черту в Путине отмечают и другие авторы. У Путина присутствует пацанская наигранность походки, мол я в этом дворе главный. А что его ленинградский двор расширился до размеров большой страны, так это и неважно. Ведёт он себя также, как раньше в ленинградском дворе.

А что касается того, что Путин - юрист и должен быть аккуратнее в своих высказываниях, то советский юрист и цивилизованный юрист — это люди с разным способом мышления. Цивилизованный юрист ориентируется прежде всего на закон, а если он ещё и адвокат, то – на лазейки в законе. Если он привлекает мораль, то как вторичную вспомогательную категорию для воздействия на эмоциональную сферу присяжных. Советский юрист по-прежнему полагает, что то, что хорошо для государства, то хорошо вообще вне зависимости от общечеловеческих законов и моральных принципов. Путин ориентируется на свои представления о том, как должно быть для блага государства. И хотя СССР почил в бозе четверть века назад, но советские классовые привычки быстро из сознания людей не выветриваются.

По молодости Путин делал немало рискованных поступков, поддаваясь сиюминутным желаниям. Часть этих поступков описаны в книгах о нём. Подобные проявления непредсказуемости и разгильдяйства, присущи многим русским людям. Но в отличие от этих многих Путин научился брать себя в руки. И этому в немалой степени способствовали занятия спортом. С другой стороны, с этой непредсказуемостью может быть связана спонтанность, как проявление творческой составляющей Путинской личности.

"А чем чёрт не шутит. Почему бы и не попробовать". Эту фразу, относящуюся к своему первому президентству, Путин сказал журналистам в начале 2000 года. Я подозреваю, что он сказал себе её намного раньше, когда приехал в Москву, увидел расклад сил во власти, полную анархию в принятии решений, непредсказуемость поведения главных игроков и полное непонимание их того, куда вести Россию. Тогда-то он и занялся любимым делом – ловлей рыбки в мутной Кремлёвской воде. И он таки поймал своего жирного карася – пост президента Российской Федерации.

Сейчас непредсказуемость поведения, которая временами проявляется у Путина, является результатом осторожности в принятии ответственных решений, просчитывания и взвешивания вариантов. Например, никто заранее не знает, пойдёт Путин на следующие выборы или нет. Это, правда, можно предугадать, зная ситуацию в стране, настроение элиты и его личную установку на власть. Но он сохраняет интригу, поддерживает атмосферу неопределённости, которая работает на него.

Когда Путин учился в разведшколе КГБ, в одной характеристике ему записали "Пониженное чувство опасности" как отрицательную черту. Нынешний Путин не изжил в себе эту черту целиком и многие рискованные поступки с ней связаны (гладить тигрёнка в клетке, летать с журавлями-стерхами на мотодельтаплане, летать на современном истребителе, гонять на мотоциклах "Формулы-1", спускаться в батискафе на дно Байкала, тушить пожары и пр.). Это всё проявления его стихийной натуры издревле присущей человеку с русской ментальностью в той её части, которую никакая школа КГБ и никакой эго контроль до конца исправить не могут. Такие выбросы путинского поведения говорят скорее о том, как ему иногда надоедает его бюрократическая работа в должности президента, и он стремится вырваться их сковывающих пут бюрократического протокола.

Когда я увидел состояние Путина после того, как он гладил молодого тигрёнка в клетке, я сразу понял, что ему ощущение опасности необходимо, как наркотик. Аналогичное нервно-психическое состояние у Путина было, когда он впервые после фактического захвата Россией Крыма отвечал на вопросы журналистов 4 марта 2014 года. У Путина понижено чувство опасности у самого и в критической ситуации он мог бы в какую-нибудь авантюру втянуть весь народ. Но поскольку инстинкт самосохранения у него развит хорошо, он понимает, что, втягивая в авантюру свой народ, он втягивает в неё и самого себя, а себя Путин ценит и тем, чего ему удалось достичь, дорожит. Кроме того, по его словам, в критических ситуациях он становится излишне спокойным и не склонен делать глупости. И в это можно поверить.

Это, видимо, можно принять, как комплимент, но глава Национального Совета разведки США Грегори Тревертон признавался, что они не могут просчитать действия Владимира Путина наперёд. "Атмосфера секретности, в которой находятся все решения и действия президента России, не позволяет просочиться наружу информации, тем самым, ставя в тупик американские разведслужбы." Тревертон также отметил абсолютную подготовленность Путина к любому развитию событий на мировой арене, и обдуманность каждого, даже незначительного, решения. [98] Недаром самой большой неожиданностью для всех было присоединение Крыма к России. Этого точно никто не ожидал.

С предсказуемостью связано политическое и экономическое доверие к лидеру и стране на мировой арене. Во многих странах каждое действие долго готовят, согласуют детали, уговаривают союзников, собирают деньги, считают варианты. При Ельцине политика обнищавшей России тоже была предсказуемой поскольку большинство ходов Ельцинской власти были вынужденными. Однако, когда Путин расплатился с международными долгами, он тем самым высвободил себе руки. Теперь он предпочитает преднамеренно дезинформировать политиков, которые могут ему помешать выполнить задуманное, а заодно максимизировать эффект стратегической неожиданности.

5.7. Самоконтроль и Саморегуляция Поведения

Правитель России обязан демонстрировать выдержку, достоинство и отсутствие панибратства. Посмеялись над тобой, сделали из тебя дурачка, показали, что ты обычный греховный человек – и всё. Ты уже потерял лицо в глазах твоих подданных. Многим российским гражданам не понять, что у тебя тоже могут быть человеческие слабости. Эти люди не поймут твоих благородных порывов. Он будет заискивать, пресмыкаться перед тобой, пока ты у власти и будут пинать, унижать тебя, как только ты эту власть потерял.

Выдержку Путин натренировал почти до автоматизма. У других – менее сильных людей это не получается. Справиться с такой страной, как Россия может только самодостаточный и очень верящий в себя человек, который умеет правильно, грамотно выстроить взаимоотношения со своим народом и с ближайшим окружением.

В разговоре Путин старается не употреблять слова и выражения "власть", "командовать", "решать судьбу человека", "отделять правых от виноватых", хотя доминирование над людьми, самоутверждение для него, видимо, главное в жизни, ради этого он во многом и живёт. Именно скрытым воздействием на людей, их опосредованным управлением он большую часть жизни и занимается. Но в разговоре предпочитает употреблять обтекаемые слова и выражения: "испытываешь удовлетворение от того, что от тебя многое зависит", "приятное чувство ответственности" и т.д.

Осознавая ответственность, которую налагает должность президента России, Путин контролирует каждый свой шаг. Он не позволяет себе распускаться ни на минуту, хотя порой бывает раздражителен, сталкиваясь с глупостью. В большинстве случаев это получается, хотя иногда недостаток каких-то навыков воспитания, которые даются ребёнку в семье вместе со культурными шаблонами поведения, даёт о себе знать. Многие его словечки, фразы и некорректные шутки можно отнести к следствиям того, что его простые родители не могли ему дать в детстве и ему пришлось доходить до многого в зрелом возрасте. Отсюда его незатейливые шутки по поводу отрезания гениталии у террористов или шутка насчёт бабушки, которая станет дедушкой, если ей приделать некоторые половые органы.

Жаргонные словечки и простонародные выражения – это часть путинского имиджа. Он разговаривает метафорами питерской окраины, но только когда это соответствует обстановке. В остальное время он – воплощение дипломатического этикета.

В кругу своих приближённых и соратников Путин ещё может сказать после напряжённого дня: "Пошли, махнём по маленькой", хотя и здесь вынужден добавлять политкорректное: "как в народе говорят". Всё это естественная реакция человека, которого специально не готовили к роли президента, но который занимает это место и вынужден соблюдать правила игры. "Noblesse obliges". Большинство Путинских нестандартных реакций и крылатых фраз относятся к времени, когда Путин ещё

Кандалы Президента

не забыл, как он жил по дворовым понятиям и единственными критериями для него были пацанское понимание о справедливости и законы дворовой чести. Но постепенно "укатали сивку крутые горки" и он стал как все чиновники – скучным и правильным: "делайте по закону" - его типовая реакция на многие обращения и просьбы.

Ко всякому делу Путин относится самоотверженно с полной отдачей. Следить за своим поведением было особенно тяжело в начальный период тотального контроля окружающих и СМИ за его деятельностью в ранге премьер-министра и президента. Путин осознавал, что стоит ему сделать ошибку, "дать слабину" и ему не простят. Тут же забудут всё хорошее, что он сделал, объединят всё плохое в один ком грязи и начнут этот ком в него кидать. Обязательно найдутся застрельщики, которые будут счастливы крикнуть "Ату его". Потом не отмоешься. И это неважно, что на самих этих застрельщиках клейма некуда ставить.

Уже в молодости у Путина стали проявляться умеренность и даже аскетизм в еде, в развлечениях и вообще в быту. В России – стране "широкой разгульной русской души" не распускать себя бывает особенно трудно. Для знакомства обычно предлагают выпить водочки, вволю поесть, "расслабиться". Про более вольные развлечения уже и разговора нет. Умение отказываться от заманчивых, но не всегда морально-этичных предложений, самоограничение в удовольствиях и вещах, которые Путин для себя считает не нужными, является главным признаком зрелости его характера. Если он себе что-то иногда и позволяет, то обставляет дело так, как будто на операцию наложен гриф: "Совершенно секретно".

5.8. Настойчивость, Целеустремлённость и Цепкость

Путин упорен, поставив перед собой какую-то цель (например, достать ртом монетку из миски с жидким тестом на татарском празднике Сабантуй) он добивается её выполнения. [39] Другой пример цепкости и настырности Путина описывает его друг - Сергей Ролдугин, который сказал об этом так: "У него очень сильный характер. Допустим, я намного лучше играл в футбол. Но ему проигрывал, потому что он цепкий был, как бульдог. Он меня просто уже достал. Я три раза отберу мяч, и три раза он у меня обратно его вырвет. Страшно настырный характер, который проявлялся буквально во всем. Он же был чемпионом Ленинграда по дзюдо в 76-м году". [19] Да и он сам о своей настырности говорит, что если уж он с кем-то соревнуется, то должен победить, даже если эта победа ему не очень нужна и обходится дорого.

Путинская цепкость видна, когда Путин работает с людьми, которые сами себе закон, и которых в лоб одолеть трудно. Правда президентская власть и авторитет Путину помогают. Путин запоминает или записывает слова оппонентов и работает не в режиме возражения, к которому те привыкли, а в режиме активного слушания, анализа их слов и их использования этих слов против них же. Кроме того, мало кто осмеливается Путину напрямую возражать.

Общаясь с политиками, журналистами, по всему миру, разговаривая со своим народом, Путин обязательно в деталях доносит до них свою точку зрения. Ему при этом неважно, интересует она собеседника или нет, хочет собеседник её слышать, или нет. Складывается впечатление, что Путин наслаждается своей логикой, своей убедительностью, своим красноречием. Он ведёт себя так, как будто уверен в своей правоте и непогрешимости. Недаром любое общение с аудиторией он превращает в психотерапевтический сеанс.

Путин приветлив и обаятелен, всегда прекрасно осведомлен о собеседнике. Он умеет внимательно выслушать собеседника, способен понять его точку зрения. Это не мешает ему жить в своем собственном мире считать, что основные социально-экономические процессы в политике и экономике развиваются в соответствии с теорией заговора. Главной пружиной всех конфликтов и нестабильности в Африке на Среднем и Ближнем Востоке, в Украине для Путина являются США. Остальные Западные страны ей подпевают. [22] На экспансию Китая в африканских странах и по всему остальному миру он не реагирует по поздней советской традиции не считая Китай серьёзным соперником.

Если Путин выработал для себя схему политической или экономической защиты, с ним спорить бесполезно. Он упрётся и будет стоять на своём. В последней дискуссии с президентом Франции Эммануэлем Макроном это его качество проявилось в полной мере. Макрон, имея опыт работы у Олланда тоже подготовился. Они как два дятла долбили каждый своё и ни до чего не договорились. Конструктивного диалога между лидерами не получилось. Видно не было нужды и не хватает зависимости друг от друга. Путину был нужен выход в свет после затворничества в России, а Макрону нужно было на ком-то поточить свои молодые политические зубы.

5.9. Вера в Удачу

Как-то маме Путина вместо сдачи в столовой дали лотерейный билет, и она выиграла "Запорожец". Это было в 1974 году. Она, конечно, отдала "Запорожец" любимому сыну. С тех пор Путину везло не раз.

Конечно, одной везучестью успехи Путина на жизненном и карьерном поприщах объяснить трудно – фортуна дама капризная. Однако, всей своей жизнью Путин демонстрирует правило, что фортуна идёт в руки тех, кто её настойчиво домогается. Есть в народе такое изречение про людей, которые бьют в одну точку, надеясь, что рано или поздно им повезёт. Они "ломом пробивают себе удачу". Это относится к тем, кто раз от разу испытывают судьбу, имея небольшие шансы на успех. В частности – к игрокам в казино, которые многократно ставят деньги на одни и те же номера. Кто-то бьётся о заклад, не имея достаточных оснований или личностного потенциала, для выигрыша. Путинское везение – это результат расчёта, осторожности и настойчивости. Поэтому он выигрывает чаще остальных.

Путин старается выигрывать в любых ситуациях, в которые он ввязался. Он ни в коем случае не делает акцент на своих неудачах, не пережёвывает детали неудач, чтобы не подточить веру в себя. Сомнение хорошо для научного работника, но не для лидера такой разболтанной, разобщённой страны, как Россия. А уж сомнение на людях в России вообще недопустимо.

В начале путинского правления никто не мог предполагать, что мировые цены на энергоносители увеличатся почти в десять раз, равно как и того, что этот тренд продержится почти десять лет. Низкие цены на нефть (от 8 до 18 долларов за баррель) – вот то, на чём погорел Советский Союз при Горбачёве. Из-за этого вела вынужденную экономическую политику команда Ельцина. И вдруг эти цены быстро полезли вверх, начиная с 2004 года. За счёт этого в самом начале своего правления Путин дал обычным русским людям, которые звёзд с неба не хватали, надежду. И не только надежду, а ещё неплохие денежки. Недаром никогда русский народ не жил так сытно, как при Путине. Даже провинция жила вполне сносно между 2006 и 2009 годами. В сочетании с постоянным раскручиванием своего телевизионного образа, это вознесло Путина на вершину российского политического Олимпа откуда его до сих пор никто не может прогнать.

Злые языки говорят, что Путин принял эти высокие цены за признак своей исключительности. Он окончательно уверовал в свою счастливую звезду. Кроме того, в его пользу работали работоспособность и возраст, чего не хватало его предшественникам. Став лидером нации, он тут же приобрёл кредит доверия народа, который и не снился прежним правителям России. Путин решил, что теперь он может единолично править воссозданной им Российской империей пока ноги носят, чтобы ходить в спортзал, пока глаза видят, чтобы прочесть написанный спичрайтером текст и пока язык во рту шевелится, чтобы без ошибок читать этот текст.

До сих пор ближайшее окружение, да и простые граждане постоянно внушают Путину мысль, что он - Мессия, который пришёл в нужное время, чтобы спасти Россию от организационного беспредела и злодеев-олигархов. Кажется, он в это поверил и у него сформировалось ощущение, что только он один способен вести Россию в годину испытаний и вывести её на правильный путь в "Землю Обетованную", что он самый лучший. Однако, рано или поздно всякое везение заканчивается, но мало кто это сразу чувствует. С возрастом и с укреплением абсолютной власти чутьё теряется. Крах приходит неожиданно. Однако, несмотря на пророчества оппозиционеров, Путину до краха ещё далеко.

И, хотя к 2008 году Путин исчерпал себя, как реформатор, но харизма и рычаги воздействия на людей у него ещё сохранились. Назначение Дмитрия Медведева президентом было проявлением кредита доверия, который народ Путину выдал. Однако Путин перерасходовал этот кредит. С 2012 года в России начался процесс консервирования системы вертикального правления, спад экономики и деградация внешней политики, заключающиеся в изоляции России от международного сообщества и возврату к Холодной войне.

В 2014 году несмотря на успешную зимнюю олимпиаду в Сочи, звезда Путина стала катиться за горизонт, и он придумал новый весьма нестандартный ход. Он взял, да и нарушил международные Будапештские договорённости по Украине, которые гарантировали ей территориальную целостность в обмен на отказ от ядерного оружия. Путин лично провёл операцию по захвату Крыма, и удача снова вернулась к неутомимому российскому империалисту. Русский народ возликовал и опять был готов боготворить своего президента только за то, что тот поманил его образом Великой Русской Империи.

Когда у людей стала ослабевать положительная реакция на присоединение Крыма, Путин начал новую военную кампанию по омовению сапог русских солдат и матросов в водах Средиземного моря и полётов российских ВКС над территорией Сирии. Главное, за чем неустанно следит Путин – это за тем, чтобы состояние удивления у населения не прекращалось, а умильные улыбки русских от телевизионного лика президента надолго не гасли.

Пока Путин чаще выигрывает, чем проигрывает, но каждый выигрыш истощает потенциал и уменьшает количество хороших вариантов исхода для России. Нельзя повышать ставки всё время. На авантюрах и блефе можно продержаться некоторое время, но недолго. Рано или поздно за авантюры приходится отвечать. Но для Путина этот момент ещё не наступил.

5.10. Магнетизм и Обаяние

Централизованная Российская власть имеет свои законы изменения. Пришедший на волне свободы слова и права безнаказанно воровать и грабить государственное добро и добро своих ближних, Владимир Путин, вначале был ну просто символом рыночной эры для местных, доморощенных демократов-рыночников. "Мне б такого, как Путин" – пели женщины на улицах, площадях и в других почтенных местах в конце его первого президентского срока. Те, кто рядом с

Путиным, попадают под обаяние этого человека. Другие издалека, с расстояния придумывают себе хорошего Путина.

А вот цитата из письма 32-х летней молодой женщины Вики Н., пленённой образом разведчика Путина (взято из книги журналистки Дарьи Асламовой): "А я вообще с детства люблю разведчиков. КГБ — это так романтично. Мужчины в чёрных костюмах дивного покроя, подслушивающие устройства, бесстрастные лица, погоня, стрельба в упор и всё такое. Макиавелли перед Путиным - просто щенок. У президента под бархатной перчаткой - всегда железная рука. Даже когда он с улыбкой жмёт кому-то руку на экране, чтобы показать, что ему тоже не чужда человечность, я его всё равно боюсь, а значит, хочу. Опасность и секс всегда идут рука об руку. Сложное обаяние Путина — это очарование удава, глядящего на кролика. И женщины замирают, млеют, как глупые кролики, и пялятся на экран. Путин - как стакан с виски двенадцатилетней выдержки. Как тебе такое сравнение? И скажи мне: почему ты сама трахаешься с ним во сне? Что, подсознание работает?" Уф! Я задумалась. Путин - опасный, тонкий ум, и мозг его срабатывает с чётким блеском стального капкана. Мне нравится гадать, что скрывается под сверкающим шлемом его холодного анализа. Умных политиков много, но им далеко до путинской сдержанной, скрытой игры." [5, Стр. 221] Видимо эта мечтательная дама не видела правдивых фильмов про чекистов. Не тех, которые выпускала коммунистическая пропаганда, а правдивых, где чекисты выступают главными проводниками большевистского террора. Она не читала многих воспоминаний о чекистах, как бесчеловечных варварах, деяния которых можно сравнить только с работой средневековых инквизиторов и нацистов в гитлеровских концлагерях. Например, [101] Тогда её сексуальные фантазии мгновенно бы развеялись.

Только "втёршись" к народу в доверие и укрепив свою власть, Путин стал "показывать коготки". И сейчас спустя 18 лет его власть стала всеобъемлющей – больше, чем у царей и советских генеральных секретарей. Эта власть не подвержена геополитическим влияниям и практически не зависит от его действий. Захотел ввести войска на Украину или в Сирию – да хоть на луну – рассуждает обыватель, зачарованный умным пиар-президентом, который за словом в карман не лезет и везде умудряется присутствовать.

Правда всё в России понемногу меняется. Количество женщин, поющих: "Мне б такого, как Путин", ограничилось только женщинами почтенного возраста из его ближайшего окружения, которые рассчитывают на подвижки в карьере или добавки к жалованию. Главная задача политологов, пиарщиков из кремлёвского пула – показать лучшие качества своего босса, его большую работу и неустанную заботу о своём народе и о России, ради которых он живёт. На худой конец – им надо продемонстрировать, что все остальные претенденты в президенты на голову ниже Путина и только круглый идиот может выбрать кого-то другого. Да и зачем искать от добра добра. Вот оно это добро – рядом – на экране телевизора, на майках, продаваемой во всех магазинах, на портретах, висящих в кабинете начальника. Прикоснись и наслаждайся.

Но вот незадача, если в начале 2000-х годов люди ещё могли выходить на стихийные митинги и демонстрации против монетизации льгот, то сейчас это может плохо для них кончиться. Тандем Медведев-Путин недаром озаботился зарплатой и жилищными условиями своих правоприменителей (полиции, ОМОНа, Росгвардии, сотрудников спецслужб, судей, следователей, офицеров Вооружённых сил). Пока силовики на их стороне власть предержащие чувствуют себя уверенно. Путин в очередной раз привёл народ к общему знаменателю, и теперь ему остаётся только восторгаться: "как вами легко управлять!"

5.11. Сексизм

Отношение Путина к женщинам – потребительское, бесцеремонное, солдатское. Он мог бы вслед за средневековым героем романов Александра Дюма про мушкетёров - Д`Артяньяном сказать: "женщину в доме надо сразу поставить на то место, на котором ты хочешь её видеть". Женские слабости и переживания – вещь второстепенная, малозначимая для жизни настоящего мужчины, той жизни, которая жестока к слабым. Пусть поплачет, небось "золотая слеза не выкатится".

В своей книге: "Владимир Путин. Дорога к власти", журналист Олег Блоцкий пишет, что Путин считал и видимо, до сих пор считает, что в семье решения должен принимать мужчина. [9] Это часть патриархального образа семьи, который у Путина сформировался с детства, с времён жизни с родителями. И до сих пор женщина для Путина – просто баба, которая должна знать своё место.

Когда Путин завёл свою семью, он сразу чётко определил мужские и женские обязанности. Мужик в семье - добытчик и защитник, а баба – рожает и воспитывает детей и следит за хозяйством. Всё, как и было принято в патриархальной России. В путинской семье существовало традиционное для России разделение обязанностей, которое устраивало супругов до определённого времени, а если быть точным, то до совершеннолетия дочерей. А дальше – дело тёмное – то ли Владимир стал погуливать, а Людмилу стало это перестало устраивать, то ли ещё что-то. Женщины на Путине висли – такой видный мужчина, да ещё президент. Это не какой-нибудь люмпен-пролетарий – "поматросит и бросит". Этот обеспечит и позаботится и о даме сердца, и о её близких людях – можно не сомневаться. Но поддавался ли Путин сам на крючки и завлекалки окружающих красавиц – вопрос тёмный. Такие вещи Путин оберегает, как важнейший государственный секрет и даже самый наглый журналист не осмеливается его об этом спросить, хотя Интернет завален слухами и подозрениями.

Какие бы современные цивилизованные черты Путину не приписывают, но он в чистом виде джендерист и сексист: "Привет передайте своему президенту! Оказался очень мощный мужик! Десять женщин изнасиловал! Я никогда не ожидал от него! Он нас всех удивил! Мы все ему завидуем!", - сказал он премьер-министру Израиля Эхуду Ольмерту о президенте Израиля Моше Кацаве (слова российского президента приводятся специальным корреспондентом издания "Коммерсант" Андреем Колесниковым [74]). Причём шутки, которые для России являются нормой, в цивилизованных странах расцениваются крайне негативно. Однако, поскольку эти слова были сказаны в частной беседе, на них не сделали стойку поборники джендерного равноправия по всему миру. За свой сексизм политик Путин на Западе имел бы неприятности.

Сейчас для Путина занятия физической культурой и спортом – это не цель, а средство поддержания хорошей физической и психической формы, а также гарантия уверенности в себе, как мужчины и политического деятеля. Если коротко сформулировать источник силы Путина, как личности, так это формула: "В здоровом теле – здоровый дух". А что это тело и этот дух выдержат ещё не один срок "изнурительного" правления Россией, никто уже не сомневается.

Отвечая на вопросы журнала "The New Times", член Европейской конфедерации психоаналитической психотерапии (ECPP, Viena) психоаналитик Александр Кантор отметил любовь Путина к шуткам, связанным с нижней частью тела – анальному и фаллическому органам, а также связанным с мочеиспусканием и дефекацией, как функциями этих органов. Сексуальная лексика вообще характерна для борьбы, войны и соревнований. Ее используют в спорте, на фронте, и в уличных драках, где всё сведено к выживанию.

Для преодоления своего кажущегося физического несовершенства — маленького роста, невзрачности, Путин компенсирует собственные комплексы и обиды, психологические травмы, полученные в детстве, во дворе, с помощью высказываний с эротическим и сексопатологическим подтекстом. Кантор говорит, что многие герои изначально обладают тем или иным недостатком, социальным или физическим: будь то потерянное происхождение, сиротство, болезнь. Они возвысились через преодоление. Этот архетип героя, характерен для многих культур.

В числе архетипических, подсознательных установок Путина Кантор выделяет рептильный комплекс. Ярчайшим представителем класса рептилий является крокодил, который для удержания и расширения территории обитания, убивает самцов-соперников и насилует самок на своей территории. Агрессивное доминирование и сексуальное обладание у людей большей частью носит политическую окраску.

Видимо, в молодости Путину не хватало любви и поэтому ее нехватку в юности он преодолевает через обретение всеобщей любви российского электората уже в зрелом возрасте. Тема высказываний с эротическим и сексопатологическим подтекстом возникает как сатирическая — в основном, когда Путин говорит о недругах - в основном о западных политиках и прозападных силах внутри России, желая их уязвить, разоблачить или посмеяться над ними. Зигмунд Фрейд связывал фиксации на анальных отправлениях с упрямством, жестокостью, вязкостью негативных эмоций, а также с "инстинктом власти".

Русский народ, который в большинстве своём ещё недавно произошёл из крестьян, относится к такого рода шуткам с пониманием и одобрением. На глубинном уровне мужское население России воспринимает Путина как отца, батьку или старшего брата. "Этой аудитории импонирует демонстрация качеств мужчины-воина — он охотится в лесах и под водой, стреляет, управляет летающими машинами и т.п." [33]

5.12. Доминантность и Авторитарность

Лидерские наклонности у Путина проявились в рано ещё в школьные годы. Это у него наследственное от отца – сторонника патриархального уклада в семье и авторитарного способа общения на работе (мастера на Ленинградском вагоностроительном заводе им. Егорова). Путин наметил свой жизненный путь в 9-м классе средней школы и непрерывно шёл этим путём. Занятия спортом и, в частности, занятия дзюдо, закалили его характер и выработали выдержку, которую сейчас можно рассматривать, как одно из главных путинских достоинств.

Стремление к превосходству над другими у Путина идёт от детских переживаний своей неполноценности, связанной с маленьким ростом, когда он зависел от родителей и его обижали во дворе более сильные мальчики. Это чувство побуждало его бороться за превосходство над окружающими, заниматься спортом, стремиться к достижению социально значимых результатов. Комплекс неполноценности породил у него стремление к гиперкомпенсации и, как следствие, сформировал комплекс превосходства по Адлеру[Прим.9].

Путин сам рассказывал, что пока ему удавалось оставаться неформальным лидером в средней школе ему нравилось там учиться. При этом ему нравилось не столько командовать сверстниками, сколько быть независимым от других и выполнять роль арбитра среди сверстников. [19] Судебная власть предполагает сохранение справедливого баланса сил, но баланса среди своих – тех, кто признаёт его превосходство и лидерство. Путин постоянно старается сохранять баланс сил среди подчинённых людей. Баланс властей в государстве – это уже не для Путина. Делиться властью – это выше его сил и возможностей.

Утверждение себя в качестве сильного, драчливость у Путина были средством для установления своего доминантного положения в школе и во дворе. Постепенно дзюдо, как средство для установления своего лидерского статуса у него превратилось в цель для того, чтобы быть лучшим не только во дворе и в школе, но в городе и, если получится, то в стране. Всё в соответствии с концепцией психолога Алексея Леонтьева, когда средство (дзюдо) становится целью (лидерство). Правда, в компаниях, в которых Путин проводил время, он не претендовал на лидерство, полагая, что кто более активен, тот пусть и руководит. [9] Речь, видимо, идёт об активном "двигательном" лидерстве, когда человек руководит через количество произносимых слов, производимых действий и скорости выполнений технической части работы. Путин относится к разряду скрытых лидеров. Он всю жизнь старается быть лидером, используя других людей и скрыто управляя процессами через них. Он с молодых лет любит тайную власть, то есть скрытое воздействие и управление людьми. Его цель - создание условий для того, чтобы к нему обращались, как к знающему, авторитетному человеку, который предвидит события.

Как говорил его друг Сергей Ролдугин, у Путина была перед основной женой была подруга – медик с сильным характером, которая о нём заботилась, как о своём ребёнке. За ней он был как за каменной стеной. Путин в последний момент отказался от брака поскольку понял, что эта женщина слишком для него сильна, доминантна и с ней он не будет чувствовать своего превосходства. А это было ему очень нужно. Он выбрал более слабую, покорную, невротизированную Людмилу Шкребневу, которая была готова играть вторую скрипку при муже, вести хозяйство, готовить обеды, вытирать носы их детям и вообще терпеть от него многое. На людях она всегда подчинялась мужу и делала так, как он хотел. Она более подходила для роли жены чекиста, работающего во внешней разведке. Причиной брака для Владимира могли быть и карьерные соображения. Кроме того, жизнь с таким мужем не всякой под силу. Людмила выдержала почти 30 лет.

Путин - доминантный человек, любит власть, пиар, поклонение, но старается этого явно не демонстрировать. Он умеет маскировать свою доминантность за внешне простым обращением. Он стремится к власти по-умному - вначале заручается поддержкой нужных людей и влиятельных группировок, и тем самым гарантирует себе неформальную поддержку и преимущество, а потом делает вид, что колеблется, говоря, что он де ещё не решил идти или не идти на какую-то высокую должность. Например, "я ещё не решил, пойду в президенты или нет". На самом деле это игра. Путин к власти стремится постоянно. Это для него почти органическая потребность. Однако, для полувизантийской страны под названием Россия важное психологическое правило состоит в том, чтобы не показывать своих истинных намерений и желаний иначе окружающие люди могут начать активно противодействовать и "ставить палки в колёса".

На работе Путин всегда старается быть в курсе дел и держать важные нити в том числе финансовые в своих руках. Компетентность и информированность — это важнейшие условия для лидерства и принятия правильных решений. Хорошие аналитические способности, память на лица, умение устанавливать и использовать полезные знакомства, умение находить подход к самым разным людям, вынесли его на самый верх российской власти.

На подсознательном уровне у Путина присутствует почти маниакальное стремление к гиперцентрализации власти. При нём все три ветви власти работают по команде из одного центра, все чиновники изображают активную деятельность, но при одном важном условии, что они признают безоговорочное лидерство Путина. Премьер-министр РФ с 2000 по 2004 годы, экономист Михаил Касьянов впоследствии говорил, что президент Путин постоянно совершенствовал свою экономическую квалификацию и брал на себя часть его функций как председателя правительства. Централизация всей исполнительной власти в своих руках нужна Путину как основа для безоговорочного лидерства над всеми ветвями власти. При этом не нужно тратить время и усилия на согласование интересов противоборствующих партий и группировок. Если из администрации президента пошла вниз команда обязательная к исполнению, то дискуссии нежелательны. Единственное, что приятно по сравнению с большевистскими временами – сейчас за "шаг вправо, шаг влево" подчинённых уже не расстреливают. В худшем случае понизят или выгонят с престижной работы в связи с утратой доверия. Могут и в тюрьму посадить за несогласованную взятку.

В результате административных и организационно-психологических действий, осуществлённых Путиным с момента прихода в верховную власть, он глубоко залез под кожу русского общества и это аморфное разобщённое общество принимает его, как неотъемлемую часть себя. Кроме всего прочего, несменяемым лидером Путина делают некоторые качества, которые русскому народу в массе своей несвойственны – качества, связанные прежде всего с умением ограничивать свои желания.

5.13. Жестокость

В душе Путин весьма категоричный и бескомпромиссный человек. Его либеральное поведение – просто маска. Способен ли он на жестокие поступки. Вне всякого сомнения - "Да". Если перед ним стоит дилемма пожертвовать каким-то количеством людей ради достижения значимой для него геополитической цели или ради важной победы - без колебаний пожертвует. И никакие морально-этические соображения его при этом не остановят. Путина боятся поскольку понимают, что он человек опасный. Для Путина цель всегда главнее средств её достижения. Цели основаны на критериях должного и правильного – критериев, которые Путин для себя выработал сам и под влиянием чекистского воспитания и образования.

В 2011 году, Путин фактически сжульничал и навязал себя народу в качестве долговременного президента через подтасовки в Думе и личные договорённости с Медведевым, а когда кто-то пытался сказать ему это, он проявил бешенную агрессивность по отношению к этим людям. Он до зубовного скрежета хотел вернуть себе президентское кресло и все, кто стоял у него на пути расценивались им, как личные враги, подлежащие уничтожению. Когда Путин личностно вовлечён в какую-то операцию, у него виноваты все кроме него самого. Вся его объективность куда-то улетучивается. И он становится чудовищем, способным на самые непредсказуемые, жестокие поступки. В эти моменты дьявол у него проступает под личиной ангела.

С гуманистической точки зрения бесчеловечно проверять новые виды вооружения и боеспособность русской армии в Сирии, как на учебном полигоне. Однако, Путину неважно сколько жизней гражданского населения такое участие в междоусобной войне унесёт. Ведь с виду он всё делает правильно, когда помогает законно избранному президенту Сирии Башару Асаду вернуть контроль над страной. Другой вопрос, что большая часть цивилизованного мира считает Асада "кровавым мясником", но для Путина – это не самый большой порок. Он и сам такой.

Путин жесток к людям, которые могут нарушить его планы, помешать ему в настоящем или в будущем. Даже если этот человек безобиден и во всём остальном вполне лоялен к Путину. Но если он может нарушить его заветные планы, которые Путин просчитал заранее, он готов по отношению к нему на любые меры вплоть до физического устранения. Естественно, чужими руками.

5.14. Способность Учиться и Воспринимать Новое

Путин становится застенчив и робок в обществе людей, которые его в чём-то превосходят – хоккеистов, музыкантов, учёных. Он под них даже подстраивается, готов учиться, не боясь показаться смешным. Но зато может стать вызывающе агрессивным в областях или с людьми, которые вровень с ним или в чём-то хуже его, да ещё бросают ему вызов.

Если Путин чем-то интересуется, он быстро разбирается в вопросе. Эту черту в нём отмечали ещё учителя в школе. Не выделяясь большими способностями к спорту, только за счёт трудолюбия и упорства он сумел стать чемпионом Ленинграда по дзюдо. Его бывший советник Андрей Илларионов отмечает, что Путин быстро понял суть сложной концепции свободной экономики.

Путин постоянно держит себя в тонусе и в курсе всех событий. Он может удержать в памяти большое количество цифрового материала, которым довольно ловко оперирует, хотя и на поверхностном уровне.

Глава 6

Самооценка, Мотивы, Комплексы, Защитные механизмы, Компенсации

Люди, которые шли и до сих пор идут работать в ЧК, НКВД, КГБ, ФСБ делают это не только из-за дополнительных привилегий и финансовых возможностей. Немаловажным мотивом является возможность самореализации, корректировки личностных дефектов, компенсации личностных проблем. А что многие из них имели и имеют отклонения в психике, сомнению не подлежит. Среди таковых – неадекватный уровень притязаний, чувство скрытого превосходства над другими людьми, патологические амбиции, паранойя, сексуальные проблемы. Возможность ощущать власть над людьми, чтобы скомпенсировать свои личностные дефициты и физические недостатки (рост, невзрачность) – могли быть мощнейшим стимулом для Путина, чтобы делать свою карьеру и жизнь через КГБ так, как это делал он.

Кое-кто из претендентов на эту профессию быстро разочаровывался в ней, поскольку с некоторыми особенностями чекистской службы мириться трудно. В частности, стучать на человека, с которым только что проводил время, никому не доверять своих настоящих мыслей и планов и пр. Одни чекисты умеют маскировать свои пороки, держать их в узде, а другие – нет. Вторые быстрее сходят с карьерной дистанции. Видимо, истоки повышенного путинского самоконтроля лежат как в истории его семьи, так и в его личных психобиологических особенностях. Рассмотрим скрытые особенности личности и поведения Путина, которые не бросаются в глаза, но важны для понимания этого человека.

6.1. Самооценка, Отношение к Себе и Адекватность Самооценки

В 2000-м году после 19 лет знакомства Людмила Путина описывает свои впечатления от решающего разговора о замужестве с ним так: "Три с половиной года я за ним ухаживала! Как-то он и говорит: "Дружочек, ты теперь знаешь, какой я. Я в принципе не очень удобный человек". И дальше шла самохарактеристика: молчун, в чем-то достаточно резкий, иногда может обидеть и так далее. Словом, рискованный спутник жизни." [19]

Это описание со стороны жены интересно с точки зрения того, как Путин себя характеризовал перед ней, какие качества в себе выделил – совсем не те, которые у него сейчас проявляются по жизни. Сейчас на людях он дипломатичный, тактичный человек, который старается не обидеть других, умеет согласовывать интересы, мирить людей. Выходит, что он так много над собой работал всё это время и настолько воспитал себя, что теперь его неуживчивость не бросается в глаза. Впрочем, может, он не всё сказал Людмиле, а перечислил только те качества, которые у него не такие уж отрицательные и которые её не могли оттолкнуть от него. Вспомните, что вы сами говорили своим будущим жёнам во время решающего разговора о женитьбе/замужестве?

Судя по его словам, Путин считает, что у него тяжёлый характер. [9] Это из того же списка. В принципе многие из нас могут сказать про себя то же самое. Но такое признание мало кому помешало связать свою судьбу с другим человеком. Сомневаюсь, что Путин не видел в себе более отрицательных качеств. Просто не хотел на себя наговаривать лишнее. Если кому-то надо знать про него больше - пусть копают сами.

То, как Путин описал себя перед вступлением в должность президента проявилось в его самооценке перед журналистами.
- Вас удивило "когда он (демократ Анатолий Чубайс - ВЗ) сказал, что поддержит вашу кандидатуру на президентских выборах? - спросил журналист.
- Нет, это не удивило, потому что он прекрасно знает, что я не диктатор и не собираюсь возвращать страну к директивной административной экономике." [19]

Анатолий Чубайс сам, конечно, не подарок, но с политическим нюхом и информированностью у него всё в порядке. В августе 1999 года он сразу понял, у кого самые большие шансы для того, чтобы стать новым хозяином Кремля. И насчёт тихого путинского омута, в котором черти водятся, он тоже понял одним из первых ещё по работе в Санкт-Петербурге. Недаром Ельцин про Чубайса говорил нечто вроде того, что "и уволил бы я этого рыжего, да уж больно он умён".

В личном общении Путин действительно не диктатор, а скорее – либерал, но он создал политико-экономическую вертикаль власти, которая очень похожа на административную вертикаль. И тут уж неважно насколько мягки бархатные перчатки, надетые на стальные руки, которые не дают людям дышать.

Путин считает, что профессионально разбирается в людях (Сергей Ролдугин). И это заключение Ролдугин сделал на основе слов Путина о том, что знал о том, что пара супругов Ролдугиных не уживётся долго. Если в аналитических способностях Путина никто не сомневается, то в его психологических способностях сомневаться есть все основания хотя бы потому, что только практика может быть для него критерием истины. Назначая своих питерских друзей, а потом и многих других чиновников на государственные посты он наделал много ошибок. Потом менял людей местами, увольнял, но ошибки оставались ошибками. Правда, Путин предпочитает делать такого рода ошибки сам, а воля народа просто пристёгнута к его ошибкам в качестве бесплатного приложения.

Путин, видимо, считает себя лучшим выборщиком на все ведущие государственные посты. Если он и ошибается, то не должен этого показывать широкой публике. При необходимости сам и исправит свои ошибки правда не особенно об этом распространяясь. Если с кем Путин и советуется при подборе людей на ответственные должности, то только с узким кругом лиц. А зачем больше? Всё равно практика для него – критерий истины. Если выбранный им человек окажется плохим руководителем и не на своём месте – заменим. А деньги, которые потрачены из-за плохого назначенца, не так велики для неисчерпаемой матушки России: "и царей, и большевиков, и "демократов" выдержала, а всё ещё жива, и меня терпеть будет столько сколько надо" – возможно думает Путин.

У Путина наблюдается неустойчивая скачущая самооценка. На людях он демонстрирует своё скромное превосходство над окружающими при неформальном либеральном поведении. В повседневном общении он бывает элегантен и обходителен, как доктор Джекил, хотя у него в душе часто проглядывает злой мистер Хайд из одноимённого романа Роберта Стивенсона. Эту проблему личности Путина можно обозначить, как проблему Белого и Чёрного Путина. В минуты просветления он делает добрые дела, в минуты грехопадения – совершает безнравственные поступки. И таким Путин был изначально и будет до конца жизни.

"Кого вы порекомендуете на должность следующего президента России?" Этот вопрос в разных модификациях Путину задавали по многу раз начиная по крайней мере с 2007 года. Он регулярно отвечал на него нечто вроде: "Это решит народ", позже добавил: "Вам понравится". Хотя с тех пор, как Путин пришёл к власти, народ решает всё меньше и меньше, а к настоящему времени (2017 год) его мнение канализировано в заданных властью направлениях, хотя ссылается Путин на народ постоянно. Если отвлечься от красивых слов о народе, то Путин и его команда рассматривают русский народ, как стадо, которое знающие своё дело пастухи (Грызлов, Миронов, Матвиенко, Нарышкин, Володин и другие), вместе с выученными силовиками (правоохранителями и ФСБ-шниками) гонят в нужные кабинки для голосования, где этот народ и голосует за заранее подобранных властью людей.

Я имею сильное подозрение, что базовый сценарий сохранения себя в должности президента на много лет вперёд Путин продумал в общих чертах изначально, в первый раз вскарабкавшись на президентское кресло в 2000-м году. И это кресло ему очень понравилось. А уж детали Путин додумывал позднее. Но если бы он объявил об этом людям сразу, то его бы неправильно поняли. После Ельцинского правления кое-какая свобода у народа всё ещё оставалась. Объявив свой план хотя бы до 2024 года, он бы поставил точку в иллюзиях людей о том, что они что-то значат в этой стране. Кроме того, в начале 2000-х годов в России было слишком много неопределённости. Вся страна была "в долгах, как в шелках". Народ в массе своей жил плохо и выживал за счёт приусадебных участков. Небольшая кучка богатеев не в счёт. Если бы цены на энергоносители во время первого срока правления Путина не скакнули резко вверх, то его политическое будущее вряд ли выглядело бы таким радужным. Рост ВВП в России начался после дефолта 1998 года с приходом Примакова и продолжился при Путине. Начиная с 2004 года началось "обожествление" Путина, как нового русского царя, на чём он и держится до сих пор.

Теперь уже ясно, что в 2007 году Путин просчитал своего бывшего подчинённого - Медведева и отвёл ему роль президента, зная, что тот не обманет и не подведёт, а точнее, обмануть и подвести у него просто не получится. Он, Путин, не позволит ему, Медведеву, сделать это, хотя бы потому, что он опытнее, сильнее, как личность, глубже понимает интересы людей и, кроме того, он обложил Медведева своими людьми и просчитал все его ходы наперёд. И, действительно, Медведев не подвёл, не обманул, президентское кресло отдал, как договорились в 2012 году. Хотя договорённость-то была только на словах, по дворовым, пацанским понятиям. Но тем не менее мальчик из интеллигентной семьи Дима Медведев принял участие в дворовых играх старших пацанов ради власти, карьеры и денег. После всех испытаний Медведев рассматривается во всём мире, как "временный надсмотрщик путинской системы".

Уже в 2011 году политолог Глеб Павловский сказал об изменениях в позиции и аргументации премьер-министра Путина так: "Простые люди хотят того-то, я это знаю. Я знаю, чего они хотят." Это позиция совсем другого Путина, совсем другая концепция власти, всё труднее совместимая с российской Конституцией. [64] Эта непоколебимая уверенность Путина в том, что он знает свой народ и то, что этому народу надо, работала до 2014 года. Впрочем, работает и сейчас.

Захват у Украины Крыма, гибридная война на Донбассе, международные санкции, ухудшение положения жителей России, стали для Путина поворотным моментом, когда он стал хуже чувствовать свой народ и его нужды. Теперь он больше озабочен геополитическими проблемами, местом России в мире, а не состоянием и перспективами развития своей экономики и не тем есть ли достаточно еды на столах у российских граждан. С началом своего третьего президентского срока Путин перестал соответствовать экономическим требованиям новейшего времени. К великому горю народа сам Путин этого не понимает. К великому счастью для себя народ этого не понимает тоже. Иначе откуда взялась мощная народная поддержка Путина? Даже с учётом народного безразличия и квалифицированной работы путинских пастухов, она слишком высока (выше 80%). Интуитивно русские люди чувствуют в путинской власти какую-то ущербность, но сформулировать этого для себя они не могут особенно после пышных развлечений, которые Путинская команда организует для себя и для них (олимпиад, чемпионатов, парадов, празднований всяких годовщин, прямых линий с президентом и прочих показательных мероприятий).

Самое скверное, что Путин до сих пор считает себя спасителем России. Эта неадекватная оценка базируется исключительно на высоких ценах на энергоносители и работе его пиар-команды. Если бы нефть стоила 8 или 12 долларов за баррель, как при Горбачёве или при Ельцине, я бы посмотрел, как он бы ездил по регионам и всем обещал повысить пенсии и зарплаты, построить дома и занимался бы другой благотворительностью. Любой политический режим проявляет свою состоятельность не во времена успеха, зависящего от конъюнктурных факторов, а во времена экономических трудностей и нестабильности. Первые два Путинских срока были для России скорее полезны, чем бесполезны. Но как игрок, который сорвал в казино большой куш, Путин не смог остановиться. Теперь он эксплуатирует остатки своей былой популярности.

У Путина присутствует ощущение того, что только он способен вести и вывести Россию на правильный путь, что он самый лучший? В том-то и дело, что лучший правитель создаёт условия для самореализации людям своей страны, а не работает вместо них, подменяя своей активностью их инициативу. Видимо, до 72 лет Путин оценивает свою политическую дееспособность. А там, как карта ляжет. Но одно он знает твёрдо: "Президент должен быть главным и единственным "светом в окошке" у своего народа". А для этого все средства хороши: договорённости в задней комнате, пиар-кампании в средствах массовой информации, покупка сторонников, малореальные обещания для "покупки" нужных людей и т.д. Однако, сравнение действующего президента с кем бы то ни было воочию недопустимо. Образ главного в стране не должен подвергаться сомнению. Ведь при сравнении воочию он может оказаться хуже соперника. И тогда у русских людей могут начаться сомнения, колебания, а с поротым русским народом они не допустимы.

О сверхгибкости в оценках и поведении Путина пишет и журналист Андрей Лошак, копируя слова самого Путина образца 2000 года: "у любого человека после 16 лет единоличной власти мозги набекрень поедут". [51] Теперь он правит уже 18 лет. И странное дело, начисто забыл свои собственные слова о съехавших набекрень мозгах. И хотя в вопросе о выдвижении своей кандидатуры на следующий срок Путин постоянно кокетничает, как барышня, которая всё не даёт согласия идти замуж, но все отлично понимают, что Путин отводит тысячную долю процента на то, что произойдёт какое-то событие, которое помешает ему участвовать в выборах. Отдадим должное предусмотрительности президента и легковерности российских граждан.

Путин, видимо, полагает, что если у него высокий уровень самоиронии, хорошо запоминает цифры и в курсе всех основных событий в России и за рубежом, то этого достаточно, чтобы руководить страной четверть века (а к этому дело идёт). Человеку с советским менталитетом вряд ли следует возглавлять европейское государство в XXI веке так долго. И дело здесь не в уме, не в работоспособности и не в волевых качествах его личности, а в отжившей советской ментальности. Но поскольку закон о люстрации в отношении бывших коммунистов и чекистов не был принят, а Галина Старовойтова, инициировавшая этот закон, была убита, то Россия к настоящему времени всё больше превращается в отреставрированный Советский Союз дубль два. Около 70% собственности опять в руках государства. С одной стороны, это неплохо поскольку после распределительного социализма народ в России ещё не умеет грамотно пользоваться своей собственностью и развивать её. С другой – государство, как собственник тоже оставляет желать лучшего.

Путин заигрался и загнал себя в ловушку, откуда нет хорошего выхода, поскольку любой ход только ухудшает положение страны и её граждан. Он и так использовал многие резервы для того, чтобы удержаться на плаву. И хотя самое разумное для Путина было бы уйти, сейчас он не уйдёт – слишком многие из его окружения на него поставили. И он по факту связан незримой паутиной обязательств с членами своей команды. Кроме того, тайные грешки Путина тут же вылезут наружу.

6.2. Уровень Притязаний и Амбиции

Уровень притязаний у Путина всегда был высокий, но явно, в открытую он это демонстрирует редко. Вот один из немногих

случаев, когда он свой уровень притязаний продемонстрировал. Это кусок его разговора с журналистами в начале 2000 года сразу после его назначения на должность и.о. президента России:
"Журналист: почему вы до выборов отменили все поездки за границу? Боялись, что заклюют за Чечню?
Путин: Я сам их всех заклюю." [19]
В этом эпизоде проявляется пацанская бравада и хвастливость, которую нынешний Путин прячет за дипломатическими оборотами речи.

Путин живет в плену своих амбиций и фобий, придуманной им для себя картины мира, в которой враги (пардон, "западные партнёры") все время посягают на независимость и суверенитет России и на её природные богатства. И вообще, судя по современной политике руководства, всё плохое для России идёт от США и других развитых стран, которые как всегда обижают, ущемляют страдалицу Россию. И вообще они всегда "первые начинают" потому что по своей природе они агрессоры, которые ради денег на всё готовы. Эта позиция объясняет многое из того, что Путин делает внутри и вовне страны. Не может же он в чём-нибудь признать свою вину или свои ошибки. Конечно, виноваты другие.

Путин продолжает амбициозную имперскую политику правителей Российской, а потом Советской империи, идущую с времён князей, царей и императоров, а потом продолженную большевиками и советскими Генеральными секретарями КПСС. Эта политика направлена на силовое расширение государства, укрепление его границ, наращивание военной мощи, выявление угроз существованию и благополучию государства, паранойяльное культивирование теорий заговора, воссоздание у русских людей психологии жителей осаждённой крепости, окружённой врагами. Территориальный экспансионизм Путина состоит в том, что он идёт старым российско-советским путём, расширяя империю, пытаясь усилить её военно-политическое и экономическое значение и влияние на соседей. Такой неоколониалистский подход в XXI веке уже устарел. Весь симптомокомплекс страхов и действий Путина (внутри и вовне) связан с этой имперской политикой. С психологической точки зрения Путин и его силовики приписывают политикам и военным в странах вокруг России собственные психологические комплексы и опасения. Якобы по-другому те мыслить и действовать не могут. А, следовательно, нужно быть готовым к тому, чтобы любому потенциальному агрессору дать отпор и вообще вести себя поактивнее, чтобы тебя и твою страну в мире уважали и боялись.

На пресс-конференции для журналистов от 1 февраля 2007 года Путин сказал: "любые территориальные изменения - объединения, разъединения - не могут быть приняты иначе, как путем волеизъявления граждан." [70] Судя, по этим словам, большего демократа, чем президент Владимир Путин в России не существует. На всё-то он спрашивает разрешения своего народа, даёт ему полную свободу выражения своего мнения, прислушивается к каждому слову любого гражданина: и на присоединение Крыма к России, и на гибридную войну на Донбассе, и на участие в гражданской войне в Сирии. Неясно только зачем он увеличивает количество полицейских, охраняющих его самого и его власть от народа при такой-то "всеобъемлющей демократии" в России. Русский народ и так должен такого демократичного президента носить на руках с утра до вечера.

Рассмотрим с демократических позиций присоединение Крыма к России. Что касается волеизъявления крымчан на воссоединение с Россией, то оно было. А вот что касается волеизъявления жителей России (принять-не принять Крым в состав РФ и поддерживать-не поддерживать сепаратистов на Донбассе военным путём), то его ведь не было. Если бы им заранее сказали о негативных последствиях этой агрессивной кампании против Украины (санкциях со стороны мирового сообщества, ухудшении уровня жизни своего народа и прочих "прелестях" нового территориального приобретения), то они бы не выражали свой восторг так дружно.

Я уже не говорю о помощи диктатору Башару Асаду во время братоубийственной Гражданской войны в Сирии. Путин лично распорядился влезть в чужую гражданскую войну под надуманными предлогами:
1) важность обучения военнослужащих российской армии, флота, ВКС и испытания новых типов оружия в боевых условиях и
2) потенциальная опасность со стороны возвращающихся с Ближнего Востока террористов из ИГИЛ для России.

Небось, когда Путин лично ввязывался во Вторую Чеченскую войну он не думал о сотнях своих граждан, которые станут жертвами терактов после начала чеченской кампании и тысячах убитых в процессе этого конфликта. А сейчас в декабре 2017 года, когда Путин объявил об окончании военной операции в Сирии он не думает о том, что выгнанные из Сирии члены исламистских групп через Среднеазиатские страны (Киргизстан, Узбекистан, Туркменистан) придут совершать теракты в Россию, о чём недавно сообщил нынешний директор ФСБ Александр Бортников. Мол одним из результатов победы над ИГИЛ в Сирии стало перемещение центра активности этой организации ближе к границам России, а может быть даже и внутрь неё, если учесть, какое количество наших соотечественников там воевало. Взрывать-то исламисты будут не Путина с Бортниковым, которые под усиленной охраной, а простых российских граждан.

Если отойти от юмористических допущений о ничем не ограниченной демократии в России, то народ вообще спрашивают чрезвычайно редко, да и то только для того, чтобы легитимизировать уже принятое наверху решение или чтобы пропихнуть какое-то начинание, на которое в бюджете не хватает денег и людям придётся затянуть пояса. Представители власти в России любят имитировать демократию у себя в стране. Это успокаивает совесть и нервную систему правителей и позволяет им безмятежно наслаждаться своей сытой, вольготной жизнью в отдельно взятом Кремлёвском окружении.

То в одной, то в другой стране мира руководителей государства вызывают на допрос, их деятельность расследуют независимые прокуроры и журналисты, им организуют импичменты. В связи с этим ставлю вопрос на засыпку: "Сколько часов продержится в своей должности Генеральный прокурор РФ Юрий Чайка, после того, как он даст распоряжение о вызове президента РФ Владимира Путина на допрос в качестве обвиняемого или даже просто свидетеля по делу об аннексии Россией Крыма или о финансовых убытках от этой аннексии для России?" Полагаю, что сама постановка вопроса вызовет у половины читателей этой книги сильную икоту, а вторая половина обвинит меня в русофобии и в предательстве интересов России. Про другие "подвиги" нашего президента коих числом больше, чем у меня пальцев на руках и ногах, я уж и не говорю. Я это к тому, что духовно закрепощённый человек, живущий в России, никогда не станет свободным человеком, для которого и президент, и мойщица туалетов имеют равные права и одинаково отвечают за свои действия перед законом.

6.3. Нарциссизм и Самомнение

Как известно, самолюбие – это чрезмерное, возвеличенное чувство собственного достоинства, самоуважение, самовлюблённость и завышенная оценка своих возможностей. Такая оценка обычно сочетается с повышенным даже ревнивым отношением ко мнению окружающих о себе. Это одна из форм обострённого эгоизма, горделивая любовь к себе подчас в ущерб любви к другим.

Самолюбие и самомнение толкают Путина к тому, чтобы в делах, которыми он занимается, быть лучшим и даже первым. Из-за этого он плохо воспринимает критику в свой адрес. Хотя с самокритикой у него всё в порядке – это он себе может позволить. Важным элементом самомнения у Путина является самолюбование – он постоянно хочет получать обратную связь о том, как он выглядит со стороны и как его воспринимают окружающие. Причём не конкретные люди, а группа в целом, народ в целом.

С самого начала правления в начале 2000 года Путин держался так, как будто никому ничем не обязан – ни партиям, ни конкретным людям, ни организациям и что он сам по себе. Однако, это не соответствует действительности. Он обязан покойному президенту Ельцину, он обязан тем, кто на него работает и его обслуживает, а именно тем, кто делает его жизнь удобной, комфортной и приятной (самолёты, вертолёты, автомашины, организация встреч). Он обязан своим аналитикам, спичрайтерам, массажистам, врачам, которых оплачивает государственный бюджет. И так это между прочим, он обязан своему народу, который должен его слушать, когда он разглагольствует на федеральных каналах. А главное, он обязан природным богатствам страны под названием Россия и тем богатствам, без которых северная часть России превратилась бы в малолюдную, холодную территорию, сравнимую с Северной Канадой, с Аляской или с Гренландией. А ещё перед этим он был обязан ЛГУ и КГБ, которые его учили и кормили за государственный счёт. Чекист, как и солдат — это нахлебник у государства и народа. И он никогда не должен об этом забывать, а не растопыривать пальцы веером - вот мол какой я крутой и дальновидный.

Лучше и полнее всего самолюбование Путина проявляется на пресс-конференциях и во время прямых линий с народом. Путин может позволить себе игнорировать, замалчивать детали, обстоятельства, временные рамки, последовательность событий, условия и прочие вещи. А поскольку те, кто задаёт вопрос, имеют право только на один-два вопроса, а чаще чего-то просят у Путина, то степеней свободы больше у отвечающей стороны. Труднее уличить отвечающего во лжи, недоговорённостях, умолчаниях и прочем. Форма ответа "много-один" подкрепляется статусом этого одного. Когда президент хорошо выучен, грамотно подготовлен, то техники и приёмы заменяют ему многое – искренность, достоверность, знания.

Отвечая на вопросы корреспондентов или отвечая на вопросы с мест во время пресс-конференций Путин получает явное удовольствие, находясь в центре внимания. Он "купается" в лучах всеобщего внимания. Его общение с людьми напоминает групповой психотерапевтический сеанс. Он говорит то, чего от него ждут и в то же время – не совсем то. Вариации – обязательная составная часть его высказываний и действий. Вариации от домашних заготовок, которые он продумал сам или его на это "натаскали" консультанты, он позволяет себе только в частных вопросах или в ответах на просьбы конкретных людей. Он ведёт себя как кот, который может позволить себе съесть мышку с головы или с хвоста. Однако в целом, зная стиль мышления Путина, и направление Российской политики, любой можно ответить на вопросы не хуже самого Путина. И тем не менее федеральные СМИ с помощью экспертов и комментаторов подогревают устойчивый интерес людей перед, во время и после каждой пресс-конференции или прямой линии президента Российской Федерации. Они заменяют любые предвыборные дебаты.

В интервью "Голосу Америки" политик Дмитрий Гудков сказал, что оппозиционерам участвовать в этом "постановочном пропагандистском спектакле", как прямые линии и пресс-конференции Путина с народом и журналистами нет никакого смысла. Потому что это пускание пыли в глаза и откровенное враньё, которые идут уже который год подряд. "На самом деле это сеанс психоанализа для самого Путина, который сидит перед камерами и упивается властью. Он уже все больше и больше смахивает на Брежнева, его политический язык устарел, а юмор какой-то солдафонский, абсолютно не соответствующий современным представлениям о том, что смешно, а что нет. Мы видим человека, который не готов ни к каким реформам, которому все надоело, все скучно, и единственное, что его беспокоит, так это собственная безопасность." [12] Гудков объясняет это тем, что Путин никому не доверяет, а просто досиживает на своем посту свой срок и зарится на очередной. Уж больно сладкое у него место. Любая муха позавидует.

Путин, видимо, так любит себя в роли президента и считает себя лучшим из возможных для этой роли, что никак не может расстаться со своей сладкой ношей, равно как с иллюзиями о своей исключительности и своей особой миссии в жизни России.

По мнению бывшего разведчика из Первого Главного Управления КГБ СССР Михаила Швеца, у Путина имеет место злокачественный комплекс неполноценности, подавляемый нарциссизмом. На тех, кто его критикует, он обижается, как десятилетний ребёнок.

Путин не стесняется играть одним пальцем на рояле при большом скоплении народа, хотя кому могут быть интересны его начальные опыты игры? Но, раз его слушают и он в центре внимания, то почему бы и не поиграть.

Последние годы у Путина стал проявляться синдром, который называется синдромом своей правоты или синдромом альфа-лидера. [107] Не то, чтобы он не сомневается в том, что говорит и делает, но он создал себе установку, что не имеет права ошибаться на людях. Ведь ошибиться – значит показать свою слабость, а этого он не может позволить себе сделать. По мнению Путина, у него больше оснований, чем у многих других считать себя незаурядным человеком. Ещё чуть-чуть и Путин придёт к внутренней установке, что все вокруг хуже него. Если покопаться в истории, то у многих диктаторов такая установка имела место. Появление таких синдромов и установок обусловлено компенсаторными механизмами, возникающими на стыке воображаемого и реального миров для уравновешивания этих миров.

Распространена точка зрения, что Путин живёт в воображаемом мире, который создают ему его воображение в сочетании с докладами его приближённых, аналитиков, спичрайтеров, журналистов Кремлёвского пула и подчинённых, домогающихся его внимания. В последнее время Путин стал очень зависим от своего окружения, людей, с которыми он общается и которые готовят ему информацию и материалы для выступлений. За счёт убеждения, что этот народ "съест" всё, Путин и его помощники стали халтурить при подготовке этих спектаклей всё больше и больше. Есть журналисты, которые анализируют путинские ошибки. Этих ошибок последнее время стало слишком много. [26], [27], [90]

Смотрит ли Путин критически на то, что делает или он заматерел в своей непогрешимости? То есть бывают ли временами у Путина "просветления"? Осознаёт ли он свои недостатки, или он настолько влюблен в себя, что всячески их умаляет? Судя по тому, как Путин живёт и работает ему нужна не спокойная жизнь, в которой он не видит счастья, а постоянные перемены обстановки, смена декораций, условий, преодоление новых трудностей, ситуации, в которых он может проверить и испытать себя и других. Хотя количество публичных выходов с каждым годом перекрывает их качество.

Путин болен властью не меньше, чем любой авторитарный лидер. Но в отличие от других он не действует под давлением обстоятельств (положений Конституции, мнений членов Парламента и пр.). Всё это у него давно в кармане. Путин убежден, что если его выбрал народ, то он – полновластный хозяин своей страны, собственности и всего остального. Сделав свой выбор один раз, этот народ должен терпеть всё, что он - Путин на него взваливает – войны, налоги, ограничивающие законы, инфляцию и прочее. А если кто-то не согласен терпеть, то для таких у Путина в запасе есть хорошо оплачиваемые силовики, которые дубинками, наручниками и автозаками сумеют внушить уважение к нему и его власти.

6.4. Свобода и Раскованность Мышления

Есть свобода естественная, вызванная свободной жизнью, свободным воспитанием в свободном обществе, а есть свобода насилия над собой с помощью воли, характера, преодоления своей природы. Это свобода раба, ставшего властелином. Мне трудно сказать, какая свобода лучше. Если для выживания порабощённого человека, племени, народа, нации, то несомненно вторая. Если для создания и развития самоактуализирующейся творческой личности, придумывающей Гугл, Эпл и неэвклидову математику, то, конечно – первая. Мне скажут, что в современном государстве и обществе нужны оба типа свободы, оба типа личности. Пусть мол все цветы цветут. Но в том-то и дело – не могут эти цветы цвести одновременно. Второй цветок подавляет первый.

В первой книге про Путина говорится: "Разведка всегда была самой фрондирующей структурой в КГБ. В разведке тогда позволяли себе мыслить иначе, говорить такое, что мало кто мог себе позволить." [19] Свобода мышления всегда важнее для разведчика, чем твердолобая приверженность партийной догме и выполнению секретных инструкций. "Рыцарей плаща и кинжала" готовили к выскальзыванию из трудных ситуаций. А для этого мышление должно быть свободным, раскованным, творческим. Однако работа шпиона-бюрократа в сложившейся системе социалистической страны скорее подавляет инициативу, чем её развивает. Путин недаром сильно опустился, работая в ГДР заурядным чиновником. Сейчас он - человек с нестандартным тактическим мышлением, заменяющий глубину мышления неожиданными ходами и большим трудолюбием. Правда после 60-ти Путин всё больше и больше идёт проторёнными путями и даже деградирует.

Легче всего понять Путина через афоризмы. Они подчас неожиданны и коряво сформулированы. Но они дают представление о том, как Путин мыслит, когда принимает решения. Используя многочисленные простонародные выражения, анекдоты и пр. вульгаризмы, Путин всё время пытается выйти за прокрустово ложе казённой и бюрократической шелухи. Это оживляет общение.

Например, сравнение себя с рабом на галерах свободному человеку в голову не придёт. Тем более, что в древние времена рабов на вёсла сажали в редких случаях. Гребли сами воины. Только начиная с XVI века в качестве гребцов на галерах стали использовать труд заключённых и пленных другой веры (христиане – мусульман, мусульмане – христиан). К этому времени относятся гравюры, на которых гребцов изображали в качестве подневольных людей, понукаемых надсмотрщиками. Что до Путина, то цепью к сидению галеры и к веслу он хотя бы мысленно, но приковал себя сам. А быть внутренне свободным человеком Путин не умеет. Как, впрочем, и многие из тех, кто родился в СССР. Правда, к счастью для себя, бывшие советские люди своей несвободы не ощущают. И избавляться от такой "подневольной" президентской работы Путин что-то не спешит, хотя в России найдётся немало людей, которые с удовольствием наденут на себя путинские цепи и кандалы.

Если Путин не может чего-то исправить, то он делает это своим козырем. Например, обильные простонародные словечки и полублатной жаргон. Это демонстрирует его близость к простому народу. Это для него важнее, чем изъясняться дипломатическим языком высшего света. "Вот он – мой народный президент", думает русский мужик, сидя со стаканом водки у своего телевизора.

Путин весьма закрепощён. Для него существуют места, где он может позволить себе расслабиться. Это рыбалка, общение с природой и животными, присутствие на представлениях КВН или на спортивных состязаниях. Есть другие места, где он не может позволить себе выйти из заданной роли буквоеда, контролёра и надзирателя за работой сотрудников государственных ведомств, от роли приверженца теории заговора и от роли чекиста, который жить не может без наличия внешних и внутренних врагов. Например, это выступления на коллегии ФСБ. Там на него постоянно давит груз гиперответственности и феномен старшего брата, который не дремлет и всё видит.

Иногда в Путине прорывается детское, подростковое "Я", когда он был простым пацаном в ленинградском дворе. И тогда он может позволить себе выражения вроде "мочить в сортирах" или отрежут от гениталий террористов столько, "что там больше ничего не вырастет". Это его подавленная ответственностью личность таким образом выражает себя.

Путин справляется с собой тренировками и усилием воли. Надо отдать ему должное – в трудных ситуациях критики и негативного к себе отношения он умеет сохранять самообладание и хорошо контролирует ситуацию. Управляет он ей с помощью всё тех же чекистских приёмов мимикрии, вербализации, манипулятивных техник. Другим людям Путин себя прямо не противопоставляет – делает всё дипломатично, корректно, со ссылками на собственный опыт или на специально подобранные и отфильтрованные факты.

Работа в службе внешней разведки дала Путину внешний лоск, хорошую информированность и знание языков, но кардинальные изменения в своей стране этот пусть и продвинутый, но всё же советский человек, совершить вряд ли сможет. Упорядочить имеющееся – да, создать вертикальную административную систему – да, предпринимать шаги по функционированию социального государства – да, но использовать потенциал народа, чтобы экономика в России, росла хотя бы как в Китае на 6-17% в год, а не на 1-1.5% как в нынешней России – это выше его сил. Для этого нужна другая несоветская, не чекистская личность – более свободная, более открытая миру, не скованная советскими стереотипами. Тогда и народ будет подтягиваться к новому лидеру и пусть вынуждено, но адаптироваться к новым жизненным обстоятельствам.

Путин, как типичный советский человек, родившийся в коммунистическом рабстве, после 2012 года стал тормозом для развития страны и нации. Он не имеет права быть предводителем свободного народа. "Переходные" фигуры вроде Ельцина или его самого могут претендовать на недолгую работу во власти, но при условии, что они понимают свою ограниченную роль и место в этой власти. Сделав своё "переходное" дело, они обязаны добровольно сложить с себя полномочия, а не ждать народных возмущений, вроде тех, какие начались в декабре 2011 года в России или стагнации страны, которая началась после его возвращения во власть в 2012 году. В случае, если переходная фигура в Российской власти начинает считать себя вне исторического контекста, когда она была востребована, она становится тормозом для развития страны и народа.

6.5. Предпочтения и Отторжения

Путин старается избегать травмирующих его психику событий. В частности, он игнорирует людей, к которым не испытывает симпатии и не появляется в сообществах людей, которые его не любят. Это является одной из форм защиты своего "Я". Например, он не принёс соболезнования в связи со смертью президента Чехии Вацлава Гавела, не пришёл на похороны своего бывшего начальника Бориса Немцова. Впрочем, Путина можно понять. Гавел не одобрял существующую в России власть и его самого. Немцов в течение многих лет лил лично на него "помои", жаловался влиятельным политикам по всему миру на Путина и на его власть, принимал участие в расширении санкционного списка Магницкого по российским персонам нон-грата, в том числе по путинским друзьям, а он по нему ещё должен всенародный траур объявлять или на похоронах присутствовать. Путин хоть и христианин, но далеко не идейный последователь графа Льва Толстого с его непротивлением злу насилием.

Путин не любит, когда его перебивают. Вообще в динамичном режиме общения он не может проявить свои сильные стороны – последовательный системный анализ и логичную формулировку своей позиции, даже если эта позиция давно всем известна. Режим разговора: "один стимул-одна реакция" ему нравится больше. Самые опытные собеседники это знают и стараются не сыпать групповую соль на путинские индивидуальные раны.

Путин совершенно не переносит, когда над ним смеются – может быть детская психическая травма сказывается. Путин, конечно, человек волевой и сделал себя сам, но он слишком сильно охраняет свою независимость от кого бы то ни было – от своего собственного народа, от своей партии "Единая Россия", от США, от ЕС, от всего мира, если надо. Закомплексованный человек делает Россию под себя, то есть такой же обидчивой, агрессивной, реваншистской, каким является сам Путин.

Перед телекамерой Путин занимает самые выигрышные центральные позиции, а это значит, что у него были хорошие учителя по проксемике[Прим.10]. Если Путин выступает перед аудиторией, то настраивается на эту аудиторию, если участвует в переговорах, то заранее подбирает себе место в пространстве комнаты, размер кресла, его высоту, освещение и пр. В принципе, этому должны учить в школе разведки, которую Путин закончил. Есть способные и бестолковые ученики. Путин несомненно способный, невзирая на отзывы некоторых его бывших коллег по цеху. [103]

Разговаривая, Путин большей частью не смотрит собеседнику в глаза или отводит глаза в сторону поскольку он всегда что-то скрывает и ведёт свою игру. Пряча глаза, ему легче думать, когда он таким образом закрыт от собеседника. Не исключено, что иногда ему бывает неловко за то, что имеет "задние", неблагородные мысли.

Первое время, работая президентом, Путин пытался внушить окружающим мысль, что главная причина этого "отвода глаз" заключается в его прежней чекистской работе, в укоренившихся привычках разведчика, которые он не может преодолеть, необходимость быть себе на уме, вести двойную игру, а поэтому он якобы стесняется своего прошлого. Последние годы Путина, похоже, натренировали, и он научился смотреть на собеседника не мигая, хотя иногда забывает про свой новый навык.

6.6. Стремление к Власти

У меня сложилось впечатление, что Путин, несмотря на неоднократные заявления о том, что ему безразлично, какое место он занимает, лишь бы служить своей родине, руками и зубами держится за верховную власть поскольку считает, что она ему слишком тяжело досталась и он её заслужил. Кроме того, он считает себя лучшим из возможных президентов России – мессией для русского народа. Остальные – слабаки по сравнению с ним. Из истории он хорошо усвоил, что после отставки правители в России долго не живут. В лучшем случае, о них забывают. И он оттягивает этот момент, как может и удаляет от себя людей, которые могут составить ему реальную конкуренцию.

Плюсы, которые Путин видит в личной централизованной власти:
-возможность реализовать себя через власть,
-ощущение того, что он лучше и эффективнее любого другого, который мог быть на его месте,
-быстрота доведения нужной информации до населения через телевизионный экран,
-личная безопасность пока он у власти,
-личный коммунизм, в котором традиционно живёт первое лицо советского или российского государства.
-лёгкая управляемость всеми ветвями власти; стоит только президенту подумать о том, что неплохо бы принять какой-нибудь закон об использовании войск в любой точке земного шара, например, о введении войск в Сирию, как закон уже принят, системы С-400 уже в Сирии, а ВКС России уже бомбят террористов там, где им приказано бомбить.

Несмотря на свою готовность отвечать на вопросы, касающиеся его политического будущего, Путин раз от разу с каким-то садистским удовольствием уходит от прямого ответа на вопросы о своих планах на этот счёт. Ведь всем же ясно, что никуда он не уйдёт с поста президента. Та ничтожная вероятность того, что ему свалится на голову кирпич, практически исключена, тем более, что "кирпич ни с того ни с сего никому и никогда на голову не свалится" (Михаил Булгаков, "Мастер и Маргарита"). Вопрос может идти только о 24 годах или о пожизненном президентстве (премьерстве, духовном лидерстве и т.д.). И Путина, по большому счёту, не очень волнует стагнирующая экономика России, её растущая изоляция от мировых технологических достижений и самовосстанавливающаяся коррупция.

При том количестве людей, которых "Единая Россия" поставила отвечать за "правильный выборный процесс" и том количестве денег, которые для этого отпущены, результаты выборов президента предрешены, как это было при любом Генеральном Секретаре КПСС в СССР, хотя все понимают, что ничего нового для страны Путин уже предложить и сделать не сможет. Большую часть текстов читает по бумажке, все его объяснения, выражения, заклинания, сентенции давно известны. Вопрос только в форме их изложения. Разве что он быстро перемещается по России и по миру и успевает побывать во многих местах в течение короткого промежутка времени. В общем сейчас мы присутствуем при рождении второго Леонида Брежнева и, слава богу, если не Иосифа Сталина.

Всю жизнь Путин подбирал себе друзей слабее себя. Если друг, сослуживец или подруга его превосходили и это становилось ясно окружающим, то Путин быстро избавлялся от него. Это даёт основание считать, что в тех областях, в которых Путин ощущает свою слабость, он боится сильных людей, которые эту слабость могут выявить и показать окружающим. И тогда он утеряет статус "первого парня на деревне".

В жизни Путина всё подчинено политической целесообразности. Когда он в первый раз шёл на президентские выборы в России в 2000-м году у него и так была сильная предвыборная команда, возглавляемая Александром Волошиным, и достаточно много денег – пожертвований Березовского и Абрамовича. Вернувшийся из эмиграции летом

1999 года профессор Анатолий Собчак был назначен доверенным лицом Путина во время его избирательной кампании.

Собчак скончался от сердечного приступа в ночь на 20 февраля 2000 года на 63-м году жизни в Светлогорской гостинице "Русь" (Калининградская область). Официальная версия гласит о том, что причиной смерти явилась ишемическая болезнь сердца. Полуофициальная версия состоит в том, что пожилой профессор перетрудил своё сердце, упражняясь в любовных утехах с молоденькой барышней после употребления тройной дозы виагры и его больное сердце не выдержало перегрузок. Как-то я спросил своего знакомого – весьма информированного человека: "Собчак сам умер или ему помогли?" Тот посмотрел на меня, как на идиота, который уже много лет не живёт в России, и коротко отрезал: "Конечно помогли."

Есть сведения о присутствии двух посторонних людей в номере гостиницы в последний день жизни Собчака. В калининградской поездке Собчака сопровождали бизнесмены и сотрудники КГБ Шабтай Колманович и Андрей Бурлаков. (Кстати впоследствии оба были профессионально застрелены в 2009 и 2011 годах.) Собчак мог быть отравлен посредством яда на ночнике у его постели, разработанного ещё в лаборатории Майрановского в 40-х годах. Однако поскольку повторной экспертизы останков не проводилось, то уголовное дело было закрыто. По мнению автора книги "Лаборатория ядов" Аркадия Ваксберга, есть много обстоятельств, указывающих на то, что речь идет о политическом убийстве, связанном с предвыборной президентской кампанией 2000 года. В частности, ФСБ опасалось сильного влияния профессора Собчака на своего бывшего ученика Владимира Путина. [14]

Одна из главных недоброжелателей Путина бывший депутат Ленсовета Марина Салье так прямо и сказала, что Собчаку не надо было возвращаться в Россию из Франции, чем он сильно укоротил себе жизнь. И тем более ему не надо было намекать на то, что он имеет виды на пост следующего президента России после Путина. Журналист Валерия Новодворская тоже считала, что в 2000-м году никому не нужен был сам Собчак с его демократическими идеями и очень беспокойным характером. Всем был нужен светлый образ демократа Собчака.

Став президентом, Путин тут же расставил на ключевые должности в государстве силовиков и чекистов, с их помощью подмял под себя все демократические организации России. Кроме того, став президентом, он подбирает в своё окружение только людей психологически слабее себя, чтобы постоянно чувствовать своё превосходство над ними. Во временные президенты в 2008-2012 годах Путин выбрал зависимого от него бюрократа Медведева. Он боится сильных и независимых людей, которых он не может подчинить своей воле.

С многими лидерами экономически сильных стран Путин рассорился. И главная причина – это путинские личностные проблемы и комплексы, основанные на его детской и юношеской униженности и уязвлённости. Он переносит эти комплексы на всю Россию, которая тоже чувствовала себя униженной в результате проигрыша в Холодной войне. Ему кажется, что, ведя себя на международной арене так неуступчиво, как он себя ведёт, он защищает Россию от врагов. На самом деле, он защищает себя, а народ России защищает по остаточному принципу.

У нынешнего правителя России огромная власть, во-первых, в силу русской традиции, а во-вторых, Путин сам себя наделил такой. Для Путина важно сохранить верховную власть как можно дольше и любой ценой. Сейчас главным резервом для этого являются простые люди, рабочие с завода ЗИЛ и других государственных организаций. Многие деятели культуры, которые кормятся с руки государства, тоже его поддерживают.

В России доминирует поздний советский целеполагающий стиль управления, что для развития страны малоперспективно. Россия слишком велика для того, чтобы ей можно было хорошо управлять из одного центра. В настоящее время норма управляемости страной превышена во много раз. Страна во многом потеряла управляемость несмотря на путинскую вертикаль власти, а, может быть, и благодаря ей. Нельзя же считать управляемостью назначения, кадровые перестановки, ценные указания и рекомендации главного человека, а также эпизодический контроль за всем, что происходит в России, осуществляемые из Кремля. Это имитация управления.

Психолог и известный публицист Леонид Радзиховский, размышляя на тему о мотивах Путина, который продолжает удерживать власть, говорит о некоей миссии, которая якобы является путеводной звездой Путина. "Ему очевидно, что есть некие высшие силы (отнюдь не Березовский с Ельциным, а реально высшие силы), которые его подняли, которые его взнесли и которые это сделали для чего-то". Ну и, конечно, мотивом для Путина является его жажда власти, в чём он не сознается ни себе, ни другим, мол не могу уйти, не могу отпустить власть. "Вот, в России главная проблема российской власти – несменяемость нормальными путями руководителя государства. Ни разу за тысячелетнюю историю России по-хорошему, то есть отсидел свой срок и тихо-мирно уходит, не было. Когда называют Ельцина, это нечестный пример – Ельцин был страшно болен, разваливался на куски, его ненавидела вся страна, он это прекрасно понимал." [77] Недаром пил, как лошадь и последние три года правления ходил с опухшей от беспрерывного пьянства физиономией, на которой едва проступали щёлочки-глазки.

Свою тайную страсть к неограниченной авторитарной власти Путин прикрывает лицемерными заявлениями о том, как он устал. Мол, если бы не настойчивые просьбы приближённых людей и всего русского народа, то я никогда бы не пошёл на эту тяжёлую, неблагодарную президентскую работу, сопровождаемую сумасшедшей ответственностью. Извините! Добросовестный работник, который выкладывается на рабочем месте учёного, инженера устаёт не меньше, чем живущий при личном коммунизме Путин. Но мало кому в голову приходит прилюдно жаловаться на свою усталость. Скулить – это несолидно для настоящего мужчины, которого к тому же наградили прозвищем "альфа-самец".

Если Путин действительно верит в то, что если бы была возможность уйти, он бы ни дня лишнего не сидел в президентском кресле, то почему он не готовит себе реального сменщика, а не послушную фигуру вроде Медведева? Что Россия бедна талантами? Правда такой огромной собственности, которой фактически единолично распоряжается (контролирует) Путин, с времён российских императоров не имел в России никто. От таких вещей так просто не отказываются.

Не исключено также, что добровольный уход без разрешения чекистов может для Путина плохо кончиться? И он это знает. Путин сейчас далеко не так силён, как его изображали, создавая его пиар-образ в начале правления. Сейчас он, скорее, раб, чем хозяин своего чекистского окружения. Во-первых, в ФСБ на него, видимо, есть неслабый компромат. Во-вторых, чекисты изначально, подчищали его косяки и проколы на пути к верховной власти, то есть по сути ставили в зависимость от себя. Его, как человека, который любит всё делать по-своему, эта зависимость тяготит, но он уже ничего не может с этим поделать.

6.7. Страхи. Страх Смерти

Сам Путин рассматривает "Страх как боль. Заболело что-то — значит, неладно в организме. Долго потом пришлось над собой работать". [19] Интересная интерпретация. Боль – это охранительный механизм, предохраняющий наше тело от перегрузок и заставляющий его реагировать на боль охранительным образом, механизм, позволяющий избегать ситуаций, причиняющих боль. Страх – это психологическое чувство предвосхищения неприятной стрессовой ситуации.

Смелость и отвага самого Путина, как человека и как политика не подлежит сомнению, но при одном условии, что он рискует сам и исход мероприятия зависит от него лично. Однако, он опасается событий, которые могут случиться помимо его воли, например, покушение на его жизнь, дворцовый переворот, народные волнения. Его поступки "на опережение" нередко продиктованы этими страхами второго рода. Кстати, путинские охранники иногда на этом спекулируют – в смысле преувеличивают опасность той или иной поездки, встречи, мероприятия.

Последнее время Путин нередко говорит о смерти. У него эта тема в сознании одна из важнейших. Путин смерти очень боится и всеми силами старается, чтобы этот момент наступил как можно позднее. Он регулярно занимается спортом, тщательно следит за своим здоровьем, ест здоровую пищу, старается не употреблять лекарств, находится под постоянным наблюдением врачей. В свои 65 он выглядит от силы на 50.

Когда человек живёт в трущобах, едва сводит концы с концами и на каждом шагу его подстерегают неприятности, жизнь может стать ему ненавистна и уход из жизни не кажется ему худшим выходом из этого ужаса. Но если он достиг всего, к чему стремился и имеет всё, чего "захочет его левая нога", то лишиться всего этого из-за какой-то глупой смерти, кажется ему высшей из возможных несправедливостей. Путин как раз достиг этого порога. Сколько он находится у власти, столько ему задают вопрос о его дальнейших планах на следующий президентский срок. Я не хотел бы называть спрашивающих людей глупцами, но что они сверхнаивные – это точно. Никуда и никогда Путин от власти не уйдёт. Он придумает для себя что-нибудь даже после 2024 года.

Путин явных, видимых, просчитываемых угроз не боится. Для него важнее неявные угрозы, которые он не видит, не может контролировать и предотвратить несмотря на все гарантии безопасности в мире. Путин человек по большому счёту адекватный – он не может не понимать, что за всё надо платить, а он в своей жизни натворил много чего и в том числе плохого, а платить он не хочет, поскольку считает, что другой на его месте для достижения тех же результатов наделал бы плохого ещё больше. Поэтому вопрос, который его мучает, как, впрочем, и многих лидеров – это вопрос личной безопасности.

Он знает, как только он уйдёт от власти, любые отморозки с оружием могут с ним сделать всё, что угодно. И в дикой дремучей в правовом отношении России никакие законы о гарантиях неприкосновенности и безопасности ему не помогут. Просто поведёт какой-нибудь ублюдок вроде Янкеля Юровского в подвал и расстреляет, а потом другой ублюдок вроде Петра Войкова скроет следы преступления, раздробив кости и залив все останки его трупа серной кислотой. А потом именами этих ублюдков будет называть станции метро и микрорайоны. И ещё через сотню лет непременно найдётся какой-нибудь режиссёр вроде Алексея Учителя, который поставит фильм про его секретные любовные похождения с какой-нибудь спортсменкой. И вот всего этого Путин боится больше всего. Россия – страна неблагодарная и имеющая короткую память на добро. Она не имеет никакого иммунитета против мелких людишек, которые готовы пойти на многое ради своего тщеславия.

В России распространена позиция, согласно которой власть в стране должен возглавлять опасный человек поскольку, как граждане должны его бояться, а над безопасным человеком начинают смеяться. Ведь смеялись же над Ельциным и над Медведевым, когда они были во власти. Эта холопская привычка смеяться за спиной человека, который по каким-то причинам не хочет или не может тебе отвечать. В Путине ощущают способность ответить на оскорбления, угрозы, издевательства и насмешки. Страх заставляет недавнего закрепощённого человека согнуться и бояться. Для России страх — это важнейший инструмент в руках правителя. Правда при правителе, которого боятся, твари дрожащие всё равно остаются тварями.

6.8. Механизмы Защиты

Путин выработал для себя такие механизмы психологической защиты, что сам искренне верит, в то, что говорит и делает – верить в ту легенду, которую излагает, в ту версию, которую придумал или ему помогли придумать. Эта жизнь в мире мифов и правдоподобных легенд, уверенность в важности, необходимости и правдивости того, что он говорит, делает его таким "долгоиграющим" лидером нации. Как личность он очень подходит для народа, которым управляет. Кучка инакомыслящих и скептиков – не в счёт. Пусть говорят и даже указывают на недостатки созданного им нового централизованного государства. Большинству простых людей с их повседневными заботами это неинтересно. Интимные подробности из жизни эстрадных звёзд – это интересно. С кем живёт певица Пугачёва – это интересно. Как певцу Баскову сделали операцию аппендицита — это интересно. А насколько убедительно Путин интерпретирует то или иное событие или объясняет мотивы своих поступков – это почти его личное дело. Отговорил положенные по штату слова, выдал правдоподобную версию, промолчал в нужном месте, пообещал льготы, повышение доходов – и народ доволен. Политик Путин классный – надо отдать ему должное. Он использует весь арсенал манипулятивных приёмов, которым его научили в течение жизни. Естественность поведения Путина сопровождается умалчиваниями и недоговариваниями, которые из-за его хорошей выучки не бросаются в глаза. Значительную часть информации Путин оставляет "за скобками" своих рассуждений.

У меня не сложилось впечатления, что его близкие и друзья с ним счастливы. Они, конечно приспособились, но скорее напоминают роботов или вышколенных слуг, чем живых людей. Путин вряд ли сделал счастливыми свою жену и дочерей. Жена, которая отдала ему всю себя, вынуждена была развестись с ним, дочери поспешили сменить фамилии. Да и друзья в большинстве своём особенно не распространяются о Путине. Жизнь и повседневное общение с таким человеком – это большое испытание и так просто для психики не проходит.

Вероятно, у Путина в личности существуют разные уровни психологической блокировки: для семьи, для близких друзей вроде Ролдугина, для партнёров по дзюдо, которым он может доверять больше, чем остальным в силу стажа знакомства с ними, для сослуживцев по Санкт-Петербургу, где он начинал свою гражданскую карьеру, для журналистов (отечественных и иностранных), для подчинённых (искренних и жуликоватых), и для широкой публики. Такой дифференцированный подход типичен для многих людей, воспитанных в СССР, но жесткость психологических блокировок отличает Путина от других лидеров России и СССР прошлых лет.

Сильная сторона личности Путина в том, что он искренне верит в то, что говорит и делает (даже, когда привирает), и заряжает своей уверенностью окружающих, которые далеко не так уверены и однозначны в своих суждениях, как он. Уже одно это делает его привлекательным для простого народа России, ради благополучия которого он, по его словам, и живёт. Однако, его слабая сторона в том, что он слишком хорошо усвоил неформальные ценности людей из своего дворового детства и из переходного "демократического" периода развития России 90-х годов, а там далеко не всё было хорошим.

Когда Путин защищал слабую позицию своего правительства, например, с хакерскими атаками на серверы демократической партии США, он выглядел менее уверенно, чем обычно. Например, это произошло во время персонального интервью Путина с американской журналисткой – Меган Келли (NBC) 4-5 июня 2017 года. Келли выглядела, как строгая учительница, а он, как оправдывающийся школьник. Вроде бы вопросы она задавала известные, типовые, а у него и глаза всё время бегали, и голос был неуверенный. Вертелся, как уж на сковородке. Главный аргумент Путина, который он повторял, как мантру: "Вы что с ума там все посходили?" С журналистами-мужчинами Путину легче. Например, более уверенно он держался с режиссёром Оливером Стоуном в документальном фильме про себя.

6.9. Легенды, Объяснения, Используемые для Обоснования Своих Действий, Интерпретации и Приписывания

Главная особенность Путина состоит в том, что он думает за свой народ, приписывает людям свои намерения, цели, безотносительно к тому нужны ли людям вещи, которые он проводит в жизнь, или нет. Он организует деятельность людей в соответствии со своими представлениями о должном порядке в государстве. При этом вслух он ссылается на то, что народ в России какой-то несознательный, не хочет следовать демократическим ценностям и вообще не дозрел до демократии. С таким народом можно поступать только так, как это делает он, то есть пользуясь авторитарными методами.

Отвечая на вопросы аудитории, Путин всё больше и больше стал приписывать другим людям мотивы поведения, которые ему кажутся правильными и даже фантазировать. Кроме того, он нередко отвечает "на глазок". Такое поведение совсем не свойственно прагматичным западным лидерам, но зато соответствует той характеристике, которую ему дали в школе КГБ – склонность к академическому подходу особенно, когда он привлекает сведения из гуманитарных дисциплин. Отвечает Путин дипломатично, но так, как это нравится российской публике и наименее искушённой люмпенизированной публике за рубежом. Он всё больше и больше стал говорить для того, чтобы сорвать аплодисменты и повысить свой рейтинг. Для большей убедительности он пересыпает свою речь обильными цифрами.

Путин комментирует только то, что хочет и игнорирует остальное. У него есть расхожие объяснения для своего народа и для официальных лиц в других странах по типу: "Протесты в Украине спровоцированы Америкой" или "В ответ на недружественные действия в отношении наших дипломатов мы примем ответные меры". На самом деле ответы Кремля – это многослойный пирожок, выраженный в уклончатых и расплывчатых объяснениях официальных лиц. За этими ответами и объяснениями может ничего реального не стоять.

Путин – прежде всего управленец, для которого поставленная перед собой цель превыше каких-то законов и Конституций, которые при наличии послушного большинства в Думе и переписать можно. Конечно, когда ему надо, Путин ссылается на те законы и обстоятельства, которые наилучшим образом оправдывают его поведение или его намерения. В случае, когда спрашивают его мнения по конкретному вопросу, он выдаёт типовую реакцию: "поступайте по закону". Но это не значит, что закон для него – догма, которая не подлежит изменению. Закон у Путина – это кодовое слово для других. Это они должны действовать по закону, а он вовсе не обязан этого делать, если ему очень не хочется.

Как и большинству советских и российских правителей Путину приходится создавать правдоподобные, убедительные или подходящие случаю легенды для своего народа или пользоваться теми, которые ему придумали специалисты. Для него легенда о закордонных вмешательствах и воздействиях является наиболее естественной, а, следовательно, убедительной. Путин считает, что лучше прослыть параноиком и сторонником теории заговора, чем дураком или оправдываться на каждом углу.

Школа КГБ в этом плане – ценнейший учитель. Неважно – правду ли агент КГБ говорит или лжёт. Важно, что он сам в это верит. Подчас Путин понимает зыбкость этих легенд и неловко себя чувствует, произнося их вслух. Например, объяснения и легенды, связанные с захватом Крыма у Украины или с вмешательством русских хакеров в избирательный процесс США, или с вопросами о его семье и других личных отношениях, или с рядом других неудобных тем.

Такое ощущение, что обслуживающий персонал подбирает Путину те примеры из мировой практики, которые подтверждают его личные намерения и планы на данный момент, согласуются с тем, что он лично считает целесообразным и нужным сделать. Пример с Фрэнклином Рузвельтом и его четырьмя сроками президентства, пример с семью годами президентского срока, принятыми в Италии, пример со штрафами за нарушения в законе о митингах, которые за рубежом выше, чем в России. И это неважно, что с времён Рузвельта в США принят закон о двух президентских сроках и что штрафы за нарушения на митингах соизмеримы с западноевропейскими, но зарплаты-то несоизмеримы. Главное, что Путин в данном эпизоде общения с людьми был "на коне".

Перед телекамерой с Путиным дискутировать бесполезно. Он постоянно пользуется своим статусом и тем, что имеет возможность оставить последнее слово за собой, и повернуть ситуацию в свою пользу. Он мастер по приписыванию мотивов, неважно хороших или плохих, другим людям, организациям, государствам. Если ему не нравится ситуация, складывающаяся в экономике России, он склонен приписывать это проискам подрывных сил за рубежом. Этим всегда проще объяснять негативные явления в твоём государстве, чем признаваться в том, что ты сам плохо хозяйствуешь.

6.10. Ущемлённость, Обидчивость, Агрессивность, Самооправдание через Обвинение Других

Владимир Путин очень чувствителен к личной критике и не любит тех, кто суёт нос в его семейную жизнь. Это превратилось бы в его главный недостаток в случае открытой борьбы за власть. Хороший психолог и наглый человек на публичном диспуте сделает с Путиным всё, что захочет и интеллект Путину не поможет. Тот же Жириновский смешает его с грязью, как только табу на дискуссию с президентом будет снято. Путин недаром никогда в открытую лично не соревнуется с другими претендентами на должность президента. Его базовое амплуа — это разведчик, который втайне готовит свои планы и спецоперации. Другое амплуа – молчаливого бюрократа, который работает незаметной серой мышью и ждёт своего часа, чтобы схватить бесхозный кусок сыра, лежащий на столе. Третье амплуа - "Гудвина, великого и ужасного", который стоит над всеми и руководя из потайной комнаты, может расправиться с любым, кто ему мешает. Путин играет ту или иную роль в зависимости от обстоятельств.

Когда Путин унижен и обижен, в таком состоянии от него ничего хорошего ожидать нельзя. Но это только если он – босс, а остальные от него целиком зависят. Если он – один из многих претендентов на место, то его обид никто и не заметит, а, наоборот, используют его слабые стороны себе на пользу. В этом состоит одна из причин, почему Путин избегает реальной демократии в России.

Как-то бывший госсекретарь США в правительстве Билла Клинтона Мадлен Олбрайт в интервью австрийскому изданию

"Die Presse" сказала, что Путин сначала провоцирует западные государства, аннексировав Крым и помогая сепаратистам Донбасса, а потом обижается на них за то, что против России ввели санкции. Он хочет контролировать ситуацию, которая складывается на постсоветском пространстве и считает, что США и НАТО сговорились против России. [63]

Вот кого Путин избегает, так это тех, кто его не любит и критически к нему относится. Для этого у него есть куча информаторов и предохранителей, которые ограничивают "доступ к телу" тех людей, от которых можно ждать неприятностей, отсеивают их на предварительном этапе отбора, хотя иногда в строго дозированном количестве могут допустить и таких.

Обозреватель журнала "The Times" Клэр Фогс написала: "Унижение, гордость и озабоченность статусом - вот центральные темы истории Путина, - считает автор. - Есть одна красноречивая деталь: будучи подростком, он переживал, что его товарищи быстрее развивались и были выше ростом, - и он занялся дзюдо, чтобы закрепить за собой "место в стае". "Все приключения" взрослого Путина, пишет Фогс, также "планируются, чтобы утвердить его статус и закрепить место вожака" и далее "более умный с эмоциональной точки зрения подход учел бы ранимость Путина, его эго и его одержимость. Стало бы понятно, что успешными могут быть только те действия, которые бы позволили российскому лидеру спасти лицо". [97]

От Путина, как от человека, который обижается на личные упрёки и шутки, касающиеся его внешности, можно ждать неадекватного поведения. Самое скверное случается, когда из-за своих амбиций или импульсивного хотения, он тянет за собой в авантюры всю страну (как это было с Крымом, Донбассом и Сирией). Всю славу лидера мирового уровня имеет он, а все издержки как всегда имеет русский народ. Однако, как заметил политолог Станислав Белковский: "Народ Путина не беспокоит. Он уже разобрался с народом. Он понял, что с этим народом можно делать всё, что угодно."

Пока Путин ухаживал за Россией, как за невестой в течение первого срока правления, он вёл себя, как и подобает жениху - корректно и вежливо. Теперь, когда Россия стала его законной женой, он может позволить себе обращаться с ней так, как считает нужным. Куда мол она теперь денется? По сути Путин сделал себе из России игрушку, которой ежедневно забавляется.

У Путина сильно выражены внешние обвинительные реакции. Особенно в ситуациях неопределённости. Путин выглядит агрессивным существом, который как умеет воюет против Западной цивилизации и пытается её расколоть или, по крайней мере, нанести её вред в отместку за тот вред, который, по его мнению, эта цивилизация приносит России и ему лично. Преследуя свои имперские планы, Путин истощает Россию.

Путин применяет широкий арсенал объяснений и оправданий. Широкой публике он объясняет только то, что считает нужным и только в том ключе, который он считает правильным. В частности, он применяет такой психологический механизм путинских оправданий своего поведения, как замещение (по Фрейду). Замещение — это механизм психологической защиты от неприятной ситуации. В основе этого механизма лежит перенос реакции с недоступного объекта на доступный или замена неприемлемого действия приемлемым. Суть замещения состоит в переадресации реакции. В качестве "громоотвода" для снятия своего напряжения Путин использует примеры других людей, переведя стрелки с коррупционеров путинской эпохи на тех жуликов, которые находятся вне зоны досягаемости и не могут ему ответить (например, за границей) и их на пушечный выстрел не допускают на встречи с президентом.

Например, отвечая на прозвучавший в ходе "прямой линии" вопрос, чего на самом деле хотят Борис Немцов, Владимир Рыжков и Владимир Милов, премьер-министр Путин ответил: "Денег и власти. Чего они еще хотят?" и далее: "В свое время они поураганили[Прим.11] в 1990-х годах, утащили вместе с березовскими и с теми, кто сейчас находятся в местах лишения свободы... немало миллиардов. Их от кормушки оттащили, они поиздержались, хочется вернуться и пополнить свои карманы." Смешав Березовского с упомянутыми персонажами, Путин допустил неоправданное обобщение, оклеветав Немцова, Рыжкова и Милова, но ему, как президенту, это сошло с рук.

Или другой пример о бывшем премьер-министре его правительства Михаиле Касьянове: "Вы знаете, и кличку к нему в свое время прилепили, до того, как он пришел в Правительство,

— "Миша два процента". Потому что якобы он был замешан в каких-то коррупционных вещах." На самом деле эта лживая информация распространялась медиаолигархом Владимиром Гусинским за отказ министра финансов Касьянова простить госкредит в 150 млн долларов, выданный на создание спутникового телевизионного канала "НТВ-Плюс" в 1999 году.

Любимым психологическим приёмом Путина и его окружения является "уход в глухую несознанку" или отрицание (по Фрейду). Отрицание — это стремление человека избежать информации, несовместимой со сложившимися представлениями о себе, как о честном, порядочном человеке, представителе благородного государства и т.д. В частности, Путин (как, впрочем, и министр иностранных дел - Сергей Лавров, чьей популярности Путин завидует, поскольку Лавров отбирает у него часть международной славы) игнорируют нежелательную для себя информацию, блокируют её на входе в своё сознание по типу: "не воспринимаю поскольку этого не может быть никогда" или "не воспринимаю, потому, что это не укладывается в рамки моей концепции, которую я считаю правильной".

О чём бы не шла речь – о малазийском Боинге, сбитом над Донбассом, об участии вооружённых сил России на Донбассе на стороне сепаратистов, о кибершпионаже русских хакеров и их влиянии на Американскую президентскую избирательную кампанию, – у президента Владимира Путина, у министра иностранных дел Сергея Лаврова и иже с ними ответ один: "Мы тут не при чём. Предъявите доказательства". Как будто не знают, что по разным причинам предъявлять никто ничего не будет пока не получены "железобетонные" доказательства, которые не связаны с разглашением разведывательной информации. Голландские следователи под руководством прокурора международной следственной группы Фреда Вестербеке работают уже более трёх лет, чтобы собрать и предоставить их суду. [34]

6.11. Реваншизм

Подобно большинству русских людей, страдающих от утери имперских иллюзий, Путин живёт с ощущением реванша. Он полагает, что Россию несправедливо обидели правители Западных стран. В результате у него, равно как и у ряда советских людей развился психологический комплекс, основанный на психологии жертвы. А раз обижают, то правительству России приходится вынуждено реагировать для того, чтобы восстановить историческую справедливость. Это и есть реваншизм.

В 2007-м году Путин "вспомнил", от кого Россия перенесла наибольшее число обид за последние 16 лет. Это США, ЕС и НАТО. С мнением России они практически перестали считаться. В том же году он произнёс свою обвинительную Мюнхенскую речь против США, НАТО и Запада. Немудрено, что в конце концов он перессорился с влиятельными лидерами других стран мира и его перестали приглашать в элитный клуб, состоящий из семёрки мировых лидеров.

После 2007 года Россия решает внутренние проблемы через внешние военные конфликты в Грузии, в Украине, в Сирии. Амбиции Путина и силовиков поддерживают их реваншистскую политику, направленную на усиление геополитического влияния России. Эта политика по умолчанию подкрепляется средствами от продажи природных ресурсов и значительным ядерно-ракетным потенциалом страны. Поэтому, начиная с августа 2008 года (вторжение в Грузию) и особенно после весны 2014 года (аннексия Крыма и участие в войне на Донбассе), из России непрерывно утекают деньги. Инвесторы увидели, что начинать новые проекты в России бессмысленно поскольку неправовая система России непредсказуема, не даёт гарантий бизнесу и подавляет его активность.

Путин, равно как и всё руководство России работает в режиме обязательного реагирования на обиды, оскорбления, ущемления прав и вмешательства в российские дела? Подтекст при этом такой: "Все нас обижают, а мы только защищаемся" и "Попробуй нас тронь, получишь такое в ответ, что пожалеешь, что на свет божий родился".

Нужно признать, что позиция руководства России имеет основания. В 2012 году Государственный секретарь США Хиллари Клинтон призналась, что США поддерживают оппозицию в России и потратили более девяти миллионов долларов для финансовой поддержки и технической подготовки российского общества перед выборами в России. Путин, который относился к своим перевыборам в 2012 году не просто очень серьёзно, а болезненно серьёзно, воспринял это, как признак вмешательства во внутренние дела России и решил отомстить. И вот русские хакеры из ФСБ вмешивались в ход предвыборной гонки самой Хиллари и Дональда Трампа в 2016 году: "Как вы нам, так и мы вам", или "Око за око, зуб за зуб".

Хотя, чего тут мстить – они с Медведевым действительно обманули русский народ, заранее договорившись о рокировке через четыре года. Медведев об этом сам сказал: "Мы с самого начала, еще при моём вступлении на этот пост, договорились, что на следующий срок кандидатом снова выступит Владимир Путин. Мы хотели обеспечить России долгосрочную стабильность." Все же понимают, что словосочетанием "долгосрочная стабильность" Медведев прикрыл своё мошенничество. Где она, эта стабильность в 2017 году? Жить-то людям стало хуже. Но эти двое считают, что их мошенничество касается только их двоих, хотя на самом деле они обманули своих собственных граждан и наплевали на международное право. Получается, что американцы защищали русских людей, когда финансировали российскую несистемную оппозицию, ведь денег на неё своё правительство не выделяет.

Руководство России все время мыслит "ответными мерами". Вы нам санкции, мы вам контрсанкции. Вы нам ограничиваете свободу телевещания кампании "RT" и требуете считать её иностранным агентом. Мы вам ограничиваем деятельность ваших СМИ: "CNN", "Голос Америки", радиостанция "Свобода" и "Deutsche Welle". Главное ни в чём не уступать. Вот это и есть неприкрытый реваншизм.

Когда всё время изображаешь из себя жертву и делаешь вид, что все тебе угрожают, норовят обидеть, ущемить, захватить, то это работает только до определённого предела. В конце концов люди перестают тебе верить, что ты такая уж большая жертва. Тем более, если ты сам проводишь политику реванша во всех сферах – военно-политической (вторжение в Грузию, Украину), экономической (введение контрсанкций), размещаешь ракеты в Калининградской области и в Крыму, проводишь учения на самой своей границе, летаешь и плаваешь по всему миру, не взирая на близость самолётов и морских судов потенциально недружественных государств.

Политика реванша вряд ли поможет России – ведь она теперь одна - советский блок распался, а СНГ – это карточный домик. Здесь нужны резервы военно-технического сопровождения. Одной нефтегазовой подкачки мало. Тем более, если лидеры России враждуют со странами, которые покупают у них энергоносители. Эти страны попросту перестанут их у России покупать и денег на вооружение и войну у российских правителей не будет. Остаётся информационная и интернетовская война, но она эффективна тоже до поры до времени. Я уже не говорю о том, что можно нарваться на дополнительные ответные санкции со стороны обиженных государств.

Авторитарный режим, сталкивающийся с внутренними проблемами, стремится компенсировать их решение на внешнеполитическом направлении — это давно известная историческая закономерность. Внешний враг, внешнеполитическая активность, суета вокруг малозначимых событий за рубежом, разговоры о модернизации, об импортозамещении, о проклятых укрофашистах, о недоброжелательных партнёрах на Западе и в США, которые норовят России испортить жизнь, видимо, по природной злобе, потому, что иначе таким невинным голубям, как русские, портить жизнь ну просто не за что. Всё это пропаганда на уши русскому народу, в которую большинство этого народа охотно верит.

6.12. Независимость, Самостоятельность, Неподатливость Прямому Давлению

В СССР людей специально бороться за свои права не учили – ни в семье, ни в школе. Отдельных прав от государства у личности не могло быть. В этом плане большинство граждан СССР выросли приспособленцами, плывущими по советскому течению. Проявлять спонтанную активность и самостоятельность в политике, экономике, истории было нельзя. Общность людей возникала только на основе разрешённых направлений деятельности. Вместе можно было плыть только с коммунистической партией, как бы извилист маршрут этот не был. КПСС управляла гражданами и погоняла их. В её рядах вырастали борцы за правое советское дело, за коммунистическую идею. КПСС и КГБ были двумя волевыми началами советского народа. Навыки борьбы, как индивидуальной, так и коллективной, можно было усвоить и в спорте. Путин шёл через спорт, через КГБ, через партию, через власть, то есть через самые мощные структуры, которые ковали ортодоксальный советский характер.

Владимир Путин изначально стремился ни от кого не зависеть и быть максимально самостоятельным. На этой основе он и развивал свою индивидуальную сопротивляемость. Схема Путина работает в двух режимах – личного противоборства, как в борьбе дзюдо, либо в режиме суггестивного воздействия на группу слушателей, безоговорочно признающих его авторитет и лидерство. Его доминирование и уверенность в себе определяются командой имиджмейкеров, аналитиков и спичрайтеров, которым Путин доверяет.

Стало почти постоянной практикой, что Путин откликается на отдельные просьбы простых людей, которые до него доходят, но совершенно не прислушивается к советам и мнению людей, высказанному в СМИ и в частном порядке. Скорее даже поступает наоборот. По сути интерактивной обратной связи между ним и народом не существует. Для него имеют вес только усреднённые экономические и социально-демографические показатели и официальные документы из Думы, Верховного суда или правоохранительных организаций. Всё прочее выдаваемое гражданами на равноправной демократической основе расценивается, как давление или просто игнорируется как несущественное.

За последние 18 лет демонстранты не раз пытались повлиять на власть. Относительно успешными можно считать массовые протесты против монетизации льгот, то есть замены натуральных льгот денежными компенсациями, проведённая правительством России в 2005 году. Часть положений закона власти отменили. Успешными можно считать демонстрации протеста против фальсификаций на выборах в конце 2011 года, после которых правительство президента Медведева вернуло народу выборы губернаторов. Во всех остальных случаях Путин выступления народа и попытки с ним договориться фактически игнорирует.

Путин обычно не идёт на переговоры с внутренней оппозицией, считая её ничтожной и не заслуживающей внимания, а старается решить проблему другими, методами:

вербуя шпионов среди оппозиционеров в свои ряды, покупая их деньгами или используя силовые методы. Например, 26 марта 2017 года только в одной Москве было задержано более тысячи участников демонстрации против коррупции, организованной Алексеем Навальным после просмотра фильма про использования служебного положения премьер-министром Дмитрием Медведевым: "Он вам не Димон". И никаких последствий эта акция на власть не имела. Медведев не только не дал пояснительную информацию своему народу, но и обвинил Навального во всех грехах. В любом правовом государстве ему пришлось бы как минимум дать показания в Генеральной прокуратуре страны и объяснить всё им, а не сотрудникам мясокомбината провинциального городка. Вопрос о его премьер-министерском статусе решался бы после этого.

Зато Чечня Путину обходится до 1 млрд долларов в год. Причём поскольку там ребята покруче, чем в России и подчиняются одному Кадырову, то федеральный ОМОН в Чечне применять не рекомендуется. Пару раз применили, так Рамзан Кадыров устроил Российским правоохранителям "сцену у фонтана" и наезды на Чечню прекратились. Реальная вооружённая сила заставила Путина уступить и больше чеченцев не провоцировать.

Не знаю, уж как политический обозреватель Кирилл Рогов это вычислил, но он приписал Владимиру Путину уверенность, что Михаил Горбачев потерял власть потому что шёл на уступки. "Путин убежден в верности исключительно твердой линии: никаких уступок, полная самоуверенность и демонстрация силы." [81] Эти рекомендации у Путина проходят со своим покорным русским народом, который настолько обнищал за годы коммунистической диктатуры, что за личную автомашину или за евроремонт готов отказаться от принципов свободы, записанных в русской Конституции.

Путин человек независимый, самостоятельный и самодостаточный. Для того, чтобы быть таким, основные рычаги управления (власть, деньги, собственность) должны быть в его руках. В созданной им с Людмилой Шкребневой семье он был безоговорочным авторитетом, лидером и своих домашних (жену, дочерей) вымуштровал в лучших патриархальных традициях. Муштровать сослуживцев и приближённых оказалось сложнее. Но он и в этом преуспевает, особенно, если формальная власть и деньги в его руках. На заседаниях, где он председательствует, сидят тихие, присмиревшие, как чижики на жёрдочке, чиновники, боящиеся лишнее слово сказать.

До работы президентом Путин умел подчиняться воле и приказам начальства и действовал в рамках правил, которые он не оспаривал и законов государства, к которому он был всегда лоялен – коммунистическому или ельцинскому. При этом на рожон он не лез и выполнял необходимые по занимаемой должности требования. Хотя и с разной степенью энтузиазма. Например, как он сам говорит, возвращаться снова в ФСБ, даже на должность директора ему в 1998 году уже не хотелось. Однако я думаю, что он был неискренен – ему этого очень хотелось. Директор ФСБ – даже такого ослабленного, каковой эта организация была при Ельцине, входил в число десятка самых значимых чиновников в России. Просто этой должностью надо было пользоваться с умом.

Либерален Путин только по отношению к зависимым и слабым. И ещё к бессловесным животным. Он потому так любит собак и других животных, что они естественны, не возражают и преданно глядят ему в глаза. Они ждут пока Путин либеральным голосом с ними поговорит. Так он разговаривает и с ними, и с послушными детьми, и с верными подчинёнными. Идеал для Путина, когда все, с кем он имеет дело, лояльны к нему и ходят у его ног, как его любимые собаки и ждут его команду, одобрение, подачку.

До тех пор, пока вся полнота власти в его руках к сильным оппонентам он суров и бескомпромиссен, хотя есть категория сильных людей, чей авторитет он признаёт. Это, как правило, профессионалы-виртуозы в своём деле. С такими он выбирает нейтральную или манипулятивную тактику. У таких он считает незазорным учиться.

В настоящее время Путин практически независим ни от кого в России - ни от политических партий, ни от других органов власти. "Единую Россию" – партию, у истоков создания которой он стоял, он презирает, как партию карьеристов-чиновников, которые продадут отца родного за деньги и за гарантии безопасности. Он даже не хочет быть членом этой партии. Руководство партии умоляет его об этом, предлагая членский билет под номером один. Но тщетно. Он уже был членом КПСС и в душе им остался.

Если кто и влияет на его мнение, так это люди, наполняющие разноцветные папочки на его столе по утрам. В красных папочках - важная информация. Болтовня людей из народа остаётся на уровне белого шума, фиксируемого и сортируемого другими аналитиками, которые наполняют другие, уже зелёные папочки. С их помощью пожелания народа переадресуются губернаторам и в нужные ведомства. Он также очень прислушивается к мнению силовиков.

Иногда у меня складывается впечатление, что Путин прислушивается к окружающим его людям выборочно. Как будто у него в голове переключатель для нескольких режимов взаимодействия: друзья, подчинённые, простой народ, просители, люди, представляющие для него угрозу, милые очаровательные говоруны для философских бесед, бесполезные чиновники, которых приходится терпеть, силовики и пр. Но перед тем, как нажать нужную кнопку, Путин должен заранее настроиться на подходящий режим взаимодействия.

Путин, как правило, проявляет независимость и даже "поперечность" поведения, нежелание идти вслед за группой, за расхожим мнением, следовать навязываемой или рекомендуемой ему точке зрения. Ведь он может себе это позволить. И это для него ключевое понятие: "могу себе позволить".

Важной причиной, по которой Путин не принимает немедленных решений под влиянием окружающих людей, является то, что он убедился, что верить большинству из них можно только в ограниченных пределах. Образ "правильного решения" складывается у Путина постепенно на основе анализа информации из разных источников, его личного опыта и интуиции.

6.13. Мимикрия. Приспособление. Роль Авторитетов (Бога, Государства, Чекистской Корпорации) для Путина

Мимикрия в природе – это защитное свойство живых существ, принимающих окрас под окружающий ландшафт, чтобы слиться с ним и не быть обнаруженным. Мимикрия помогает в деле защиты от хищников и при неожиданном нападении на добычу. У людей мимикрия направлена на получение признания или хорошего отношения к себе. Мимикрия у людей — это приспособление к нормам и ценностям группы или влиятельных значимых людей.

Одним из главных умений, которым учили в разведшколе КГБ было умение мимикрировать под ситуацию, под людей, делать вид, что принимаешь их взгляды, но при этом быть себе на уме и не растворяться в их среде окончательно (то есть "маскироваться под лампочку", но лампочкой не быть). Чем одновременно силён и опасен Путин – это своей способностью мимикрировать под складывающуюся ситуацию. В животном мире хищник прикидывается невинным существом или неодушевлённым предметом. И всё для того, чтобы усыпить бдительность добычи, чтобы она потеряла бдительность и подошла поближе.

В базовых жизненных установках Путина работает набор правил: "Пока я силён, я никому не уступаю. Как только я становлюсь слабым, зависимым от кого-то или чего-то, то буду мимикрировать, приспосабливаться и втираться в доверие к сильным, тем, у кого в руках власть и деньги. Если надо для власти и карьеры, буду беспрекословно подчиняться старшим по званию, если надо, буду таскать портфель с документами за начальником и выполнять все его распоряжения, если надо кого-то дискредитировать ради карьеры, то организую и это. И так будет до тех пор, пока я не получу достаточно власти и денег для того, чтобы диктовать свою волю окружающим. Тогда я снова стану достаточно сильным, чтобы никому не уступать." Этот гипотетический монолог я сконструировал, как подсознательный поток сознания Владимира Путина. Такой же внутренний монолог мог быть у его любимого героя – разведчика Иоганна Вайса из романа "Щит и Меч". Такой монолог главного героя Макса Штирлица красной нитью проходит сквозь фильм Татьяны Лиозновой "Семнадцать мгновений весны".

Видимо, Путин проживает несколько жизней, как и подобает профессиональному разведчику в широком диапазоне от положительных до отрицательных персонажей. Крайними проявлениями этого многообразия являются явная и тайная жизнь доктора Джекила и мистера Хайда из романа шотландского писателя Роберта Стивенсона (англ. Strange Case of Dr Jekyll and Mr Hyde).

В результате тренировок в школе КГБ Путин стал специалистом по перевоплощениям. Он научился искусству мимикрии, то есть умению маскироваться под ситуацию и под конкретного человека. Он хорошо маскировался под демократа и, в частности, под мэра Собчака пока тот был во власти. Он сумел понравиться президенту Ельцину, олигарху Березовскому и другим самым разным людям, имевшим власть или оказывавшим на неё влияние. В этом смысле Путин - самородок, который получил блестящее образование в недрах КГБ и сумел замаскировать свою истинную сущность патриархального автократа и жёсткого политика. У Путина не было национального лобби, которое ему помогало (азербайджанского, армянского, еврейского, чеченского). И тем не менее он сумел сделать за три года в беспардонной Москве, которая слезам не верит, сногсшибательную карьеру. Это свидетельствует о его незаурядных коммуникативных и организаторских способностях и мощных силах, которые ему помогали – от старых знакомых из КГБ до денежных вливаний в нужных людей в Москве.

Путин обычно меняет манеру разговора в зависимости от аудитории. С чекистами и военными он говорит жёстко, рвано, рублеными фразами. С женщинами, которые ему нравятся, он ведёт себя значительно мягче, подстраиваясь под их более тонкий душевный настрой. В этом обнаруживается не желание их понять, а желание подчинить их своим нуждам. Сравните, например, его выступление перед коллегами в ФСБ, ежегодное выступление перед Федеральным собранием и выступление перед членами Комиссии по правам человека РФ. Как будто говорят разные люди.

После горбачёвско-ельцинских социально-экономических экспериментов 1985-1999 годов Путин остановился на знакомой имперской, вертикальной модели правления Россией и от этой модели уже не отступает. Русскому народу такая форма правления знакома и привычна. Верноподданные подчинённые не дают Путину снять с себя "шапку Мономаха": "Без Вашего согласия (участия, разрешения, соизволения) никак невозможно-с". Путин иногда такому раболепству сопротивляется, но не очень сильно. Вон Жириновский предложил ввести должность императора лично для Путина, так тот только улыбался от удовольствия. Жириновский – один из тех дальновидных политиков, которые первыми улавливают направление ветра – даром, что политический долгожитель.

6.14. Непунктуальность

Все, кто хорошо и давно знает Путина свидетельствуют о том, что он опаздывал на встречи всегда. "Володя вообще, кстати сказать, почти всегда опаздывал" - сказал его друг Сергей Ролдугин. [19] "Полтора часа опоздания для Путина было в порядке вещей." - пишет другой биограф Путина Олег Блоцкий. [9] Систематические опоздания Путина вошли в стиль его работы, стали частью его жизни. К этому почти все привыкли и даже адаптировались, как к чудачествам незаурядного влиятельного человека, для которого поговорка: "Точность - вежливость королей" неприменима.

В ответ на скрытое замечание - упрёк корреспондентов, которые писали о нём первую книгу "От первого лица": "впрочем, и сейчас, мы заметили, вы тоже не всегда пунктуальны", Путин отреагировал примирительно: "Но я стараюсь!" [19] Если он и старается, то плохо поскольку опаздывает до сих пор на многие встречи, не взирая на лица. Ему что Папа Римский, что Английская королева, что Канцлер Германии – всё едино. Опоздания – фирменная этикетка Путина.

Про опоздания на всякие конференции, съезды, форумы и пр. разговора нет. Сотни человек могут полчасика подождать только для, чтобы увидеть лик президента Путина и услышать текст, который он прочтёт по бумажке. Переживут. Это только его время ценно в глазах высших сил, перед которыми Путин отчитывается. Что касается русского народа, то он готов днями и ночами стоять и ждать проезжающего кортежа только для того, чтобы на несколько секунд увидеть и восторженными улыбками приветствовать вечно всюду опаздывающего "лидера нации".

Личного достоинства у Путина всегда было с избытком. В некоторых вопросах он бывает даже излишне чувствителен и раним. Например, в вопросе о своём росте, он часто надевает туфли на очень высоком каблуке, чтобы казаться повыше. Другой пример, он бывает внимателен при отборе людей, отвечающих за его личную безопасность. Третий пример, он чувствителен в вопросе о внимании к нему лично со стороны значимых людей. Зато вопросах пунктуальности более толстокожего человека трудно себе представить. Как будто не понимает, что своими постоянными опозданиями на встречи с людьми, он их обижает.

Когда Путин сам обижает других, опаздывая на встречи с ними, это в порядке вещей, а когда обижают его невниманием, пренебрежением или унижением его достоинства, как "представителя великой державы", он сам обижается как ребёнок. В связи с этим рекомендую вспомнить саммит G-20 в Брисбене в Австралии в сентябре 2014 года, откуда Путин уехал досрочно из-за того, что оказался в психологической изоляции от других участников саммита из-за аннексии Россией Крыма, из-за поддержки сепаратистов Донбасса и сбитого малазийского гражданского лайнера.

Есть гипотеза, что Путин чувствует себя настолько выше других, что считает, что эти другие должны платить своим временем за счастье видеть его и говорить с ним. Давайте не будем друг другу врать - Путин - хозяин России. И никто ему не указ. Он привык, что он нужен всем и каждый от него что-то хочет получить. Вот он и позволяет себе творить всё, что его левой ноге угодно. Видимо, в случае с равным партнёром, обладающим чувством собственного достоинства, его поведение было бы другим. Равный партнёр, которому ничего от Путина не надо, попросту уйдёт, подождав положенные 15 минут. Путин после этого вряд ли, конечно, исправится, но хотя бы на некоторое время сохранит чувство вины. Так что окружающие просто Путина распустили, а он уверовал в свою исключительность и незаменимость. Вот поэтому так себя и ведёт. Впрочем, независимых людей в России обычно не приглашают лицезреть "солнцеподобный" президентский лик.

Можно также полагать, что опоздания Путина – это проявления его попыток вырваться из правил, регламентов, расписаний, бюрократической, школьной, КГБ-шной рутины, которую он скрытно ненавидит всей силой своего когда-то вольного хулиганского характера.

Путин опаздывает по разным причинам. Например, увлекается разговорами с людьми и не может остановиться поскольку считает, что должен дослушать собеседника до конца. Ещё одна причина его опозданий — это когда Путин к чему-то готовится. Надо закончить подготовку иначе потом некогда будет. [39]

Британская газета "The Independent" привела список 16-ти самых затяжных опозданий Путина на встречи с лидерами ведущих мировых держав [53]:
1. Ангела Меркель, канцлер Германии (2004 год) - 4 часа 15 минут
2. Виктор Янукович, президент Украины (2012 год) - 4 часа 00 минут
3. Юлия Тимошенко, премьер-министр Украины (2009 год) - 3 часа 00 минут
4. Александр Лукашенко, президент Белоруссии (2013 год) - 3 часа 00 минут
5. Киндзо Абе, премьер министр Японии (2016 год) - 3 часа 00 минут
6. Цахия Эльбегдор, президент Монголии (2014 год) - 2 часа 00 минут
7. Шимон Перес, президент Израиля (2013 год) - 1 часа 30 минут
8. Генеральная Асамблея ООН, встреча в Париже (2015 год) - 1 часа 20 минут
9. Нарендра Моди, премьер-министр Индии (2014 год) - 1 часа 00 минут
10. Папа Франциск, Ватикан (2015 год) - 50 минут
11. Тарья Халонен, президент Финляндии (2004 год) - 40 минут
12. Карл XVI Густав, король Швеции (2011 год) - 40 минут
13. Барак Обама, президент США (2012 год) - 40 минут
14. Парк Геун Бай, президент Южной Кореи (2013 год) - 30 минут
15. Хуан Карлос, король Испании (2006 год) - 20 минут
16. Елизавета II, королева Великобритании (2003 год) - 14 минут

Профессиональных политиков, которые ждут Путина часами, можно понять. Им деньги платят за то, чтобы они терпели всё в том числе опоздания, пренебрежение и даже унижения ради интересов своих стран.

"The Independent" также представила три наиболее вероятных причины этих опозданий [53]:
1. оказание психологического давления на собеседника;
2. подчеркивание своей значимости на международной арене;
3. излишне усердная готовка к важным встречам.

Я бы систематизировал причины опозданий Путина с психологической точки зрения следующим образом:
-пренебрежение к людям, он не ценит их и встречи с ними,
-преувеличенное представление о своей значимости,

-неумение рассчитывать своё время (неадекватное чувство времени),
-вера в свою правоту и незаменимость,
-русское разгильдяйство,
-желание попиариться за счёт других людей,
-слишком плотный жизненный график,
-переоценка своих возможностей.

Любой специалист по организации времени посоветует Путину или снять с себя часть обязанностей и передать их другому лицу, или обязать организаторов его встреч с людьми лучше следит за его временем и напоминать, когда уже пора ехать на следующее мероприятие. Но люди из Администрации президенты предпочитают не раздражать босса лишним напоминанием. Ведь от него слишком многое зависит.

Одно несомненно, что у Путина есть проблема плохого ощущения времени и главное - его субъективной ценности. Для него время течёт по-другому, чем для других людей. Имеет место субъективная неадекватность оценки времени, а именно, переоценка значимости своего и недооценка значимости чужого времени.

Глава 7

Взаимоотношения

7.1. Соотношение Между Закрытостью и Открытостью

Путин в личном плане – одна из самых закрытых фигур в мировой политике. Большую часть жизни он у всех на виду и в то же время многое из того, что интересует любопытных журналистов и обывателей остаётся в тени. Это касается и его работы в органах КГБ, и в мэрии Санкт-Петербурга, и президентом. Путин и его семья приоткрылись народу только в конце 1999 – начале 2000 годов. Журналисты задавали вопросы его близким, и знакомым. Формальная биография на уровне делового резюме общеизвестна. Учился, женился, работал, разводился, ездил туда-сюда, сделал вклад в то-другое, отвечал на вопросы удачно-неудачно. И это всё. Что до деталей переговоров, механики принятия решений, которые потом отражаются в протоколах – об этом можно только гадать. Тем более, что содержание разговоров он тщательно скрывает, отделываясь общими ответами и объясняя это тем, что никогда не озвучивает содержание приватных бесед. Похоже, что это реакция на его прежнюю работу в КГБ. Да и по своей природе Путин никого не пускает в свою душу. Наружу иногда прорываются только эмоции, непроизвольные реакции, простонародные и блатные выражения, и анекдоты. Всё остальное сводится к запрограммированному официальному поведению.

Закрытость — это свойство характера преграждающее доступ окружающих в своё личное пространство и оберегающее свой духовный мир. Закрытый, интровертированный человек старается соблюдать дистанцию между собой и другими людьми. Такой человек не переходит на "ты" с большинством знакомых, поддерживает формальные отношения, сосредоточен на себе и своих мыслях. Путин отличается от классического закрытого человека тем, что ему интересны люди, их личности и намерения. Интерес этот в одну сторону. Путин ведёт себя осторожно с незнакомыми людьми и ограниченно открыт даже по отношению к тем, кого он знает. Путин многого не договаривает. Такое впечатление, что у него на выходе стоит фильтр, селектирующий информацию. Этот фильтр гораздо более мощный, чем у многих людей. И это неважно есть у него основания для недоверия или нет.

Закрытость Путина с молодых лет отмечали и другие люди: его учительница немецкого языка – Вера Гуревич и его бывший начальник, резидент КГБ СССР при Министерстве госбезопасности ГДР полковник Лазарь Матвеев в те времена, когда российский лидер был сотрудником спецслужб и работал в Дрездене.

По оценке председателя правления Санкт-Петербургской общественной организации "Ветераны внешней разведки" Геннадия Белика, своих планов и намерений Путин без необходимости не раскрывает. "Путина знают ровно настолько, насколько он позволяет о себе знать". Когда Путин делал карьеру в КГБ, а потом в чужой для него Москве, он был всё время настороже, ожидая подвоха от любого. И если хотя бы часть информации о его деятельности в мэрии Санкт-Петербурга соответствует действительности, то ему было чего опасаться. На неожиданное, резкое возвышение Путина до позиции премьер-министра сработало и то, что в Москве держался он скромно, ровно и бесконфликтно со всеми, не лез на телеэкран, не давал интервью. В общем был незаметной аппаратной мышью, маскировался то под лампочку в прихожей, то под старый славянский шкаф в гостиной[Прим.12].

Почему у Путина так мало близких друзей? Сергей Ролдугин, пожалуй, один, да и то за счёт некоторой беспардонности (кстати, Путин любит беспардонных людей, которые знают своё место около него вроде виолончелиста Ролдугина, журналиста Андрея Колесникова). Близко к себе он никого не подпускает даже тех, кто слывёт его друзьями и хорошими знакомыми из питерского периода жизни. Даже бывшая жена Людмила была скорее экономкой и хозяйкой в доме, чем равноправным партнёром. Как будто Путин – инопланетянин, который был заброшен с другой планеты, чтобы поизучать жизнь на нашей планете методом включённого наблюдения, а потом отбыть к себе на родину.

Путин не склонен обсуждать других людей, разговоров, которые он с ними вёл ни за глаза, ни в глаза. Многие отмечают положительный настрой Путина на конструктивное сотрудничество и несклонность давать негативные оценки кому бы то ни было. Его надо сильно достать, чтобы он отступил от этого правила. Сильная сторона Путина состоит в том, что он игнорирует негатив в личных и деловых взаимоотношениях. Он мыслит и говорит позитивными категориями. Исключение составляют его враги и недоброжелатели. Здесь он бывает резок и даже несправедливо резок, но это случается нечасто и в обобщённой форме так что в суд на него подавать бесперспективно – тем более в России.

Открытость Путина зависит от ситуации и окружения. Попадая в новую, незнакомую аудиторию или общаясь с малознакомым человеком, он некоторое время ориентируется в ситуации, не навязывает своё мнение, а если среда не располагает к откровенности, то так и остаётся закрытым, добросовестно выполняющим свои обязанности человеком. Исключение составляют его выходы на публику, интервью журналистам, когда он по должности должен произносить речи, отвечать на вопросы и пр.

Многие отмечают отрешённость Путина от всего кроме работы и даже избыточную самоотверженность в своей деятельности, которой Путин отдаёт себя целиком. По крайней мере так было до 2008 года. Путин уверовал в своё высокое предназначение и следует ему. Он отдал себя служению России настолько, что превратился в человека-функцию, которая отсеивает на входе и на выходе правильное от неправильного, нужное от ненужного и допустимое от недопустимого. Поэтому поддерживать светский неформальный разговор с Путиным бывает не легко.

Одиночество – удел хорошего русского правителя. Если правитель счастлив в личной жизни, то для России он не годится. Николай Второй и Михаил Горбачёв тому яркие примеры. Оба были счастливы в личной жизни. Оба "профукали" свои империи "ни за понюшку табаку", а, скорее, просто по глупости. В этом плане и Ельцин и Путин подобрали себе преданных, послушных жён, которые являлись продолжением своих мужей и целиком их поддерживали, что бы те не вытворяли.

Привожу соображения президента центра глобальных интересов в Вашингтоне - Николая Злобина, которые он изложил, отвечая на вопросы журналиста кабельного канала "Дождь" Антона Желнова, журналиста "Эха Москвы" Татьяны Фельгенгауэр, а также в своей совместной с Владимиром Соловьёвым книге "Русский Вираж. Куда идёт Россия?" Путин интуитивный индивидуалист-одиночка. Для управления страной ему никто не нужен - ни союзники, ни советчики, ни команда, ни политическая партия. За ним никто не стоит. Основой его высокой самооценки, как лидера страны, его ощущения своей правоты, является концепция, согласно которой он никому ничего не должен. Он действительно не зависит ни от какой партии в отличие от большинства Западных политиков. Скорее партия "Единая Россия" зависит от Путина и опирается на его авторитет. Из-за этого он и боится уходить от власти. Ведь с одиночкой разделаться ничего не стоит. [30], [89]

Путин - человек склонный к импровизации. Однако, он вынужден жить и работать в чиновничьей и чекистской обоймах, в каждой из которых свои правила. Эти правила мёртвой хваткой держат Путина и не выпускают из своих стальных объятий, мол никуда ты от нас не денешься, не спрячешься. Твоя душа уже принадлежит нам до гробовой доски.

Интуитивность личности и мышления Путина состоит в том, что у него в мыслях, как правило, есть только общие установки, контуры возможных действий, предпосылки поведения. А обретают они конкретные очертания и воплощение в условиях конкретной ситуации. И этим Путин похож на Ельцина - тоже интуитивиста. Это их роднит и отчасти объясняет, почему Ельцин именно Путина предпочёл всем остальным потенциальным кандидатам. Ельцин почувствовал, угадал в Путине схожий интуитивный потенциал.

Ещё до своего президентства Путин говорил о себе, что предпочитает персональную живую работу с губернаторами и другими представителями регионов сухой рутинной бюрократической деятельности с бумажками. Умение слушать входит в число Путинских талантов. Сейчас, когда по телевидению показывают маленькие кусочки бесед Путина перед назначением и.о. губернатора, или отчёт губернатора об успехах и проблемах своей области, видно, что Путин его внимательно слушает перед тем как задать вопросы, дать указания или принять решение. Путин пытается почувствовать его намерения, сильные и слабые стороны, а затем воздействовать на него. В этом он кардинально отличается от многих русских политиков и лидеров, которые сразу стремятся навязать свои соображения, мысли, намерения собеседнику или аудитории.

Сейчас Путин не похож на закрытого, необщительного человека. Главное лицо государства должно всё время выдавать информацию. От него этого ждут. Правда сейчас Путинское общение с подчинёнными, журналистами, ширнармассами и пр. происходит в специфическом режиме носителя истины в последней инстанции, верховного правителя, судьи, оракула, пророка, почти гласа божьего. К чести Путина, нужно сказать, что он не злоупотребляет разносами, приказами и резкими выражениями.

Сильные интерактивные психологические качества Путина:

-рефлексивное реагирование – это важная способность Путина
-цепкость отслеживания реакций собеседника,
-быстрота реагирования,
-способность к убеждению и внушению,
-умение скрывать свои эмоции,
-умение вжиться в образ человека вплоть до копирования его манеры поведения.

7.2. Соотношение Между Доверчивостью и Подозрительностью

Политикам вообще полностью верить нельзя, а политикам-чекистам – тем более. Впрочем, и чекисты не балуют других людей доверием. В отличие от многих политиков, которые ведут себя, как неблагодарные бездомные дворняжки, Путин помнит добро и ценит верных людей, на которых можно положиться. Верность друзьям — это сильная сторона его личности, но не дай бог, если лояльный Путину человек начнёт вести двойную игру или попытается проводить челночную политику.

Например, в 2004 году некий криминальный авторитет Роман Цепов, который долгое время работал на Петербургскую мэрию в качестве руководителя охранного предприятия и выполнял другие деликатные услуги чиновников, попробовал примирить правительство России с компанией Ходорковского – ЮКОС. После этого парень долго не прожил. [28] Известно, что утром 11 сентября 2004 года Цепов пил чай на Литейном 4 в питерском УФСБ. Днём ему стало плохо и к вечеру он был госпитализирован в частную клинику. По одной версии Цепов был отравлен полонием-210 агентом ФСБ Дмитрием Михальченко, который унаследовал его бизнес. По другой, Цепов стал мешать планам Путина по отъёму ЮКОСа у Ходорковского. Подобно римскому полководцу Марку Порцию Катону, который для себя решил, что "Карфаген должен быть разрушен", Путин для себя решил, что "ЮКОС должен быть разрушен". Цепов стал мешать этим планам.

Видно путинским доверием злоупотребляли не раз. Это заставляло его ещё больше закрываться, как улитка в раковине. Ведь работая во власти нельзя как в подворотне – дал обидчику в лоб – и дело с концом. Путин вообще человек ранимый, к подлости и предательству относится болезненно. И это при том, что сам он далёк от высокоморального святого человека. Хотя прячет концы в воду он очень ловко.

То, что Путин не посвящает окружающих в свои планы ни раньше, ни теперь объясняется, во-первых, его закрытостью, а во-вторых тем, что его самого не раз подставляли, подводили и даже предавали. Особенно в 90-е годы. Работая в должности заместителя мэра по международным вопросам в бандитском Петербурге, это было неизбежно. Он недаром долго думал перед тем, как ответить на вопрос журналистов: "Вас предавали?", а потом вышел из положения: "Друзья - нет". Правда, после 2011-го года предавать Путина стало некому.

Пока Путин двигался к неограниченной власти, для него очень важными словами были слова "доверие" и "лояльность". Они были для него синонимами понимания и достижения общих целей при выполнении совместной работы. Но уже тогда Путин доверял в основном знакомым людям, которые "не продадут", "не подведут". К таковым относились прежде всего люди, с которыми он долгое время работал. В начале 2000-х годов Путин употреблял слово "доверие" по отношению к Алексею Кудрину, Дмитрию Медведеву, Игорю Сечину, Сергею Иванову, Виктору Золотову и т.д. Пока сохранялся взаимный интерес, сохранялись и доверительные отношения. А что мы видим сейчас? Путин понемногу отодвигает от себя этих людей. Притом делает это не сам, а "чужими руками". Ведь сам он любит выглядеть "чистеньким".

Как-то Путин сообщил журналистам агентства Bloomberg, что самый главный его, недостаток — это доверчивость. Не сомневаюсь, что, услышав эти слова, многие улыбнулись. Простодушный, наивный, доверчивый чекист – это как плачущий крокодил. Профессия чекиста предполагает скрытность и недоверие, как профессиональные особенности. Скрытность вообще входит в симптомокомплекс недоверчивости. Поэтому, если уж бывший чекист Путин считает себя излишне доверчивым, то можно представить себе, кто его окружает по линии спецслужб. У тех вообще типовым является пограничное параноидное состояние и склонность к созданию теорий заговора.

Скорее следует говорить о доверии Путина к людям, которые были его хорошими знакомыми, сослуживцами или завоевали его доверие в процессе совместной работы. Друзьям и верным людям, которые не претендуют на его политическую власть, Путин даёт некую фору доверия. Такие люди, нередко пользуются преимуществами благоприятного отношения президента и его именем при получении госзаказов, и при прохождении официальных документов через бюрократические инстанции. Для них недавно принят закон, освобождающий попавших под зарубежные санкции россиян от налогов. Ну и, конечно, к их услугам информация, носящая конфиденциальный характер. Например, Геннадий Тимченко продал компанию "Gunvor" за день до объявления санкций против него. При этом, говоря о друзьях, Путин старается без нужды не называть их имён. На всякий случай, "если друг оказался вдруг, и не друг, и не враг, а так". Всё по Владимиру Высоцкому.

Высока роль самого Путина в создании атмосферы недоверия, утаивания правды и секретности в его личном окружении и в стране. Болезнь оказывается заразной – недоверие друг к другу распространено на всех уровнях вертикали власти. Да и в русском народе доверие не является повсеместным отличительным качеством с незапамятных времён. Россия – вообще не место, где хочется открывать друг другу личные секреты. Разве что из тщеславия или сильно выпивши. Особенно, если родился и жил человек в СССР и имел дело с идеологическими и административными ограничениями. Более того, если догадывался, что и на него, и на его соседа, и на знакомого его соседа где-то лежит папочка с компроматом, он начинал понимать, насколько иллюзорны его надежды на личную конфиденциальность и насколько он весь на виду и уязвим для произвола властей и спецслужб. Это значит, что его в любой момент могут прихватить, если не будет себя правильно вести. Ведь многим людям в СССР было, что скрывать из того, что не одобрялось властью. Просто в последние годы перед развалом СССР таких стало слишком много – за всеми не уследишь.

Нынешние политики и чиновники в России доверяют не своему государству, которое они сами же и представляют, а лично известным и хорошо знакомым им людям. Человеку со стороны без репутации "надёжного", "проверенного", проникнуть в эту среду непросто, будь он хоть "о семи пядей во лбу". Ещё более непросто просочиться в эту среду людям высокоморальным, с принципами. От таких неприятностей не оберёшься.

Взаимная лояльность – главное условие сосуществования людей, составляющих российскую властную вертикаль. Путин среди них выполняет роль примирителя, согласователя и арбитра. Поскольку делает он это грамотно и качественно, то он многих устраивает. Он, как правило, не опускается до базарного уровня. Кроме того, ему боятся возражать поскольку он себя поставил, как человека, которого в случае выхода за рамки приличия, следует опасаться. Такой не спустит фамильярности и хамства. Главное преимущество Путина – в его выдержке. В России уважают скрытую силу. Видимо, потому, что немногие ей владеют.

Сознание диктаторов, как, впрочем, и многих авторитарных политиков, часто пребывает в состоянии близком к паранойяльному. Это сознание захлёстывают мысли о скрытых кознях и интригах, которые окружающие строят против них за их спинами. Они никому полностью не доверяют, постоянно ждут удара со спины. И это несмотря на то, что они окружены кольцом охраны, а то и более, чем одним. Об этом в мае 2013 года написала журналистка Наталия Геворкян в газете The Washington Post: "атмосфера подозрительности пронизывает Кремль сильнее, чем когда бы то ни было". "Мрачная атмосфера недоверия, которая, по слухам, пропитала его ближайшее окружение, определенно генерируется наверху." Личным средством защиты Путина является президентство. Именно поэтому он вряд ли покинет свой пост, заключила журналистка. [20]

Что Путин "застрял" в Кремле надолго никто и не сомневается. Вопрос только в том, до какого года он "осчастливит" Россию – до 2024 года или до "белых тапочек". А Путин собирается жить долго. После него можно будет убедиться в правильности пророческой фразы Председателя Государственной Думы Вячеслава Володина: "Есть Путин — есть Россия, нет Путина — нет России". Жаль, что никто из шутников не выдал в 80-х годах прошлого века другой афоризм: "Есть Горбачёв — есть СССР, нету Горбачёва — нету СССР".

Если вспомнить знаменитых параноиков прошлого – царя Ивана Грозного, генерального секретаря ВКП(б) Иосифа Сталина, то процесс захлёстывания их сознания идеями измены и предательства усиливался во второй половине жизни и правления. У Ивана Грозного это 1545 год - истребление боярских родов, у Сталина это Большой Террор середины 30-х годов XX века. И, зная историю России и её правителей, нет никакой гарантии, что при Путине годы репрессий не вернутся просто в более изощрённой форме. Ведь Путин всё под себя подмял, а, следовательно, за всё отвечает. Правда, отвечать за всё и не отвечать ни за что – это примерно одно и то же. Виноват он быть не может по определению, как Государь всея Руси. А кто виноват-то, ребята? Да мы же, дураки, и виноваты, что таких от раза к разу выбираем.

Путин слишком верит в максиму времён военного коммунизма о том, что "в здоровом теле здоровый дух". Однако кремлёвская нездоровая атмосфера интриг, подсиживания и подозрительности любого нормального человека сделает умственным инвалидом – предметом неусыпной заботы психиатра.

Путинские возрастающие страхи иллюстрирует и то, что Путин не любит принимать лекарства и предпочитает им народные средства — чай с мёдом, баню, массаж. Любит плавать, кататься на горных лыжах и играть в хоккей. На здоровье не жалуется. Выглядит значительно моложе своих 65-ти лет. В общем мальчонка хоть куда.

7.3. Скрытность и Секретность Путина и Его Приближённых

Путин делится с подчинёнными только той частью информации, которая не повредит его планам. Выдержки и терпения ему для этого не занимать. Их ему дали занятия дзюдо и учёба в школе КГБ, которая давала хорошее специальное образование. Путин понимает, что можно, а чего нельзя, а также когда лучше сделать тот или иной шаг, а когда лучше подождать. Он умеет выждать своего часа, чтобы развернуть пружину своей активности. С Крымом это проявилось в полной мере. Это была великолепно проведённая спецоперация, которая, конечно, войдёт в учебники истории спецслужб, как самая тихая и эффективная из операций по аннексии чужой территории. Естественно, это случится лет через 50, когда шум от захвата Крыма утихнет и страны Евросоюза вместе со США снимут санкции с России, но это будет уже не при Путине.

Путин и те, кто наверху в Кремле и в Белом Доме живут в своём мире, напичканном секретной информацией и византийскими играми. В российской власти мало кто друг другу полностью доверяет. Поэтому информацией делятся только по необходимости. Современная путинская команда унаследовала многие черты, присущие высшим чиновникам в СССР. Она очень устойчива к внешним возмущающим факторам. Утечек оттуда практически не бывает. Как уж Путин этого добивается – секрет, которым он вряд ли будет делиться с кем бы то ни было. Люди, вхожие в узкий круг посвящённых лиц, изначально отбираются по принципу "короткого языка" и умения себя контролировать.

Кроме всего прочего, есть такое социальное явление – клановые интересы. У путинской команда они определены и известны всем членам команды. "Как выжать побольше денег из населения в трудный санкционный период?". "Как добиться от законодателей нужного закона?". "Как заставить людей делать вещи, которые они делать не хотят". Коротко говоря, "как заставить кошку добровольно и с песнями есть горчицу?" (Кто не знает ответ: мазнуть ей свеженькой горчицей под хвостом.) Этим большей частью и занимаются руководители высшего звена в российской власти, но занимаются в обстановке строжайшей секретности.

Свой-то российский гражданин, которого допускают до федеральных СМИ, к президентским словам доверчив, а поэтому покорно и даже "на ура" воспринимает любые объяснения, которые выдаёт ему верховный правитель, а вот с международным сообществом возникают проблемы. Убедить это сообщество с помощью простых спекуляций или словесной эквилибристики в правильности концепции выгодной Кремлю, не получается. За рубежом есть свои пропагандисты и свои интерпретаторы событий. Нужны факты, а когда у Кремля их нет и многое засекречено, политики и дипломаты в России ставят под сомнение доказательную базу оппонента.

Путин не любит оставлять следов. Это прежде всего касается его личной жизни и жизни его близких. Судя по всему, он не заводит электронных почтовых адресов, эккаунтов в социальных сетях на своё имя, а также денежных счетов помимо официальной зарплаты в банке Россия. Его бывшая жена и дочери, а также другие родственники тоже находятся за завесой секретности и конфиденциальности. Хотя, если всё, что они делают и имеют является легальным, то смысла в этом особого нет. Другое дело, если там за километр пахнет непотизмом. Тогда секретность обоснована и может вызвать вопросы у граждан, естественно, когда Путин от власти уйдёт.

Складывается такое впечатление, что его семья и родные – это участники спецопераций, жизнь которых подчинена одной цели – не бросить неправильную тень на "Великого и Могучего" Президента, не показать его человеческих слабостей. Железный КГБ-шник должен оставаться таким пока он у власти. Утечки недопустимы и караются по полной программе. Конечно, не самим Путиным. У него масса подхалимов и прислужников, о которых он даже не подозревает, и, которые бывают просто счастливы огреть противника президента по голове обломком металлической трубы, избить его железными прутьями, облить зелёнкой или фекалиями.

7.4. Отношение к Семье, к Родителям и Друзьям

Я не хочу комментировать сплетни и труднопроверяемую информацию про личную жизнь Путина. Тем более, что сам он вопросов подобного рода избегает или отделывается общими рассуждениями. В конце концов, человек имеет право на частную жизнь – даже президент. Я не держал свечку над путинским ложем и представления не имею, как он отправляет свои естественные надобности.

Я твёрдо знаю одно. Когда речь идёт о сексе и деньгах, объективности от бытописателей ждать не приходится. Они "часто заменяют действительность вымыслом и сокрушаются по поводу собственного вымысла не меньше, чем если бы он был реальностью" (Зигмунд Фрейд). Вот эти приписывания, проекции воспалённого, больного воображения, которые больше характеризуют пишущих, чем описываемого пришлось проигнорировать "за недоказанностью содеянного".

Путин четко различает "человеческие" и деловые отношения. Если в первых он может проявлять кооперативность, гуманность и готовность помогать, то в деловых он действует жёстко и руководствуется исключительно интересами государства и своими интересами, как чиновника уполномоченного выражать эти интересы.

Смею предположить, что Путин женился не по большой любви, а скорее по чекистской необходимости поскольку холостых чекистов за границу не выпускали, как потенциально морально неустойчивых объектов для компрометации и вербовки другими разведками. Он выбрал женщину, которая отвечала его повседневным надобностям (хорошая хозяйка, ведёт дом, финансы, возится с детьми, не избегает образования, да ещё внешне не противная).

К 1986 году на втором году жизни в ГДР у них было уже двое детей. Жене Людмиле не всё в его поведении нравилось, и она стала его "пилить". Были ли с его стороны физические воздействия или только словесные оскорбления, мы доподлинно не знаем, но если в Западной Европе на "левые" интимные отношения смотрят довольно спокойно, то физические воздействия на своих домашних, как правило, ставят на политической карьере человека большой жирный крест. [111] В СССР на такие мелочи внимания не обращали в соответствии с патриархальными русскими традициями лишь бы всё оставалось в семье. Женщине и так счастье привалило жить за границей, а она ему сцены, видите ли, устраивает. В случае с Путиным всё было тихо иначе его чекистская карьера могла закончиться досрочно.

Обладая сильным характером, Путин сделал из своей жены – Людмилы зависимую, целиком ему подчиняющуюся женщину, которая по крайней мере на людях не имела своей отдельной от мужа воли. Сильно от Путина зависели и дочери пока жили одной семьёй. Они и повыскакивали замуж довольно рано, чтобы избавиться от опёки вездесущего папочки. Я подозреваю, что домашние были счастливы, когда глава семейства куда-нибудь уезжал. Путин относится к тому типу неуёмных людей, которые во всё суют свой нос и всё стремятся держать под контролем. А для близких людей, которые хотят что-то собой представлять сами по себе, такая гиперопёка невыносима.

Людмила Путина отмечает в Путине надёжность как мужчины и как человека. Путин всегда добытчик и защитник в семье. "Фактически я всегда подчинялась пожеланиям мужа. Он всегда решал все проблемы - мои и свои." При этом Путин всегда испытывал свою жену пока они были вместе. У Путина принцип: "Женщина в доме всё должна делать сама." А именно, и по хозяйству, и за финансами следить. [9]

Не только близкие, но и Путин в семье не находил для себя настоящий душевный покой. Впрочем, ему покой не больно-то и нужен. Семья, как и весь окружающий мир для него – это арена испытаний, борьбы и самоутверждения.

Американские президенты и общественные деятели обязательно приводят на публичные мероприятия свои семьи и даже рекламируют их. Семья – это часть имиджа. Многие советские генеральные секретари КПСС, а потом президенты своих жён, родственников и членов семей не показывали, избегали этой темы, как будто это "срамное место" на теле, которое убеждённому коммунисту неприлично показывать. Горбачёв и Медведев – это исключения из правила.

Немалое количество женщин рассматривают развод с ними после прожитых десятилетий жизни, как предательство. Кем сам Путин выглядит после развода в глазах своей жены, которая отдала ему большую и лучшую часть жизни – большой вопрос. Это я к вопросу о том, что сам Путин на дух не переносит предателей. Попробуем применить критерии предательства к нему самому.

Как он поступил с женой – Людмилой? Она отдала ему 30 лет жизни, терпела его патриархальный характер, воспитала ему двух дочерей, в течение многих лет вела домашнее хозяйство, её роль в его президентстве пусть незаметная, но немаловажная. А как он с ней поступил? Когда она стала ему не нужна – полная, немолодая, он с ней развёлся. Пусть никого не вводят в заблуждение её последние маскировочные слова о том, что Владимир Владимирович очень занят и она не может его везде сопровождать, как положено жене президента. Как будто он раньше и всю жизнь не был занят. Также как выглядят насмешкой его слова о том, что ему надо сначала её выдать замуж, а потом уже позаботиться о своей личной жизни. Это всё лицемерие и ложь. И только доверчивый и простодушный русский потребитель официальной информации способен её проглотить не прожевав.

Теперь рассмотрим другую ситуацию о том, как Путин подставил своего друга Сергея Ролдугина с Панамскими офшорами. Публично Путин оправдался только за 12 млн долларов, которые Сергей истратил на музыкальные инструменты. А куда потрачены остальные 2 миллиарда? Ясно, что эти деньги – взносы российских олигархов за лояльность власти к ним. Мол вы, ребята, и так платите маленькие налоги со своих доходов - раза в три-четыре меньше, чем зарубежные бизнесмены. Платите-ка ещё кое-что власти, чтобы она не имела к вам претензий, не мучила излишними проверками и не пыталась отнять ваш бизнес, который вы получили у государства по дешёвке и во многом незаслуженно. Понятно, что у власти много расходов помимо бюджета, расходов, о которых она не хочет ставить в известность свой народ и свою налоговую службу. Хотя в нормальных странах это считается незаконным.

А куда нынешним олигархам деться? Делиться доходами надо. Из памяти у них ещё не выветрилось то, как власть поступила с рядом богачей России, которые упёрлись и не хотели идти на компромисс с ней – Гусинским, Березовским, Ходорковским, Чичваркиным. Они потеряли немалую часть денег. Плюс кто-то из них отсидел, кто-то эмигрировал. Остальные держатся тише воды, ниже травы лишь бы только о них не вспоминали на самом верху слишком часто. И, конечно, по первому требованию отчисляют власти сколько скажут в офшоры или в благотворительные фонды или оформляют в качестве подарков на родственников высокопоставленных чиновников.

7.5. Отношение Путина к Собственному Народу

Понимает ли Путин, какое презрение к своему народу он показал и насколько он ни во что этот народ не ставит, когда проделал рокировку с Медведевым? Даже я, живя в США, и то на него обиделся. Очевиден ответ - "нет". Он рассматривает это не как унижение для русского народа, а как удачную спецоперацию. Когда речь идёт о личной власти, Путин средств не выбирает – лишь бы на поверхности всё выглядело пристойно и сильно не противоречило закону.

Когда основная масса русского народа живет не своим умом, а по принципу "им наверху виднее", это существенный признак инфантильности. Поскольку после октябрьского переворота воспитанием народа большевики занимались целенаправленно и брали за всё ответственность на себя, то такая народная инфантильность объяснима. Правители в СССР думали в первую очередь о своих амбициях, о могуществе советской империи, о помощи братьям по классу в других странах и прочих мегапроектах. Собственный народ обеспечивался по остаточному принципу. Однако, в социальном плане советская власть давала трудящимся много бесплатных услуг и льгот, за которые во многих развитых странах надо было платить (образование, медицинское обслуживание, жилище, льготные путёвки и пр.). Уровень всего этого был ниже, чем в западных странах, но зато всем доставалось примерно поровну.

После смены экономического курса в России в 1991 году социальные льготы были сильно уменьшены из-за отсутствия денег в казне и были частично возвращены народу только после 2000 года при Путине. Кроме того, Путин способствовал увеличению зарплат населению. За это многие к нему в России хорошо относятся. В отличие от периода 90-х годов в России и в отличии от таких стран, как Украина и Белоруссия, пенсионерам, эмигрировавшим из России в США, Германию, Израиль и в другие страны, правительство России стало выплачивать пенсии. Зато при Путине усилилась централизация управления и увеличилось количество ненужных бюрократов. И вся эта свора бездельников по-прежнему "сидит" на нефтяной и на газовой трубе, а также на других природных ресурсах России.

Что до политических свобод, то их с каждым годом в России становится всё меньше и меньше. Для Путина и его администрации воля народа сравнима со щебетанием птичек в берёзовой роще. Пусть пощебечут, прочистят горлышки. Мол у нас у правителей свои масштабные задачи. Вспоминает Путин и его чиновники о воле народа и о его нуждах только перед выборами. В эти краткие периоды нужно показать людям, как неустанно о них заботятся московские власти, подкинуть людям благ, прибавить обороты работы пропагандистской машины, нарисовать красивые перспективы, сделать несколько публичных шоу напоказ.

Когда Путин говорит, что со своим народом он находится "на одной волне" – это верно лишь отчасти. Конечно, он вышел из народа, который он понимает лучше, чем сто лет назад понимал русский народ император Николай Второй. Воля, умение согласовывать интересы людей, способность предвидеть развитие событий ставит Путина впереди людей не имеющих такой подготовки и таких способностей. Кроме того, при всеохватывающем пиаре, льющемся из каждого телевизора, кто угодно окажется на одной волне с невзыскательным русским народом – даже крокодил.

Однако, за последние 18 лет работы главным правителем России и жизни в особых привилегированных условиях, понимание Путиным народа существенно уменьшилось. К тому же абсолютная власть сильно его испортила – признаёт он это или нет – неважно. Специально организованные встречи с журналистами и прямые телевизионные линии общения с народом не дают ему понимания всей глубины нынешних проблем этого народа. Путин-то после такого общения вернётся в своё роскошное жилище, а люди – в свою более, чем скромную квартиру или в барак с бутылкой дешёвой водки в холодильнике и с неоплаченными счетами за ЖКХ на столе. Небось сам-то Путин в ту убогую комнату в коммунальной квартире, где прошло его полунищее детство и юность с тех пор ни разу не возвращался. Его стремление выбиться в люди было продиктовано убожеством жилищных условий, в которых жил не только он, но и подавляющее большинство советских людей. Так что насчёт одной волны с нынешним народом – это сильное преувеличение.

С рабочим классом и с простыми людьми Путину проще. От них меньше неожиданностей. С ними простые манипулятивные приёмы проходят легче, чем с "гнилой" русской интеллигенцией. Недаром многие объявления, разъяснения Путин и Медведев делают в рабочих коллективах, но под телекамеру, чтобы показать полное единство власти и простого народа и ничтожество таких прощелыг, как Алексей Навальный, который находит у них многомиллиардную собственность, записанную на друзей и знакомых. Из работяг проще выжать громкое пролетарское "ура". Так действовали большевики, начиная с 1917 года. Мол мы за вас, мы всё делаем для вас, для вашего будущего, для будущего ваших детей. А сами втихаря отбирали деньги, ценности, собственность у обеспеченных людей, переправляли их за границу и находили исполнителей для своих преступных деяний по уничтожению цвета русской нации и русской культуры. Простых людей в России вообще легко обмануть.

Сейчас Путин дошёл до положения, когда неважно, что он говорит народу и своим подчинённым и насколько оригинально он излагает свои мысли. Важно то, что он осчастливил людей тем, что говорит с ними вообще, то есть общается с аудиторией, которая ловит каждое его слово. Получается, что нынешняя система российской власти заточена под Путина лично и по факту подчиняется только ему или преданным лично ему людям, которым он доверил часть полномочий.

Про референдумы и плебисциты в России вообще разговора нет. Их в ближайшем будущем даже не предвидится. Путину и "Единой России" с помощью несложных манипуляций и так делают нужные проценты одобрения в своей стране. Опираться на эти фейковые цифры могут только прокремлёвские пропагандисты и федеральные СМИ. При объективном голосовании и без финансовых вливаний никакого конституционного большинства правящая партия бы не набрала. Да и у Путина самого реальный рейтинг вряд ли такой высокий. Уж, конечно, не 86%. Просто выборная поляна в России вытоптана так, как будто стадо слонов по ней долго ходило.

Путин настолько испугался манифестаций против подтасовок на выборах и против него лично в Москве в 2012 году, что для предупреждения их повторения он срочно инициировал принятие закона о митингах, который верные ему люди немедленно протащили через послушную Государственную Думу.

После этого под маской объективности Путин продолжил проводить свою линию на единоличное правление в стране, видимо рассчитывая, что на его век несметных богатств России хватит, чтобы народ подкармливать и подпаивать до нужной кондиции так, чтобы этому народу было не до политики. Ведь что ни говори, а фактические зарплаты и пенсии у людей в России за время его первого восьмилетнего правления существенно выросли, поток эмиграции за рубеж с 2000 до 2010 года уменьшился, все природные катастрофы и серьёзные техногенные аварии Путин держит на контроле, сам не пьёт, не курит, все слова правильно и без акцента выговаривает. Чего ещё вам надо, господа хорошие?

Когда ОМОН разгоняет митинги, он нарушает Конституцию Российской Федерации. Полиция должна охранять митингующих от провокаторов, а не хватать тех, кто публично и мирно выражает своё мнение с помощью плакатов. Кроме того, в цивилизованных странах существует уведомительная, а не согласовательная практика перед проведением митингов и собраний. Но Путин полагает, что с поротым русским народом иначе нельзя – только через ограничение свобод, слежку, задержания, репрессии и страх. Так оно будет с гарантией. И власти спокойнее.

В редакционной статье в "Независимой Газете", где главным редактором сейчас работает профессор Константин Ремчуков, описано реальное влияние народа на управление Россией. Для учёта инициатив граждан, 17 апреля 2017 года Путин подписал указ № 171 "О мониторинге и анализе результатов рассмотрения обращений граждан и организаций". Для этих целей был сконструирован ВЭБ-портал "Российская общественная инициатива", обещанный народу в ходе избирательной кампании. Согласно указу, те инициативы, которые собирают по 100 тыс. подписей, обязаны рассматриваться властями. Однако после того, как все инициативы снизу были отклонены, граждане перестали обращать внимание на этот портал. [46] И это не единственное начинание Путина, которое быстро сошло на нет. Как говорили наши предки: "благими намерениями вымощена дорога в ад".

7.6. Отношение Русского Народа к Путину

Вера в доброго царя и в величие Российского государства в русском народе непобедимы. И зря политики и бизнесмены из-за рубежа пытаются на русского человека повлиять, финансируют оппозицию. Они думают исправить русских правителей санкциями. Извне русские недостатки не лечатся.

Отношение русского народа к Путину имеет два аспекта:
-как к государственному деятелю и к той политической линии на сильное независимое государство, которую он проводит
-как к личности, когда через Интернет оппозиционно настроенные граждане внутри страны и за рубежом подбрасывают почтенной публике сенсации о путинских внебрачных детях, любовницах, многомиллиардных накоплениях и пр.

Отношение простых людей к Путину до 2015 года было очень хорошим. Приведу несколько частных мнений о нём со стороны пожилых пенсионеров из Москвы, хлебнувших горя в годы сталинского правления: "У нас хороший президент. Он наш – он плоть от плоти русского народа. Мы его считаем своим и не хотим другого. При нём стало жить лучше. Сейчас при 100 тысячах рублей зарплаты (что соответствует 3 тысячам долларов в месяц на время моего разговора в середине 2014 года - ВЗ) уже через 2-3 года можно купить машину. Разве такое когда-нибудь было? Мы довольны потому, что сейчас жить стало лучше, чем было". "Да и кого другого поставить на его место?". "Путин умён, решителен и поэтому мы его поддерживаем". К этому трудно что-нибудь добавить. Раз простые люди счастливы и довольны своим президентом, так и дай им всем бог здоровья. Это, конечно, мнения людей из Москвы – выставочной картинки русского мира, но хоть там-то есть довольные люди – и то хорошо.

Естественно, что современной российской молодёжи перечисленного недостаточно. Поэтому после 2012 года она стала голосовать ногами. И тем не менее многие патриотически настроенные граждане России оценивают Путина скорее положительно, чем отрицательно несмотря на спад в экономике последних лет. Он дал народу самоуважение, повысил роль страны в мире. И за это люди многое готовы ему простить и не замечать отрицательных последствий его правления. А этих последствий с каждым годом становится всё больше поскольку геополитические амбиции дорого стоят для сырьевой экономики страны.

Послушание и готовность обожать очередного правителя демонстрируют далеко не все граждане России. Доктор юридических наук, профессор кафедры конституционного и муниципального права ВШЭ Елена Лукьянова говорит про нетерпеливых молодых людей, которые хотят получить всё быстро и сразу: "Они же за последние 7 лет выросли в своих старших классах, в институтах в той обстановке, когда очень много арестованных. Когда они знают реальную статистику, сколько людей в России сидит по абсурдным уголовным делам. По политическому преследованию. Они злые на это." [52] Боюсь, что, когда нынешние старшеклассники и студенты получат как следует дубинкой по голове от ОМОНа и Росгвардии, а потом посидят в КПЗ или в тюрьме, они затаят злобу на власть, которая своей держимордовской политикой загоняет их на кухни. Так в России воспитывается очередное недовольное поколение – новый андеграунд.

Один из древнейших русских мифов утверждает то, что все в стране шло бы иначе, если бы царь-батюшка обо всем знал и, в частности, знал о том, какие у него плохие бояре и правители на местах. Этот миф вовсю эксплуатируется путинской пиар-пропагандой. Особенно ярко это проявляется во время прямых линий президента с народом. Публично и немедленно исправив несколько ошибок местной власти и решив несколько проблем, не отходя от студийного микрофона, Путин в очередной раз предстаёт перед своим народом в образе доброго батюшки-царя. И хотя разумом все понимают, что это показуха, но уж больно красиво всё обставлено, как в волшебной сказке.

7.7. Принципы Подбора Путиным Людей в Свою Команду

Уже в начальный период жизни Путин умел выбирать людей, у которых можно научиться чему-то полезному. Плюс за счёт активного самообразования он сумел приобрести много информации доступной любознательному человеку в позднем СССР. Эта информация в совокупности с жизненным опытом позволяет ему быть неплохим кадровиком при отборе людей в русскую элиту.

К вершинам власти Путин допускает угодных и угодливых людей, которые на многое готовы ради своего благополучия.

Независимые люди в путинской команде не приветствуются. Хотя практика показывает, что те из подчинённых, которые чище вылизывают задницу начальнику, предают его первыми и пинают его после отставки с особым удовольствием. Могу это лично засвидетельствовать.

Приведу кусок из Путинской статьи о том, как он подбирает людей в своё рабочее окружение: "Труднее создать рабочую обстановку. Но еще труднее заставить людей работать. Это надо уметь. И если вы создали эту рабочую обстановку, мотивировали людей к работе, а они взялись за нее, то дайте людям довести их работу до конца." [72] Вырвались у Владимира Путина из подсознания слова: "заставить людей работать". Это людей, выполняющих нелюбимую работу, нужно заставлять работать. Мне казалось, что на уровне полпредов, губернаторов и министров заставлять людей работать не надо. Это старый советский подход. У них стимулы более мощные, чем у простого рабочего на заводе, или в шахте, выполняющего рутинные операции. Современный руководитель страны создаёт условия, а не заставляет. Зато вертикаль власти предполагает элемент принуждения и обязательного исполнения. У Сталина таким принуждающим стимулом был смертельный страх, у Путина – кнут и пряник.

Регулярно менять членов своей команды, как это делал Ельцин, Путин не может поскольку у него более личностное, психологическое отношение к ним. Он их поштучно подбирал. Значит надо и самому уходить вместе с ними. А это может привести к разрушению всей вертикали власти, которую он тщательно создавал. Приходится работать с теми, кто есть, и годами терпеть все их особенности в обмен на лояльность. Иногда его самого "достаёт" необходимость использования такого стиля общения с подчинёнными, какой был у его отца – мастера на заводе, и он может бросить в сердцах, сгоряча: "Ни лишнего дня не останусь", имея в виду, "не останусь в должности президента". Но состояние раздражения у Путина проходит и всё возвращается на круги своя.

Но главное-то в другом. В условиях действия Кремлёвской центростремительной силы притяжения, серьёзный экономический прогресс в России невозможен хотя бы потому, что эта сила слишком крепко удерживает людей и регионы на своей орбите. Без Кремлёвского центра у большинства дотационных регионов не будет денег, а без них трудно развивать экономику. Уже сейчас долги регионов перед центром слишком велики и растут из года в год. Поэтому меняй-не меняй людей, толку никакого. Нужна другая стратегия развития экономики и общества, опирающаяся на инициативу снизу, а не сверху, то есть на самостоятельность, выборность и ответственность снизу, а не назначение сверху. Тогда вопрос о перестановках "плохих начальников" отпадёт сам собой. Но это другая схема развития страны, которая требует современных мозгов, времени и терпения. Авторитарным лидерам вроде Путина в этой схеме места не найдётся.

Понимая, что чем ближе к вершинам власти, тем труднее находить верных и преданных людей, Путин включает в свою команду новых людей очень осторожно и буквально поштучно. Ельцин снимал и назначал людей, как головы рубил или, наоборот, серебряным рублём одаривал. Путин тасует свою команду более расчётливо. Сейчас рокировки в верхних эшелонах власти идут в основном по горизонтали, а снимают их только, если чиновник сильно проштрафился или "плохо ловит мышей". Иногда Путин напоминает мне гадалку, которая тасует карты, приговаривая: "так, короля пик сюда, валета червей туда, а даму треф пора повысить – засиделась на своём месте, ну а этих двоих пора в отвал, подождём, ещё годик, пока их число подкопится и тогда подпишу приказ об их увольнении".

Для комплектования своей команды Путин соблюдает ряд правил:
- Начать комплектование можно с одного – самого слабого, но привлекательного члена группы (коммуникативного лидера) и подчинить вначале его. Таких людей видно невооружённым глазом.
- Постепенно наращивать команду для того, чтобы иметь прочные тылы из преданных людей, сторонников. Помнить, что не только лидер делает команду, но и она делает лидера.

Главным условием попадания в кремлёвскую обойму является удержание "языка на привязи". И даже при этих условиях Путин не может до конца верить никому из них. Хотя они вроде "его люди" - либо питерские, либо многократно проверенные. Такова судьба единоличного лидера в России. Пожалуй, только Медведеву, да Миллеру он может верить больше, чем остальным, да и то с оговорками. Это у Путина возрастное. От долгого сидения на самом верху у него развивается пограничное паранойяльное состояние, свойственное большинству правителей с неограниченными полномочиями.

Подбирая людей на работу в свою команду, Путин как бы подписывает с ними неформальный контракт: "Вы будете служить мне верой и правдой, я прощу старые "грехи" 90-х годов. Кроме того, работая на меня, в накладе никто не останется." И действительно бедных людей среди путинских приближённых я что-то не видел. При этом в большинстве случаев новое наградное имущество записано на их родственников и хороших знакомых. Ещё одна форма поощрений в путинской вертикали власти – возможность пристраивать своих детей и родственников на тёплые места, быстро давать им возможность проявлять свои способности. Эти родственники и знакомые не тратят много усилий на прохождение начальных, самых трудных ступенек деловой и административной карьеры, которые преодолеть бывает особенно трудно.

У Путина присутствует весьма своеобразный подход к подбору и увольнению чиновников. Во главу угла при комплектовании своей команды Путин ставит не профессионализм, эффективность и целесообразность, а лояльность и единоверие. В своей статье, которую Путин надиктовал для журнала "Русский Пионер" он пишет: "Помните известную фразу из басни Крылова: "А вы, друзья, как ни садитесь, все в музыканты не годитесь"? Если люди не умеют играть, то пересаживать их с места на место просто бессмысленно. Я глубоко убежден, что от постоянных перестановок лучше не будет. Ни делу, ни людям. Те, кого пересадили, всегда будут говорить: "Ну, нам теперь полгодика надо, чтобы осмотреться..." И главное: я отчетливо понимаю, что другие, пришедшие на место уволенных, будут такими же, как и их предшественники: кто-то будет знать суть проблемы хуже, кто-то лучше, кто-то вообще ни в чем разбираться не будет. В итоге же получится то же самое, что и было, если не хуже." [72] Отсюда видно, что вопрос профессионализма чиновника для Путина второй, если не десятый.

Для Путина лояльность и верность – главные факторы при отборе людей. Их он ценит и вознаграждает в первую очередь. Более того, он очень снисходителен к ошибкам и просчётам преданных людей. Он может многое им простить. Особенно, если видит, что человек старается и предан ему, как Алексей Миллер, например. Критерием преданности для Путина является нерассуждающее исполнение приказания: "Если я говорю: "Прыгай", значит надо прыгать без колебаний. Если колеблешься, значит ты мне не доверяешь. Значит ты не мой человек"[Прим.13]. Путин никогда не забывает малейшего проявления нелояльности по отношению к нему. Когда-нибудь он это человеку обязательно припомнит.

О том, что Путин не собирается жертвовать своими принципами дружбы и преданности ради карьеры он сам говорит так: "У меня много знакомых, а близких людей наперечет. Они никуда не делись. Они меня никогда не предавали. И я их тоже. Это, на мой взгляд, то немногое, чем стоит дорожить. Даже не знаю, ради чего можно было бы предать друзей. ... если у тебя есть жизненные приоритеты, ориентиры и ценности, то ты понимаешь, что нет смысла жертвовать собой и теми, кто является частью тебя. Просто нет смысла: потерь больше, чем выигрышей." [19]

И всё-таки дружба дружбой, а служба службой. Поэтому Путин на всякий случай не назначает на пост премьер-министра сильного, самостоятельного человека, потенциально способного вырасти до его позиции президента России, человека, который сможет развернуть движение страны по перспективному пути. Ведь тогда сам Путин померкнет на фоне своего выдвиженца. Невыразительные, малоизвестные люди Путина устраивают больше. Ему нужны грамотные исполнители, а себя он считает лучшим стратегом, хотя таковым после своего второго срока, не является.

Путину нравятся простые неискушённые ребята, каким когда-то в молодости был и он сам. Как человеку простому, ему легче общаться с людьми, которые особо не выпендриваются и все как на ладони. С такими ему не приходится просчитывать свои действия наперёд и следить за каждым словом. Журналист Андрей Колесников - немного дурашливый, импульсивный, непредсказуемый русский парень, способный журналист, от которого всего можно ожидать – и глупость может сморозить вдруг, без причин, и интуитивное откровение его осеняет. На подлость он не способен. Но главное, что он верный и преданный боссу человек. Таких нужно держать на некотором расстоянии и использовать только по прямому назначению – в частности, как журналиста, который оттеняет достоинства и разумные недостатки своего босса.

Путину, конечно нелегко. Мало того, что надо с внешними недоброжелателями сражаться, а тут ещё своих дураков полно. И коммунисты со своим Лениным, и либералы со своим извечным критиканством, и националисты, которые изображают из себя главных представителей русского народа, и услужливые дураки, которые опаснее врага, и прочие лизоблюды, которые готовы "задушить его в объятиях". Правда эту ситуацию он создал сам, восстановив стандартную для России вертикаль власти, которая с грехом пополам работает только при неусыпном ручном авторитарном правлении, высокой информированности, и оперативности реагирования правителя на все значимые события, происходящие в государстве и вне его.

7.8. Отношение Людей из Ближайшего Окружения к Путину

Путина, несомненно окружают адаптивные люди. В большинстве своём это умные реалисты. Они с самого начала поняли под началом кого они работают. Поэтому каждый из них так усердно, как умеет, выполняет тот кусок работы, который ему (ей) поручили. Они понимают, что раз они работают в Кремлёвской обойме и присягнули на верность Путину, то никто у них не отберёт деньги и собственность, нажитые в 90-е годы, если, конечно наглеть не начнут. Кроме того, они получают свои "полставки" из кремлёвского "общака". О размере этих полставки можно судить по тому, с каким удовольствием директор Росатома, Сергей Кириенко, заработавший около 85 млн. рублей в последний год перед уходом со своего поста, ушел заместителем главы администрации президента с окладом в 5 млн рублей в год. Поскольку Путин ещё не стар, пересидеть босса и остаться перспективным для дальнейшего продвижения по службе многим кремлёвским чиновникам вряд ли удастся, но сытую жизнь на пенсии они себе обеспечили.

Люди, которые сами произошли из простых, принимают подобострастие за верность и преданность. Готовые сами "прогибаться" перед начальством, от которого зависит их благополучие и карьера, они с удовольствием принимают подарки, знаки обожания, преклонения и преданности считая, что они это заслужили своей работой, умом и незаурядными способностями. Человек, который пробрался наверх из низов и ради карьеры, денег угождал своему начальнику, став начальником сам, будет подбирать себе таких же угодливых подчинённых, готовых ради него прыгать голышом с крыши в снег или со скалы в холодную воду. Все, кто по-собачьи преданными глазами смотрит на Путина – все ему угодны, все греют его тщеславие и самомнение. Иногда мне кажется, что Путину нужно руководить собачьим питомником, а не страной со свободными гражданами, имеющими чувство собственного достоинства.

Путин умеет быть благодарным и люди, которые оказали ему серьёзные услуги, имеют возможность глубоко запустить пятерню в государственный карман (например, получить хороший госзаказ) или поучаствовать в выгодном перераспределении собственности. Пример: Ректор Санкт-Петербургского Горного института Владимир Литвиненко, который помог Путину с написанием и защитой кандидатской диссертации по экономике в 1997 году, владеет более 19% акций кампании "ФосАгро" и сейчас миллиардер. [94]. Про других соратников и коллег Путина уже и разговора нет. Они тоже не бедные люди, а то и совсем простые миллиардеры. Так что персональные санкции против них объявлены не зря, хотя бы за одно то, что они блатники.

Путину и его силовикам всё время мерещится развал России. Ведь тогда произойдёт ограничение их власти, а этого они боятся больше всего. Прикрываясь легендой о необходимости универсализации законов и подзаконных актов для разных регионов страны (Татарстан, Крым, Калининградская, Псковская области, Чечня, Красноярский край, Дальний Восток и т.д.), они стискивают инициативу людей на местах. Нужно, чтобы там произошла катастрофа или ЧП, чтобы власти в центре обратили внимание на ситуацию, которая там сложилась и начали её исправлять или латать очередную дыру. А денег-то в бюджете стало совсем мало по сравнению с тучными нефтегазовыми годами середины 2000-х. В результате большая часть проблем на местах остаётся нерешённой.

У многих из немолодых путинских подчинённых сохранилась ещё коммунистическая закваска, старые советские амбиции и предрассудки. Вместе с тем они хотят обеспеченной жизни лично для себя и своих семей по новым капиталистическим меркам. У них имеются неучтённые дома, машины, участки земли, деньги в офшорах. Пока они работают на Путина и российское государство всем этим они официально пользоваться не могут ("близок локоть, да не укусишь"), а если придёт другая команда, вся их собственность может обесцениться, или её просто конфискуют, или ушедшие из власти сами всё отдадут, лишь бы в тюрьму не сесть.

Я не сомневаюсь, что большинство подчинённых относятся к Путину без обожания, а некоторые его просто ненавидят. Но сделать уже ничего не могут. Они у Путина все на крючке и повязаны долями в "общаке" и собственностью, которая вроде бы подарена и принадлежит им, а вроде бы и не им. После введения западных санкций против путинских друзей эта зависимость сохраняется и даже усиливается.

Сослуживцы и даже соратники Путина опасаются. Они знают, чем для них может кончиться дело, если не угодят боссу. Причём будет сделано всё чисто, чужими руками. Путину трудно уйти сейчас и ещё по одной причине поскольку он обсадил себя лояльными людьми, которые его боятся и уже не способны кардинально менять ситуацию в стране, если им доверят руль управления. С интеллектом у большинства из них очень неплохо, а вот личностного ресурса не хватает. Когда они сидят, как послушные цуцики вокруг стола для совещаний, когда Путин председательствует, я непроизвольно смотрю под их стулья - у кого первого энурез от страха начнётся.

Во время одного из заседаний июньского Петербургского экономического форума, когда участники дождались, наконец, появления Владимира Путина и встали в знак уважения к нему, он им на ходу скомандовал: "Вольно!", как выстроившимся солдатам на плацу, и все сразу сели. А солдаты эти - не простые обыватели. У многих из них миллионные и миллиардные состояния. Но они понимают, что лучше спрятать достоинство в карман, чем потерять состояние. Примеров, когда это случалось с непослушными богатыми людьми за последние 18 лет накопилось немало. Поэтому люди всё равно встают, как зайчики перед удавом[Прим.14].

У представителей элиты, кланов, бизнес-сообществ, которым есть, что терять, понемногу подтачивается вера в перспективность Путина, как президента и проводимой им внутренней и внешней политики. Наиболее дальновидные уже сменили страну, где они платят налоги и где живут и учатся их дети. По данным агентства Reuters, которое опирается на источники в бизнес-кругах, за последние три года около трети из 500 самых состоятельных российских бизнесменов покинули страну и отказались от налогового резидентства России. Но убежать с корабля по имени Россия в настоящее время слишком рискованно – можно многое потерять.

Как и почему происходит изменение отношения населения и элиты к правителю со временем? Причинами становятся провалы руководства, снижение уровня жизни населения. В России люди довольно быстро переходят от обожания своего правителя к его шельмованию. Или его носят на руках, или проклинают, взрывают и расстреливают. Про анекдоты о правителе уже и разговора нет – со временем и по мере роста числа его ошибок анекдоты от добрых и нейтральных становятся язвительными и злыми. Зачем доводить народ до такого состояния? И всё ради того, чтобы подольше удержаться у власти.

Путина обслуживают тысячи людей, чтобы он всё время был занят. Как ребёнку ему ежедневно готовят какую-нибудь новую игрушку или новое развлечение. Не слишком ли накладно – содержать целые штаты сотрудников для того, чтобы президент красовался перед народом, и развлекался всё новыми игрушками? Только одна инспекционно-развлекательная поездка Путина, Медведева и Шойгу и сопровождающих их лиц на нескольких самолётах на землю Франца Иосифа в начале апреля 2017 года обошлась налогоплательщикам во много десятков миллионов рублей. И таких развлекательных поездок по всей стране у Путина в год бывает несколько. Тем временем, большинство жителей России вообще не берут отпуска поскольку боятся потерять работу или у них не хватает денег на отпуск. Около 70% жителей России вообще никогда не бывали за границей. Но бог с ними, с этими людьми. Главное, чтобы у русского правителя было всегда хорошее настроение, и он выглядел свеженьким и пышущим здоровьем, как только что испечённый кулич. Никаких денег на это не жалко. Ведь он новых ГУЛАГов не строит, новый 37-й год не объявляет, опричнину не вводит, и слава богу. Пусть лучше колесит по России и по всему миру, и в хоккей играет, как и подобает настоящему мужчине.

Путин, видимо, полагает, что, если он непрестанно ездит по России и везде зачитывает написанный спичрайтерами текст, жонглирует цифрами, раздаёт обещания, ставит перед людьми всё новые цели и задачи - так в этом и состоит его работа. Также как, видимо, он и его подтанцовка считает, что, придумывая всё новые способы рекламировать своего босса для почтенной публики они делают благое дело. Работа президента состоит в том, чтобы создавать благоприятные условия для своего народа, а не в том, чтобы делать за него работу и управлять государством в ручном режиме во время ежегодных прямых линий с народом и последующей разъяснительной работы с губернаторами. А что большинство губернаторов сидят на голодном финансовом пайке, постоянно выпрашивают деньги из федерального бюджета и работают под постоянным ограничительным контролем из центра, так на то она и вертикаль власти, матушка. Зато, если кто-нибудь из рядовых граждан в их области пожалуется президенту во время прямой линии на недостатки в регионе, то губернатора "ославят" и "прополощут" на всю Россию. А недостатков в России ещё на миллион лет хватит – только разгребай.

7.9. Взаимоотношения Путина с Оппозицией

Как-то после ланча мы сидели на порче около здания одной американской кампании, где я в то время работал и обсуждали политические события в мире. Кто это мы? Сотрудники департамента информационной технологии - эмигрант из Ирана, эмигрант из России (это я) и американец, который родился здесь в штатах. Предметом обсуждения было: "сколько живут оппозиционеры к существующей власти в наших странах?" Вывод был такой: "чем дальше на Восток, тем жизнь оппозиционера короче". Длительность жизни оппозиционера определяется также тем, насколько активно он выступает против власти или против местной религии.

На словах Путин к оппозиционерам весьма терпим. Однако, он сопровождает свою демократическую позицию массой оговорок по типу: "нельзя нарушать закон", "нужно согласовывать свои оппозиционные выступления с администрацией", "не следует использовать оппозиционные выступления для самопиара" и т.д. В общем, если оппозиционер выполнит все требования Путина, то ему лучше сидеть дома и обсуждать свои оппозиционные взгляды наедине со своим котом или псом. Ну уж если в доме нет животных, то поговорить о своих взглядах на кухне с приятелем за бутылкой водки или за ящиком пива.

Единственная возможность для человека высказать свои взгляды по Путину — это голосование на избирательном участке за одного из предложенных кандидатов. С виду - всё демократично, а на самом деле – сплошной обман поскольку любые нежелательные для власти кандидаты отсеиваются уже на ранних стадиях движения во власть. Причины отсева разные: у кого-то нет денег для политической раскрутки, кого-то отказываются печатать и показывать на телеэкране государственные СМИ. Кроме того, всех "обложила" запретительными и ограничивающими законами подконтрольная исполнительной власти Государственная Дума. Фактически, демократия в России кончилась, едва начавшись в начале 90-х годов. Впрочем, так было и в 1917 году. Демократия существовала ровно восемь месяцев, да ещё в условиях мировой войны. Не приживается эта "дама" в России, условия не те.

После захвата Россией Крыма, вторжения банды Игоря Стрелкова на Донбасс и, главное, после сбитого над Украиной малазийского Боинга MN17 и вплоть до недавнего времени только ленивый Западный журналист в своих статьях не "пинал" Путина по делу и без дела. Типовые обвинения в адрес Путина сводились к следующим положениям, озвученным бывшим главой президентской администрации Сергеем Ивановым: "Я нередко читаю статьи, в которых утверждается, что президент Путин и его подручные, как выражаются газетчики, до предела коррумпированы, связаны с преступным миром, обладают огромными состояниями, которые успешно прячут, и так далее. Как правило, рассказывают, что в ближайшее окружение Путина входят уроженцы Петербурга, часть из них – выходцы из КГБ, и все они, конечно же, тесно связаны с Путиным." После того, как Иванов "поработал зарубежным журналистом", Путин перевёл его от греха подальше в заведующие природоохранными делами, да и то только в память о старой питерской дружбе. Пусть лучше экологию и редких животных в России защищает, чем самого Путина от зарубежных журналистов.

Хотя во многом Иванов был прав. В 2014-2015 годах о чём бы речь не шла – об ухудшении курса рубля по отношению к доллару, об инфляции в России или о повышении цен в российских супермаркетах, информация в зарубежных изданиях часто сопровождалась зловещим изображением Путина в титуле статьи. Ну, что ж, такова судьба многих диктаторов и "абсолютных монархов", если они не угодили мировому сообществу. Им приходится отдуваться не только за себя, но и за неразумное поведение своих подданных. Тем более, что автократическое правление предполагает подавление реальной оппозиции в стране.

Важное политическое правило Путина: "не преследуй всех, кто тебе мешает. Достаточно нейтрализовать только лучших и наиболее активных. Остальные рано или поздно примкнут к твоей команде. Обязательно оставь на плаву хотя бы нескольких несогласных оппозиционеров, чтобы они оттеняли твои лучшие качества, но всерьёз на общественное мнение и на твой рейтинг не влияли."

Как-то Владимир Путин сказал об оппозиционерах мол мы не против вести переговоры с лидером объединённой оппозиции из тех, кто вышел на Болотную площадь и затем на проспект Сахарова, но покажите мне этого лидера. Ну вот, показала оппозиция лидеров. Ещё с лидерами легальной оппозиции – Владимиром Рыжковым и Борисом Немцовым, тогдашний президент Медведев хотя бы разговаривал. А с представителем несистемной оппозиции - Алексеем Навальным и другими разговор шёл через "жучки" и прослушивание их офисных и телефонных переговоров, взлом электронной почты, обыски и допросы в кабинете следователя. Хорош диалог с оппозицией. Путину оппозиция нужна послушная, заранее подготовленная к встрече с ним. Чтобы явилась на встречу с ним зная, кто в России хозяин.

Как талантливое политическое животное, Путин использует людей. С некоторыми Путин играет, как кошка с мышью. В частности, у меня складывается впечатление, что оппозиционер Алексей Навальный пока Путину нужен хотя бы для того, что в отличие от других оппозиционных деятелей он идёт прямо и не боится объявлять Путина своим непримиримым политическим противником. Недаром Путин одной фразой фактически спас Навального от пятилетнего пребывания в тюрьме в 2013 году по делу Кировлеса. А всё потому, что Навальный выполняет полезные функции по борьбе с коррупцией, дискредитируя людей из ближайшего круга президента, чем по идее должны заниматься прокуроры и следователи, подчинённые Путину. Но в последнем случай Путин утратит свой фирменный лейбл: "своих не сдаю". А руками какого-то "уголовника" эти разоблачения сделать можно без потери реноме. Как все помнят, разоблачения Навального касались Председателя Следственного Комитета Александра Бастрыкина, сыновей Генерального прокурора Юрия Чайки, первого вице-премьера Игоря Шувалова, председателя правительства Дмитрия Медведева.

Самым любопытным явлением, которое я когда-либо встречал, является табу на произнесение верховными чиновниками фамилии Навального на публике, хотя своим упорством и организаторскими способностями Навальный известен большей части России. "Этот человек", "субъект с уголовным прошлым", "проходимец" и другие прозвища вместо имени – это всё, что представители русской элиты позволяют себе в отношении Навального. Как будто Навальный – лев и сразу съест человека, который осмелится произнести его имя. Такие дикарские первобытные представления я впервые вижу в обществе, которое претендует на то, чтобы считать себя частью цивилизованного мира. Нежелание рекламировать Навального, как человека, претендующего на президентский пост понятно, но это нежелание уже доходит до уровня психологической деперсонализации[Прим.15] (по Фрейду). Иногда мне даже кажется, что психиатрию можно изучать, не выходя далеко за стены Кремля.

Без реальной оппозиции, без демократической политической культуры Путин стал малоэффективен. Он-то этого естественно не понимает поскольку уже давно стал самодержцем. Он ни с кем не делится своими планами до момента их озвучивания. Его неадекватность постепенно превращается в неадекватность всей страны особенно после аннексии Крыма. У Путина есть устойчивые модели отношений, поведения, объясняющие многие явления жизни и включающие нужный механизм реагирования. В известном смысле Путин утратил связь с реальностью, хотя в курсе того, что происходит в стране и за рубежом. Если есть выбор между реагированием по отработанному типу и созданием новой модели, Путин выбирает отработанную, апробированную модель. Самое скверное, что как политик, который может принести пользу своей стране, он кончился в 2008 году, утерял инновационный нюх исканий. Но даже если он это понимает, то не в силах отказаться от вертикальной государственной системы, которую построил. Он слишком любит себя в должности президента Российской Федерации и боится за свою безопасность в случае, если власть потеряет.

Поскольку, судя по его поведению, Путин – человек простой и незамысловатый, хотя на самом деле это далеко не так, для него важны честность в отношениях и определённость позиции. Пусть человек – враг, но Путин должен знать этого врага в лицо, а если это честный враг и того заслуживает, то уважать его. Любое нарушение договорённости с ним самим и, тем более, обман, Путин рассматривает как предательство со всеми вытекающими последствиями.

Путин как политический лидер, если кому и верит, то своим старым друзьям и знакомым и то до определённого предела. В своём воображении он сражается один. Один против оппозиционеров и забугорных злодеев, один против тех, кто не признаёт его авторитет, один против тех, кто держит камень за пазухой. В общем Путин сражается один против всего мира, который не согласен с ним и его намерениями. В его представлении русский народ – это одна большая единица, которая обязана думать и чувствовать также, как он сам поскольку он плоть от плоти народа. А значит и народ – это плоть от плоти его самого.

И это неважно, что враги и друзья существуют в основном в путинском воображении. Он сам для себя их создаёт. Подчинённые ему нужны для того, чтобы внимательно выслушать их точку зрения, позицию, а затем изложить свою точку зрения, позицию, которой им следует придерживаться. Инициатива допускается только во второстепенных деталях и в частностях. Недаром Путин не вступает ни в одну политическую партию - ни в "Единую Россию", ни в "Народный фронт", который сам же создал в рамках "Единой России". Он ни от кого не хочет зависеть, не хочет подчиняться никакой партийной дисциплине, которая может его в чём-то сковать. Он махровый эгоцентрист, который считает себя самым лучшим для позиции президента, которую вот уже много лет занимает. Получается, что адекватность всей страны зависит от его личной адекватности. Страшно подумать, что случится, если у Путина голова пойдёт кругом или он вообще "сойдёт с катушек". Ведь рядом с ним денно и нощно находится ядерный чемоданчик.

7.10. Отношение Путина к Предателям и Врагам. Мстительность и Злопамятность

Учительница немецкого языка Вера Гуревич сказала о Володе Путине: "Я считаю, что он добрый человек. Но измены, подлости человечьей не простит никогда и никому. Мне так кажется". [19] Доброта к сирым, просящим, убогим и неприятие измены – это то, что в Путине сохранилось до сих пор. Это в нём чувствуют окружающие. Это ещё одна причина, по которой он так популярен в народе.

Предателей в России, да я думаю, что и во всём мире, не любит никто. Даже те, кто выигрывает от их предательства. Путин также не прощает тех, кто предаёт и даже тех, кто "выносит сор из избы", считая их тоже предателями. Недаром, прежде чем ответить на вопрос журналиста о том, предавали ли его в жизни, он долго молчал и решил все-таки сказать "нет", но потом уточнил: "Друзья не предавали". [19]

По словам главного редактора радиостанции "Эхо Москвы" Алексея Венедиктова Путин разделяет своих противников на врагов и предателей. "Для Путина это ключевая разница. Враги прямо перед тобой, ты с ними воюешь, потом заключаешь перемирие, и все ясно. Предателя нужно уничтожить, раздавить" – передаёт он слова Путина, сказанные им без улыбки и на полном серьёзе. [11]

Видимо, самого Путина нередко предавали его знакомые и даже соратники – особенно в начальный период его службы в мэрии Петербурга и даже в начале его президентского правления. Главным кредо Путина, которое он проповедует, став президентом является: "Родину любить, предателей раздавить, друзей поощрить, народ накормить и развлечь."

Путин косо смотрит на тех чиновников, кто купил жильё и перевёз семьи и деньги за рубеж. С его позиций – это потенциальные предатели. Хотя бы потому, что дети всяко ближе, чем какие-то государственные обязательства или какой-то непонятный патриотизм или, тем более, верность родине. Однако совсем отвергнуть их от себя он не может – тогда придётся от половины соратников и коллег отказаться.

Путин не забывает ни хорошего, ни плохого. Он не забывает тех, кто ему хоть чем-то насолил и при случае может этому человеку отомстить. Например, он всегда презирал бывшего губернатора Александра Яковлева и даже как-то назвал его Иудой. Тот в 1996 году перехватил кресло губернатора у Собчака и его команды, и оставил без работы самого Путина. Губернатор второго города в стране – для президента Путина фигура очень важная. На этой должности должен быть преданный ему человек – в конкретном случае - Валентина Матвиенко. Поэтому Путин пригласил Яковлева с своё правительство 2004-м году на должность министра регионального развития Российской Федерации, а по сути сделал ему предложение, от которого тот не мог отказаться. Яковлев знал, что Путин его снимет с губернаторской должности всё равно. Не мытьём, так катаньем. Поэтому Яковлев обставил свой уход от большой власти наименее болезненным для себя образом. Как опытный политик, такой же хитрый, как сам Путин, Яковлев смирился с неизбежным и прогнулся. Эти двое поступили друг с другом, как два волка, один из которых проиграл сопернику и сразу обнажил шею под его острые клыки, показав свою беззащитность и то, что он целиком во власти соперника.

Пока Путину не "насыпать соли на хвост" или не начать противодействовать его планам, которые он продумал и выносил, он к людям весьма лоялен. Без политической необходимости он не преследует людей персонально. Сколько неприятных минут ему доставил его бывший экономический советник Андрей Илларионов, а он терпит все его обиды.

Сейчас уже трудно сказать, способен ли Путин давать команду на устранение предателя лично. В конце концов, у него достаточно интеллекта для того, чтобы самому не пачкаться о такие дела. В России всегда было много желающих оказать подобную маленькую услугу боссу даже если их об этом не просят. Одно ясно, что Путин, как жёсткий человек, принимает решения относительно судьбы других людей без особых колебаний. Ключевые слова для него: "для блага государства".

Уж так почему-то случалось, что людей, которые причиняли или могли причинить российской власти много хлопот, быстро отстранялись от дел, эмигрировали, садились в тюрьму или даже умирали. Стоит человеку распустить язык, или сильно мешать большим "шишкам" во власти, как он тут же попадал в упомянутую мной категорию неугодных. Галина Старовойтова, Михаил Ходорковский, Юрий Щекочихин, Анна Политковская, Виктор Илюхин, Александр Литвиненко, Борис Березовский, Борис Немцов и другие. А сколько покойников было в Бандитском Петербурге в 90-е годы? Иногда с виду всё происходило в силу естественных причин или было следствием вульгарных бандитских разборок, а на деле человек переставал мозолить своим присутствием властные взоры.

Люди, которые стоят у Путина на пути и могут помешать реализации его планов, а также те, кто пытается слишком глубоко сунуть нос в его спецоперации, подозрительно быстро умирают. Других дискредитируют и объявляют в международный розыск. Так или иначе после разглашения чувствительной для Путина информации, спокойной жизни у них не бывает. Заграница для них – это один из немногих относительно безопасных выходов из тупиковой ситуации. И то, если они не сильно насолили Путину. Тогда ФСБ и ГРУ их и там достанут. Все, кто остаётся в России хороших шансов на выживание не имеют. С ними можно сделать всё, что угодно и в любое время: врачи поставят нужный диагноз, судьи вынесут нужное решение, следователи возбудят нужное дело, свидетели подтвердят нужные факты, и в конце концов подсудимый даст нужные показания. А если и не даст, то это уже не имеет значения – его всё равно осудят. При этом очень многое зависит от срока давности. Если показания человека против Путина уже не актуальны, то процесс отмщения может затянуться.

Применение тяжелых металлов и радиоактивных материалов – это как визитная карточка, которую российские государственные убийцы оставляют на месте преступления. В случае с Романом Цеповым это был полоний-210, с Юрием Щекочихиным – таллий, с Александром Литвиненко – полоний-210, с Владимиром Кара-Мурзой – тяжёлые металлы и их соли.

Если во времена Ивана Грозного средневековые пытки были обязательным средством допроса обвиняемого или преступника, даже если его всё равно должны были казнить, то современный научно-технический прогресс позволяет применять эквиваленты пыточных инструментов, чтобы за две-три недели перед неминуемой смертью человек успевал прочувствовать свою вину перед государством, его отдельными представителями и всю глубину своего нравственного падения.

Чтобы высшие лица государства не пачкали свои белоснежные перчатки в крови, грязи и прочих пошлых мерзостях жизни и наверх поступали только очищенные от дурно пахнущих подробностей рапорты и отчёты исполнителей, а вниз шли деньги за сделанную работу, российские спецслужбы могут позволить себе создавать в недрах своих ведомств специальные отделы, условно назовём их:

-отдел мокрых дел,

-хакерский отдел,

-отдел провокаций и дискредитации свидетелей,

-отдел сбора компромата,

-отдел вербовки стукачей,

-отдел патриотически настроенных проституток,

-аналитический координационный отдел, который распределяет задания исполнителям.

Полагаю, что нечто подобное там существует уже давно, но под другими названиями и не обязательно в виде отделов. Там хватает инициативников, которые хотят выслужиться перед руководством.

Своей суетливостью и стремлением везде оставить свой след внутри страны и за рубежом, бывший вице-премьер правительства России Борис Немцов мешал и мэру Москвы Лужкову и президенту Путину, и многим другим влиятельным людям в России. Столько неприятностей, сколько доставил власти Борис Немцов трудно себе представить. Тут и бесконечные интервью, в которых Немцов в открытую обличал Путина за Курск, за Норд-Ост и за Беслан. Тут и отчёты о коррупции в Путинской вертикали власти. Тут и информация о порочности путинских друзей и приближённых, которую Немцов доносил до видных зарубежных СМИ и политиков.

Причём если бы только доклады и интервью – это ещё можно вытерпеть – пусть пишет, говорит и разоблачает – факты в его докладах были известны и до него и, к тому же, их мало, кто читал. Русский народ скорее поверит федеральным СМИ, чем какому-то Немцову, которого обидели при очередной раздаче пряников в Кремле. Но Немцов настраивал влиятельных людей за рубежом против Путина и его политики. Он был опасен своими контактами с ними. У Дюма в одном из романов про мушкетёров есть притча про английского политика, который убирал с дороги те камни, которые мешали ехать его политической телеге.

Путинские нукеры были счастливы оказать эту маленькую услугу по устранению такого вредного человека и, желая сделать боссу приятное, убрали этот камень с его дороги. Кроме того, для поднятия народного патриотического духа пришло время принести в жертву какого-нибудь неугомонного оппозиционного тельца. И Немцов лучше многих подходил на эту роль. Другой вопрос, что Путин не был счастлив от такой демонстративной угодливости.

Многие из тех, кто нажился в 90-е годы, рассчитывали продолжать богатеть и в 2000-е. Но богатеть на одной наглости и спекуляциях при Путине стало тяжелее. К тому же у Путина своих друзей и родственников полно, которые умеют быть благодарными тому, кто им помог. И многим из ловкачей 90-х пришлось умерить амбиции или уехать за границу. Те из них, которые, имея деньги, статус и положение в советском или российском обществе, эмигрировали за границу разделились на две группы: те, кто и в другой стране считали, что имеют право сразу претендовать на аналогичный или даже более высокий статус и большие деньги и те, кто начал жизнь с чистого листа, забыв о прежних заслугах, дипломах и пр.

Оказалось, что мало кто сразу вписался в зарубежные требования к хорошо оплачиваемым престижным профессиям врача, кинопродюсера, живописца, архитектора и т.д. Даже для того, чтобы стать программистом за рубежом нужно доучиваться или даже переучиваться. Мои друзья с высшим образованием, научными степенями и с красными дипломами начинали с самых простых работ - уборки домов богатых людей, развозки пиццы, ухода за старыми людьми за несколько долларов в час. Только потом, выучившись (или переучившись), они смогли претендовать на большее. Это обычный путь честного эмигранта. Те из эмигрантов, которые в другой стране сразу хотели жить, как в СССР, не перегибаясь, на одной ловкости и обмане, плохо кончали, иногда даже тюрьмой.

Видимо, Александр Литвиненко пошёл второй дорогой. Если бы он тихо сидел в Великобритании, которая дала ему политическое убежище, то до сих пор остался бы жив, несмотря на то, что предал свою контору. Живы же до сих пор Олег Гордиевский, Владимир Резун (Виктор Суворов), Олег Калугин и некоторые другие. Но Литвиненко стал вскрывать обстоятельства взрывов домов в Буйнакске, Москве и

Волгодонске, а эта тема весьма чувствительна для ФСБ. [50] Он рассказывал много гадостей лично про Путина, занимался другими рискованными проектами и, тем самым, приблизил свой конец.

Сейчас известно, что советские чекисты, руководимые председателями ВЧК, ГПУ и НКВД Вячеславом Менжинским, Генрихом Ягодой, Николаем Ежовым и Лаврентием Берией имели очень широкие полномочия, но в рамках поставленных им партийным и чекистским руководством задач. Например, похищение и ликвидация врагов большевистской власти: генералов Александра Кутепова и Евгения Миллера, отравление Петра Врангеля, убийство Троцкого, Степана Бандеры, Георгия Маркова и других.

А вот что позволено творить нынешним российским чекистам – большой вопрос. Какова степень свободы у чекистов при проведении спецопераций за рубежом или они могут работать на свой страх и риск, вовлекая граждан других стран? В июле 2006 года Государственная Дума приняла представленный Кремлем законопроект, дающий разрешение на убийство "врагов российского режима" за рубежом. С тех пор последовал ряд загадочных смертей в Великобритании и в ряде других стран.

Доказано, что убийство бывшего президента Чечни Зелимхана Яндарбиева в Катаре и Александра Литвиненко в Великобритании — это дело рук российских чекистов. Андрей Солдатов, специалист по истории ФСБ в соавторстве с Ириной Бороган в своей книге разбирались с этим специально. [87] Однако, в какой мере чекисты информируют о своих операциях Путина остаётся загадкой. Вряд ли он лично ставит разрешающую подпись на документе по ликвидации того или иного врага или предателя России, но для понятливых чекистов достаточно поворота головы или ничего не значащих для непосвящённых слов.

Есть ещё один отличительный признак того, что в смерти тех, или иных людей замешано российское государство - это применение редких металлов и радиоактивных материалов, которые невозможно достать без специального разрешения официальных лиц. По версии Скотланд-Ярда, Литвиненко был убит Андреем Луговым с помощью полония-210, который производится только в одном месте России на заводе НПО

"Авангард", Россия, Арзамас-16. Это стратегический ядерный материал, использование которого под строгим контролем государства. [2]

Своим отношением к мести, как средству выживания рода, племени, Путин представляется мне коварным индейцем из американского племени эпохи Колумба (см. фильм Мэла Гибсона "Апокалипсис", 2006 года). Не добив врага из соседнего племени, он, как и эти индейцы, его преследует до тех пор, пока не уничтожит. Зов древних предков гласит: "Если не догонишь и не убьёшь врага сегодня, завтра он догонит и убьёт тебя". Проявить милосердие Путин может только к слабому, покорному врагу, который уже не может причинить ему вреда.

И люди, и звери чувствуют в Путине это первобытное начало, первобытную силу, зов предков. Путин ближе к природе и к животному миру, чем какой-либо из окружающих политиков. Кроме того, Путин очень живуч. У него поразительная сила выживания в любых, самых неблагоприятных обстоятельствах. Поэтому он так хорошо относится к животным и понимает их.

Совершенно особое место занимала для Путина ситуация, которую ему создал член КПРФ, депутат Государственной Думы Виктор Илюхин. По сути он нанёс Путину публичное смертельное оскорбление, как офицер офицеру. В прежние времена такое смывалось только кровью через дуэль. В чём состояло оскорбление?

10 февраля 2011 года группа военных организовала офицерский суд чести (трибунал, судебный процесс) над премьер-министром Владимиром Путиным. Присутствовали верхние чины российской армии. Илюхин был главным обвинителем по делу общественного трибунала Общероссийского Офицерского Собрания, который обнаружил, что Владимир Путин в годы своего президентства допустил ряд действий, подпадающих под признаки "измены родине" (издание "Коммерсант"). В своей обвинительной речи Илюхин перечислил и проанализировал решения и меры, принятые Владимиром Путиным, которые "обернулись ослаблением обороноспособности страны и развалом вооруженных сил". [13] Если вспомнить, то министром обороны РФ тогда был "мебельщик" Сердюков, которого все без исключения военные дружно ненавидели.

В частности, Илюхин отмечал: "Мы исходим из того, что все деяния, приведшие к существенному ослаблению обороноспособности страны, В. Путиным совершены осознано. Между его действиями и наступившими последствиями есть прямая связь. Мы также осознаем, что развал вооруженных сил страны начал Б. Ельцин, однако В. Путин не только не воспротивился, а усилил его. Будучи президентом страны 30 августа 2000 года он, подтверждая свою приверженность ельцинскому курсу, внес в Государственную Думу законопроект "О гарантиях Президента Российской Федерации, прекратившему исполнение своих полномочий и членам его семьи", который депутатами-единороссам им был "протащен" с горячим одобрением. Они тогда еще не совсем осознавали, что через десяток лет такие же документы о гарантиях глав субъектов Федерации будут приниматься и в регионах.

В статье третьей закона закреплено, цитирую дословно: "Президент Российской Федерации, прекративший исполнение своих полномочий, обладает неприкосновенностью. Он не может быть привлечен к уголовной ответственности за деяния, совершенные им в период исполнения полномочий Президента Российской Федерации, а также задержан, арестован, подвергнут обыску, допросу либо личному досмотру, если указанные действия проводятся в ходе производства по делам, связанным с исполнением им полномочий Президента Российской Федерации".

Таким образом В. Путин с послушным ему парламентом выдал самому себе индульгенцию на совершение преступлений, их полную безнаказанность и безответственность при исполнении обязанностей главы государства. И это произошло после того, как 14 сентября 2000 года Россия подписала Римский статут Международного уголовного суда, в котором есть и такое требование – "... должностное положение как главы государства... ни в коем случае не освобождает лицо от уголовной ответственности согласно настоящему статуту и не является само по себе основанием для смягчения приговора."

"В своем обосновании мы исходим из того, что президент концентрирует в своих руках неограниченные, исключительно важные для управления государством и обществом, полномочия." "Следует отметить, что после выхода В. Путина на большой Олимп государственной власти в его бывшем питерском окружении произойдет несколько смертей, внешне не связанных между собой, в том числе и А. Собчака, но не связанных только на первый взгляд. В этом же ряду находится и убийство Л. Рохлина, первого лидера Движения в поддержку армии." "Многие из тех, кто хорошо знает В. Путина, были с ним в сложных ситуациях отмечают в нем жесткость, переходящую в жестокость, определенную мстительность и его злую память, способность "карабкаться наверх", не стесняясь в выборе средств для достижения цели." [13]

По сути Илюхин обвинил Путина в организации убийства генерала Рохлина для того, чтобы стать директором ФСБ, а потом своего бывшего учителя бывшего мэра Собчака, который о нём слишком много знал и мог помешать его планам править Россией по меньшей мере до 72-х лет[Прим.16].

2 марта 2011 года решение по делу общественного трибунала Общероссийского Офицерского Собрания было направлено Илюхиным начальнику следственного управления ФСБ Вячеславу Терехову и президенту Дмитрию Медведеву. Полагаю, направляя этим людям свои материалы, Илюхин знал на что идёт. Через семнадцать дней после своего доклада Илюхин умер от сердечной недостаточности. Признаки убийства были налицо. Также как то, что в этом участвовали люди из ФСБ. С времён "доктора смерть" Григория Майрановского, руководителя токсикологической лаборатории НКВД, чекисты умеют создавать у приговорённых людей смерть от сердечной недостаточности не оставляя следов.

В общем, если отвлечься от театральности самого действия, Илюхин вызвал Путина на дуэль, как офицер офицера и Путин распорядился его ликвидировать. Чьими руками – не имеет значения. Тем более по древнерусской традиции одна из соревнующихся в суде сторон может выбирать себе "наймита" для защиты своих прав в суде. Именно так это всеми и было воспринято. И тем не менее, если бы Путин не ответил на смертельное оскорбление Илюхина, ему бы вслед плевали и военные и чекисты. Среди них не все стали холуями у вышестоящих начальников. А Путин – человек – не просто опасный, а очень опасный для тех, кто его сильно обидел и для тех, кто его предал.

Однако, как и положено настоящему коммунисту, Илюхин отдал жизнь не зря. После его смерти Путин начал уделять больше внимания модернизации русской армии. Армия была реорганизована, обновлена, материальные условия жизни солдат и офицеров улучшены. Министром обороны ещё в 2007 году Путин поставил бизнесмена и хозяйственника Анатолия Сердюкова, который выполнил самую грязную, неблагодарную часть работы по реорганизации армии, а потом Сергея Шойгу (с 2012 года), который является уважаемым в армии министром обороны. В результате, уже в 2015 году Русская армия опять стала одной из двух самых сильных в мире. С её помощью Путин захватил Крым, помогает Башару Асаду в Сирии. Непрерывно проводятся военные учения, нервируя "заклятого партнёра" – НАТО.

Если раньше советские чекисты ликвидировали классовых врагов, свидетелей и предателей, применяя весьма грубые методы, что всегда плохо отражалось на имидже страны за рубежом и порождало шквал публичных расследований, то теперь представители власти просто не обращают на расследования внимания и отмахиваются от публикаций, как от назойливых мух. После того, как репутация Кремля упала ниже некуда и цивилизованный мир оказался настроен против него, терять российским чиновникам во власти стало нечего, мол пусть собаки лают, ветер разносит их лай, а русский караван будет продолжать идти своей извилистой дорогой к никому не ведомым горизонтам.

7.11. Возрождение Страха у Людей в России

Советский Союз изначально, с первого дня создания управлялся с помощью террора и страха. Беспощадный большевистский террор был главным средством обуздания спонтанной активности людей в многомиллионной стране. Ещё раз хочу напомнить ключевую цифру, которая объясняет большевистский Красный террор. В феврале 1917 года в Российской империи было 24 тысячи идейных большевиков[Прим.17]. И вот этим нескольким тысячам нужно было подчинить себе весь народ российской империи. А это около 180 миллионов человек. Как они справились с этой архитрудной задачей? Беспощадным Красным террором и голодом. Сейчас последователи большевиков ссылаются на Белый террор, как причину того, что их предки утопили Россию в крови. У Белых был не столько террор, сколько месть за разрушение привычного уклада жизни, за отобранную собственность, за предательство Красных во Второй мировой войне, за насилие над личностью, хотя внешне их террор был похож на Красный террор. Однако, в судебных разбирательствах недаром первым поднимается вопрос: "Кто первый начал?" Так вот, первыми начали большевики поскольку у них не было другого выхода, чтобы удержать узурпированную власть.

Партийная дисциплина и так называемый демократический централизм объединяли головку большевистской партии – главного идеологического террориста XX века. У большевиков, как у любой бандитской мафиозной организации была команда ликвидаторов готовых устранить мешающего человека, группу недовольных людей или развязать террор против населения в широких масштабах. Своевременно ликвидируя опасных для себя людей и целые слои населения, большевики добились послушания остальных. Им помог голод, который они же и организовали. Голодный человек более сговорчив, чем сытый.

Организовав Октябрьский переворот, Ленин и Дзержинский почти сразу организовали ВЧК – "карающий меч революции". Вначале 20 декабря 1917 года в этой службе насчитывалось всего 23 человека. В условиях голода и дефицита работы, служба эта быстро стала расширяться за счёт "верных солдат революции", которые хотели получать усиленный паёк и возможность ощутить свою власть над людьми, на которых до революции они работали. Многие из чекистов были случайными людьми или людьми с психопатическими отклонениями. Через год ВЧК насчитывала около 30 тысяч человек. Этих людей Дзержинский и его банда использовали "вслепую" для ареста и убийства мирных граждан, которые в перспективе могли стать опасными для новой власти, а также для грабежа собственности обеспеченных граждан, у которых эта собственность имелась. Списки на арест и расстрел верхушка чекистов составляла заранее. "Эксы" и убийства были поставлены на поток, начиная с осени 1918 года (официальное начало Красного террора) и возведены в ранг закона на уровне целого государства. Суды были не нужны, а если и применялись, то тенденциозно. Царские законы и всё царское правосудие (между прочим, очень неплохое), которое оформлялось столетиями, были забыты. Их заменила так называемая классовая целесообразность с опорой на декреты новой власти, которые писались "на коленке". Во время террора в Киеве и Харькове, чекисты широко применяли пытки, по типу средневековых. В большинстве других мест заложников и недовольных новой властью просто "гуманно" расстреливали или топили, как это было в Царицыне, Астрахани и в Крыму. Чтобы продемонстрировать населению, что новая власть тоже придерживается закона, от самых одиозных чекистов руководство время от времени избавлялось. Так начиналась преступная организация, в которую романтический юноша Владимир Путин мечтал попасть и затем отдал годы жизни, работая на неё.

Сейчас механизм животного страха смерти уже не работает. Однако, у нынешних жителей России почти на генетическом уровне осталась память о прежнем страхе большевистских времён. Такой скрытый страх в чём-то является не менее мощным, чем раньше. Он усиливается тем, что у нынешних граждан есть собственность, которую они могут потерять и некоторая личная свобода. Но всего этого недостаточно для управления современными людьми в России. Власти нужно добавить страх неопределённости. Его она возрождает и культивирует у населения России вновь и вновь.

Диктатура страха – сильнейшее оружие в руках любого авторитарного правителя. Сейчас в России нарастает новая волна страха уже при Путине. Аресты тысяч молодых людей 26 марта и 12 июня 2012 года, вышедших против коррупционера Дмитрия Медведева, аресты бизнесменов, которые отступили от жёстких бюрократических правил, принятых законодательными органами России, аресты тех, кто осмелился высказать своё личное мнение в интернете или поддержать чьё-то мнение, усиливают атмосферу страха в новом русском обществе. По мере усиления органов ФСБ, прокуратуры, следственного комитета, полиции, Росгвардии, по мере ограничения и подавления общественной активности людей, они вновь превращаются в твари дрожащие, как при советской власти. Страх – штука заразная и от прежних поколений он передаётся молодым непоротым поколениям.

Как и всякая автократическая власть, власть Путина держится на скрытом страхе. Ему нужно, чтобы люди боялись, поскольку страх — это самый простой метод воздействия на них и управления ими. Ему постоянно нужны враги и угрозы (натуральные и мнимые). Как показал опыт, самыми действенными являются террористические угрозы. Поэтому он сразу ещё до завершения расследования подхватывает выгодные ему версии ещё до расследования – напр. версию о теракте в Санкт-Петербурге в конце декабря 2017 года и т.д.

В письме, адресованном Владимиру Путину одна женщина с Дальнего Востока поблагодарила Путина за оборудование, которое он недавно передал ее школе. В сопроводительном послании: она написала: "Все вас боятся. Мы обеспокоены тем, что вы перестанете обращать на нас внимание, и тогда нашу деревню все забудут" (Цит. по [106]) И это неважно, как Путин пробудил животный страх в душе этой женщины. Главное, что страх от произвола любого, в том числе и главного лица в государстве есть не только у неё, но и у многих людей в России. Закон, который является руководством для поведения в цивилизованных странах для всех без исключения, в России работает выборочно и только до тех пор, пока этого хочет правитель. А вот ему, чекистскому властолюбцу, видите ли захотелось изменить этот закон, и он его изменил – увеличил себе срок правления с восьми до двенадцати лет. Вот страх этой женщины оттуда и идёт – оттого, что в России ни на кого и ни на что нельзя опереться. Даже Конституция в одночасье меняется по желанию одного самодура.

А сколько в России тех, которые верят во всемогущество президента? Они задают вопросы на прямую линию и подают прошения президенту, которые к нему отношения не имеют - про ремонт домов, про платежи ЖКХ и пр. И они это делают потому что всё остальное в государстве российском не работает как положено. Впрочем, раз Путин сам на себя столько дополнительных обязанностей возложил – пусть отдувается, хотя бы на прямых линиях. На него последняя надежда отчаявшихся людей, которые мечтают выиграть свой лотерейный билет.

Путин любит, когда его просят слабые и положительно относится к тем, кто его боится, кто преклоняется перед ним, кто трепещет при его приближении. Если он когда-нибудь прочтёт эти слова, он скажет, что это бред, но я пишу не о его личных ощущениях, а о массовой зависимости от него, как от нового царя. Когда человек пишет на прямую линию с президентом: "Помоги, отец родной! На тебя вся надежда!" – эта зависимость и есть форма страха перед всемогущим богочеловеком.

А вот кусок из интервью с матерью студента, которого во время мирной демонстрации против коррупции посадили в автозак и отвезли в управление МВД.
Вопрос: "Вы когда-нибудь принимали участие в политических протестах?"
Ответ: "Нет, несмотря на то что меня многое не устраивало в действиях российской власти. Мне очень страшно выходить на улицу. Я понимаю, что мной управляет генетический страх, который въелся старшему поколению в кожу, засел в печенках. Мы не верим в справедливость нашего правосудия и знаем, что любой, кто пойдет против системы, будет наказан. Последние дни я живу в диком ужасе. Как будто весь исторический опыт многочисленных репрессий враз на меня обрушился. Я чувствую себя совершенно беззащитной." [104]

Путина подчинённые боятся, понимая, что от такого жёсткого человека можно ждать чего угодно. Поэтому и молчат, сидят, как барашки, обречённые на заклание.
Раньше я полагал, что всем им подсунули на подпись бумагу о неразглашении, как и положено в КГБ (молчать под страхом смерти). Теперь я думаю, что бумага не понадобилась. Они все и так сидят с мокрыми штанами. Атмосфера Кремля их душит. Подождите, они ещё умирать начнут от страха, как ягнята, сидящие в соседней с волком клетке.

Кстати, у меня есть сильное подозрение, что Путин позволил своей собаке лабрадору Кони зайти в комнату, в которой проходили переговоры с канцлером ФРГ Ангелой Меркель недаром. Он хотел активизировать старый механизм страха этой немки, которая воспитывалась в коммунистической зоне Германии, зная, что страх, который посеяли в молодости продолжает жить в человеке всю жизнь. Путин, естественно всё это отрицает, списывая на свою некомпетентность о том, что Меркель боится собак после того, как одна из них её покусала. Но нельзя поверить в то, что перед встречей с одним из лидеров Европейского Союза Путин не прочитал "объективку" на неё, где эта информация должна быть. Как человек злопамятный, он таким образом отомстил Меркель за характеристику, которую она дала ему в 2001 году в разговоре с коллегой после выступления Путина в Бундестаге: "Это говорит типичный выходец из КГБ. Никогда не доверяй этому парню". Сейчас в 2017 году практически ни один европейский лидер Путину не доверяет. Также как не доверяют большая часть конгрессменов и сенаторов США. Это только со своим народом Путин может делать всё, что хочет, а на Западе его оценивают не по словам, а по делам.

7.12. Ответственность Народа за Действия Власти

Путин – по природе – силовик, а поэтому, на демократические экономические преобразования он не способен. С 2007 года Путин задействовал вертикальный путь государственного капитализма, а в 2014 году - военный путь аннексий и силовых угроз. Он аннексировал Крым и сделал Россию со всем её населением заложником своих военно-территориальных авантюр. Всё остальное – Донбасс, Сирия - следствие этого шага. Я подозреваю, что Путина уже остановить нельзя и он будет инициировать другие международные авантюры, чтобы удержаться на политическом плаву.

Когда население России радовалось присоединению Крыма, люди вряд ли осознавали, что лично им это присоединение кроме убытков ничего не даёт. Им никто не сказал заранее про цену, которую за этот Крым придётся платить. Если бы ещё до аннексии русским людям предложили выбор, описав все негативные последствия от этого присоединения, тогда народ осознанно нёс бы свою долю ответственности за это. Но выбора русскому народу как всегда никто не предложил. Его просто поставили перед фактом. И ему осталось только принять этот "дорогой подарок" и радоваться. А кто не радовался должны были молчать, чтобы не подвергнуться осуждению. Ещё меньшее количество людей предполагало, что их финансовое положение с той поры станет ухудшаться. Крым даёт преимущества только Путину для повышения его внутреннего рейтинга и оправдания геополитических амбиций. [40] Да и то – временно.

После крымского аншлюса у России начались политические проблемы, Экономические проблемы не замедлили последовать вслед за политическими. Начались санкции, цены на энергоносители резко пошли вниз, рубль обвалился почти вдвое по отношению к другим валютам. И вот тут некоторые высокопоставленные чиновники (Дмитрий Медведев) стали переваливать ответственность за аннексию Крыма с себя на свою партию "Единая Россия", на Думу и на весь русский народ. Мол раз вы радовались, что Крым теперь наш, вы должны расплачиваться вместе с нами за наши решения.^{Прим.18} [55]

Приведу типовую реакцию Рустема Адагамова в соцсети "facebook" на слова Медведева в Госдуме об аннексии Крыма: "Мало того, что жулики и воры, они еще и политические авантюристы. Украли кусок территории у соседа, втянули его в братоубийственную войну, ввергли страну в экономический кризис, стали мировыми изгоями. И теперь неловко пытаются оправдываться. Как это жалко и нелепо выглядит!" [1] И Адагамов прав. Решение о нарушении международных Будапештских договорённостей принимали эти пацаны-хулиганы во главе с Путиным, а расплачиваться за последствия должен весь русский народ. И тогда я подумал: "Ну и безответственные же люди русскими правят!" (замените слово "безответственные" на другое, более неприличное сами). К их несчастью, аморальные российские правители этого не понимают и боюсь, что уже никогда не поймут.

Как власти сделали народ соучастником операции по присоединению Крыма к Российской Федерации? Наилучшую аналогию можно провести, используя денежные отношения. Допустим, каждому жителю России власти подарили по 20 тысяч рублей. Сказали, что просто так подарили за красивые глаза. Люди возрадовались и пошли отмечать подарок и тратить деньги. Прошло несколько месяцев и людям сказали, что это был не подарок, а долгосрочный заем, который нужно отдавать в течение нескольких лет с процентами. "Не волнуйтесь процент на эти деньги маленький и на уровне вашего благосостояния не отразиться – заверили власти." Обещания обещаниями, а отдавать приходится всё больше и больше. Зарубежные санкции – это и есть деньги для возврата и проценты на начальную сумму. И вот карабкается на трибуну в Думе какой-нибудь известный и богатый человек, занимающий должность премьер-министра РФ, и объявляет, что эти 20 тысяч рублей граждане России взяли добровольно. И его не волнует, что никто не просил этих денег и их раздали людям без просьбы с их стороны. "Так вы же приняли подарок – отвечают людям премьер-министр, — значит, платить будем вместе."

Обычно Путин не любит принимать решения, которые могут повредить ему лично. При подписании документов, особенно финансовых, он бывает очень осторожен. Подпись предполагает ответственность - и юридическую, и уголовную. Но в случае с захватом Крыма он нарушил это правило. Вероятно, потому, что далеко не все подчинённые были с ним согласны. Ведь общей границы между материковой Россией и Крымским полуостровом нет. Если бы Путин приказал захватить всю Малороссию вплоть до Приднестровья или хотя бы включая Херсонскую область, это было бы хотя бы территориально оправдано. А так приходится строить Крымский мост.

Путин неоднократно говорил во всеуслышание, что, когда он принимал решение по Крыму, он ни с кем не советовался и принял его лично. Для государственного деятеля это очень самоуверенное признание. Крым – это кот в мешке, возможные санкции, колоссальные расходы на адаптацию новой территории, потеря реноме России в мире. Присоединение полуострова коснулось не только его лично. Пострадали и до сих пор страдают многие. В принципе Крым – может послужить основанием для импичмента Путину. Но это возможно в демократическом государстве, а при автократии, в которую скатилась Россия за последние 18 лет, аннексия Крыма – это всего лишь повод для нового восхваления национального лидера – мудрого товарища Путина.

Какие соображения могли быть у Путина, когда он задумывал и осуществлял свою спецоперацию с захватом Крыма? Во-первых, Путин думал о геополитической справедливости и о том, что Крым никогда не принадлежал Украине, а изначально в течение 250 лет был частью российской территории и о том, что этот прокол Ельцина, сделанный при распаде СССР, должен быть устранён. Более подходящего момента, чем государственный переворот в Украине и свержение всенародно избранного президента Януковича не предвиделось. Во-вторых, Украина в течение четверти века начиная с 1991 года всё равно понемногу уходила от России. Она уже выжала максимум из стратегического партнёрства с Россией (в частности сниженные цены на нефть и газ для Украины, как члена СНГ, пользуясь своим положением транзитёра). В-третьих, рано или поздно Украина переметнулась бы от России на Запад, в Евросоюз и к США, и, постоянно нуждаясь в деньгах, могла бы сдать Крым в аренду НАТО - а это уже подбрюшье России. В современной войне время подлёта ракет до цели может быть решающим фактором в нанесении упреждающего ядерного удара по противнику. Одно дело, когда ракеты до Москвы летят из стран НАТО, а другое дело, когда они летят из Крыма и стран Восточной Европы – Румынии и Польши. Разница в подлёте в несколько минут может оказаться решающей. Впрочем, начался век гиперзвуковых ракет и лазерного оружия и эти преимущества могут быстро перестать работать.

Сейчас трудно сказать, просчитал ли Путин все последствия аннексии Крыма и, в частности, что Крымом дело не ограничится. Как известно: "коготок увяз — всей птичке пропасть". Это совершенно справедливо учитывая путинский настырный характер, его нежелание проигрывать. Начался кровавый Донбасс, который Путин поддержал. Появился сбитый "Буком" малазийский Боинг. Если бы дело ограничилось бескровным Крымом, Путину это бы сошло с рук после соответствующей денежной компенсации Украине. Но после сбитого Боинга весь цивилизованный мир объединился против него и против России. Его сторонились, как прокажённого на саммите двадцатки в Австралии, ему не хотели подавать руки. А Путин – человек обидчивый, злопамятный и мстительный. "Ах раз вы со мной так, я покажу вам, что может моя ядерная держава, вы у меня попляшете". И он сделал весь русский народ заложником своих геополитических интриг и манипуляций.

Попробую реконструировать ход мыслей Путина в этот момент, если бы он стал обращаться к русскому народу: "Раз вы меня выбрали, значит выбрали всё, что я, как Президент РФ, буду делать. Расплачиваться за последствия моих действий будем вместе, но рулить процедурой расплаты буду я. А ваша задача сидеть тихо и не протестовать. Ну, разве что, одобрять мои действия. Не волнуйтесь. Как-нибудь "вывернемся". Я - везунчик, поцелованный фортуной в лобик."

Для того, чтобы "вывернуться" Путин поддержал военную операцию Игоря Стрелкова в Донбассе и вмешался в гражданскую войну в Сирии. Всё это под благовидными предлогами, всё во имя русского народа и для его блага. А именно, для тренировки русской армии, для испытания новых видов оружия и взаимодействия родов войск, для повышения конкурентоспособности российской военной техники на мировом рынке и даже (только не падайте со стула) для уменьшения террористической угрозы со стороны исламистов. Однако сразу после вмешательства Путина в ближневосточные дела исламские террористы подорвали российский самолёт над Синаем. Это 224 души. Потом был взрыв в Питерском метро, а это ещё 13 трупов? И это ещё цветочки. Кто за это в ответе? Это, конечно, немного по сравнению с ленинско-сталинскими временами, когда счёт мертвецам шёл на десятки миллионов. Но всё же ...

Я сделал акцент только на одном аспекте ответственности. Но его можно распространить и на другие действия Президента. Всё получается, как и раньше при коммунистах: "Вот мы тут подумали, и я решил". В результате Путин получает только новые и новые санкции в ответ на свои реваншистские действия с повышением ставок. И никто в стране не может ничего поделать с упрямым ленинградским мальчишкой.

Глава 8

Стиль и Методы Работы

8.1. Методы Работы Путина как Политика и Дипломата

Существует много модификаций афоризма британского дипломата Генри Уоттона, сказанного им в Аугсбурге в 1604 году: "Посол (дипломат) — это честный человек, посланный за границу лгать на пользу своей страны". Это высказывание целиком применимо к большинству дипломатов во всём мире и, конечно, российских дипломатов. При этом, если хорошим тоном у дипломатов на Западе считается опираться хоть на какие-то проверенные факты, то российские дипломаты занимаются в основном спекуляциями и использованием риторических приёмов, которым их учили со студенческой скамьи в престижном московском учебном заведении МГИМО. Без дипломатов строго говоря можно было бы обойтись, если бы не то, что они, защищая интересы своего государства, прямо или косвенно приносят ему пользу, иногда предотвращая войны, уменьшая ущерб от войн и спецопераций и выторговывая своему правительству выгодные политические и экономические преференции.

У Путина есть твёрдая установочная советская база – мировоззренческая, ценностная, характерологическая. В основе своей он – настоящий советский человек, каким его мечтали видеть марксисты-ленинцы, истребляя неполноценных буржуев и других прихвостней мирового капитала. Однако, промежуточные поколения советских людей не прошли для тех, кто родился после Сталина даром. Их воспитывали уже не такими фанатиками, как во времена военного коммунизма и они сохранили человеческие черты. Поэтому, применяя те, или иные техники, аргументы и приёмы, Путин бывает более свободен и гибок, чем многие советские люди. Его хорошо выучили в школе КГБ, и он повысил свою квалификацию в 90-е годы, работая в мэрии Санкт-Петербурга и на ответственных должностях в Москве. К тому же Путин всегда собран, всегда "на коне", всегда блюдёт своё достоинство и достоинство своего государства, попадая даже в очень неприятные и скользкие ситуации.

Внутри России Путин согласует интересы разных группировок и, поэтому, выступает, как миротворец. Вовне – он воин. Там нет друзей и соратников, там есть только люди, которые блюдут свой шкурный интерес и интересы своих государств. Они так и норовят отхватить побольше от других, отдавая взамен как можно меньше. Свою задачу Путин видит в том, чтобы не позволить таким разворовать Россию.

В своих методах управления Путин является одновременно наследником византийской политической школы и последователем советской школы внешней разведки. Одновременно он использует в своей работе заповеди европейских мыслителей и политиков прежних времён (Макиавелли, Талейрана) и позднейшие манипуляторные техники, разработанные в XX веке.

Путин по своей ментальности - скорее восточный, чем западный лидер. Он пришёл к власти с помощью целенаправленных придворных интриг и подковёрных манипуляций. Впрочем, если почитать воспоминания бывшего охранника президента Ельцина генерала КГБ Александра Коржакова о том, что творилось в Кремле в Ельцинское время, то удивляешься, как при том уровне анархии, коррупции и осмысленной линии поведения в верхних эшелонах власти Россия сохранилась как государство вообще. [42] И на фоне этой разболтанной чиновничьей стихии Путин выглядел целеустремлённее других. Он хотя бы не позволял себе распускаться, как остальная чиновничья братия. Он всю жизнь, что называется "носом землю рыл" и в конце концов дорылся до президентства. И, наверное, в то время это был хороший выбор.

Путин пользуется современным арсеналом психологических средств воздействия на оппонентов, соратников, подчинённых и народ. Кроме того, он применяет секретную информацию из проверенных источников, которую ему регулярно поставляют референты и спецслужбы. Он также использует личные договорённости в задней комнате при выработке текстов договоров и перед подписанием соглашений. Такими способами

Путин переиграл премьер-министра Украины Юлию Тимошенко, когда она подписала невыгодное для Украины соглашение по нефти и газу. Таким способами Путин переиграл Меркель, Олланда и Порошенко при подписании двусмысленного соглашения по Донбассу в Минске.

Что касается его имперских действий по расширению влияния России, то он слишком далеко зашёл в своей игре на повышение роли России в современном мире. Складывается впечатление, что, думая о России, у него в сознании присутствует образ Советского Союза, а Советский Союз уже давно труп и никакое ядерное и космическое вооружение не может избежать этой реальности сколько бы памятников фанатику Ленину в России не стояло.

На азиатском международном рынке Путин всё ещё пользуется спросом, но это спрос на когда-то могучего, но уже постаревшего витязя, у которого в загашнике всё ещё хранятся залежи оружия массового поражения и много природных ресурсов. Сейчас Путин довёл себя, народ и страну до состояния, когда Россия противопоставляет себя всему цивилизованному миру. В своей внешней политике он постоянно жалуется, что и ЕС и США ставят России палки в колёса и не дают полноценно развивать экономику, вводя всё новые санкции. Так, милый мой, нечего было нарушать Будапештские договорённости и разевать рот на сопредельные территории. Сделай вначале свою страну экономическим локомотивом промышленного прогресса, а потом надувай щёки.

Путин использует энергоносители, как важное оружие для давления на другие государства (в основном восточноевропейские). Передовыми отрядами Путинской энергетической армии являются Газпром, Роснефть и Росатом. У него всё подчинено имперским гегемонистским целям. После аннексии Крыма в 2014 году, санкций и падения цен на энергоносители, Путин стал отделять экономических и политических партнёров от нахлебников, которые прикрываясь дружбой и всякими соглашениями получают большие преференции при покупке российского сырья и сбыте своих товаров. Конечно, отдаляя их от себя отсутствием скидок на газ, он теряет партнёров и союзников поскольку нужен им только до тех пор, пока добрый.

Могут ли быть претензии к Путину из-за того, что он такой, какой есть? Могут ли быть претензии к топору оттого, что он такой, как есть? Топор предназначен для того, чтобы рубить деревья, колоть дрова, но не для бритья или тонкой ручной работы. Путин – консервативный имперский политик, которому нужно было родиться в XVIII-XIX веках. От него трудно ожидать демократических методов управления страной и соблюдения изощрённых международных правил игры. Топор есть топор.

8.2. Особенности Путинского Руководства

Марина Ентальцева, секретарь Путина в 1991-1996 годах, беседуя с журналистами о своём бывшем шефе, сказала: "Не могу сказать, что он был строгий начальник. По-настоящему его могла вывести из себя только людская тупость. Именно тупость. Но голоса он никогда не повышал. Он мог быть строгим и требовательным и не повышая голоса. Если он давал какое-то задание, его не особо волновало, как это сделать, кто это сделает, какие могут возникнуть проблемы. Это должно быть сделано - и все." [19] С одной стороны, когда начальник доверяет своим подчинённым и верит в их силы – это хорошо, а с другой, когда он ставит сложную задачу со многими неизвестными (например, за десять лет с 2004 до 2014 года удвоить ВВП России, или за 8 лет с 2012 по 2020 год выполнить 11 глобальных майских указов), а подчинённые в условиях централизованного ручного управления на это неспособны – это плохо. Тем более, если сам президент в это время ввязывается в военные авантюры по всему миру. И кто после этого тупой?

Путин чётко обозначил своё место и роль в управленческой иерархии России. Это роль верховного распорядителя, модератора, судьи высшей инстанции, ну, и, конечно, роль авторитарного правителя. В этом смысле Путин занял удобную и беспроигрышную позицию: он озвучивает цель, ставит задачу, а уже дело подчинённых её решить.

Особенность Путина, как руководителя, по мнению известного политолога Белковского как, впрочем, и других людей, которые Путина знают, состоит в том, что он силён, как тактик, но слаб, как стратег. Как азартный политический игрок Путин старается выиграть текущую партию, решить вот эту конкретную тактическую задачу, которую он перед собой поставил. При этом, решая насущные задачи, он мало думает об отдалённых последствиях своих действий для себя и для страны. Правда, если считать создание вертикали власти стратегической задачей, то в этом он проявил себя и как стратег.

На пути к верховной власти он старался, чтобы все значимые, влиятельные люди были его хорошими знакомыми. Прямо "в лоб" Путин не ссорится ни с кем, но при необходимости может противопоставить себя другому человеку, особенно если этот человек слабее его, зависит от него, и он может с ним справиться. Заняв ключевую позицию, он использует свои административные возможности и зависимых от него людей для того, чтобы победить человека, который ему не угоден (например, наслать проверочную комиссию, создать нужное ему общественное мнение, создать послушное большинство, которое он покупает обещаниями, деньгами, собственностью и пр.). При этом Путин действует с гарантией так, чтобы ничто не помешало его планам.

Как и многие другие российские правители Путин слишком верит в силу слова, мол достаточно сказать: "экономика модифицируйся" и она тут же начнёт это делать. В качестве примера можно привести задачи, поставленные Путиным перед правительством, возглавляемым Медведевым в 2012 году. Ещё тогда они казались реальными и выполнимыми, а уже в 2014 году после падения цен на энергоносители и санкций, введённых Западными странами против России, выполнение этих задач стало нереальным. Однако, никто из правительства не посмел сказать Путину: "Ты сам заварил эту кашу с Крымом и с Донбассом, сам и расхлёбывай, а мы умываем руки". Один Кудрин что-то промямлил, да и то – в неявной форме. Остальные от Путина настолько зависят, что прижали руки к козырькам и как умели стали выкручиваться из скверной ситуации 2014 года.

Любимая схема общения Путина: найти знакомых, проникнуть через них в правящую элиту, стать со всеми на равных, а потом исподволь захватить лидерство над всеми. Но то, что у Путина проскакивало с незатейливыми русскими лидерами, не проскакивает с мировыми лидерами, которые сами прошли жестокую школу отбора и выживания в своих странах и на мировой арене. Попасть в мировую правящую элиту на равноправной основе Путин так и не смог. Что вы хотите, Россия – сырьевая страна которая позорно проиграла Холодную войну и с которой в 90-е годы не особенно считались ведущие державы мира. Путина задевает такое пренебрежительное отношение, а он бывает очень эмоционален и даже неадекватен, когда его что-то сильно задевает. Он начал искать недоброжелателей, врагов среди тех, кто игнорировал его призывы к дружбе. И, конечно, нашёл и не одного.

Путин управляет своим неискушённым в реальных хитросплетениях политики и экономики народом достаточно просто – через популистские пиар-акции. Он даёт много фактов, цифр, примеров, аналогий, образных сравнений – частично в традициях советских руководителей прежних времён, частично включая свою богатую интуицию и импровизируя на ходу. Ну, конечно, делает всё это дипломатично и аккуратно подбирая слова – особенно под видеозапись. На самом деле эти акции эффективны только для его личного имиджа. Для экономики страны эффективность такого управления весьма сомнительна поскольку на местах всё отдаётся на откуп чиновникам, которым путинские государственные цели и цифры безразличны. Если ему выделили из казны миллион, чтобы построить дорогу, которая стоит десять, то он думает не о том, как построить дорогу, а о том, как сохранить своё место в этих условиях. Зато с козлами отпущения у Путина полный порядок. Всегда можно найти виноватого, недосмотревшего, проштрафившегося. Впрочем, в России так было всегда.

У президента Путина два формата управления своим народом, один — послания федеральному собранию или доклады на форумах, конференциях, съездах, другой — это ответы на вопросы людей из народа или на вопросы журналистов. Оба – напоказ, как выступления артиста на сцене.

Во время последних 13 Посланий к Федеральному собранию Путин обращался в основном к чиновникам, бюрократам – финансовым, церковным, административным, промышленным, которые по идее и так должны рачительно хозяйствовать, экономить деньги, увеличивать производительность труда, повышать нравственность и т.д. Чтобы послание не носило совсем уж декларативного характера, оно должно быть обращено к тем, кто думает и делает, совершенствует и воплощает: инженерам, рабочим в промышленности и сельском хозяйстве, то есть к людям, которые своей активной деятельностью кормят всех этих бюрократов. А ещё лучше - сократить львиную долю бюрократов и прибавить самостоятельности и денег производителям на местах. Тогда никаких Посланий к Федеральному собранию не потребуется. Чуть не написал, что тогда никакой Путин не потребуется.

Раз в год Путин во время Прямой линии с народом Путин становится "Красным директором". В годы военного коммунизма и позднее "Красные Директора" управляли предприятием любого размера, как своей маленькой частной мастерской. Они знали всё и всех на своём предприятии, могли заменить любого рабочего, мастера, начальника цеха на его рабочем месте. Сталинские "Красные Директора" занимались всем - от планирования работы до организации производственного процесса, выпуска и отгрузки изделий. На ежедневных совещаниях (планёрках) они брали на себя ответственность за все неполадки и проблемы на своём предприятии. Лично отчитывали подчинённых любого уровня за невыполнение планового задания, постоянно, при этом прибегая к непечатным выражениям. Иногда они даже распоряжались организацией погрузки и разгрузки вагонов, уборкой труб с проезжей части дорог и т.д. Способы руководства "Красного Директора" чрезвычайно неэффективны. Зато никто не оспаривает его лидерства и права в любой момент уволить любого человека с предприятия.

Когда Путин отвечает на вопрос, который может прийти из любой точки России, или реагирует на просьбу, ему как "Красному директору" тоже приходится оперативно принимать решение, реагировать на просьбу. В результате Путин делает за полпредов, губернаторов, мэров часть их работы, но только напоказ перед телекамерами. В течение нескольких часов Путин отвечает за всё, что творится внутри страны и за рубежом - то есть за решение любой проблемы, начиная от протечек в местной теплосети и заканчивая тем, как вытащить шпионку Анну Чапман из цепких лап правоохранительной системы США. Его личный рейтинг при этом повышается, зато значимость других руководителей России снижается. В течение этих нескольких часов они должны быть готовы работать у Путина мальчиками на побегушках.

Когда Путин осуществляет управление страной через прямую линию, он реагирует оперативно и быстро. Основное отличие ручного телевизионного пиар-управления от нормального управления состоит в том, что по задумке Путина все чудеса должны осуществляться в режиме реального времени прямо здесь и сейчас с нулевой задержкой между стимулом и реакцией. Например, после жалобы о бедственном положении семьи после наводнения и о том, что чиновники не выдают выделенных правительством аварийных денег без выплаты 6 тыс. руб. за архитектурную инспекцию, Путин отреагировал незамедлительно: "Это безобразие, губернатор к вам уже едет". Это зрелищно, эффектно, но ненормально. В нормальном государстве так не должно быть. Кроме губернатора там что, нет других людей, которые за выплаты отвечают и ставят палки в колёса? Но наказывать какого-то регионального клерка на глазах у всей страны это как-то несолидно. Вот губернатор – это фигура. С него и начнём. В результате за четыре часа такого общения с народом кучу вопросов можно решить. А рейтинг-то как подскочил у президента – никаких речей и статей не надо.

На последней прямой линии 15 июня 2017 года Путин временами надевал маску Иисуса Христа ("творю чудеса, насыщаю не менее 5000 людей с помощью пяти хлебов и двух рыбок, облегчаю страдания"), временами – маску старика Хоттабыча ("трах-тиби-дох-тиби-дох - немедленно и бесплатно осуществляю благотворительные акции на частном и государственном уровне, избавляю от плохих губернаторов и прочих виновников ваших страданий"). Чем не чудотворец. Только в 90-е годы чудесами занимались Анатолий Кашпировский и Алан Чумак, а сейчас их место занял действующий президент.

Для русского народа всё время ожидающего чуда на фоне нелёгкой жизни — это очень успешная тактика, которая приносила и приносит дивиденды поколениям русских правителей. Видимо, сам Путин не может забыть, как его мама выиграла в лотерею автомобиль. В честь этого события он ежегодно устраивает лотерею для граждан своей страны – кто-то квартиру получает, кому-то бесплатную хирургическую операцию делают, кто-то золотой Айфон выигрывает. Всё это делается на виду у всех, на телевизионном глазу – прямо здесь и сейчас. Прикоснись и пощупай!!!

Пока на прямых линиях с народом Путин развлекает народ прибаутками собственного сочинения, его слова попадают в центр удовольствия в мозгу у русского человека и этот человек Путина очень любит. Но когда бюджетные деньги подойдут к концу и жизнь резко ухудшится, Путину уже не помогут ни хохмы, ни анекдоты. Разве что ФСБ, ОМОН и Росгвардия. Ещё одна надежда на то, что природных запасов России на путинский век хватит, чтобы народ с голоду не стал умирать.

8.3. Методы Управления Толпой

Путин выражается просто, говорит грамотным языком и этим нравится большинству избирателей. Приведу записанные мной выдержки из речи Путина на митинге в его поддержку 23 февраля 2012 года в Лужниках:
"Путин: Мы любим Россию ... . И мы все вместе готовы работать на благо нашей великой родины. Готовы не только работать, но и защищать ее. Защищать ее во все времена и всегда. Мы не допустим, чтобы кто-нибудь вмешивался в наши внутренние дела, не допустим, чтобы кто-нибудь навязывал нам свою волю, потому что у нас с вами есть своя воля. Она всегда помогала нам во все времена побеждать. Мы с вами народ-победитель. Это у нас в генах, в нашем генном коде. Это передается у нас из поколения в поколение. Мы и сейчас победим, и я вас хочу спросить, мы победим?
Участники митинга: Дааааааааааа!
Путин: Мечтаю о том, чтобы все жили по совести. Главное, чтобы мы были вместе. Мы – это единый могучий российский народ. Призываю не изменять своей родине, не бегать за бугор, а искать правду у себя. Я всё вижу. Не могу пожать руку каждому и обнять. Опираясь на нашу историю, будем строить будущее. Мечтали умереть за отечество под Бородино. Умрёмте ж под Москвой. Битва за Россию продолжается. Победа будет за нами!"

Когда я слушал эту речь у меня было несколько соображений:

1) Путин зомбирует собравшихся на митинг. Им внушают психологию людей, находящихся во враждебном окружении. Врагам нужно противостоять во что бы то ни стало, защищать себя и свою страну от внешних угроз. Конкретный враг не назван. Наполеоновское вторжение в Россию и Бородино было 200 лет назад. С тех пор враги несколько раз менялись. По сути путинская речь - эта речь военачальника перед своими солдатами, построенная по принципу воздействия на их чувства, а не на разум.

2) Интеллект собравшихся не должен быть очень высоким поскольку речь Путина полна допущений, предположений, догадок о плохих намерениях народов других стран, настроенных против России.

3) Путин апеллирует к народной воле. Как показала русская история, на которую Путин ссылается, воля должна быть у военачальника, а солдаты выполняют его приказы. У них не бывает отдельной, самостоятельной воли – прикажут стоять насмерть, они будут насмерть стоять. Скис полководец, скисла и разбежалась его армия.

4) Путин настраивает и подогревает не столько слушателей, сколько самого себя, повышает свой дух, как лидера, полководца, которому надо вести за собой полки.

5) В продолжении речи Путина мне всё время хотелось ущипнуть себя: "какой сейчас век – XIX или XXI?" Сейчас ракетно-ядерный век. Тот эмоциональный настрой, которые нужен солдату-войну, который идёт в штыковую атаку, вовсе не нужен солдату-оператору, который сидит за пультом ракетной установки и наводит ракету на удалённую цель. Оператору эмоции ненависти и злобы к гипотетическому врагу на другом континенте будут скорее мешать, чем помогать. Однако перешагнуть через свою агрессивную чекистскую природу Путин не может. У него личная черствость и равнодушие к жизни конкретных людей подпитывают чувство ненависти к врагу – неважно какому – внутреннему или внешнему. Лишь бы свою автократическую власть сохранить и верному человеку передать.

По сути Путин призывает участников митинга и весь народ к какой-то нерассуждающей самоотверженности, к служению родине просто потому, что это родина. И защищать эту родину нужно от тех, кто вмешивается во внутренние дела России. И обязательно их побеждать. И на предстоящих выборах президента тоже надо голосовать за Путина. Потому что он – полководец и любит свою родину. А победит Путин не только на ближайших выборах, но и потом, когда народ будет решать поставленные Путиным задачи.

С времён СССР не прерывалась политика военного противостояния России с окружающим миром. Был небольшой перерыв в 90-е годы, когда руководству России было не до войны поскольку оно выживало вместе со всем народом. Теперь, немного подкопив жирок, Путин опять строит милитаристское государство и опять стремится быть "в каждой бочке затычкой".

В чём состоит новая милитаристская концепция путинской России в XXI веке?

Во-первых, в терминологии. С приходом Путина воскресла часть милитаристских терминов советской эпохи (Например, "Дипломат Чуркин погиб на боевом посту", "Строимся и двигаемся колоннами", "Победим врага" и пр.).

Во-вторых, в создании образа врага и в том, чтобы бросать этому врагу вызов. Сам Путин – крепкий мужичок и любит бросать вызов кому и чему угодно – противникам, природе, неблагоприятным обстоятельствам. Это, как правило, просчитанный вызов. Если решение принято, то он и его народ будут сражаться до победы, чего бы им это ни стоило.

В-третьих, в военных конфликтах, которые нужны Путину обязательно. Без них присутствие Путина в мировой политике не обязательно поскольку, как экономист и как технологический инноватор он слабоват. Немудрено, что российское руководство делает всё возможное, чтобы не решать внутренние проблемы. Проще вовлекать страну в конфликты вовне (Грузия, Украина, Сирия), огрызаться на любые недружелюбные действия США, НАТО, ЕС. Это броско, это ярко, это мобилизует. Сразу виден результат. Подчас результат крохотный, как у моськи, которая лает на слона, но раз слон сдвинул ногу на пару сантиметров в сторону, чтобы не раздавить лающую моську – это уже результат, который можно всенародно праздновать.

В-четвёртых, в сакральных жертвах, а именно в том, что каждой нации время от времени надо пускать кровь, чтобы не застаивалась, а русской инерционной и ленивой нации – кровь нужно пускать чаще и больше, чем другим. Вон 50 миллионов населения пустили под нож большевики-коммунисты, так до сих пор полно идиотов, которые восхваляют ленинско-сталинскую эпоху.

Больше всего Путин опасается цветной революции. Вроде бы задолго до новых президентских выборов он подстраховался по всем фронтам: активизировал работу ФСБ, прибавил зарплату бойцам полиции и ОМОНа, создал Росгвардию, подчиняющуюся ему лично, дал им разрешение стрелять на поражение, купил лояльность членов своей команды недвижимостью и обещаниями будущих льгот и привилегий, инициировал принятие законов, которые ограничивают любую несанкционированную народную активность. И всё равно душа у Путина неспокойна. Мерещится ему Майдан и русский бунт - бессмысленный и беспощадный. Не знаю уж в реальности это было или он приукрасил, но стоит у него перед глазами картинка, как он, тогда офицер КГБ в сопровождении одного бойца вышел на переговоры с толпой восточных немцев, которые якобы пришли крушить всё, что связано с проклятой советской властью в Восточной Германии.

Легенду о разъярённой толпе восточных немцев, скорее всего придумал сам Путин, разукрашивая своё прошлое в романтические тона. Немцы - дисциплинированный народ и если к дрезденскому Дому дружбы СССР – ГДР пришло несколько десятков или даже пару сотен человек, то вряд ли они собирались крушить всё вокруг подобно людям с южным темпераментом. Я был и в Дрездене, и в Берлине незадолго до падения Берлинской стены – знаю ситуацию непонаслышке. Поэтому "усмирить" этих любопытствующих немцев Путину было нетрудно, хотя ситуация возможно была не очень приятная поскольку в здании могли храниться агентурные данные о немецкий стукачах, работавших на КГБ, равно как и документы о работе резидентуры СССР в ГДР.

8.4. Искусство Манипулирования Людьми

Политика и управление – это в немалой части искусство манипулирования людьми и искусство подтасовки аргументов в разговоре или выступлении. Как раньше Путин хорошо овладел приёмами дзюдо, так он овладел и этими искусствами. Он учился этому с подросткового возраста, как только стал осознавать себя зрелой личностью. Его доминантой стало скрытое управление людьми и общественными процессами на индивидуальном и групповом уровне. "Как подчинить человека своей воле?", "Как сделать так, чтобы человек выполнял то, что ему предписано хозяином, лидером, просто властным жуликом?"

Путин – мастер подковёрной интриги. Сам он без нужды на первый план не вылезает. Во второстепенных вопросах он всегда второй, третий, всегда примкнувший, всегда идущий вслед за кем-то (по типу: "ну что я мог поделать?") На самом деле он инициирует и создаёт нужное ему мнение, поддерживает только тех, кто разделяет его позицию. Но создаёт это мнение ловко, исподволь. У него обязательно есть исполнители, на которых можно переложить ответственность за косяки и провалы, есть те, кто поддерживает нужное ему мнение, нужную точку зрения, которую Путин формирует и организует в задней комнате. Он хитрый парень, который прикидывается невинной овечкой, всегда действует втайне, но жёстко гнёт свою линию. Проводить свою линию ему стало легче после того, как он стал президентом. Снаружи Путин всегда умильный, приятный, ласковый, особенно когда говорит детям: "Как вами легко управлять", а за их спинами он может инициировать и подписывать законы, которые ограничивают права этих самых детей с их айфонами, ю-тюбами, блогами и Интернетом. Главное всё старается делать чужими руками, чтобы самому выглядеть хорошим.

Сейчас, будучи мэтром политической борьбы, Путин просто включает соответствующую программу, алгоритм, применяет приём, который помогает ответить на вопрос, не отвечая на него, уйти от изложения своей точки зрения, если ему это не надо, поставить на место собеседника, не оскорбляя его, не позволять загонять себя в угол и не ставить себя в положение оправдывающегося. Когда ему выгодно Путин ссылается на аналогичную ситуацию в других странах, когда нужно, он ссылается на закон (внутренний или международный). Искусство манипулирования аудиторией и собеседником в том и состоит, что тот, кто выступает с докладом, отвечает на вопрос уже своим статусом лидера, докладчика, лектора зарезервировал за собой преимущество.

Ещё один существенный момент. Путин, видимо, полагает, что раз он официально уволился из КГБ СССР в августе 1991 года, то на этом всё кончилось, с прошлым покончено и он начал жизнь с чистого листа. Ан нет! Чистым лист оказался только с одной стороны, другая сторона всё ещё заполнена старыми чекистскими письменами. Старые навыки и умения живут вместе с нами очень долго, иногда всю жизнь. Даже если они и ослабевают со временем, то ещё более живучи жизненные установки, которые есть часть мировоззрения и которые со временем никуда не деваются. Так очень многие люди говорили, что навыки вербовки агентов у Путина сохранились до сих пор и он их применяет почти бессознательно, по привычке, даже без особой нужды. Об этом говорили главный редактор Эха Москвы Алексей Венедиктов и президент некоммерческой общественной политической организации Институт Брукингса в Вашингтоне Строуб Тэлботт.

Путин ловко манипулирует людьми и общественным мнением. Свои манипуляции Путин даже не маскирует, прикрываясь мнением народа, как это раньше делали коммунисты. Помните: "по многочисленным просьбам трудящихся решено переименовать город Петроград в Ленинград". Сейчас такими ссылками на мнение трудящихся нынешние представители власти даже не заморачиваются. Просто из Администрации Президента или из Правительства в Государственную Думу спускается законопроект для быстрого принятия и всё тут. Небольшие корректировки законопроекта возможны, но не более того. Законодатель, который проголосовал против правительственного законопроекта попадает в чёрный список и в следующий раз его просто не переизберут поскольку все финансовые и административные выборные рычаги в руках Кремля.

Путин избегает лобовых столкновений, после которых трудно общаться и договариваться. Как тактик он великолепно манипулирует людьми и без особого труда держится на поверхности власти. Искусство придворной интриги у Путина отточено до совершенства. Можно сказать, что он гений интриги, специалист по подспудному влиянию на людей.

В течение многих лет пребывания у власти после работы в ГДР Путин даже выработал свой индивидуальный политический почерк. Вот некоторые из широкого арсенала приёмов, которые он применяет:

Приём первый. Мы окружены врагами и теми, кто желает нас уничтожить. Но России не привыкать. Тысячу лет сражались и побеждали – победим и теперь. Только суньтесь.
Приём второй. Мы – невинны, как агнцы. Нас унижают, дискриминируют, на нас нападают злонамеренные партнёры, злокозненные агрессоры, другие люди, которые неправильно понимают ситуацию, а мы только вынуждены защищаться и принимать меры (симметричные или асимметричные – неважно, но такие, что нашим врагам мало не покажется).

Приём третий. Путин обожает апеллировать к здравому смыслу собеседника. Например, "Может ли такое быть?", "Не абсурдно ли это?", "Ну поставьте себя на наше место, что бы вы сделали?", "Даже ваша трёхлетняя дочь могла бы сделать это (хакерскую атаку на серверы демократической партии США), почему обязательно русские?"

Приём четвёртый. Уход в "глухую несознанку". Например, "Знать не знаю и ведать не ведаю", "Понятия не имею", "Вы, видно, лучше меня знаете, кто это сделал".

Я всегда поражался, почему советские, а теперь российские политики, дипломаты, военные так много говорят о двойных стандартах, двойной морали представителей других стран. Ответ простой. Начиная с прихода большевиков к власти, они сами эти приёмы, методы постоянно применяют. Не имея возможности предъявить конкретные факты (из-за идеологической ангажированности, из-за секретности и т.д.), они часто приписывают свои подсознательные скрытые желания своим противникам. Всё получается прямо по Фрейду – проекция своих подсознательных побуждений, комплексов на других.

Приведу три расхожих дипломатических приёма по типу: "Это ещё надо посмотреть, кто из нас хуже".

Классический приём ещё советских времён. В ответ на обвинения западных политиков в военных агрессиях советских войск в Венгрии, Чехословакии, Афганистане и других странах, у советских дипломатов всегда была отговорка: "Вы сами-то на себя посмотрите – сколько войн вы развязали и сколько народу убили. И всё во имя вашей пресловутой демократии."

Другой приём, относящийся к современности. Когда самолёты сирийского диктатора Башара Асада вместе с российскими бомбардировщиками бомбят позиции оппозиции и террористов в Алеппо (Сирия) и страдают мирные жители – это военная необходимость, зато когда войска Западной коалиции бомбят город Мосул в Ираке и тоже страдают мирные жители – это военное преступление.

Ещё приём, который применил пресс-секретарь российского президента Дмитрий Песков, цитируя своего шефа: "Путин видит в ударах по Сирии со стороны США попытку отвлечь внимание мирового сообщества от многочисленных жертв среди мирного населения в Ираке". Кто входит в это мировое сообщество? И вообще, зачем западная коалиция и русские вообще полезли в Сирию и ради чего тратят там кучу денег? На эти и другие вопросы никто честного ответа не даёт, потому, что это невыгодно. Обвинять и уличать других всегда легче, чем сказать правду о себе самом. Цели-то у русских и у западных политиков в отношении Асада не совпадают. Разве что сирийская нефть привлекает всех.

8.5. Методы Психологической Работы с Людьми

Какой стиль доминирует в поведении Путина, когда он работает с людьми? А вот это самое интересное поскольку по мысли французского естествоиспытателя XVIII века Жоржа Луи Леклерка де Бюффона, стиль является той неповторимой особенностью, которая отличает конкретного человека от других людей, тогда как идеи, им развиваемые, могут быть достоянием многих.

Главная особенность путинского стиля – это постоянное расширение круга общения, закрепление полезных контактов и персональных связей и использование перспективных людей в своих целях. Как о Путине пишет его биограф, Олег Блоцкий, двигаясь наверх по карьерной лестнице, "большей частью Путин действовал через знакомых". [9] Этот неформальный путь в коммунистической обойме поздних советских времён следует признать весьма распространённым и эффективным. Руководящие работники знакомились на собраниях, конференциях, во время застолий, давали друг другу рекомендации, вместе "обмывали" назначения, обсуждали людей перед принятием кадровых решений. В общем это была распространённая практика среди руководителей в советской стране. И она сохранилась до сих пор в России.

Для скрытого управления людьми Путин руководствуется следующими правилами:
- Проводить анализ ситуации, фактов и обстоятельств заранее.
- Перед началом проекта составлять план.
- Сохранять выдержку на людях, что бы не случилось.
- Проявлять стрессоустойчивость, не терять головы и сохранять здравый смысл.

- Сохранять дистанцию с людьми и выбирать выгодную позицию во времени и в пространстве.
- Сразу ставить зарвавшихся людей на место пока дело не зашло слишком далеко.
- Проявлять терпимость к слабостям и глупости подчинённых, особенно если они тебе преданы.
- Излагать свои мысли чётко ясно, популярным, доходчивым языком.
- Проявлять внимание и корректность к людям, что даётся сознанием своей силы и компетентности.
- Уметь выслушать собеседника и тактично отказать.

Из-за того, что Путин умеет скрывать свои намерения, это нередко вводит людей в заблуждение относительно них. Иногда Путину становится ясно, что они с собеседником – "не одного поля ягоды", синтонности общения и взаимодействия не получается, но тот ему ещё нужен. Тогда Путин прячет своё истинное отношение к нему до поры до времени (как, например, было с Борисом Березовским). Врагом Путину этот человек станет потом, когда надобность в нём отпадёт.

Основной путинский психологический метод состоит в том, чтобы заранее наметить, чего он хочет добиться, а затем сделать вид, что его это не интересует, ему это не надо по типу: "не больно-то и хотелось". В рамках этого метода можно выделить следующую тактику. Я бы назвал эту тактику: "Усыпление бдительности". Суть её состоит в том, что Путин делает вид, что ему неинтересно какое-либо заманчивое предложение, например, занятие должности премьер-министра или президента РФ. При этом он мотивирует свои сомнения тем, что в этой должности много минусов, подводных камней, занятие должности связано с большой ответственностью, очень рискованно, что выгоды от предложения очень сомнительны. А иногда даже выдвигает какое-нибудь контр-предложение по типу: "Мне бы лучше Газпромом рулить". Потом вроде бы нехотя соглашается, но ставит свои условия. При этом Путин ни в коем случае не показывает, что всеми фибрами своей души он мечтает об этой должности, об этом статусе. Он сопротивляется предложению, но не очень сильно по типу курицы, когда за ней бежит петух: "А не быстро ли я бегу?"

Например, когда Ельцин уговаривал Путина стать премьер-министром в 1999 году. Путин выдвинул безопасность семьи, как главную причину своих сомнений. Кроме того, он преувеличил негативные стороны должности премьер-министра и ответственности в случае принятия этой должности. Ельцин – мужик прямолинейный и привык к таким же простым, прямолинейным подчинённым. С путинской тактикой он столкнулся впервые и попался на крючок к специалисту по рыбной ловле.

Другой пример. Некоторые простодушные люди такие, как писатель Эдуард Лимонов, полагают, что подчинённые уговорили Путина пойти на четвёртый срок президентства и что он зря на эти уговоры поддался. На самом деле Путин просто так ловко организовал своё выдвижение кандидатом на следующий президентский срок, что у многих сложилось впечатление о том, что должность президента — это для него не такой уж и большой подарок. Работать надо много, ответственность сумасшедшая, а в ответ получаешь одни неприятности. Поэтому Путин делает вид, что он сам вроде бы этого не очень хочет и колеблется. На самом деле – это маска и игра для простаков, червячок для простодушных российских "рыбок".

Путин довёл до совершенства психологический приём: "Я не хочу, но меня умоляют". Если раньше он применял его только с отдельными людьми типа Собчака и Ельцина, то теперь вовсю использует его везде и всюду: и со своей партией – "Единая Россия" и со всем народом.

В то же время, когда Путин действительно чего-то не хочет делать, то его никто не уговорит и не заставит, он стоит на смерть. При принятии решения главное для него – это вопрос личных планов, личной выгоды и личного желания. При этом он применяет тактику, которую можно назвать: "Игнорирование ненужного". Как он эту тактику реализует?

Путину со всех сторон поступает огромное количество вопросов, предложений, советов, просьб. Он реагирует только на часть из них – в основном на те, которые ему выгодны и идут в русле его планов. На остальное он просто не отвечает и не обращает внимания. Если же кто-то пытается настаивать и, тем более, прессовать Путина, он прибегает к дискредитации такого человека, мол что вы слушаете всяких аморальных типов, за ними самими много грехов водится. В крайних случаях Путин прибегает к санкциям и даже репрессиям против настырного просителя, так, чтобы в другой раз тот больше не настаивал на своих предложениях и инициативах. Путин делает только то, что считает нужным и то, что работает на его цели, на его пиар и пр. Остальное игнорирует. Эту тактику усвоил и применяет теперь его верный помощник и лицо номер два в РФ – Дмитрий Медведев (см. его реакцию на фильм Навального: "Он вам не Димон").

Путин производит регулярную "инвентаризацию" людей, с которыми работает, перемещает их из одного мысленного списка в другой и аккуратно избавляется от тех, кто может его скомпрометировать.

Как присуще разведчику, Путин умеет влезать в душу и влиять на собеседника. Поэтому его знакомые его не выдают. Кроме того, в клане-команде Путина молчание – воистину золото, а длинный язык может довести до кладбища.

Когда в руки одного человека попадает столько власти, сколько взял себе Путин, ему просто нет необходимости перед кем-то в чём-то персонально отчитываться. Это стремление к неподотчётности у Путина проявлялось с детских лет.

Путин не ощущает себя достаточно комфортно для того, чтобы выдержать диалогическое противостояние и противоборство с равноправными партнёрами, когда его положение не является априорно доминирующим. Поэтому он избегает таких ситуаций. Путин не любит, когда его перебивают поскольку это нарушает ход его мыслей и рассуждений. Его любимые схемы общения – это поочерёдные ответы на вопросы, идущие из хорошо организованной аудитории один за одним. То есть он силён, общаясь с людьми, которых не нужно убеждать в его безусловном лидерстве, но слаб в условиях равноправных партнёрских взаимодействий, когда группа или организованная часть её стоит против него лично. В этих случаях он предпочитает затаиться, уйти, организовать более благоприятную для себя обстановку и только потом вернуться и бороться.

В должности президента Путину приходится регулировать не только своё поведение, но и ограничивать чрезмерный раж своих подчинённых, следить за тем, чтобы окружающие его люди не выражали свои верноподданнические чувства слишком громко и не разбивали лбы о пол, выполняя его указания. Например, когда парламентарии готовились принять ответный российский закон на американский закон Магницкого, Путин попросил их "не переусердствовать".

Ещё одно испытание, к которому Путин уже привык – это необходимость приспосабливаться к переговорщикам, облекать свои предложения в дипломатичные фразы вместо того, чтобы по-пацански рубануть: "не сделаешь – получишь в лоб".

Путин обладает хорошей реакцией на политические и экономические изменения, быстро подстраивается к ним. Он обладает достаточной волей, чтобы через доверенных лиц держать в подчинении огромный бюрократический аппарат. Правда с возрастом ему становится всё труднее это делать - за всем ведь не уследишь. Да и для себя пожить хочется. Приходится концентрироваться только на отдельных, наиболее важных направлениях. Публичные телевизионные встречи с журналистами и народом ("прямые линии ") помогают частично восполнять пробелы в управлении.

Судя по тому, как широко и даже нерасчётливо Путин тратит государственные деньги на всякие проекты, его не пугает рецессия, стагнация, слабые перспективы развития российской экономики, постоянная нехватка денег в бюджете, скорая исчерпанность резервного фонда и фонда национального благосостояния, коррупция, избыточная забюрократизированность правящего аппарата и прочие "мелочи". Иногда даже кажется, что, несмотря на неплохую способность предвидеть события и результаты, Путин живёт как в психологической "группе встреч" "здесь и сейчас" и решает проблемы по мере их поступления. Вот сейчас ему нужно переизбраться на следующий срок, и он всем должен показать, какой он деловой и успешный – раздаёт деньги, обещания. Ни у кого не должны возникнуть сомнения в нём, как в президенте.

Путин проявляет заботу о простых людях, когда оказывается с людьми наедине или этих людей не успевает оттащить от него личная президентская охрана. Но что он может сделать один? Ну осчастливит своим личным вниманием и помощью десяток другой людей. Но зачем тогда нужны другие руководители России? Те, которые не могут так лихо обещать людям построить новые дома взамен сгоревших, увеличить им пенсии и зарплаты, пригласить в Кремль на праздник. Получается, что все жители России снизу доверху зациклены на одном человеке и зависят от его милостивого или грозного взгляда. Ну не должна так работать модель управления в XXI веке, ей богу, не должна.

Просматривается ещё одна тенденция в словах и действиях Путина. Придя к власти будучи более молодым советским человеком, Путин применяет большую часть советских подходов к управлению государством, на которых он был воспитан, опирается на левый наиболее реакционный электорат русского консервативного общества, подменяет экономику психологией и телепиаром. Хлебнув лиха в молодости, он нутром понимает состояние бедных людей, у которых мало возможностей и перспектив в жизни. Он также понимает насколько велика зависимость плохо защищённых слоёв населения от дотаций государства. Достаточно посмотреть на миллионы вопросов, которые приходят в центр подготовки прямой телевизионной линии с президентом. Отвечая на эти вопросы, без психотерапии не обойтись. Но кормить-то людей надо не только словами.

8.6. Склонность Провоцировать и Тестировать Других Людей

Путин способен быстро включаться в ситуацию, гибко к ней приспособиться и обернуть её в свою пользу. Хладнокровие и выдержка ему в этом помогают. В стрессовой ответственной ситуации реагирует Путин быстро, просчитывая последствия на пару ходов вперёд.

Путин никогда не расслабляется и не даёт расслабиться другим. Он как взведённый курок или как Юный Пионер: "Всегда готов". Причём готов на всё - и на хорошее, и на плохое. Главное при этом – ему надо убедить себя, что это нужно не только для него, но и для блага государства.

Путин постоянно испытывает себя и окружающих на выполнение трудных задач с неизвестным исходом. Это стало частью его поведения. Будучи ещё мальчишкой, он подбивал сверстников голышом прыгать в снег. В результате все они простудились и заболели. Потом уговорил их плавать на льдинах по холодной воде. Потом он спровоцировал свою кампанию пацанов убежать из дома в лес. Что и говорить – неугомонный был парень уже в молодые годы.

Приведу ещё пример, который закончился трагически. На втором курсе университета Путин вовлёк в секцию самбо своего тщедушного университетского друга, тоже отличника, которые к такому спорту был не приспособлен, а тот на соревнованиях повредил себе шейный позвонок и умер. Как Путин кричал на похоронах. Сокурсники это запомнили. Но привычки провоцировать и тестировать друзей, родственников и знакомых он не оставил. Мол сам человек должен чувствовать, что опасно, а что нет, что сможешь сделать, а что не сможешь. Если сомневаешься в своих силах - надо отказаться. Он не учитывает одного, что, будучи лидером, он обладает способностью к внушению и подавлению воли других, более слабых людей, а, следовательно, несёт за них ответственность.

Ещё перед женитьбой Путин создал ситуацию, при которой его будущая жена Людмила Шкребнева в одиночку поплыла по морю, с тяжёлым ружьём в руках. А он не только не отговорил её от этого, но и способствовал этой авантюре, как будто не понимал, что она может не доплыть поскольку плавала она плохо. И так он испытывал жену неоднократно. В конце концов, свою жену он доиспытывался до развода. И сразу испытания для неё закончились.

"Путин может застать врасплох кого угодно" - написал журналист из Кремлёвского пула Андрей Колесников. Например, Путин как-то без особой надобности предложил этому журналисту поездить на машине с ручным переключением скоростей, а тот забыл, как это делается поскольку имеет машину с автоматическим управлением. Тому пришлось напрячь свою сообразительность, чтобы справиться с задачей.

Получается, что, вовлекая других в авантюры, Путин не просчитывает последствий своих предложений для них, видимо оценивая возможности других по себе. В этом проявляется его эгоцентризм и слабая чувствительность к возможностям других людей. И добавлю ещё. Пока он ставил трудные задачи перед сверстниками, друзьями, в семье, перед сотрудниками подразделений, которыми он руководил – неудачи по большей части были поправимы или не приводили к катастрофическим последствиям. Но теперь, когда он ставит трудные задачи перед целой страной, не просчитывая возможностей России в условиях его автократического правления – это может иметь тяжёлые последствия уже для всего народа поскольку цена ошибок выше.

8.7. Доминирование Целеполагающего Стиля в Управлении

У Путина изначально просматривался целеполагающий стиль управления. С возрастом и с накоплением опыта эта тенденция только усиливается. Приведу пример его раннего диалога с журналистами, когда он был ещё и.о. президента:
"Корр: Что, по-вашему, нужно в первую очередь стране? Главное?
Путин: Точно и ясно определить цели. И не вскользь говорить об этом. Эти цели должны стать понятными и доступными каждому. Как Кодекс строителя коммунизма.
Корр: И что напишете в первой строке этого кодекса?
Путин: Моральные ценности.
Корр: Будем снова искать особый путь для России?
Путин: А ничего искать не надо, все уже найдено. Это путь демократического развития." [19]

Путин сказал это в 2000 году. При этом, что любопытно, сослался не на библию, как Христианин, а на Моральный Кодекс строителя коммунизма, как бывший коммунист. Демократия у него уже тогда противоречила его патриархальным, авторитарным установкам, воспитанным с детства в семье. Вернее, они были из разных списков. Прошло всего лишь несколько лет и выяснилось, что Путин понимал под демократией. Ни тебе настоящей выборности губернаторов, ни тебе свободы и объективности прессы, ни тебе равенства демократических сил и прав у народа, ни тебе независимости ветвей власти.

Помимо постановки целей нужно иметь механизмы их достижения. Тут уж недостаточно ограничиваться общими словами: "путь демократического развития", "моральные ценности", "духовные скрепы" и так далее, а сразу решить, будешь ли ты доверять своему народу или всё возьмёшь на себя, а часть отдашь на откуп своим заместителям. Второй путь СССР уже проходил – это административно-командный путь, который оказался тупиковым. А первым путём Путин идти не хочет потому, что не знает, как. Этот путь вообще не соответствует путинской природе.

К несчастью, большая часть народа Путина в его административно-командном пути поддерживает. Поддерживают потому, что самим думать не надо - за них думает старшой или выражаясь зоологическим языком - главный бык, который и показывает правильную дорогу. Поддерживают ещё и потому, что уже насмотрелись на то, как финансовая и политическая свобода, введённая в России вроде бы для всех, оборачиваются свободой и благополучием для немногих – тех, кто совершенно беспринципен и нагл, а остальные наивно "хлопают глазами" и сокрушаются по поводу творящихся вокруг несправедливостей и беззакония. А к другому люди изначально не приучены советской властью – властью для послушных конформистов.

Я бы здесь вспомнил Григория Явлинского 2012 года, который в разговоре с Путиным на аналогичный вопрос о том, что нужно России в первую очередь, ответил: "главное - свобода и независимые суды" на что Путин отреагировал: "это у нас не будет работать." А его "моральные ценности и демократия" провозглашённые в 2000-м году сработали? Где теперь это путинское "демократическое развитие"? Что от него осталось к 2017 году? В лучшем случае - имитационно-демократическое управление страной.

Когда слушаешь выступления Путина или его премьер-министра Медведева на людях, режут слух бесчисленные "должны", "нужно", "необходимо увеличить", "должны быть созданы условия" и пр. И эти слова они говорят после 18-ти лет пребывания у власти. Это выглядит, как детский лепет. В хорошо управляемых частных компаниях без вмешательства и диктата государства развитие происходит, ориентируясь исключительно на прибыль. Иначе советский административно-командный путь неизбежен, а, следовательно, неизбежна стагнация, отставание, коррупция и пр. Если управление страной пойдёт так и дальше, то нового загнивания и развала страны не избежать. Пускай и не при Путине. Он-то, как всегда выкрутится.

Путин склонен ставить задачи перед подчинёнными и страной не всегда отдавая себе отчёт о том, как люди будут их решать. Этим он похож на многих коммунистических лидеров, правивших незадолго перед ним. Мало поставить задачу "Удвоить ВВП" или "Сделать армию современной". Нужно ещё иметь финансовые и экономические механизмы, чтобы этого можно было достигнуть. Тогда как из воздуха появятся компетентные, заинтересованные люди, а не рабочая скотина, ограниченная со всех сторон неоправданными законами, предписаниями и контролирующими органами. Когда экономика страны опирается в основном на энергоносители и зависит от мировой конъюнктуры на них, она уязвима для любых резких ценовых колебаний и мировых кризисов. И в случае, когда эта базовая экономическая опора не срабатывает, приходится корректировать планы, сдвигать выполнение задач. И тогда всё управление сводится к лозунгам о модернизации, об импортозамещении, о важности войны с терроризмом и с коррупцией. Если экономика России сейчас хоть как-то развивается, то не благодаря, а вопреки целеполагающему управлению со стороны президента и его кабинета министров.

8.8. Работа "Чужими Руками"

То, что близкие люди принимали за несклонность Путина к лидерству, на самом деле – склонность к скрытому лидерству. В России под лидерством понимают активность в общении, громкий голос, стремление брать на себя ответственность за результат. Но это внешние признаки лидерства. Более интересны те лидеры, которые скрыто управляют активными горлопанами. Они стоят за спинами этих активных и, не расходуя много сил на исполнительную часть проекта, оказываются в числе тех, кто получает главные бенефиты. Такая экономичная, рациональная стратегия приводит к успеху не во всех частных, конкретных случаях, но зато даёт преимущества с гарантией – "по сумме выигрышей".

"Глупые люди воюют сами, умные - чужими руками". Путин осознал эту истину очень рано. Как только он стал эту тактику применять, то стал выигрывать партию за партией. Нетерпеливость, желание получить всё быстро и сразу – это один из главных русских недостатков. На этом, кстати, сыграл в своё время Ленин и в награду получил власть и собственность всей Российской империи. В России эта тактика является самой выигрышной. Можно врать и обещать русскому народу всё, что угодно и он пойдёт за тобой. Даже если позже он поймёт, что его обманули, плохих чувств к обманщику он испытывать не будет. "Так он же хотел, как лучше ...".

Из всех схем работы "чужими руками" Путин предпочитает трёх-четырёхступенчатую с одним-двумя промежуточным звеньями или посредниками. Если посредник надёжный и лояльный, то достаточно его одного. Если гарантии надёжности посредника нет, то нужны два и более промежуточных звена. Четырёх-пятиступенчатые схемы менее надёжны.

Глава 9

Управление с Помощью Спецопераций

9.1. Правила, которыми руководствуется Путин при проведении спецопераций

Как известно, "можно вытащить человека из КГБ, но нельзя вытащить КГБ из человека." Путин духовно зависит от корпорации спецслужб и от своего прошлого. Это его сущность, которая может уйти только вместе с его жизнью. Поэтому все, кто питает надежды на перерождение или исправление Путина под влиянием условий, обстоятельств, ошибаются. Его изменить уже нельзя.

Я думаю, что не сильно ошибусь, если скажу, что вся жизнь Путина после Ленинградского Университета – это последовательность спецопераций. Школа внешней разведки КГБ до сих пор является одной из лучших в мире. Там хорошо учат своих слушателей. Никакие реорганизации этого ведомства и кадровые чистки в СССР и в России, а их было семнадцать, не могли эту школу уничтожить. Она как птица-феникс возрождается из пепла вновь и вновь. Имперская власть в стране под названием СССР, а теперь - Россия к этому располагает.

Даже такую вещь, как собственный развод, Путин обставил, как спецоперацию. Ни лишних слов, ни лишних жестов. Всё было разыграно, как по нотам, продумано до мелочей и поставлено, как хорошая режиссёрская работа, перед уходом пары из театра. Для Путина это была новая роль поскольку разводился он в первый раз в жизни. Он в неё вжился и даже наслаждался, её исполняя.

Путин и рыбу любит ловить потому, что для него — это такая же спецоперация, как и любая другая. Процесс заманивания, подсечки, борьбы с хитрой рыбой его увлекает. В этом состоит физическое выражение его стремления к победе над соперником.

Он реализует себя в рыбной ловле. Для него это модель соревнования с реальным соперником, врагом и даже партнёром.

Большинство спецопераций Путина простые и надёжные, а поэтому эффективные. Разрабатывая очередную спецоперацию, Путин ставит перед собой цель – что он хочет от неё получить в результате. Потом он подбирает исполнителей. Мотивами для них служат деньги, страх, либо тщеславие. Первый мотив менее надёжный поскольку человека, который пошёл на дело ради денег можно перекупить. Он менее надёжен, что тот, который работает из страха за своё будущее или будущее своей семьи. Раньше во времена раннего СССР было много людей, которые были готовы работать разведчиками за идею. Однако, в наш прагматичный век таких становится всё меньше и меньше. Тщеславие – очень сильный мотив, но он больше работает для интеллектуальных исполнителей, которых недооценили, которые мечтают о славе и готовы на многое ради этого пойти.

Организуя спецоперацию, для Путина бывает важно определить пределы компетентности исполнителей – что они могут и в чём состоят их слабые стороны, чтобы принести минимальный вред в случае провала. Не менее важно продумать варианты отхода и планы зачистки концов – то есть устранения исполнителей, которые могут продать всю цепочку, если будут обижены или недовольны.

У Путина спецоперации делятся на внутренние и внешние. Во внутренних у него всё схвачено и их он поручает своим верным людям, которых он заранее расставил на все ключевые места в российской власти. Внешние операции имеют больше переменных, а поэтому менее предсказуемы. Они увлекают Путина гораздо больше, чем внутренние. В них Путин испытывает азарт, драйв. В них много элементов неопределённости. Можно потягаться интеллектом с реальным противником, у которого возможности ничуть не меньше, чем у Путина.

Продумывая и проводя внутренние спецоперацию, Путин старается не оставлять следов и зачищает концы. Поэтому доказать его личное участие в тёмных с точки зрения закона делах бывает практически невозможно. Для этого он никогда не работает с исполнителями напрямую, обязательно через посредника или цепочку посредников.

Путин – мастер по сокрытию своего участия в секретных операциях. В операционно-тактическом плане он асс. Он также асс по созданию операций прикрытия для своих действий – подстраховки и работе на опережение. Он всегда старается занять такое положение в обществе и такую должность, которая позволяет ему стоять "над схваткой", договариваться об участии в финансовых и других неформальных схемах по знакомству, в задней комнате, без свидетелей, для поиска взаимной заинтересованности или для получения психологического преимущества над людьми, что легче делать, используя свои скрытые козыри, знание слабостей партнёра, его проблем, ошибок, особенностей его биографии, его долгов, обязательств и пр.

Главное условие Путина для ведения любых переговоров и процедуры выработки договорённостей – конфиденциальность. Это нечто вроде клятвы о неразглашении, которой Путин априорно связывает собеседников. Как он это делает – не суть важно. Для него эта клятва или неформальное обязательство очень выгодна поскольку благодаря тактической гибкости ума, своей подготовке к переговорам, выяснению любой возможной информации о собеседниках, знанию ситуации, условий и обстоятельств, он лучше вооружён для использования своего знания в тактическом и даже стратегическом плане. Путин один может заменить целую команду переговорщиков. Они ему скорее мешают, чем помогают.

Организуя спецоперацию, Путин со всех сторон прикрывает себя ворохом причин и объяснений. Он – мастер по нахождению благородных, престижных социальных мотивов для объяснения и оправдания своих поступков и намерений. Например, принести пользу людям, поработать на благо государства, улучшить благосостояние граждан, повысить рождаемость в стране. Благородные мотивы – это конёк Путина. Он его эксплуатирует до отказа. "Вы готовы принести пользу нашей горячо любимой родине?" "Россия всегда была великой и такой будет оставаться и впредь". А подтекст разговора такой: "Для осуществления всего, что я сказал, надо только делать то, что я скажу или так, как я скажу, или то, о чём мы договорились".

Замахивается на значимые спецоперации Путин только тогда, когда чувствует, что сила на его стороне или что он с гарантией выиграет. Психологическая подготовка населения для ведения Второй чеченской войны, блестяще проведённая рокировка: "президент - премьер-министр - президент", психологическая обработка населения после захвата Крыма. Комар носу не подточит.

Осуществляя спецоперации, Путин бережёт своих людей, что для российского лидера просто чудо. Из-за одного убитого в Сирии российского лётчика Путин на 7 месяцев фактически разорвал отношения с Турцией – очень важным партнёром в этом регионе. Я не упомню такого в советской и постсоветской истории. Любому хорошему политику понятно, что сбитый на границе между Турцией и Сирией самолёт и гибель лётчика была использована как повод в более сложной политико-экономической игре, но сам факт, что жизнь человека при Путине наконец-то стала цениться больше, чем жизнь комара, показателен.

Уже после проведения спецопераций выясняются некоторые подробности их проведения, которые проливают свет на то, как они задумывались и осуществлялись. Целый ряд спецопераций существуют только в сов. секретных документах спрятанных в сейфах спецслужб и никогда не будут известны широкой публике. Даже на уровень армейского генерального штаба их не выводят, а если и выводят, то в последний момент, когда воинские части и самолёты нужно поднимать по тревоге. Детали операций уточняются в зависимости от сложившейся ситуации.

Грузинский президент Саакашвили оказался слишком импульсивным и несдержанным и своим выступлением против Южной Осетии запустил механизм воинской операции, которая была уже подготовлена в секретных планах ГРУ. Поэтому эта спецоперация сошла с рук русским. Ведь агрессором явилась Грузия. Зато спецоперации в Крыму и на Донбассе аукнулись России большими неприятностями во внешнем мире поскольку они были выполнены экспромтом. Обработать федеральные СМИ сумели только своих граждан.

Ну кто, например, мог предвидеть свержение пророссийского президента Украины Виктора Януковича с помощью Майдана? На несколько месяцев в Украине образовался вакуум законной власти – идеальное время для запуска давно разработанных российских секретных операций. Минимальный сценарий включал захват Крыма, максимальный – захват всей Малороссии от Харькова до Одессы и с выходом на Приднестровье. Для этого в Украине, были специально подготовлены пророссийские кадры, которые должны были взять власть в юго-восточных областях Украины. Но что-то пошло не так и секретные операции в областях стали проваливаться одна за другой. Провалилась спецоперация в Харькове, провалилась спецоперация в Одессе. План путинских стратегов сработал только в Крыму и частично в Донецкой и Луганской областях. Украинцы, наконец "проснулись", поняв, что от их страны скоро останутся рожки да ножки.

Если бы не всемерная российская поддержка, то Луганда вернулась бы в Украину весьма скоро и никакие "шахтёры и трактористы" бы не помогли. В таком усечённом виде, как сейчас на середину 2017 года, Малороссия Путину нужна только для того, чтобы помешать Украине вступить в НАТО. Луганда стала предметом торга России с Украиной и с Западом. Но для Путина это уже неинтересно. Теперь там работают его "представители". Конфликт на Донбассе заморожен надолго, как, впрочем, и в Приднестровье, и в Южной Осетии, и в Абхазии. Это Путина вполне устраивает.

Только ленивый не говорил об участии российских спецслужб в неудавшейся попытке государственного переворота в Черногории. Прокуратура Черногории обвинила сербские и российские спецслужбы в подготовке переворота осенью 2016 года, попытке покушения на премьер-министра и захвата административных зданий. Всё это для того, чтобы не пустить Черногорию в НАТО. Но у них ничего не вышло и в июне 2017 года Черногория официально стала 29-м членом НАТО. Эта спецоперация у Путина провалилась.

Французы имеют сильные подозрения, что к их выборной кампании 2016 года русские хакеры и лично Путин приложили руку. Финансовая помощь националистке Мари Ле Пен сильно облегчила ей жизнь, как сепаратистскому политику. Однако более древняя французская демократическая система оказалась более стрессоустойчивой, чем американская и на неё оказалось труднее повлиять извне. Президентом Франции был избран Эмманюэль Макрон, который ни с какой стороны не устраивал Кремль.

В 2016 году спецслужбы США выпустили доклад, в котором сказано, что летом 2015 года и весной 2016 года "русские хакеры" совершили атаки на Вашингтон. Эти хакерские группы известны, как Fancy Bear (якобы связана с ФСБ) и Cozy Bear (возможно, имеет отношение к ГРУ). В декабре 2016 года президент Обама своим указом ввёл санкции против хакеров Алексея Белана и Евгения Богачёва, а также против российских ФСБ и ГРУ. В августе 2017 года Конгресс и Сенат США одобрили новый пакет санкций против России за вмешательство русских хакеров в избирательный процесс США. Перед голосованием сенаторам и конгрессменам раздали секретные доклады с обоснованием позиции спецслужб США о русском вмешательстве. Всё было по-взрослому в отличие от пустой болтовни российских дипломатов о враждебных силах в американском истеблишменте, которые спят и видят, как бы им бедную Россию сжить со свету.

Скорее всего, именно российские хакеры взломали серверы демократической партии США и вскрыли переписку видного демократа Хиллари Клинтон, хотя официальные лица России это отрицают. Сайт Викиликс уверен, что материалы о переписке они получили от людей, связанных с российскими спецслужбами. Когда русских поймали за руку, власти захотели публично отмежеваться от своих хакеров. Они провели так называемое внутреннее расследование и выяснили, что хакерством занимались люди с территории России, под кураторством сотрудников ФСБ, но без санкции сверху. В общем, нашли козлов отпущения. Замешанных в этом ФСБ-шников показательно арестовали.

Пока Путинские люди не вмешивался во внутренние американские дела, ему многое сходило с рук. Но вот попутал бес. И это даже неважно какие хакеры взломали серверы США – официальные ФСБ-шные, или неофициальные ФСБ-шные. Ключевые слова здесь, что они были "из России". Они покусились на святая святых американской демократии – выборы президента. Теперь Путину на международной арене будет ещё труднее. Дальнейшая изоляция России от цивилизованного мирового сообщества при нём неизбежна.

9.2. Спецоперация "Внедрение в Демократическую Власть в Санкт-Петербурге"

Хочу напомнить постановку демонстративного телевизионного ухода Путина из КГБ.

В соответствии с концепцией о том, что один хорошо внедрившийся в стан врага разведчик стоит целой армии, и увидев, как быстро распадается коммунистическая империя, Путин решил поближе познакомиться с "врагом" – демократами, либеральными экономистами и вообще теми, кто собирался оседлать новую власть. Он поставил своей целью замаскироваться под демократа, а для этого перенять привычки, манеры, строй мысли демократических пророков новой веры - Собчака, Гайдара, Чубайса, Бурбулиса. Но внутри-то он остался сторонником консервативных, патриархальных ценностей и имперского государства. Тем более, что в то время под демократов маскировались почти все, кто был у власти. С таким народом, как русский, хоть коммунизм, хоть демократию можно строить - он любую власть поддержит – только чтобы побыстрее птичку в нужной графе поставить – и на перекур.

Представьте себе человека, воспитанного в советских авторитарных традициях, который с детства мечтал о карьере разведчика и упорно шёл в этом направлении в течении 20 лет. Но вот развалился СССР и его романтические мечты пошли прахом. Для того, чтобы в корне перестроить свою жизнь и делать демократическую карьеру Путину нужно было влезть в шкуру демократа, чтобы изнутри понять его суть. С виду нет ничего проще: "Когда страна прикажет быть героем, у нас героем становится любой". Самая лёгкая часть процедуры – это избавление от документов. Взял членский билет члена КПСС вместе с сопутствующими документами члена профсоюза, члена ДОСААФ, члена Красного креста и Красного полумесяца, военным и комсомольским билетами и положил всё это в дальний ящик письменного стола.

Но у Путина был документ, считавшийся для демократов первой волны пожизненным клеймом – членство в КГБ. Среди отягощающих обязательств, которые брали на себя чекисты было много таких, которые осложняли их переход к гражданской жизни, в частности: формы секретности и допуска к конфиденциальным документам, суровое наказание вплоть до смертной казни для нарушивших правила чекистского ордена и пр. Многие чекисты-предатели, выпавшие из окон, скоропостижно умершие от сердечной недостаточности или от яда уже не могут исповедоваться в своих грехах, а предателей за 74 года существования этой криминальной организации было сотни, если не тысячи. А тут добровольное увольнение. Как минимум необычная ситуация. Ведь чекист себе не принадлежит. Он – инструмент в руках государства и действующей власти до гробовой доски. Это вам не сотрудники ЦРУ, МИ-6, Мосада, которые ушли на пенсию и путешествуют по всему свету в своё удовольствие, забыв про свои "подвиги".

Есть ещё один важный психологический момент. Чекист – это не только профессия, это способ мышления. Его не снимешь, как старый костюм, его даже не сбросишь по весне, как змеиную кожу. Со временем этот способ мышления становится способом существования – даже не второй, а первой натурой.

Сам Путин хорошо подстраивается под собеседника, под ситуацию. Подтекстом его общения с людьми является идея: "Я такой же, как вы все. Всё, что вы хотите сказать, ваши нужды и чаяния я понимаю не хуже вас". Путин постоянно демонстрирует неотделимость от народа и полное его понимание. Главный метод, который он применяет — это сначала подстроиться под человека, группу людей, доминирующую в народе позицию, а потом, когда его приняли за своего, воздействовать на людей и контролировать их.

Вот, как о своём расставании с КГБ рассказывает сам Путин: "Это был довольно деликатный для меня момент - сообщить вышестоящим начальникам, что я намереваюсь поменять работу. Я пришел к своему руководству и сказал: "Мне Анатолий Александрович (Собчак – ВЗ) предлагает перейти из университета к нему на работу (в Ленсовет – ВЗ). Если это невозможно, я готов уволиться". Мне ответили: "Нет, зачем? Иди, спокойно работай, никаких вопросов". "Мои начальники - люди довольно тонкие и понимающие обстановку вокруг не стали мне ставить никаких условий. Поэтому, хотя формально я числился в органах безопасности, в здании управления практически не появлялся. Что характерно и интересно - начальство ни разу не пыталось использовать меня в оперативных целях." (Видимо, умное начальство готовило Путина на далёкую перспективу, понимая, что советские демократы рано или поздно обанкротятся. Так оно и оказалось. – ВЗ). "Я продолжал получать у них зарплату. Которая, кстати, была больше, чем в Ленсовете." "Я долго думал, собирался, потом взял себя в руки, сел и с первого раза написал рапорт. Второе, что я сделал после того, как подал рапорт, - решил публично рассказать о том, что работал в органах безопасности. За помощью я обратился к своему товарищу, режиссеру Игорю Абрамовичу Шадхану. ... Я приехал к нему и сказал: "Игорь, хочу открыто рассказать о своей прошлой работе. Так, чтобы это перестало быть секретом и меня уже никто не мог бы этим шантажировать". Он записал передачу - интервью, в котором очень подробно расспрашивал меня о моей работе в КГБ, о том, что я делал, когда служил в разведке, и так далее. Всё это показали по Ленинградскому телевидению, и когда в следующий раз ко мне подошли с какими-то намеками на мое прошлое, я сразу сказал: "Все. Неинтересно. Об этом уже всем известно". [19] Рассказ очень впечатляет, если только не учитывать, что это рассказ разведчика, которого изначально готовили к таким перевоплощениям.

Таким способом, Путин избавился от приставаний своих бывших коллег по КГБ и шантажистов с улицы, но избавился ли он от организации в целом? И в какой степени? Свободен ли чекист в смене работы? Известен пример того, как бывший сотрудник Главного разведывательного управления (ГРУ) экс-радиоинженер Геннадий Кравцов получил 14 лет заключения в колонии строгого режима за госизмену только за то, что он в своём резюме, направленном в "Радиотехнический центр королевства Швеции", указал название ракетной системы, над которой работал в разведке. Хотя что такое название системы без начинки, технологии изготовления, тактико-технических данных? К тому же подавляющее число советских секретов за рубежом давно не секреты.

Шпиономания и недоверие к своим людям настолько проникло во все поры российского общества ещё со сталинских времён, что несколько лет назад Госдумой был принят закон ограничивающий и даже запрещающий выезд работников МВД за рубеж с туристической целью. А что знает средний сотрудник МВД по сравнению с сотрудником ГРУ или КГБ-ФСБ? Сущие пустяки. Так что мне почему-то кажется, что Путин обречён работать на своё бывшее ведомство вплоть до белых тапочек какую бы должность он не занимал.

Хочу напомнить ситуацию в 1991 году. Рядовые граждане в большинстве своём не понимали, что происходит. У партийных деятелей и чекистов информации было больше. Однако из-за экономического и политического банкротства советской идеологии и раскола в верхних эшелонах власти большинство советских людей бесцельно металось, пытаясь найти своё место в новой жизни. 20 августа 1991 года, когда председатель КГБ Крючков якобы подписал Путину документ об увольнении из органов, чаша весов стала склоняться на сторону Ельцина и его сторонников. Нужно восхититься интуицией Путина, который поставил на правильную лошадь. Рапорт об увольнении из КГБ был подписан, когда уже стало ясно, что путчисты из ГКЧП проигрывают Ельцину. Но всё это не помешало Путину в 1998 году стать директором ФСБ - духовной наследницы КГБ. Если бы расставание с этой организацией было полным и окончательным, то Путин не должен был соглашаться на это. Но карьерные соображения были для него превыше всего. Так что я позволю себе не поверить в то, что в 1991 году он "завязал" с чекистским прошлым окончательно и бесповоротно. Повторю банальную мысль: "Чекисты бывшими не бывают!"

Интернет завален негативной информацией о семилетнем периоде работы Путина в Санкт-Петербурге. Я не буду её комментировать, поскольку психологии там мало – одни расследования и разоблачения. Также мало психологической информации о трёхлетнем периоде работы Путина в Москве, его достижениях и победах на чиновничьих должностях. Однако, стремительная карьера без "волосатой лапы" или видимого "толкача" заставляет задуматься. Ведь он ничем не выделялся из ряда московских чиновников. Однако по сравнению с остальными Путин сумел глубоко залезть "под кожу" представителям ельцинской семьи, правившей в то время, стать своим среди них – таких разных людей - и оказать им настолько ценные услуги, что дедушка Ельцин с его короткой памятью на добро не смог их забыть.

9.3. Спецоперация "Подсадной Президент" или Имитация Смены Власти

"Подсадной президент" – это спецоперация по назначению Медведева временным президентом России, которая со временем войдёт во все учебники истории, конечно при условии, если в России когда-нибудь появятся независимая от установок власти история. Это была очень опасная, хотя и хорошо просчитанная спецоперация в карьере Путина – посадить абсолютно лояльного и зависимого от него человека на высший государственный пост в одной из крупнейших стран мира – случай в мировой практике уникальный. Только Иван Грозный до Путина провернул подобную операцию с малоизвестным боярином Симеоном Бекбулатовичем почти пятьсот лет назад, назначив того на своё место. Тот продержался в должности русского царя один год.

Для России назначение наследника, дворцовые перевороты, убийства претендентов, подтасовки на выборах, ложь — это совершенно естественно. Народ ещё молится на то, что мол слава богу, новый правитель не психопат, не параноик, не садист и не круглый дурак, каких было полно на российском престоле. А если новый правитель к тому же ещё два слова без акцента, без ошибок и без бумажки связать может, так можно считать, что русским людям очень повезло.

Если цивилизованному европейцу или североамериканцу сказать, что Конституция России об увеличении срока президентских полномочий была изменена по желанию только одного человека – Владимира Путина по согласованию с другим человеком – Дмитрием Медведевым, с которым он заранее договорился обо всём на четыре года вперёд, то он не поверит. И тем не менее этот фокус со всей страной проделали два юриста, которых в течение пяти лет учили быть на службе закона в Ленинградском университете. Государственная Дума, Совет Федерации, Конституционный суд страны, да и весь народ России сработали в качестве "подтанцовки" у этого одного человека или, если хотите, были прикрытием личной путинской спецоперации.

Об изначальном договоре о двойной рокировке позиций президента-премьер-министра-президента знали только эти двое. При этом я не исключаю, что, как неплохой практический психолог и бывший спортсмен, Путин мог сформулировать исходную парадигму их отношений так: "Если сумеешь опередить меня в рейтинге популярности, то пойдёшь на второй срок, если нет, то делаем обратную рокировку." Этим он повесил перед носом Медведева вкусную "морковку". Пусть мол парень помечтает, потешиться. Однако, Путин "обложил" Медведева своими людьми со всех сторон так, что каждый чих Медведева становился ему известным. Так что свобода Медведева была свободой медведя, посаженного на цепь. Единственное, что тому дозволялось без ограничений — это обирать олигархов через благотворительные фонды, руководить которыми Медведев поставил своих людей.

Я полагаю, что, передав президентство Медведеву, Путин сохранил за собой ключевые функции – распределение денег внутри своего клана-команды, а также рычаги влияния на ФСБ-шников и на службу охраны президента. Будучи президентом РФ, многих рычагов воздействия на окружение и на народ Медведев был лишён. Это старая большевистская практика. Тот же Ленин всегда держал деньги своей партии и рычаги воздействия на соратников под личным контролем. Он лично составлял планы по добыче денег у ротозеев-капиталистов, пользуясь их религиозностью, похотливостью или глупостью. Сам же Ленин на любую буржуазную мораль, не связанную с его идеологическими интересами не обращал внимания. Например, когда ему понадобилось обернуться православным христианином, он им стал и венчался с Крупской церковным браком. В другой раз, когда ему понадобились деньги, он приказал ограбить русскую православную церковь и изъять у неё все ценности. Ранние коммунисты – в массе своей во всём, что не касалось их марксистских взглядов - существа глубоко аморальные, хотя среди них встречались и просто ограниченные фанатики.

Для Путина понижение до должности премьер-министра было в известном смысле психологическим ударом - по крайней мере в первое время. Он даже на работу стал ходить нерегулярно. Человек привык к практически неограниченной власти, а тут вдруг надо отчитываться перед своим протеже и быть у него в подчинении. Первое время Путин привыкал к своей позиции и, как говорят, даже интриговал против нового президента, пытаясь показать его ничтожность по сравнению с ним. И тут Медведеву жутко подфартило с войной в Грузии. Если бы он захватил Грузию целиком, то его рейтинг превысил бы рейтинг Путина и дальше надо было только его поддерживать. Но Медведев остановил своих генералов, которые могли захватить Грузию в течение нескольких дней. Ведь после первого поражения армия Грузии практически разошлась по домам. Сопротивления русским не было. Грузины бы вести партизанскую войну, как чеченцы не стали. Но Путин не зря выбрал Медведева, как человека психологически нестойкого, не боевого. А тут ещё вмешался тогдашний президент Франции Николя Саркози со своей миротворческой челночной миссией. И Медведев "прогнулся". Его рейтинг в глазах российского армейского командования стремительно полетел вниз. В этот момент его судьба быть в тени Путина была окончательно решена. Многие оппозиционно настроенные либералы потом мечтательно закатывали глаза: "Вот, если бы Медведев уволил Путина ...". Но судьба этих двоих была фактически решена в августе 2008 года. Рождённый подчиняться и светиться отражённым светом, реальным правителем в России не станет никогда. Медведев побыл русским президентом всего три с половиной месяца. Верховные чиновники, обладающие сверхгибкими спинами, быстро разобрались что к чему и важные документы на подпись Медведеву носили только после согласования с премьером Путиным.

Став второй раз премьер-министром России в 2008 году, Путин не выказывал особого интереса к этой должности. Он приходил в свой кабинет едва ли чаще, чем раз в неделю, и часто выглядел по телевизору усталым и раздраженным, когда выполнял свои повседневные обязанности. Те, кто раньше работал с Путиным, говорят, что он предпочитал наслаждаться своим новым роскошным образом жизни, чем заботиться о ценах на молоко для населения. За 18 лет работы "на гражданке" Путин научился очень ловко скрывать свою собственность и истинные доходы. Даже специалисты, которые могут из-под земли выкопать финансовые нарушения ничего не могут на Путина "нарыть". Стоит кому-то заикнуться о коррупции в высших эшелонах власти в России, как тут же следует ответ: "А где доказательства?" И все умолкают. Так почему же Путин не ушел совсем? Ведь он же практически завершил действительно титаническую работу по созданию вертикали власти и у него уже к 2008 году было достаточно денег и собственности, чтобы безбедно встретить старость.

Одно из объяснений состоит в том, что угрозы безопасности для него самого и для его ближайшего окружения были слишком велики. В России без всякого почтения относятся к бывшим и ушедшим от власти первым лицам. Считается, что или ты человек, который имеет всё (власть, деньги, неограниченные полномочия), или ты - как все, и с тобой можно сделать всё, что угодно. Есть много описаний того, как пренебрежительно солдаты и офицеры охраны относились к Николаю II после отречения от престола. На высоком посту Путин чувствовал себя в большей безопасности. Должность премьер-министра обеспечивала ему и его близким неприкосновенность, равно как и защиту людям, разбогатевшим у него, во время его правления.

Вернувшись на позицию премьер-министра в 2008 году, Путину всё время казалось, что Медведев делает всё не то, и всё не так. Работали и ревность, и страх, что его обманут, и унижение от понижения статуса и много чего другого. Такая ситуация неопределённости ему не нравилось, и он постоянно "натягивал одеяло на себя". По словам политолога Московского Центра Карнеги Николая Петрова, за четыре года (2008-2012) "премьер-министр Путин блокировал любые политические инициативы, которые бы подорвали его имидж и усилили популярность президента Медведева." [цит. по 54]

Самое интересное, что все, кто с ними обоими работали в Кремле и в Белом доме прекрасно обо всё догадывались, но, чтобы сохранить свои позиции во власти, виду не показывали. Как сказал в XVIII веке английский дипломат и писатель граф Филип Честерфилд: "Если можешь, будь умнее других, но не показывай этого". Из-за такой согласованной позиции умалчивания и обмана, весь мир три с половиной года пребывал в состоянии неопределённости относительно кандидатуры следующего русского президента с 2012 года. Представители спецслужб других государств (ЦРУ, МИ-6, Моссад) знали об истинном раскладе сил в Кремле, но свои версии публично не озвучивали. Федеральные СМИ в России, как обычно, всему миру "вкручивали мозги". Впрочем, ничего кроме гипотез у них самих не было.

Даже если предположить, что Путин всерьёз рассчитывал, что Медведев станет хорошим президентом – лучше его самого, то признать это Путину не позволило бы самомнение. Так что конец этой спецоперации был ясен с самого начала. А Медведева деньги интересовали едва ли не больше власти. Поэтому для Путина он был просчитываемый чиновник из его команды. Сам Путин, надо отдать ему должное, в большинстве случаев выполняет свои обещания и вознаградил Медведева должностью премьер-министра, когда тот выполнил свои.

Выбор Путиным Медведева определялся ролью, которую Путин ему отводил, как резонёра, который способен лишь озвучивать красивые идеи о демократии, о независимости судебной системы, но не способен проводить их в жизнь. Если

Путин проработал всю жизнь и многое повидал — это сложившийся человек со своей позицией, симпатиями и антипатиями, то Медведев – чиновник с большим самомнением, выбранный Путиным за хорошее поведение, который красиво "косил" под президента.

Чтобы Медведеву не вздумалось всерьёз захотеть стать главным в стране за ним был постоянный контроль. Он был постоянно окружён людьми Путина - по крайней мере теми, кто отвечал за охрану, безопасность и пр. Прямо на экране телевизора было видно, как в случаях несанкционированных вопросов и реплик из зала во время выступлений Медведева спрашивающих мгновенно блокировала охрана президента. Например, когда какой-то оппозиционер стал Медведеву что-то кричать с места, его немедленно вывели из зала. В другом случае, студентка журфака подняла листочек с какой-то надписью – к ней тут же бросился человек в штатском. И это несмотря на слова Медведева, что каждый имеет право на своё мнение и что "свобода лучше, чем несвобода". Эта гиперопёка президента Медведева была предписана и санкционирована самим Путиным, который, видимо придерживается правила: "Доверяй своему протеже, но страхуйся, чтобы чего лишнего не вышло". У Сталина было нечто подобное по отношению ко всем его соратникам, но на гораздо более грубом уровне и с гораздо более серьёзными последствиями для проштрафившихся. Всё население Советского Союза, а тем более верховные "тонкошеи вожди" - Калинин, Молотов, Каганович, Киров, Микоян и другие были у Сталина "под колпаком".

По мнению историка российских спецслужб, в прошлом офицером спецназа ГРУ Бориса Володарского, охранник Путина – генерал Золотов несомненно, входит в ближайший круг российского президента Путина. Володарский уверяет, что даже в период президентства Дмитрия Медведева, когда Виктор Золотов оставался начальником президентской охраны, безопасность Владимира Путина также была в его ведении. "Он, с одной стороны, остался при Путине, с другой, держал под колпаком Медведева" (источник: "The New Times"). [18]

Поэтому журналисты и аналитики могли сколько угодно фантазировать по поводу возможностей Медведева остаться на второй срок, но факт остаётся фактом – Медведев с самого начала своего президентства был обложен со всех сторон и был под контролем у человека, который его назначил исполнять обязанности президента. Нередко Медведеву приходилось делать вынужденные ходы. И, конечно, он это понимал. Как, впрочем, и все другие представители кремлёвского клана-команды. Поэтому он так легко без борьбы "по первому требованию" вернул Путину президентское кресло, о чём и объявил 24 сентября 2011 года. Больше всего меня удивляло то, что чиновники наверху многое знали, но молчали. Страх-батюшка сковал их уста, а денежная зависимость от держателя кремлёвского "общака" подстраховывала эту зависимость.

Рост неадекватности созданной Путиным вертикали власти стала проявляться уже во время правления милого говоруна Медведева, который принципиально ничего не менял, разве что произвёл некоторую перестановку акцентов внутри правящей элиты, да переименовал милицию в полицию. А вот схема ручного управления страной, которую выстроил для себя Путин, Медведеву подходит, как чужой костюм, сшитый на другого человека. Сменить сложившийся властный стереотип он тоже не мог - масштаб личности не тот - номенклатурный чиновник, который всю жизнь был от кого-то зависим и шёл след в след за большими боссами.

В конце концов, "не мытьём, так катаньем" Путин вновь вернул себе президентское кресло и Россию ждал новый виток стагнации и загнивания, что при динамичном развитии современного мира является откатом назад. Потому, что президент Путин образца 2012-го года для страны явился "динозавром" из юрского периода. Не руководят индустриальной страной в XXI веке так, как это делает сейчас Путин! Его время прошло вслед за коммунистами.

Путин с таким трудом пробирался к верховной власти в России, что он эту власть не отдаст никогда в жизни. В той или иной форме, но он её сохранит любой ценой. Он безумно тщеславен и любит себя во власти до умопомрачения, а всех остальных, считает слабее себя для роли российского президента. Ну а если и не слабее, то другие не прошли тех испытаний, какие пришлось пройти ему и не работали так много, как работал он. При этом он может кокетливо говорить о том, что с удовольствием бы не работал президентом, но по многочисленным просьбам трудящихся и других людей из своего окружения он вынужден им оставаться. Слова – это одно, а дела –

другое. "Я не знаю, кто из нас будет баллотироваться на должность президента" — это слова, а по факту Путин имеет скрытое намерение быть правителем России как можно дольше[Прим.19].

Эти двое – Путин и Медведев несмотря на весь свой ум даже не понимают насколько аморально они себя вели в 2008 году, когда договорились обменяться должностями и изменить Конституцию страны ради сохранения власти. Для Путина это была спецоперация в духе КГБ. Он – кадровый чекист, полный ложными советскими установками и живущий по понятиям о том, что хорошо и что плохо. Его уже не исправишь. Медведев оказался среднестатистическим чиновником-карьеристом. Народу, даже такому терпеливому, как русский, они оба нагадили в душу. Ведь сакральность российской власти всегда держалась на её якобы божественном происхождении, божественном предназначении, справедливом поведении правителей, которые имеют право судить свой народ по высшей божеской справедливости. А тут какая к чёрту божеская справедливость. Сплошное надувательство.

Глава 10

Образ Путина и его Рейтинг

10.1. *Устойчивость Иллюзии о Сакральности Первого Лица в России*

Линию на сакрализацию роли главного человека в России и служение ему можно проследить с времени создания древнерусского государства. Стоит человеку объявить себя князем, царём, императором, вождём, спасителем отечества, национальным лидером или просто главным в стране, как он уже начинает пользоваться если не любовью, то по крайней мере преклонением своих граждан. Ему уже можно больше, чем всем прочим. И народ ему многое прощает. Главное лицо страны традиционно рассматривается народом не как человек, а как служитель идее государства, как целого.

Испокон веков в душе русского человека есть место для верховного правителя, как человека, олицетворяющего государство, которое должно быть заполнено. Люди при власти, средства массовой информации заполняют место властителя обязательно. При этом они склонны приписывать обыкновенному человеку, который стал главным в стране, достоинства, которых он не имеет и подвиги, которые он не совершал. Претенденту на вакантное, пустующее место правителя нужен начальный положительный образ, обладающий несомненными достоинствами. Когда положительный образ создан он может выдержать и негативную информацию. И вот политтехнологи и другие ловкачи развенчивают одних и создают других народных кумиров, заполняя пустующее пространство наверху властной пирамиды. Раскрутка образа, брэнда правителя – главное занятие его пиар-команды. При этом неважно, кто является таким правителем и кто займёт место непререкаемого авторитета. При современных средствах массовой информации раскрутить можно кого угодно или даже что угодно (идола, кумира, символ).

Русские люди домысливает положительные качества правителя интуитивно. К примеру, Ленин изначально был неуживчивым человеком, полным амбиций и властолюбивым, аморальным до мозга костей, который признавал только то, что он сам писал и говорил. Его могла выдержать только его родная мать, а потом несколько внушаемых людей, полностью находившихся под его влиянием. Позднее ленинские апологеты слепили из него образ вождя всемирного пролетариата, надежду всего прогрессивного человечества. Слепили вначале для непритязательного русского крестьянина или рабочего. Позже этот образ прижился в сознании многих общественных деятелей во всём мире. А когда образ был слеплен, он смог выдержать обвинения в любых преступлениях, в которых Ленин был замешан. Он мог делать всё, что угодно – инициировать расстрелы заложников и других невинных людей десятками тысяч, издавать какие угодно абсурдные декреты, нарушать любые религиозные заповеди. Он ведь занял место царя, которому по традиции всё можно. А что его должность называлась Председатель Совета Народных Комиссаров Российской Советской Республики – так простому человеку было всё равно – главное, что место царя было заполнено – хоть крокодилом. Никто же тогда не мог предвидеть, что количество памятников этому "крокодилу" в СССР превысит несколько тысяч, а из мавзолея его мумию до сих пор краном не вытащишь поскольку и для Ельцина, и для Путина голоса избирателей важнее трупа какого-то маньяка пролетарской идеи у стен Кремля. Они учитывают, что на Ленина до сих пор молятся коммунисты всего мира. Это уже брэнд, а не человек.

Слово кумир происходит от семитского "kumra", что значит "жрец". В славянских языках так называли скульптурные изображения языческих богов в восточнославянской религиозной и культурной традиции. Слово "государство" в русском языке происходит от старославянского слова "государь" или "господарь". Так называли князя-правителя в Древней Руси - владельца территории, а затем – русского монарха. Слово "господарь" в свою очередь является родственным слову "господь", то есть Бог, Всевышний, Творец, Создатель душ людей. [95, с. 446, 448]

Согласно некоторым трактовкам, слово "господь" представляет собой перевод ивритского непроизносимого имени

Бога - Адонаи. Древнееврейское слово "адон" или "господин" в значении "собственник и властелин" — это титул, который принадлежит не только Богу, как Властелину и Собственнику "всей земли", но и человеку, например, царю. [8] Таким образом, представление восточных славян о главенствующей роли и даже божественном происхождении своих правителей (князя, царя, императора) имеет глубокие этимологические корни.

Государь - владетель территории и людей, на ней живущих, нёс за всё персональную ответственность – за целостность территории, за благополучие народа, за строительство крепостных стен и зданий, за работу государственных учреждений, за организацию снабжения и т.п. Он также являлся верховным судьёй. На государственном уровне государь управлял княжеством, царством, как своей вотчиной.

Положение о сакральности князя было основополагающим в раннем русском обществе. На этом было основано доверие простых людей к князю-государю. В народе считали, что "воля государя есть воля божья". В этом состоял главный и последний аргумент простого человека на Руси. И это было непонятно для западных европейцев, для которых государь был таким же обычным человеком, как они, но только облечённым властью. Кроме того, в русском народе бытовало мнение, что хороший-плохой князь – это награда-наказание, посланное богом на народ. В любом случае приходится терпеть его. Княжеский суд был на одном уровне с Божьим судом. Только через князя можно было добиваться осуществления правосудия. Владимир Путин недаром так стремился смолоду занять место судьи, чтобы оценивать и судить других.

С момента воцарения варяжского князя Владимира Святославича в X веке в его облике, как военачальника и судьи появились божественные черты кумира и государя, как носителя и выразителя идеи государства. И это постепенно стало совпадать с восточной и православной традицией. В конце концов оказалось, что не закон управляет людьми через представительные органы власти, а управляет выразитель духовного божественного начала, сконцентрированного в лице правителя (абсолютного монарха, теперь президента России). Для них верховное лицо и есть выразитель закона, государства, кумир. Просто со временем одного кумира заменяет другой – может быть даже и не похожий на прежнего, но носящий те же сакральные черты. Откуда, вы думаете, берутся миллионы вопросов и просьб, которые приходят на прямую линию с президентом? - "Помоги, отец родной! На тебя одного вся надежда!"

В России до сих пор важна не личность правителя, а важен символ абсолютной власти, важна не кровная, персональная или должностная преемственность правителя (наследного князя, царя, вождя, генерального секретаря, президента), а важна преемственность образа абсолютной непререкаемой, единой власти. Важен образ головного правителя, единого представителя государства и народа. Без этого образа Россия как государство в воображении подданных перестанет существовать. Душе русского человека не на кого и не на что будет опереться. Любая новая власть в России это понимает и срочно создаёт образ нового правителя, помещая его на место старого.

Подтачивая легитимность и сакральный образ прошлых правителей, каждый новый правитель подтачивает собственную легитимность, свои права на безоговорочное правление своим народом. Большинство правителей СССР таких, как Ленин и Сталин стали раскрученными брендами, а некоторые даже кумирами миллионов, что бы об их зверствах не писали потомки. Уж сколько лет "полощут" Сталина его потомки, а его популярность в народе всё ещё высока.

Рейтинг Хрущёва сильно упал в глазах современников потому, что он дискредитировал предшественника - Сталина, а косвенно и весь русский народ, который Сталину верил, поклонялся, умирал за него. Нынешний правитель – Владимир Путин действует поумнее. Он придерживается концепции непрерывности исторического процесса во времени с момента образования Древнерусского Государства и, тем самым, сакрализует себя самого, сохраняя свой рейтинг.

Ведь почему жрецы, священники, раввины, имамы и прочие служители культа с одной стороны проповедуют уважение к святым предметам, постройкам: мощам, иконам, рукописным материалам, храмам, а с другой, учат заповедям по типу: "не сотвори себе кумира"? (Имеются в виду земные кумиры.) Без этих предметов они вроде бы и не нужны. А кушать-то все хотят. Конечно, можно организовать религиозный процесс основываясь только на проповедях, молитвах, заклинаниях (вспомните:

"Вначале было слово "). А слово, хоть и не воробей, но если уж вылетело, то кто-то его поймает, а кто-то и нет. Ненадёжная штука слово. А мышление большинства людей всё-таки предметное. Человеку бы потрогать, пощупать, понюхать. Вот отсюда и начинается связка между земным и небесным в его сознании.

Любая сильная центральная власть в России сакральна по определению. Хотя бы потому, что то, что дозволено Сакральному Национальному Лидеру, то не дозволено рядовому гражданину России. Естественно, что политические властолюбцы стремятся в Москву и в Кремль, где этого сакрального много. Интуитивно они чувствуют, что в России место красит человека, а не человек место. Оказавшись в Кремле, они запросто меняют свои взгляды, приспосабливаются под занимаемые места. Раз вчерашнему коммунисту надо быть православным – да нет проблем – ради власти и денег – хоть шаманом племени майя может себя назвать.

Сакральность власти в России основана ещё и на противопоставлении: "Кто я - и кто он?", "Между мной и ним – пропасть". Я – простой маленький человек, а он – президент, царь и прочая, и прочая. Его вон сколько много, а меня так мало. Налицо самоуничижение вплоть до потери личного достоинства. А отсюда рукой подать до обожествления того, кто ещё совсем недавно был рядовым человеком таким же, как этот маленький человек.

Казалось бы, с виду нормальный парень – Андрей Колесников - журналист из "Кремлёвского пула", а поди ж ты: на обложке своих книг про Путина: "Я Путина видел!" и "Меня Путин видел!" [38] себя изобразил, глядящим снизу-вверх на Путина. И ещё написал: "Канаты между Путиным и остальными необходимы" или "Проходя мимо инаугурационной кремлёвской тусовки, короткими кивками Путин как бы награждал присутствующих." [39] Вроде сказано и написано с юмором, а в основе лежит холопство, идущее с времён рабоче-крестьянских предков этого журналиста. Но Путину это нравится поскольку сам от этого журналиста недалеко ушёл.

Похожа по оформлению обложка книги Владимира Соловьёва (прозвище - "Кремлёвский соловей"): "Путин. Путеводитель для неравнодушных": сверху – большое лицо Путина, а снизу –

маленький фейс Соловьёва. [88] Этого "маленького Соловьёва" нынче ругает и поминает недобрым словом почти вся либеральная тусовка. У Колесникова и у Соловьева совершенно явно присутствует в личности психологическая проблема авторитетов[Прим.20].

Пока из Путина окружающие делают икону, вешают портрет с его изображением у себя в кабинетах на видном месте, в России найдётся полно людей, которые будут говорить и думать о его сакральности и божественном происхождении. Впрочем, после того, как из 95% атеистов Советского Союза две трети в одночасье стали верующими, меня уже ничего в этой стране не удивляет.

Политическая ситуация в России не то, чтобы не меняется совсем, но изменения очень неустойчивы. Политическая активность людей 90-х годов сменилась путинской реакцией. Силовика в течение нескольких лет опять загнали русских людей с площадей на кухни. В 2011-2012 годах имели место последние всплески протестной активности населения после вопиющих махинаций Путина и его чекистской камарильи с верховной властью. После этого последовало пятилетнее затишье.

В 2017 году протесты возвращаются вместе с молодым непоротым поколением. Лозунги, которые молодые люди скандировали на Тверской улице в Москве 12 июня 2017 года: "Путин – вор", "Россия без Путина", "Раз, два, три, Путин уходи", "Долой царя". Какая тут сакральность? Это скорее развенчивание путинского образа, его десакрализация. "От великого до смешного один шаг, но от смешного уже нет пути к великому" (Лион Фейхтвангер). У людей остаётся только страх. Вот полиция, ОМОН, Росгвардия, ФСБ вместе с местной администрацией, которых Путин с Медведевым купили высокими зарплатами и улучшением условий жизни, и стараются опять нагнать страху на народ. Ведь людьми, которые всю жизнь ходят с мокрыми штанами, легче управлять. Они думают не о борьбе за свои права, а о том, как высушить свои штаны. Что делать, если высушить до конца у них не получается.

Сакральное частично подменяет земное. Поэтому его стараются не трогать даже если носитель сакральности дискредитирован. Уже четверть века доступны материалы о преступлениях Ленина и его соратников, ведутся разговоры о том, что их пора захоронить и убрать наконец паноптикум у Кремлёвской стены, а воз и ныне там. Обязательно находятся отговорки, объяснения, оправдания и, в конце концов, дело тихо спускается на тормозах. И ведь, неровен час, кончится всё тем, что все всё забудут и мавзолей останется, как исторический памятник в веках и обрастёт очередными легендами в памяти народной. Вон через тысячу лет после смерти поставили в центре Москвы памятник Крестителю Руси, киевскому князю, варягу Вольдемару, хотя по жизни человек он был далеко не святой. Поставили в том числе и для того, чтобы на четыреста лет увеличить историю московского княжества и заодно сделать пакость Украине, с которой нынешний правитель России решил вдрызг рассориться из-за своих геополитических амбиций. Когда наверху кроме амбиций ничего нет, их оформляют под сакральность.

Сейчас стали понятны психологические предпосылки возврата нынешнего лидера к прошлому, а именно, восстановление памятников старины и событий прошлого. Историческая память помогает оправдывать себя, убеждать себя в том, что нынешний правитель не такой плохой. Бывали в истории и похуже люди: князь Владимир Святославич (в первой половине жизни), царь Иван Грозный (во второй половине жизни). Не подарком для народа был император Пётр Первый, организаторами всенародного террора были Ленин и Сталин. Возведение памятников этим злодеям косвенно обеляет собственные грехи каждого нового правителя перед собой и перед народом. Для них - это памятники-оправдания.

10.2. Путин - Дитя Рейтинговых Технологий

Путин - ярчайшая иллюстрация того, как с помощью направленного пиара из дворового хулигана можно сделать вполне приличного Российского президента, а затем и национального лидера, бессменного правителя России. Главное – создать подходящий должности верховного правителя образ, а в него можно вместить кого угодно. СМИ и пиар-служба Кремля с лёгкостью сделали из Путина образ мудрого президента и русский народ в этот образ поверил. Получилась новая интерпретация старого монархического культа.

На пути к своей популярности Путин использовал остатки демократического импульса 90-х годов. Однако, начиная с 2000 года, он стал насаждать на все ключевые позиции во власти силовиков и представителей спецслужб, которые умеют красиво прижимать руку к козырьку, но к демократическому правлению и к тому, чтобы грамотно использовать то, что находится под козырьком, многие из них не пригодны.

С тех пор, как Путин вернул себе власть в 2012 году и начал всерьёз душить остатки демократии в России, частные бизнесмены поняли, что в этой стране их ничего хорошего не ожидает. "Болотное дело" было переломным пунктом, после которого экономика страны медленно покатилась под горку.

Аннексия Крыма, война на Донбассе, западные санкции и падение цен на нефть в 2014 году только ускорили сползание России в стагнацию и застой. По данным CIA World Factbook (Центральное Разведывательное Управление США) темпы роста ВВП России в 2012 году были – (+3.4%), в 2013 году – (+1.3%), в 2014 году – (+0.7%), в 2015 году – (-3.7%), в 2016 году – (-0.7%). По официальным данным за 9 месяцев 2017 года рост ВВП составил (+1.8%), а к концу года эта цифра снизилась до (+1.6%). В любом случае это недостаточно, чтобы считать Россию перспективной страной для инвестиций. В настоящее время страны Западной Европы и США - на подъёме, их ВВП прирастает по 2.5-3.5% в год. [см. Интернет-портал: ereport.ru] В то же время ВВП таких стран, как Китай, Сингапур и Южная Корея прирастает ещё более высокими темпами (на 6 и более процентов ежегодно). Получается, что своими агрессивными внешнеполитическими действиями Путин рейтинг себе повысил, а экономику страны лишил перспектив интенсивного развития. Сейчас Путин выжимает максимум из резервов России, чтобы пустить гражданам пыль в глаза и переизбраться на следующий срок в 2018 году. Резервный фонд уже приказал долго жить.

При таком существенном снижении среднего уровня жизни населения с 2013 по 2017 годы в нормальной демократической стране популярность и рейтинг правителя непременно бы упали, а в России они только растут. Чудо!!! Я бы ещё добавил: "Национальное русское чудо!" Путину помогает легковерие русских людей, включающееся, когда речь идёт об их лидере. Благодаря самоконтролю, выдержке и подавлению негативных эмоций на людях, ему удаётся соответствовать благоприятному образу. Кроме того, Путин постоянно демонстрирует уверенность в своей правоте, а для лидера это важнее, чем быть правым на самом деле.

В проправительственных средствах массовой информации удачно создан образ президента - рассудительного, волевого, гуманного, мудрого, всё и всех понимающего, в меру доброго, дипломатичного, немного отстранённого, но всегда в курсе происходящего и во всё вовлечённого. Президент не имеет больших слабостей или имеет только позволительные слабости вроде поговорок и простонародных словечек. Он не употребляет резких категоричных выражений, осторожен, обладает огромной скрытой мягкой силой, вроде лапы тигра в бархатной перчатке.

Судя по публикациям в федеральных СМИ, Путин один с помощью своего неиссякаемого трудолюбия вывел страну из анархии и беспредела 90-х годов и ведёт народ к новым вершинам процветания и успеха – можно сказать от победы к победе. Уже став первым лицом в государстве, Путин тщательно заботится о поддержании своего светлого образа для народа, для благодарных потомков, для будущих поколений. Впрочем, при таком всеохватывающем пиаре, кто угодно окажется на одной волне с невзыскательным русским народом.

Правителя России нельзя ни с кем сравнивать, он должен быть несравнимым по определению. При сравнении могут выплыть какие-то его негативные черты, что посеет ненужные сомнения в сознании граждан, а это подтачивает репутацию. Репутация правителя – это главный властный капитал. Функция правителя – одобрять или не одобрять поступки своих неразумных детей-подданных. Всю рутинную и "грязную" работу правитель оставляет своим непосредственным заместителям – заместителям по организации праздников, заместителям, отвечающим за правильное голосование, заместителям-правоохранителям по поимке и наказанию внутренних врагов, заместителям по правильному освещению событий для местных и зарубежных граждан. Есть и много другого обслуживающего правителя персонала, которые делают его работу насыщенной, а жизнь приятной.

Почему Путин нравится значительному большинству русских людей? Он – популист (чуть не написал – пропутист). Он просто мыслит и говорит. Хотя действует он далеко не просто и, по возможности, чужими руками. Любой народ не любит заумных, сложных лидеров. Путин – лидер доходчивый и простой. Кроме того, Путин ведёт себя, как гуру, который знает ответ на все вопросы. При этом неважно, если он ошибается. На Востоке любая твёрдая линия поведения правителя приветствуется независимо от содержания и цены достижения результата.

Почему русский народ поддерживает своего президента до сих пор спустя восемнадцать лет после его избрания? И лишь небольшой процент поддерживает "либеральную тусовку", сосредоточенную в нескольких оппозиционных СМИ – в печатных, интернетовских, на радио и телеканалах – в основном, кстати, московских. Может быть потому, что люди чувствуют, что при другом руководителе страны будет тяжелее жить, придётся больше работать, чтобы не сильно отставать от мировых лидеров. Русский народ традиционно очень консервативен и "раскачать" его бывает трудно. Да и зачем искать "от добра добра"? Другой лидер может быть хуже. Этот хоть гладко и складно говорит – не подкопаешься – никаких "загогулин", "консенсусов" и "сисек-масисек".

Рейтинг нынешнего российского лидера опирается в основном на социально зависимые от государства и плохо защищённые слои населения. Стоит их всерьёз тронуть и рейтинг лидера покатится вниз. Всех этих незащищённых людей не больно-то волнуют вопросы ограничения работы некоммерческих организаций (НКО) в России, запрета на усыновление сирот в США, антиМагнитский закон, ограничения свободы СМИ и пр. А вот снижение покупательной способности рубля, снижение размера пенсии, рост тарифов ЖКХ, ограничения на ведение личного крохотного бизнеса – это может вызвать всплеск протестной активности и падение рейтинга лидера. То есть, когда правительство принимает законы, ухудшающие положение слабозащищённых категорий населения или сильно усложняющие условия ведения бизнеса, бизнес уходит в тень, а рейтинг лидеров падает. У советских, а теперь и российских граждан ощущение защищённости было и есть в числе главных жизненных приоритетов. От этого они никак не хотят избавляться. Мол пусть небольшой доход, но зато постоянный, пусть небольшие траты, но соизмеримые с зарплатой.

Многие вещи Путин делает для того, чтобы поддержать свой рейтинг внутри страны и на международной арене. Иногда это экстравагантно и безобидно (покормить лошадей Пржевальского), в других случаях – опасно и затратно для России (участие в Сирийской войне без прямой необходимости и без прямой угрозы со стороны исламских террористов).

Путин поддерживает свой рейтинг ещё и тем, что выдаёт любопытствующему народу "горячую" информации только в нужный момент. Например, это озвучивание решения об освобождении Ходорковского, о продаже нефтяной компании Башнефть Роснефти, о ракетных комплексах С-400 и С-300, загодя размещённых в Сирии и многое другое.

Путин нередко становится жертвой своей телевизионной и газетной популярности. Ему приписывают больше прав и полномочий, чем те, которыми обладает президент в соответствии с Конституцией. Он и так много на себя берёт. Например, обещает разобраться в конкретных случаях. Когда это касается судебных дел, то там всегда куча тонкостей и деталей, которые можно представить и так, и сяк и которые находятся в разработке у разных ведомств. Если доверяешь своей судебной системе, то туда лучше не вмешиваться, а если – нет, то зачем она такая нужна?

Как известно, любовь народная и преклонение перед регалиями, статусом и пр. преходящи. Последнее время в интернетовских блогах вместо прежнего обожания появилась масса критических замечаний в адрес Путина (в основном в комментариях к статьям, которые не удалишь, если они умело написаны). Его самого и его окружение беспокоят его рейтинг и негативная динамика этого рейтинга. Можно даже сказать, что он очень бережно относится к своему рейтингу и чувствителен к его снижению. Боязнь Путина делать непопулярные шаги, чтобы не потерять народную любовь, выражаемую в высоких цифрах одобрения, превратилось для пиар-команды в идею фикс.

И хотя сегодняшний Путин – это консерватор, не способный к потрясению основ своей вертикали власти, которую он так старательно строил, к структурным, а не косметическим изменениям экономики и к адекватному реагированию на вызовы XXI века, русских людей он всё равно устраивает, и они будут избирать его столько раз, сколько он захочет. В России всё катится по той же авторитарной, имперской колее и, видимо, ещё долго будет катиться – ведь разлагаться и загнивать на имеющихся в России сырьевых запасах можно долго и даже с удовольствием. Конец подкрадётся незаметно, как айсберг подкрался к Титанику.

Самого Путина всё ещё завораживает высокий рейтинг – больше 80% и картины подобострастия, которым его окутывают со всех сторон верные люди, что бы он ни сказал и не сделал. Приближённые вовсю поддерживают иллюзию о его исключительности. И хотя у Путина присутствует критическое отношение к себе, и он неплохо ловит обратную связь, но одного этого недостаточно для того, чтобы выступить основоположником новой эры в развитии России. Путин не хочет расставаться с иллюзией о том, что раз он много работает, то этого достаточно, чтобы быть хорошим президентом и премьером. Сильный и честно работающий лопатой землекоп тоже работает много, но любой самый захудалый экскаватор оставит его далеко позади. Хороший лидер создаёт условия для самореализации людей своей страны, а не работает вместо них, подменяя своей активностью их инициативу.

Разумом Путин, наверное, понимает, что, если сегодня он уйдет с высоких постов – завтра его рейтинг будет сравним с рейтингами Горбачёва и Ельцина – то есть 2-3%. А если он пойдёт на новый президентский срок в 2018 году, для страны это будет равносильно очередному витку стагнации, связанному с возвратом в уменьшенный до размеров России Советский Союз. И все эти картинные СНГ, БРИКСы и ШОСы не помогут.

Создав образ своего самоотверженного служения России и народу, Путин уже не может от него отказаться или сменить паттерн поведения. Он плывёт по течению, которое сам же и организовал. Особенно это проявляется во внутренней политике и экономике. Внешняя политика у Путина очень агрессивная в старом советском смысле слова, когда весь капиталистический мир был для СССР врагом. Боязнь показаться слабым диктует Путину такое поведение даже с противниками, которые сильнее его страны в примерно в 20 раз (США и НАТО). Он всё время повышает ставки противодействуя своим потенциальным противникам, хотя надо не ставки повышать, а штаны руками поддерживать, чтобы не сваливались.

Без сомнения, Путин служит России так, как он считает правильным. Он себя запрограммировал, создал свой образ в глазах окружающих и теперь не может себе позволить сомнения в правильности того, что делает по крайней мере на людях. Для руководителя такой огромной сложной страны, его ноша весьма тяжела. Он её тащит, хотя многие критики считают, что он неправ, взвалив на себя так много второстепенных обязанностей. Он бы и рад иногда делать по-другому – то есть отклониться от стереотипа вездесущего и всемогущего правителя, но уже ничего не может с собой поделать. Это как актёру менять тщательно отработанную роль в спектакле, который и так принимается "на ура".

Делегирование полномочий, прав и финансовой свободы на места – это не для Путина. "Как это я лично не дам добро под телекамеры на запуск бурения поисковой скважины в море Лаптевых?" Или "Разве можно мне не запустить первую нитку энергомоста из Краснодарского края в Крым, когда все ждут меня с вымытыми до блеска ушами и с готовыми для трансляции телекамерами?"

С момента прихода Путина во власть российская власть стала работать в театрально-постановочном режиме. В его действиях нередко есть элементы театральности. Например, Путин сам настоял на включение в репортажи о нём кадров с находкой древних амфор на дне Чёрного моря, широко известен ролик с поцелуем мальчика в живот. Во время чествования известной нелегальной советской разведчицы – Гоар Левоновны Вартянян, которая вместе с мужем Геворком Андреевичем предупредила покушение на глав антифашистской коалиции Рузвельта, Сталина и Черчилля в Тегеране, Путин троекратно поцеловал женщину, встал перед ней на колени и что-то шептал ей. Меня эта женщина восхитила больше всего. Она не встала перед президентом и не только потому, что у неё, видимо, больные ноги. Для разведчиков, которые в течение многих лет балансировали между жизнью, тюрьмой и смертью, значение других людей определяется не их формальным статусом. У них другая шкала оценки человека.

Когда на прямую линию народа с Путиным поступают миллионы вопросов, то для демократической страны это ненормально. Причём половина из вопросов носит частный, текущий характер. Отвечая на них, президент лично указывает губернаторам что-то немедленно сделать по типу "убрать трубы с проезжей части дороги" или на глазах у зрителей, пытается решить сложные судебные вопросы, чем он по должности заниматься не должен. Это значит, что в России работает он один. А остальные что делают? С другой стороны, он для пиара добровольно занимается благотворительными делами подобно царям в самодержавные времена. Это создаёт атмосферу исключительности правителя. Для показухи хорошо, для управления плохо.

Сейчас, когда объявлена выборная кампания, в Кремле действует нечто вроде оранжевого уровня тревоги и готовности. Во что бы это ни стало, надо переизбрать шефа на следующий срок. Хотя бы потому, что он главный и единственный гарант административного и финансового благополучия всей всего клана-команды кремлёвских начальников. Без Путина всё может развалиться. Никто не хочет добровольно копать яму для самого себя? Слишком много сил вложено в создание вертикали власти и образа Путина, как лучшего из возможных правителей. Поэтому вся команда обречена работать на этих галерах позапрошлого века всю жизнь. Члены команды из штанов вон лезут, чтобы соблюсти контракт, блюсти клановую этику, а тем самым сохранить свои доходы, дома, участки земли, капиталы, дарованные им "с барского плеча" или оставшиеся у них с допутинских времён. Гарант сохранения всего этого имущества – только один. Это нынешний президент.

Рейтинг поддержки президента Путина по последним опросам около 80%, партия власти "Единая Россия" недавно заняла 76% мест в Государственной Думе. Правда, явка на выборах в Думу 18 сентября 2016 года упала до постсоветского минимума (меньше 50%). Да хоть 25% - всё равно выборы признаны состоявшимися. Чего ещё надо представителям власти менять с таким-то счастьем? Им остаётся только зачитывать по бумажке заранее написанные спичрайтерами тексты, отрабатывая давно опостылевшие номера общения с "горячо любимым народом".

В августе 2017 года Путин пообещал лидеру КПРФ Геннадию Зюганову не выносить тело Ленина из мавзолея. Перед новой выборной кампанией 2018 года это был продуманный, хорошо рассчитанный шаг со стороны Путина и его власти. Зачем ей потеря примерно 10% голосов сторонников коммунистов на выборах? Легче не трогать мумию Ленина – пусть себе лежит – расходы на содержание невелики.

Когда журналисты, политологи и простые граждане внутри страны говорят о президенте Путине, то они понимают, что спокойнее промолчать, особенно если ничего хорошего сказать не можешь. В противном случае патриотически настроенное агрессивно-послушное большинство тебе горло перегрызёт за своего президента, а пассивно-послушная часть аудитории просто осуждающе на тебя посмотрит и скажут, что ты плохой патриот, а то ещё похлеще – представитель "пятой колонны".

10.3. Почему Путин Не Принимает Участие в Предвыборных Дебатах?

От раза к разу Путин отстраняет всех сильных конкурентов от борьбы за президентское кресло. Можно сказать, что он зачистил поляну претендентов до зеркального блеска. Те, кто мог бы претендовать на высший пост в стране не имеют шансов – им не дадут денег, не позволят всерьёз раскрутиться, рекламировать себя на федеральных каналах и пр., а если кому и разрешают, то совершенно точно зная, что данный кандидат не пройдёт или наберёт ничтожный процент голосов по сравнению с Путиным.

За все 18 лет правления в ходе предвыборных президентских кампаний Путин ни разу не участвовал в предвыборных дебатах. В ходе президентских кампаний его не раз приглашали лидеры других партий - и Зюганов, и Миронов. Однако, Путин боится сравнения, боится показать себя не в самом хорошем свете, попасть в смешную ситуацию и даже проиграть. А отказывался он от дебатов ещё и потому, что, ведя диалог можно нарваться на серьёзную критику, на оскорбления. А критика на людях для "небожителя" унизительна. Ну и самое главное – потому что у него всё схвачено в выборных штабах "Единой России" и своим появлением в теледебатах он может только ухудшить свой рейтинг. Лучше оставаться "Гудвином великим и ужасным" в тайной комнате за кадром. Незачем баловать народ и приучать его к демократии – потом с ним хлопот не оберёшься. Ещё потребует соблюдения Конституции Российской Федерации, которая у лидеров страны давно пылится на задней полке в книжном шкафу.

Путин предпочитает вещать людям бесконечно ценные истины, которые подобны жемчужинам по миллиону долларов каждая. Если в молодые годы, поражения в борцовском поединке по дзюдо не выбивали его напрочь из колеи, а заставляли больше работать, то в зрелом возрасте проигрыш в словесном поединке на публике может явится для него психологической травмой и больно ударить по самолюбию. С тех пор, как Ельцин назначил его "первым парнем на деревне", сравнение себя с кем-то на людях стало для Путина недопустимым.

Оппозиционные политики в России стонут, мол зазнался президент – в президентских дебатах участвовать не хочет. А потому и не хочет, что любые честные дебаты без подсуживания телеподхалимов снизят его рейтинг. Какие тут 86%, и 60% может не набрать. Особенно, если вся аудитория, включая ведущих и телеоператоров, подсуживать Путину не будет. Ведь охваченные верноподданным ражем эти люди слова оппозиционерам не дадут сказать. Какая там объективность у ведущих федеральных телеканалов, которые находятся на содержании у государства, олицетворяемого президентом Путиным?!

Винит ли народ Путина за санкции против России и за снижение уровня жизни? Это удивительно, но нет. По крайней мере большинство граждан не винит. Его рейтинги остаются чрезвычайно высокими. С 2004 по 2008 год большинство людей в России жили настолько лучше, чем в 1990-е, что они готовы простить Путину все что угодно и не обвинять его ни в чем. Путин заставил большинство людей относиться к себе с уважением и чувствовать гордость за свою страну и своего президента [17] – написала американский корреспондент Национального общественного радио США Анна Гэрелс. А это дорого стоит.

Условный средний русский человек настолько непритязателен и робок в потребительском плане, что в отличие от западного человека, ему не надо слишком большого разнообразия, чтобы быть счастливым. Он не привык к отстаиванию своих прав, к публичным протестам. Власти с ним очень легко. Поэтому большинство граждан России даже не заметили ограничений их политических свобод и нарушений конституционных прав во время Путинского правления. Тем более средства массовой информации их тщательно готовят к тому, чтобы они воспринимали эти ограничения так, как нужно власти. Поездки за рубеж на отдых, путешествия, покупка автомашины, возможность питаться по своему вкусу. Всё это вполне устраивает обывателя с уровнем дохода выше среднего. А каким образом государство в лице Путина это ему обеспечивает, его не волнует.

Со своей простотой, иногда доходящей до наивного прагматизма, Путин импонирует своему народу. Неизбалованным русским людям безразлично то, что он на глазах у огромного зала играет одним пальцем на пианино, что он, не обладая вокальными данными поёт при всех какие-то хиты. Они не обращают внимания на слухи о его несметных богатствах и любовных связях. Путин достойно себя ведёт на людях – и порядок. Чего ещё надо?

В публичном общении Путин крайне осторожен и дипломатичен. Когда он говорит по любому вопросу, его мнение не идёт резко, в лоб против. Но тем не менее он даёт понять к чему он склоняется и какую точку зрения будет проводить в жизнь. Он всегда приводит аналогии, рассказывает анекдоты, которые не оставляют сомнений в его позиции. На международной арене он ещё более осторожен, чем внутри страны. К нему не придерёшься. Можно подвергать сомнению только его базовые мировоззренческие концепты или его позицию по конкретному вопросу, но по форме почти всё безукоризненно. Этим определяется его высокий рейтинг в России и уважение, которое несмотря ни на что ему оказывают политики за рубежом.

Исторические аналогии, которыми пользуется Путин – опасная и обоюдоострая штука, но поскольку ему никто не осмеливается возражать или спорить, то Путин уходит непобеждённым, хотя подчас его ошибки и неубедительность компетентным людям бросаются в глаза.

10.4. Тщеславие, Жажда Власти и Поклонения

Как-то, будучи ещё мальчишкой, Путин с друзьями нашёл неразорвавшийся снаряд, притащил его в местное отделение милиции и бухнул на стол. При этом он всё время интересовался, напишут ли в газете о его находке. Стремление к пиару и славе у Путина было ещё тогда в юношеском возрасте. Сейчас это стремление развилось до гигантских размеров. Сейчас всё, что он делает, должно быть зафиксировано для истории. И это – предмет его неустанной заботы.

В начальный период своего правления Путин напоминал маленькую серую птичку из грузинского анекдота:
-Зачем ты садишься на горячие уголья костра, птичка?
-Я такая маленькая, невзрачная и незаметная, что мне приходится садиться голой попой в огонь, чтобы меня заметили. Теперь-то Путин – король федеральных телеэкранов, политическая звезда. Времена маленькой серой птички миновали и садиться голой попой в огонь ей больше не нужно.

Путину позиция президента нужна кроме всего прочего для личного пиара. Никаких государственных денег не жалеет ради этого. Ведь у Путина есть целая телестудия, куча профессиональных фотографов, которые фиксируют каждый его шаг для истории. Путина подстёгивает стремление всё время быть в центре внимания, на виду у публики, а по сути элементарное тщеславие, которое заставляет его управляющего делами содержать дорогостоящий Кремлёвский пул журналистов и телеoperatoров. Путин просто упивается и наслаждается своей центральной ролью на форумах, встречах, раутах, конференциях. Его хлебом не корми, дай покрасоваться перед почтеннейшей публикой, как будто он не президент, а актёр в театре. Эх, не дают парню покоя лавры гениальных актёров прошлого.

Общеизвестна любовь Путина к спортивным пиар акциям, где он может покрасоваться, вспоминая свою спортивную молодость. Сочинская Зимняя олимпиада обошлась России в 50 млрд долларов. Казанский футбольный чемпионат мира – тоже затратное для бюджета мероприятие, от которого за версту пахнет миллиардными затратами. Про более мелкие зрелищные мероприятия ценой в десяток миллионов долларов я уж и не говорю. Если перед Путиным и его командой стоит дилемма - построить хорошую дорогу в Новгородской или Тульской области, или провести международное мероприятие, где они могут в очередной раз "понадувать щёки", они выбирают щёки. Слишком много плохих дорог в России – стоит ли "закапывать деньги в землю". Этого же никто не оценит. На этом пиар не сделаешь. Поэтому с такими президентами Россия ещё долго будет страдать от двух своих главных бед - плохих дорог и набитых дураков.

Подчинённые, зная слабость своего босса ко всему яркому, красивому, необычному, показному стараются на славу. Им многое простят и спишут многие грехи, если сумеют угодить своему шефу. Как красиво была организована Сочинская Олимпиада в 2014 году. Генеральный директор Первого канала Константин Эрнст приобрёл много очков в глазах Путина, организовав цветовое шоу на этом мероприятие. А чего стоят регулярные военные парады в Москве на День Победы 9 мая, военно-морской парад в день ВМФ в Санкт-Петербурге 30 июля 2017 года. А это долгие дни и часы тренировки личного состава, координация и взаимодействие всех родов войск и служб. В результате всё бывает организовано по высшему разряду. Не надо забывать, что это ещё праздники для русского народа, который хочет радоваться жизни, гордиться за свою страну. И Путин даёт им такую возможность. Отсюда и неизменно высокий рейтинг. А что ещё много лет людям придётся жить в свинарнике под названием Россия, так и бог с ним – винный магазин-то рядом.

Немаловажно и то, что на достижение нынешней позиции во власти он положил всю жизнь, у него изначально была мощнейшая мотивация достижения. Он всем хотел показать, что он человек незаурядный, выдающийся поскольку сумел пробиться из пролетарских низов на самую вершину власти. Хотя он никогда не страдал чистоплюйством ради достижения наибольшей власти, но внешне всегда прикрывал и оправдывал эти свои действия благовидными предлогами. Для того, чтобы скрыть своё тщеславие, Путин выработал личные механизмы защиты демонстрируя показную скромность мол "мне лучше Газпромом рулить" – говаривал он, хотя директором Газпрома в те времена был Рэм Вяхирев, который вместе с Виктором Черномырдиным создавали этот "Газпром" практически с нуля.

Путин обожает и то, что другие властные, незаурядные люди (президенты, премьеры, короли) с ним считаются, как с равным. Он любит то, что о нём говорят и читает то, что о нём пишут. Ему нравится то, что некоторые люди его до сих пор готовы на руках носить. Путин убеждён, что он сделал для России и русского народа так много, что они должны быть ему бесконечно благодарны за неустанный труд на благо их общей родины. А то, что он урезал демократические свободы граждан – так это же пошло всем на пользу. Вместо волокиты при прохождении и принятии всяких законов и получения разрешений от Думы и от Совета Федерации на ввод войск – все ветви власти стали настолько легкоуправляемыми, что на лишние дискуссии, обсуждения, борьбу противоборствующих партий уже не надо тратить времени. Позвонил Грызлову, Матвиенко, Нарышкину, Володину (даже не обязательно сам) и они счастливы оказать эту маленькую услугу своему президенту.

Путин выстроил образ самого себя, которому следует. Он очень боится нарушить свой образ. Ему постоянно нужно самоутверждаться, показывать своё превосходство над другими людьми. А нарушение этого образа его поджидает на каждом шагу, если он потеряет бдительность. Когда на прямых линиях, на конференциях или на совещаниях ему задают неудобные вопросы, он старается похвалить спрашивающего за что-нибудь (хотя по жизни этого не привык делать), уйти от ответа, чтобы не оказаться в неудобном или смешном положении, или подавить спрашивающего авторитетом, даже если он не прав, а спрашивающая маленькая девочка-отличница права. Бывало, что после некоторых вопросов к спрашивающим приходили люди с обысками и им приходилось увольняться или даже эмигрировать.

10.5. Рейтинг Путина и его Динамика во Времени

В 2004-2008 годах отношение к Путину в народе было очень хорошее. Ну ещё бы. Уровень жизни народа повысил, самых наглых олигархов скрутил. Передать в таких условиях власть насовсем другому человеку, который придёт на всё готовенькое – то, ради чего он работал все эти годы – это надо быть глупцом. Путин – далеко не глупец. Кроме того, он любит быть в центре внимания, а ещё лучше внимания и обожания, и чтобы все окружающие светились отражённым от него светом, а лучше были вообще в тени. Должность президента такую возможность ему даёт.

Мировой кризис 2008-2009 года слегка снизил рейтинг обоих правителей - президента Дмитрия Медведева и премьер-министра Владимира Путина. Аналитический центр Юрия Левады зафиксировал результаты опроса жителей России в 2009 году так: более 60% опрошенных поддерживало их действия. На вопрос, кто в России несет основную ответственность за последствия кризисного положения в стране, повышение цен и рост стоимости жизни, большинство - 36% - указали на правительство, 23% - на президента, 17% - на премьера. [96] То есть и здесь премьер и президент оказались гораздо менее виноваты, чем правительство, ими же и возглавляемое. Тенденцию "Хороший царь, плохие бояре" оказалось нелегко переломить даже в XXI веке.

В России население традиционно склонно абсолютизировать статус и мощь главного лица страны. В этом плане рейтинг правителя – это не только индикатор значимости, но и инструмент манипулирования людьми. Ну и, конечно, кормушка для социологов, которые выявляют настроения, отношения и самочувствие народа, а это по сути динамические, ситуативные переменные. Их можно мерить хоть каждый месяц.

После информации о подтасовках при голосовании на выборах в Государственную Думу, а также после объявленной Медведевым и Путиным рокировке между членами тандема, многие люди в России почувствовали себя обманутыми. Про людей, обладающих чувством собственного достоинства, вообще речи нет. Эти оскорбились не на шутку. В принципе было ясно и раньше, что власти ими манипулируют, но эти манипуляции хоть как-то внешне прикрывалось приличной формой подачи информации, односторонним изложением фактов. А тут всё было сделано настолько беспардонно и нагло, что даже самые толстокожие избиратели в России почувствовали, что их заманили в ловушку под прикрытием демократических выборов. Поэтому после 24 сентября 2011 года, когда на съезде депутатов "Единой России", члены тандема объявили о рокировке, отношение населения к Путину резко ухудшилось. Все понимали, что за имитацией выборов, увеличением срока президентских полномочий и за мошеннической рокировкой стоит он сам. Его рейтинг сразу упал с 62% в сентябре до 42% в декабре 2011 года.

Но не такие люди - эти чекисты, чтобы пасовать перед снижением какого-то рейтинга, который они сами же себе и накручивают. Тем более русский народ после террора и репрессий большевиков стал совсем ручным, почти карманным. Если русские люди не хотят любить своего президента, то президент должен заставить народ его полюбить – правителям в России не привыкать. И таки заставил Путин его снова полюбить – не мытьём, так катанием. Народ всё забыл, всё простил и снова обожает своего "малыша" ещё пуще прежнего. А вы говорите: "любовь - свободное чувство". Для простых людей в России важно другое: "правильный у нас президент мужик или нет". И кто бы сомневался, что Путин - мужик правильный? Федеральные СМИ все уши прожужжали людям на этот счёт. Да и путинская пиар-команда работает на славу – каждое утро варит новую лапшу для ушей избирателей.

Перерыв в единоличном управлении негативно сказался на рейтинге неугомонного Владимира Путина. В России не любят ушедших лидеров, какими бы хорошими они когда-то не были. Падение его рейтинга в декабре 2011 года объясняется несколькими факторами причём не только теми, которые принято приписывать этому явлению, а именно подтасовкой результатов голосования в Государственную Думу. Эти факторы следующие:

1) Он обманул народ, который ему поверил в 2008 году, посадив вместо себя подставного президента, а потом они с Медведевым объявили об обратной рокировке. Для чекистов, для которых мошенничество – является главным способом их существования, ход может быть и естественный, но не для народа России, который сыт по горло несменяемыми правителями. О том, что президент Медведев - подставной можно было догадаться хотя бы наблюдая на одном из видео, как Дмитрий Медведев подходит к своему подчинённому премьер-министру Владимиру Путину, заискивающе улыбаясь. Такой не может быть настоящим президентом в авторитарной России. Это липовый, фейковый президент. Видеоклип этот широко в России не демонстрировался. Да и как можно так опустить своё достоинство, чтобы согласиться на сговор и обман народа. Таким образом, они оба показали неуважение к должности президента, обесценили его значение в глазах граждан и подтвердили, что циник Борис Березовский был прав, когда заявил, что даже стул может стать президентом России, если его хорошо рекламировать.

2) В течение четырёх лет Путин уже был не был царём, а "царским холопом" – премьер-министром, а, следовательно, тень сакральности с него спала и все вокруг это сразу почувствовали. Правда, когда до Путина дошло, насколько уязвима стала его позиция, он принял единственно правильное решение – пока не поздно реализовать своё психологическое преимущество над Медведевым, как своим бывшим подчинённым и по Питеру, и по Москве. Он стал игнорировать распоряжения Медведева и, в конце концов, сделал так, что все подчинённые Медведева стали

обращаться вначале к нему, прося согласия, подписи и т.п., а только потом уже к вновь испечённому президенту. Таким образом, Медведев проиграл с самого начала, как девушка, которая, потеряв невинность, отдаётся мужчине в любой момент, когда тот пожелает.

3) Путин довёл реноме партии "Единая Россия" до состояния, когда в народе её стали называть "партией жуликов и воров", тем самым бросив тень на себя самого, как на лидера этой партии и покровителя жуликов и воров. Правда сам он быстренько дистанцировался от этой партии у истоков создания которой он стоял, и которая увеличила ему срок президентства на 12 лет.

4) Путин начал кадровую чехарду в органах власти в преддверие выборов в Государственную Думу и выборов президента. Такие вещи делают после выборов.

А вот здесь начинается явление, которое можно было бы назвать групповым феноменом русского народа. Пошумев и повозмущавшись тем, как их ловко обвели вокруг пальца, русские люди покорно вернулись к своим повседневным заботам. И сейчас, несмотря на унылую, скучную внутреннюю экономическую политику, население в целом, как и раньше поддерживает Путина и одобряет то, что он делает. Ну что ж, раз им ничего больше не надо, значит порог терпения людей не превышен. Жить можно. Бывало и похуже. А если разобраться, так что особенное случилось? Ну обманули. Так не в первый же раз. Кто их там разберёт с их политическими делами в Кремле. К тому же в стране порядок, войны нет. Займусь-ка лучше хозяйством, самое время.

Путин появился из отрицания вседозволенности 90-х годов. Это теперь либеральные политологи и журналисты с ностальгией вспоминают те годы - время, когда "всё так хорошо начиналось" и рвут на себе остатки волос, скорбя о том, до чего Путин довёл Россию за почти 18 лет правления – до ограничения демократических свобод и до стагнирующей экономики. Ещё чуть-чуть и до пожизненной диктатуры недалеко. А дело-то в том, что Путин оттащил часть олигархов от собственности и от денежных потоков, то есть выгнал лис из курятника, где они беспрепятственно резали кур, грызли и облизывали куриные косточки. И, что самое главное, он отдал самые лакомые куски государственного пирога в распоряжение другим - не их знакомым, родственникам и соплеменникам, а своим родственникам, друзьям и знакомым. Главные государственные корпорации теперь находятся у Путина под личным контролем. И этого богачи 90-х годов простить Путину не могут.

Путинская команда и он сам постоянно занимаются обновлением имиджа. При каждом обновлении учитываются новые обстоятельства, новые политические реалии. Погружения на дно Байкала, полёты на реактивном бомбардировщике, вытаскивание бесценных амфор со дна Черного моря у Путина сменяются полетами во главе журавлиной стаи, прогулками на лошади с голым торсом или заплывами в сибирских реках. В 2014 году изменилась геополитическая реальность и из защитника сирых и убогих Путин на глазах превратился в воинственного русского богатыря древних времён – богатыря-завоевателя новых земель, защитника от агрессивных супостатов во имя интересов матушки России и русскоязычного населения, проживающего по всему миру. Укрощение тигров, охота за зубастыми щуками, принятие военных и морских парадов – вот обновлённый образ грозного правителя земли русской. "Трепещите враги и агрессоры – каждый получит в лоб, если сунется!"

Сейчас Путин в немалой степени заложник своего образа, над которым он и его клан-команда работали многие годы. Он не может себе позволить его крушение, а поэтому будет продолжать следовать своим курсом, который считает правильным. "Путин непобедим поскольку он понял запрос российского общества и действует в соответствии с этим запросом." [89]

10.6. На чём Держится Рейтинг Путина?

В продолжении последних 18 лет федеральные СМИ создавали образ Путина, рекламировали его телеподвиги, как последователя античного Геракла. Одетый в древнегреческое одеяние, он держит в одной руке щит, в другой - меч. Этим мечом он по очереди рубит головы дракона, символизирующие США, ЕС, Канаду и Японию, мстя им за санкции. Среди других подвигов в путинском активе - усмирение олигархов, присоединение Крыма и проведение Олимпийских игр в Сочи. Культ Путина особенно вырос после присоединения Крыма. Ему приписывают незаурядные качества рыболова, феноменальные успехи в дзюдо, победу всех соперников на любых выборах одной левой, наличие стойкого нордического характера, безжалостность к врагам России и к предателям-чекистам, сохранность тела и духа не по годам.

6 ноября 2015 на церемонии открытия всероссийского слета студенческих отрядов в городе Челябинске несколько тысяч южноуральских студентов выложили своими телами гигантский портрет Путина. Приятно, что президента России так уважают. В памяти представителей уходящего поколения сразу возникают ленинско-сталинские годы с памятниками, мавзолеями, повальными переименованиями городов, улиц, площадей, демонстрациями в поддержку политической линии КПСС, съездами ЦК КПСС и рапортами славному руководству коммунистической партии, которое едино с народом и неустанно о нём думает.

Путин за всё хватается, всё ему интересно, он прыгает с темы на тему, с игрушки на игрушку. Ему подыгрывают, подпевают окружающие – та когорта подхалимов, которую он сам создал, и которая только и способна вылизывать ему зад. Есть такой анекдот: Приходит Путин к проктологу: "Что-то там у меня всё время побаливает" - говорит он. "Снимайте штаны" - говорит врач. "Ну теперь всё ясно. Зализали" - ставит он диагноз.

Абсолютная и даже просто длительная авторитарная власть портит любого нормального человека. Наделённый или наделивший себя большой властью правитель меняется независимо от своих воли и желания. Внутри себя он может даже думать, что он такой же, как раньше. Отнюдь. Слабости, комплексы, проблемы, идущие с детства, выскакивают из него при случае, как крысы из мешка.

Почему Путин, став президентом, стал стремиться к такой большой, по сути неограниченной власти? Дело в том, что власть в такой стране, как Россия, даёт неисчислимые административные и финансовые возможности. Лидер нации имеет возможность пользоваться всеми ресурсами страны по своему усмотрению. Захотел провести фантастически дорогую Сочинскую олимпиаду – провёл. Захотел поддержать сепаратистские группировки в Донбассе – поддержал. Захотел влезть в ближневосточный муравейник, чтобы испытать новые виды оружия и проверить взаимодействие разных родов войск в

Сирии – влез. Захотел противопоставить себя всему цивилизованному миру на планете – противопоставил. Захотел осуществить любую свою прихоть за счёт государства – осуществил. И всё это практически бесконтрольно. И народ с него не спросит, как с лидеров нормальных государств: "откуда деньги берёшь и как их тратишь, хлопчик?"

А ловушка-то для любого - ничем и никем неограниченного властителя всё та же, как и раньше – личная адекватность. Неприятность для правителя может покрасться незаметно – вместе с преемником, который может оказаться слабовольнее его, вместе с мировым кризисом, вместе с резким падением уровня жизни населения, вместе с падением цен на энергоносители, вместе с какой-нибудь локальной войной, которая перерастёт в затяжную и затратную, вместе с таким же хитрым соратником, как он сам, который его свергнет в его отсутствие и т.д.

Путин завершил процесс концентрации президентской власти в одних руках начатый Ельциным в 1993 году. Ему сказочно повезло с ценами на нефть и газ. Он принял это везение за свою личную заслугу. К тому же он – трудоголик и считает, что заслужил то, что имеет. Поэтому и остаётся "на плаву" такое долгое время. Однако, как и Ельцин он в основе своей – советский человек. Поэтому вести себя иначе, чем ведёт, он просто не может сколько бы он книжек не прочитал и какими бы новыми умениями не овладел.

В созданной Путиным авторитарной модели обновлённого централизованного государства всё уже предрешено заранее. Россия в очередной раз пошла по традиционному имперскому пути. Вопреки предостережениям дальновидных экономистов, начиная с 2012 года правительство Россия стало увеличивать военные расходы. А это – бездонная бочка. Ну и конец у России будет таким же, как у Советского Союза. Это просто вопрос времени и мировой экономической конъюнктуры.

Глава 11

Путь Вниз

11.1. Итоги Правления

Император Российской империи Александр II (1855—1881) как-то сказал: "Управлять Россией несложно, но совершенно бесполезно". С тех пор прошло полтора века, но мало что изменилось. И Путин это подтвердил на новогодней ёлке в Кремле, на Соборной площади в конце декабря 2017 года. Когда кто-то из детей его спросил, трудно ли управлять Россией, Путин ответил. "Такой страной, где живут такие ребятишки, как вы, — несложно". И он прав. Так, как управляет страной Путин - действительно несложно. К настоящему времени его вертикаль власти уже не нуждается в его неусыпном контроле — это видимость управления. Путин вроде всё время суетится, не вылезает из служебных командировок, а толку мало. Что он есть, что его нет, всё движется также медленно и в консервативном направлении. Кое-какие проблемы он, конечно решает. Вот недавно помирил лидеров "Роснефти" и АФК "Система". Однако при нём страна по-прежнему середнячок на мировой арене. Или как говорили у нас в средней школе – "крепкий троечник".

В начале 90-х годов российское общество было ещё не готово, для того, чтобы "переварить" такие демократические инновации, как выборы губернаторов, реальную многопартийность, частное телевидение и прочие элементы, присущие развитой демократии. Сначала надо было накормить людей, а потом развивать демократию. Уже в нулевые годы, когда те из русских, кто остался в живых, не уехал за границу и не опустился на самое дно жизни, научились рассчитывать на свои силы. Вот здесь-то практику реальной демократии и надо было развивать, а не ограничивать народовластие. Однако, как раз ограничениями в первую очередь и занялся президент Путин, придя к власти. И сейчас к 2017 году, Россия имеет закостенелую политическую систему – с виду демократическую, а в реальности –

авторитарную и покорный малоинициативный народ, который в основном действует по свистку сверху. И пусть никого не удивляет то, что Путин ведёт себя с окружающими как истинный либерал. Это либерализм спецслужбиста, у которого в заднем кармане брюк всегда есть наручники.

Первое, что Путин сделал, получив от Ельцина власть, – это стал приводить Россию к контролируемому послушному состоянию, в котором она пребывала до 1985 года. Это благосклонно воспринималось простыми людьми, особенно на фоне беспардонных 90-х годов, когда за деньги можно было всё, а деньги водились только у людей без стыда и совести. Даже та куцая советская мораль, которая существовала при коммунистах до 91-го года при "демократах" была отправлена на помойку. Путину, как патриархально мыслящему военному человеку другой невертикальный порядок устройства государства был просто чужд. Все окружающие должны быть выстроены по ранжиру и всегда быть готовыми выполнять его указания, решать поставленные им задачи – вот путинский идеал взаимоотношений и управления.

Для этого он поставил под контроль государства ведущие телевизионные каналы ("Первый", НТВ, "Россия-1" и другие). В 2005 году была организована кампания "Russia Today" (ныне — RT), ведущая передачи на иностранных языках (английском, испанском и арабском). Эти каналы следуют политике российского государства. Все остальные мнения и точки зрения в России допустимы только за счёт тех, кто эти мнения высказывает. Путин считает, что государство не должно оплачивать СМИ, которые "льют помои" на руководство России или "поют с голоса" зарубежных СМИ. Выглядит правильно. Другое дело, что без альтернативных СМИ и государственные рано или поздно деградируют. Они уже стали партийно-патриотическими и провластными, как в советские времена.

Уже в начале 2000-х годов Путин использовал высокие цены на энергоносители для повышения своей популярности в народе – зарплаты рядового обывателя стали расти именно тогда. Он создал вертикальную схему управления для того, чтобы стать единоличным правителем России. После этого он вернул в казну значительную часть приватизированных олигархами нефтегазовых богатств страны. На эти средства Россия до сих пор живёт, не проводя структурных экономических реформ. Главный

политический приём, которым Путин пользовался для
реприватизации нефтегазовых ресурсов страны в начале 2000-х
годов был: "Если держать владельца бизнеса за яйца, то
остальные части тела будут находиться где-то рядом". Так он
отобрал "Газпром" у Вяхирева, НТВ у Гусинского, ТВ-6 у
Березовского и "ЮКОС" у Ходорковского. Про более мелких
собственников уже и разговора нет.

Контроль над большей частью нефтегазовых ресурсов страны
Путин отдал бывшим питерским чиновникам и чекистам. Тем
самым он осуществил частичный возврат экономики России к
государственному регулированию. Целый ряд сырьевых
компаний был государством у владельцев выкуплен ("Сибнефть")
или отнят под благовидными предлогами нарушений при
приватизации ("Башнефть"). После новой "экспроприации
экспроприаторов" нефтяные деньги перешли в другое качество –
в качество "нефтяного проклятия" страны. Зачем развивать
новые технологии, когда деньги и так "валяются под ногами"?

Как бы то ни было, но как пишет известный немецкий
журналист Борис Райтшустер, который в 2012 году возглавлял
московское бюро немецкого журнала "Фокус", Путин не стал
создавать обязательные для исполнения правила
взаимодействия центра и периферии, а "взял регионы на
короткий поводок". Так, например, в 2004 году он отменил
губернаторские выборы, а в 2011 году с помощью Медведева ввёл
их снова, но оставил Кремлю колоссальные возможности
вмешательства. Кроме того, при Путине регионы стали отдавать
в центр куда больше средств, чем раньше. Это усиливает
нелюбовь регионов к Москве и в долгосрочной перспективе
создает угрозу для целостности государства. Путин сохраняет
великодержавные замашки и большевистские методы удержания
власти. "При нём ничего не осталось от социальных достижений
СССР. В России царит необузданный капитализм, по сравнению с
которым даже США - образец социального государства, а
Германия - вообще социалистическая страна. В путинской России
нет независимых профсоюзов, защищающих интересы
работников, на рынке труда действует право сильного,
социальная защита фактически существует только на бумаге, а
медицинское обеспечение - во многом вопрос денег". [78] И при
всём этом Путин тщательно поддерживает в народе свой образ,
как человека, который с утра до вечера заботится о его благе,

хотя, по-настоящему, его интересует только его собственное благополучие и безопасность.

В конце второго срока правления во время большой пресс-конференции 2007 года корреспондент "Комсомольской правды" Александр Гамов задал президенту Путину вопрос: "что вы считаете своими главными неудачами?" Ответ показал неадекватность Путина и его чрезмерно завышенный уровень самооценки: "я не вижу больших неудач, все поставленные задачи выполнены. Мне не стыдно перед гражданами, все эти восемь лет я пахал как раб на галерах". [75] Никто не сомневался, что все эти годы Путин работал много и народ в целом был им доволен, но в 2007 году Россия всё ещё плелась в хвосте вслед за самыми бедными странами Евросоюза по уровню дохода на душу населения, оцениваемого по финансовым активам страны (депозиты, акции, другие ценные бумаги). [25] Кроме того, эффективность работы руководителя оценивается по тому, насколько эффективно работают люди, под его руководством, а не он сам. В пределе, Путин сам может вообще ничего не делать, если граждане работают на уровне мировых стандартов.

Такие страны ЕС, как Эстония, Латвия и Литва одновременно с Россией пошли по капиталистическому пути в 1991 году. Но по уровню дохода на душу населения они обогнали Россию. И если бы не возросшие цены на энергоносители, ситуация в России была бы ещё хуже. Сегодня с момента как Путин стал президентом прошло уже восемнадцать лет, а Россия всё ещё имеет доход на душу населения в четыре с половиной раза ниже Эстонии, у которой вообще нет полезных ископаемых. А Путин по-прежнему много работает, но ведь толку-то от этого мало. Коэффициент полезного действия страны при ручном управлении не может быть высок. Так руководили фабриками и заводами "Красные директора" ещё при Сталине. Но за спиной каждого директора стоял чекист с наганом и от подвала Лубянки или барака Гулага его отделяло совсем малое расстояние, а за спиной Путина стоит только личная охрана и обслуживающий персонал, который по свистку шефа на всё готов.

Сейчас ВВП России составляет всего 1.8% от мирового ВВП (12 место в мире), тогда как при "проклятом царском режиме" в 1913 году он составлял 8,5% (4 место в мире). Большевики и чекисты очень постарались, чтобы вырезать наиболее трудоспособную и думающую часть русской нации, но видно недорезали – кое какой народишко в стране ещё остался, чтобы претендовать хотя бы на 12-е место.

За 10 лет с 2002 по 2012 годы население России сократилось на 5 млн человек. Это заставляет Путина искать пути стимулирования рождаемости. Правда Путинские начинания быстро сходят на нет. Материнский капитал в 2010 году дал небольшую прибавку рождаемости, а потом опять она стала снижаться. Население стало опять уменьшаться после снижения уровня жизни и ограничения демократических свобод. После марта 2016 года количество родившихся опять стало меньше числа умерших. Поэтому накануне 2018 года Путин вводит новые льготы для стимулирования рождаемости, уже начиная с первого ребёнка. Однако по 8-12 детей как в царские времена семьи вряд ли будут заводить.

Коррупция никак не хочет уменьшаться – борись с ней – не борись. Капиталы уплывают за границу постоянно – из перспективной страны капиталы не убегают. Значит не доверяют Путину и его правительству – собственники понимают, что в любой момент их могут обложить дополнительными налогами, заставить откатывать деньги в офшорные "общаки" или ставить новые условия для сохранения собственности. Без независимых судов и без лоббирования их интересов в законодательном органе страны, они беззащитны против произвола исполнительной власти.

По мысли доктора политических наук Владимира Пастухова "Приступив к созданию своего "спецгосударства", Путин последовательно решил несколько важнейший политических задач, в том числе:
-осуществил реорганизацию правящего класса,
-воссоздал номенклатуру,
-восстановил политический террор как универсальный метод контроля над властью,
-подвел под вновь созданное им "государство в государстве" собственную экономическую базу." [66]

Ещё в 2008 году сторонники Путина полагали, что ему удалось изменить направление движения страны. И это верно. Для этого Путин выбрал традиционный консервативный сценарий развития России. После Ельцинского беспредела народ воспринял ново-старые изменения "на ура". Тем более, что демократия с виду была сохранена. Оппозиционные Думские партии крякали, как настоящие утки, суды судили, в нужном исполнительной власти направлении с участием прокуроров, адвокатов, судейских мантий и неизменного молоточка для фиксации приговора, социологические службы мерили настроения людей, как положено. В общем государство функционировало за милую душу прямо "из-под ручки поглядеть". С виду всё получилось, как в цивилизованных странах.

Другой вопрос, что демократия то образовалась не реальная, а суверенная, имитационная. Но кого это волнует? Тем более, что послушный русский народ счастлив оттого, что в магазинах наконец полно товаров и даже личный автотранспорт можно купить, поднакопив деньжонок за несколько лет или взяв кредит. А свобода слова, демонстраций и митингов – да кому они нужны? Разве что нескольким десяткам тысяч людей всегда и во всём несогласных с президентом и вечно недовольных любой действующей властью. На кухне, выпив литр водки на двоих, можно такую свободу слова устроить, что любая телепередача милым лепетом покажется.

Сейчас в России сохраняются предпосылки для новых кризисов, упадков и распада страны. Более того, появились дополнительные факторы торможения и стагнации, связанные с доминированием государственно-рыночной системы хозяйствования в России. Экономист-аналитик Анна Королёва указывает, что "производительность труда в РФ в среднем в 2,4 раза ниже европейской и в 3,5 раза ниже американской". Отраслями, где положение нормальное, можно считать обрабатывающие производства, оборонно-промышленный комплекс, отчасти сельское хозяйство, рыболовство, рыбоводство, лесное хозяйство. Причины этого, указывает эксперт, в недостатке новой техники и технологий; низкая механизация и автоматизация производства. На сегодняшний день существует потребность в изменениях в структуре парка и модернизации оборудования; в некоторых отраслях необходимы изменение конструкции изделий, качества сырья, применение новых видов материалов. [43]

В то же время думать, что в России всё осталось плохо, как было в конце XX века нельзя. Вот несколько фактов о достижениях правления Путина по данным Владимира Глотова, второго секретаря Ленинского РК КПРФ Московской области. За 12 лет с 2002 по 2014 годы бюджет РФ вырос в 5,2 раза (в пересчёте по курсу доллара). В 2002 году расходы по статье "Национальная оборона" составили 284,2 млрд. рублей, а в 2014 году расходы по этой статье составляют 2,326 трлн. рублей, то есть расходы выросли в 8 раз. В январе 2002 года резервы России составляли 36,6 млрд. долларов, а на январь 2014 года 509,6 млрд. долларов, то есть они увеличились в 13,9 раза. [23]

Значительная часть успехов экономики России приходится на период до санкций и до резкого падения цен на энергоносители. После 2014 года экономическая ситуация в России стала быстро ухудшаться. Из-за агрессивной внешней политики России (аннексия Крыма, война на Донбассе и в Сирии), 2015 год был провальным для экономики России. Bank of America составил карту мира по капитализации фондовых рынков на 14 августа 2015 года. В лидеры мира вырвались США и Япония. США с капитализацией около 52% от мирового (всего 19,731 млрд. долл США). Японии обогнала Китай и имела капитализацию в 3 трлн. долл. США. Капитализация рынков Германии, Швейцарии и Франции находилась примерно на одном уровне (1,2 - 1,3 млрд. долл.) По данным Bloomberg на 13 августа 2015 года, капитализация российского рынка акций уменьшилась до размеров Финляндии и составляла 415,89 млрд. долл. США. [110]

После 2015 года финансовое положение России стало очень медленно улучшаться. Совокупная капитализация российского фондового рынка в декабре 2017 уже составляет $630 млрд., что правда ниже капитализации одной только технологической корпорации "Apple", которая в 2017 году превысила $900 млрд. [35]

Неизбалованные граждане России будут терпеть Путина таким, как он есть, а самые верноподданные из них будут визжать от восторга при упоминании о президенте, травить, унижать и даже убивать инакомыслящих. Напомню, что в начале Первой мировой войны, патриотически настроенные жители Москвы громили лавки немецких купцов и топили их баграми в Москве-реке, а императора Николая Второго все обожали. И чем всё закончилось для него и его семьи через четыре года? Подвалом Ипатьевского дома. Но Путин не намерен выпускать власть из рук, хотя не может не понимать, что после переизбрания на третий срок он стал тормозом для развития

России. А его четвёртый срок для России будет если не катастрофой, то её предвестником. И держится-то он сейчас исключительно за счёт проплаченных государством средств массовой информации и полного устранения реальной оппозиции.

Вместе с тем, остановиться Путин уже не может. Он создал такое государственное устройство, которое изначально хотел создать. С его точки зрения оно уже носит законченный характер. Как и советскую административно-командную систему то, что он создал можно только сломать, чтобы построить нечто новое.

11.2. Цена Путинских Ошибок

Ценить жизни людей в России ни при царе, ни, тем более, при большевиках не умели, пользуясь тем, что русские – в основе своей жертвенный народ и чем больше их умирает во имя государства, во имя победы (реальной или мифической – неважно), тем эта победа ценнее. Ничего не поделаешь, такова традиция.

Коммуно-чекистская власть существовать без человеческих жертв не может. У меня всегда было такое впечатление, что у каждого большевика, марксиста, чекиста внутри горит жертвенный огонь и, если на его личный алтарь не будет принесено какое-то количество человеческих жизней, значит он прожил зря. Жертвы такому человеку нужны, как часть его культа. Толстокожесть при обращении с чужими жизнями и смертями – это главный охранительный механизм для его душевного спокойствия.

Со временем любая самая жестокая и несправедливая власть гуманизируется. Это происходит, когда главный жрец культа умирает и жертв становится меньше. То, что потребовало десятков миллионов жертв при Ленине-Сталине, при поздних коммунистах требует десятков тысяч жертв. Путин никогда не отказывался от своего коммунистического прошлого, а значит жертвенный огонь горит и в нём.

Начались человеческие кровопускания в России давно, но яркие формы этот процесс обрёл в XX веке.

-При Николае II паркетные шаркуны-генералы жертвовали лучшими отборными казаками, каждый из которых стоил целого взвода неприятельских солдат, без особого смысла, гоня их на немецкие пулемёты во время Первой Мировой войны.

-При Ленине чекисты убивали десятки тысяч невинных заложников – цвет русской нации - ради теоретических марксистских идей и своих примитивных представлений о том, как организовать социализм в России.

-При Сталине, деспоте восточного образца, людей уничтожали сотнями тысяч и миллионами ради внедрения идеи распределительного социализма в как можно большем числе стран мира.

-Хрущёв мог по глупости бросить в ядерный котёл на Тоцком полигоне около 40 тысяч собственных военнослужащих для того, чтобы проверить действие ядерного взрыва на боеспособность армии в 1954 году.

-При Брежневе войны за социализм советского образца во всём мире тоже унесли десятки тысяч жизней.

-Кровавая Чеченская война, развязанная Ельциным, чуть не привели его к импичменту – и поделом бы, да коммунисты деградировали настолько, что сил коммунисту Зюганову хватало только на то, чтобы тайком перекреститься при виде православной церкви.

-Путинская власть тоже решает: кем и чем можно пожертвовать ради государственных интересов. Донецкая и Луганская области Украины обошлись жителям почти в 10 тысяч покойников. Но это "чужие" украинские покойники. Операция в Сирии привела к сотням погибших из России – в основном, правда из-за теракта над Синаем на борту авиалайнера, летевшего из Шарм-эш-Шейха (Египет) в Санкт-Петербург (224 человека) и перегруза ТУ-154, летевшего из Сочи в Хмеймим (Латакия, Сирия) (92 человека). Сама военная операция по официальным данным унесла 41 жизнь военнослужащих. По неофициальным данным бойцов частной военной компании (ЧВК) "Вагнер" (владелец – Дмитрий Уткин) Прим.21 число убитых с российской стороны значительно больше [100].

Когда журналисты - создатели самой первой книги про Путина спросили его о том, как он относится к огромному числу человеческих жизней, которое Советской армии пришлось заплатить за удержание Невского пятачка во время Второй мировой войны (а это около 50 тысяч убитых - ВЗ), где воевал и его отец, он ответил так: "Я думаю, что на войне всегда бывает много ошибок. Это неизбежно. Но если ты воюешь и думаешь о том, что вокруг тебя все ошибаются, никогда не победишь. Нужно прагматично к этому относиться. И надо думать о победе. Они тогда думали о победе." [19] То есть победа для Путина - главное и он не зациклен на ошибках и на цене достижения. После того, как ему становятся ясны причины, мотивы, средства и цена военного или политического действия, он просто старается не делать на этом основной упор, думая больше о результате.

И вообще вопрос цены достижения результата для чекистов и их духовных наставников – коммунистов никогда не был первостепенным. Так их учили безжалостные коммунистические варвары - Ленин, Троцкий, Свердлов, Дзержинский. По их мнению, человек, который является их врагом и борется с нами заслуживает только смерти, а тот, который им покорен, иногда заслуживает того, чтобы ему сохранили жизнь, и то, при условии, если он действует в соответствии с их предписаниями. Зиновьев, Бухарин и другие вожди большевизма считали, что нужно уничтожить 10% населения России, чтобы остальные были коммунистам послушны. Что эти большевики сами в конце концов стали жертвами того режима, который создали - так они этого заслужили. Зло под какой бы благообразной маской равенства и справедливости оно не прячется, порождает ещё большее зло, которое в конце концов уничтожает своих создателей. К сожалению, Путин также, как и большинство советских людей был воспитан в парадигме исходных коммунистических преступников и не видит в их действиях ничего страшного. И это особенно ужасно в XXI веке.

Путин – это тот человек, который надолго поссорил Россию и Украину. Именно его действия сплачивают украинский народ крепче, чем любая любовь русских к украинцам. Он сыграл роль главного ксенофоба для Украины. До недавнего времени все российские федеральные телеканалы буквально сочились ненавистью ко многим украинским группировкам и представителям украинской власти – националистам-бандеровцам, "Правому сектору", СБУ, правительству, украинской Раде, президенту Украины. Так что украинцы недаром в шутку называют Путина главным патриотом Украины и поговаривают о том, что первый памятник Путину после его смерти надо поставить именно на Украине. Зато если в советские времена правду о своей стране можно было узнать, слушая "вражьи" голоса – "Голос Америки", радиостанцию "Свобода", "Би-Би-Си", то теперь их заменяют телевизионные каналы и радиостанции Украины.

Гибридная война в Украине – это детище Путина, который действует там от имени России и с разрешения всех ветвей российской власти. И хотел бы я посмотреть на судьбу российского парламентария или сенатора, который поднимет на заседании вопрос о законности вмешательства России в дела суверенного государства - Украины. Военно-гуманитарная поддержка Донбасса – промышленных пророссийски настроенных украинских областей с традиционно-сильным пролетариатом нужна Путину, чтобы перекрыть возможность Украине вступить в НАТО. В эту почтенную организацию государств с неурегулированными территориальными проблемами не принимают.

Хорошо известно, что Украина была нашпигована агентами русского влияния, которые поддержали бы русскую армию в случае её вторжения в Украину. Но Путин проявил в этом вопросе нерешительность и осторожность. Как и подобает кадровому разведчику, он всё хотел сделать чужими руками. Одно дело поддержать украинцев, которые возмущены государственным переворотом в Киеве и хотят вернуть законно избранного президента Януковича. Совсем другое - ввести войска на территорию соседнего государства. Здесь уже волеизъявлением украинского народа и референдумом, как было в Крыму, агрессию не прикроешь. Поэтому русские агенты влияния стали разжигать недовольство украинского народа в Харькове, в Одессе и на Донбассе. В первых двух городах эти попытки закончились неудачей. Пожар войны удалось разжечь только полковнику ФСБ России в отставке Игорю Стрелкову. Его отряд в апреле 2014 года перешел границу с Украиной и закрепился в Славянске. С этого началось образование Донецкой республики. [91]

17 февраля 2015 года на общей пресс-конференции с премьер-министром Венгрии Виктором Орбаном Путин съязвил в том смысле, что мол чего стоит украинская армия, если она не могла победить вчерашних шахтёров и трактористов. И тем не менее, несмотря на его неоднократные утверждения о том, что на Украине нет русской армии, но по неофициальным данным убитого политика Бориса Немцова, осенью 2014 и весной 2015 года в Донбассе воевали контрактники-добровольцы из следующих российских частей и подразделений: 76-й дивизии,

98-й дивизии, 9-й бригады из Нижнего Новгорода, а также из 17-й и 18-й бригад.

4 марта 2015 года в печати появилось интервью спецкора "Новой Газеты" Елены Костюченко, которое она провела с обожжённым под Дебальцево танкистом, контрактником Доржи Батомункуевым из 5-й отдельной танковой бригады (воинская часть № 46108, Улан-Удэ, Бурятия), который воевал на стороне сепаратистов. [44] Кроме него таких, как он российских военнослужащих под Дебальцево было много. Иначе сепаратисты бы не выдержали натиска Украинской армии.

И хотя в настоящее время 53% населения России против войны с Украиной, но как российские, так и украинские власти настраивают людей на недоверие, на конфликты, постоянно распространяя негативную информацию друг о друге. Руководители СМИ ориентируют своих журналистов на распространение ксенофобских настроений среди своих народов и на разжигание межнациональной ненависти (статья 282 УК РФ). Они не посмели бы себя так вести, если бы не поддержка официальных лиц.

А чего стоит путинский слабо мотивированный с государственной точки зрения воздушно-космический марш-бросок в Сирию – в ближневосточный муравейник, в который ни один здравомыслящий человек не сунется без угрозы для жизни своих граждан и благоденствия своего государства? Только стремлением повысить роль России в мировой табели о рангах, а, если получиться, то снять санкции, наложенные на российских граждан мировым сообществом. Ну и, конечно, чтобы увеличить продажи за рубеж хорошо зарекомендовавшего себя в Сирии русского оружия. Мало Путину было серии терактов на территории России после Второй чеченской войны? Теперь начнутся теракты боевиков ИГИЛ, которых российская армия и ВКС выгнали из Сирии.

После того, как малазийский Боинг был сбит над Донбассом мировые лидеры стали Путина сторониться и избегать его общества. И это продолжается до сих пор, хотя Путин и пытается открыститься от обидного клейма "Военный преступник", отскоблить его от своей репутации. Тем более, что в момент совершения этого преступления он возвращался из Бразилии и узнал обо всём только по прилёте в Москву. Но по традиции автократический правитель отвечает за всё.

Количество непопулярных решений, принимаемых Путиным год от года увеличивается. Это делается для того, чтобы поддержать на плаву экономику страны и не сильно понизить жизненный уровень населения. Экономист Павел Усанов из Санкт-Петербурга приводит цифры доходов населения России в 2013 и 2016 годах. Средняя пенсия в 2013 году была 217 евро, а в 2016 году - 148 евро, средняя зарплата в 2013 году была 800 евро, а в 2016 году - 580 евро. Если бы не специальные меры, принятые правительством для плавного повышения цен на базовые продукты питания, ситуация была бы хуже.

Известный социолог и публицист Игорь Эйдман описал недавний спор между Путиным и Кудриным на заседании экономического совета. Этот спор продемонстрировал несовместимость экономического и геополитического подходов в управлении государством, которые исповедуют оба спорщика. "Кудрин призвал Путина "снизить геополитическую напряженность", чтобы "встроиться, пусть и на вторых ролях, в международные технологические цепочки". Путин возражал, говоря о тысячелетней истории России, которая "не станет торговать суверенитетом". Российскому президенту не нужны экономические успехи ценой вторых ролей, ему нужно быть на первых ролях в мире." [105] Для Путина "крутизна" – главное. Ему важнее казаться, а не быть. Путин делает из России гордую вещь в себе – самодостаточную и неприступную. Для бывшего пацана из подворотни понты – главное. Своей политикой, направленной на величие России в ущерб развитию экономического потенциала частного человека, он давит экономику страны и снижает потенциал её развития.

Свои личные психологические комплексы Путин постоянно переводит на международный уровень, а именно: у нас плохо с экономикой не потому, что мы плохо хозяйствуем и я вами плохо руковожу, а потому, что нам мешают, вставляют палки в колёса недоброжелатели за рубежом, а также бессовестные биржевые спекулянты, ну и, конечно, США, руководящая безвольными европейскими странами, которые от США полностью зависят в военном отношении.

Кроме того, с самого начала путинского правления происходит забюрокрачивание России. За 18 лет число чиновников выросло почти в полтора раза. И большая часть этого груза несёт на себе Москва. А население-то в России не растёт. Отсюда вытекает вопрос: зачем эта армия дармоедов, львиная доля которых "окопалась" в Москве, нужна? Это ещё одна ошибка Путинского правления.

Когда уровень благосостояния народа снижается, то правительство и чиновники должны себе зарплаты урезать поскольку падение уровня жизни – это прежде всего их прокол – это они плохо работают, а они вместо этого повышают. Но никому же из них в голову не приходит следовать за уровнем жизни простого народа. Так, видимо, предвидя, что ожидает Россию после включения Крыма в состав России, Владимир Путин повысил себе и Медведеву зарплату в 2.65 раза в апреле 2014 года. Это вам не какие-нибудь 4% для пенсионеров. Чего уж тут мелочиться хозяевам земли русской, хотя оба и так фактически живут при коммунизме. Самое смешное, что принимал решение по Крыму Путин один, а, следовательно, все последствия от этого присоединения лежат на нём одном. Зато пострадал от этого весь народ, а сам Путин только выиграл в зарплате. При том, что самого Путина хлебом не корми, только дай поговорить о человеческой порядочности.

11.3. Перспективы Путинской России

От телеведущего Павла Лобкова слышал быль на телеканале "Дождь". Когда телеведущий НТВ Владимир Кондратьев, который освещает все торжественные события в Российской политике, участвовал на брифинге журналистов в Германии и его спросили: "Как долго Путин останется у власти?", тот сказал: "Мы все успеем умереть". Я солидарен с Кондратьевым и тоже считаю, что Путин, как лидер России, переживёт всех нас. Он слишком любит себя в должности президента.

Российская власть и простые люди в России до сих пор живут в ожидании чуда. Правда, чем дальше, тем чудеса становятся мельче. Раньше это был коммунизм, вера в преимущество плановой советской системы хозяйствования над стихийной капиталистической. Теперь это ожидание повышения цен на нефть и газ, ожидание прихода нового американского президента, который будет для России лучше прежнего, ожидание снятия санкций, ожидание краха майданной Киевской власти - куда же Украина денется без старшего брата России – конечно, скоро развалится. Эти пустые ожидания дают российскому обывателю смысл жизни.

Путин и так "прыгнул выше головы". Большего от человека, родившегося в ленинградских трущобах и сделавшего себя самому, ожидать нельзя. Однако, у него не хватает стратегического потенциала чтобы понять то, что для России он уже отстрелянный патрон. Его четвёртый (пятый) президентский срок положения не исправит. России нужны принципиально другие мозги и люди с другой не чекистской ментальностью. Россия – очень сложная страна и руководить ей должен политический гений, которого, конечно, к Кремлю на пушечный выстрел не допустят. Поэтому она обречена терпеть диктаторов, дураков или мошенников.

При Путине в России имитационным стало всё. Имитационные заседания, имитационная конкуренция в политике и в бизнесе, имитационная демократия. Всё имитируется, как в компьютерных играх. Всё как будто по-настоящему, а на самом деле понарошку. Этот имитационный тренд в России имеет особые черты из-за повышенного легковерия русского человека. Для того, чтобы легче было обманывать этого человека, количество праздников, торжеств, парадов, открытий памятников, показушных заседаний и мероприятий резко увеличилось. Перечислю только те, которые проводились за 9 месяцев 2017 года. Это многочисленные выставки, ярмарки, всесоюзные конференции, спортивные праздники, парады, фестивали, шествия, открытия памятников, акция "Бессмертный полк" 9 мая, празднование дня военно-морского флота 30 июля, празднование 870-летия Москвы 9 сентября. И почти везде как бы случайно, как рояль в кустах, присутствует Владимир Путин.

Россия постепенно закрывается от внешнего мира. Особой открытости в России не было никогда, а теперь – наступает новый виток секретности, паранойи и охоты на ведьм. Могут посадить блогера в тюрьму за неосторожные слова про действующий режим, про предложения смены власти и пр. И, судя по всему, дальше лучше не будет.

Иногда создаётся впечатление, что вся Россия держится на одном Путине. Не будет его, все члены его команды мгновенно скиснут и будут публично каяться, и говорить, какие они хорошие и что Путин во всём виноват. Рыцарским благородством в отношении ушедших лидеров в России никогда не пахло.

За рубежом Путина уважают за твёрдость и последовательность в отстаивании интересов своей страны. Кроме того, держать такую страну в руках — на это не всякий способен. Недаром каждое своё появление на международной арене Путин обставляет, как Джеймс Бонд. На этом "накачанном" образе вся вертикаль власти в России и держится.

Путин непрерывно выдерживает свою линию, направленную на целостность, самостоятельность и независимость России поскольку другой вменяемой линии у него нет. В противном случае России нужно всерьёз вливаться в международное разделение труда, соблюдать права человека, следить за независимостью ветвей власти и вообще вводить настоящую, а не имитационную демократию. А это та высота, которая Путину недоступна по определению, как бывшему военному человеку и чекисту.

Да и Путину самому это управление Россией уже не в радость. Выезжает на одном чувстве долга и на страхе перед собственным неясным будущим. Если раньше от него можно было слышать что-то оригинальное, какие-нибудь простонародные выражения, шутки, анекдоты – обещания кому-то гениталии отрезать, кого-то в сортире замочить, то сейчас от Путина осталась одна голая непреклонная воля и чувство долга. Он превратился в исполняющую свои обязанности функцию. Неулыбчивую, самоотверженную, отдающую себя на заклание государству, несущую свой крест во имя и на благо России (естественно, как он это благо для себя понимает).

Одним из базовых понятий психологии является понятие личностного ресурса или личностного потенциала, идущий от психоаналитической школы (Зигмунд Фрейд, Карл-Густав Юнг, Эрик Фромм). Для его актуализации в неблагоприятных условиях, человек вынужден прибегать к использованию своих явных и скрытых резервов личности и интеллекта. У нынешнего Путина (версия 3.0[Прим.22]) личностный ресурс уже не тот, что был в начале правления. Если он это и понимает, то уже ничего не может поделать ни с собой, ни со своим окружением, ни с той вертикалью власти, которую он так тщательно создавал. Зашкаливающий рейтинг в народе – это ещё не всё. Ведь этот народ от Путина недалеко ушёл в ментальном отношении. Хороший лидер умственно обгоняет народ, а не идёт с ним в ногу и не потакает его слабостям ради своего пиара. Тут приходится выбирать – либо вести непопулярную политику и проводить болезненные реформы, либо сохранять высокий рейтинг. "Разрушитель" Ельцин выбрал непопулярность, "собиратель земель", популист Путин выбирает рейтинг.

Если молодёжь, вышедшую на митинги подобные митингам против коррупции 26 марта и 12 июня 2017 года полиция будет отправлять в участки тысячами, то их смолоду сделают политическими импотентами, которые вряд ли захотят в авторитарной стране воспроизводить себе подобных. Не только орлы не брачутся в неволе, но и запуганной российской молодёжи этого вряд ли захочется. Хватая их на демонстрации за какой-нибудь плакатик, власть отрезает от родины еще несколько миллионов активных молодых людей. Путин возрождает зависимый рабский дух в русском народе и превращает ещё одно поколение юных граждан России в таких же поротых и закомплексованных людей, как он сам.

После того, как до кремлёвских политтехнологов дошло, что они упускают молодёжь, которая предпочитает более близких ей по духу и уровню компьютерной грамотности политиков вроде Алексея Навального, они стали уделять меньше внимания путинскому традиционному пожилому электорату, который до недавнего времени являлся базой для его высокого рейтинга, а пытаются ориентировать своего босса на заигрывания с молодёжью. Но ментальный разрыв между дедушкой Путиным и пацанами, и девчонками 14-20-ти лет уж больно велик. Они воспитаны на гаджетах, на соцсетях, на компьютерных играх, на роликах Ю-тюба. Путину по характеру ближе такое управление, когда он прижимает непокорных людей к земле своим мускулистым торсом и верховным статусом, пользуясь услугами многочисленных, расплодившихся, как кролики, силовиков.

Почему люди, дорвавшиеся до власти в России, не могут остановиться и добровольно отказаться от неё? Они, как крысы с вживлённым в мозг электродом, возбуждающим центр удовольствия, без конца нажимают на один и тот же рычаг. Всё дело в том, что у них отсутствует настоящая, глубокая внутренняя культура, которая даётся поколениями воспитания и демократического управления. Хороший уровень интеллекта и даже умение соблюдать правила дипломатического этикета – это далеко не всё. Важны ещё гуманистические традиции и мультикультуральные ценности, которые дают внутреннее чувство меры и ощущение пределов своих возможностей, понимание того, "что чего стоит", "кто есть кто" и "кто есть я". Адекватность оценки своих реальных возможностей у советских "динозавров" прошлого, вроде Путина, нарушена.

Формула: "Кому хочу, тому и отдам княжение" применялась на Руси издавна – по крайней мере с времени княжения Ивана III. Пётр I дотянул до последнего, но так и не назвал преемника. Ленин, который в душе презирал своих соратников и считал гением одного себя, перед смертью не рекомендовал на своё место никого. Сталин тоже умер без завещания власти, как, впрочем, и все другие генсеки. Их общий порок состоял в том, что они жили и работали во имя абстрактных идей, но мало думали о конкретном частном человеке и о том, чтобы этот человек мог реализовать себя, свой личностный потенциал не через абстрактное государство, а работая на самого себя.

Такая же неопределённость может получиться с передачей российской власти в очередной раз. Закон, Конституция – всё пойдёт "по боку". Теперь стало окончательно ясно, что Путин власть никому не отдаст. Пока он у руля, он сам и его приближённые могут пользоваться собственностью, которую им подарили близкие к Кремлю олигархи, и, которая записана на их родственников, знакомых или на предъявителя. Как только он уходит насовсем, он не может уже влиять на ситуацию и на те шаги, которые предпримет преемник. А там может быть всякое вплоть до уголовных дел. Допустить этого Путин не может. В какой форме он удержит верховную власть – неважно.

Мне представляется заслуживающей внимания идея доктора политических наук из Оксфордского университета Владимира Пастухова о том, что, имея конституционное большинство в Думе, Путин может инициировать процесс создания в России конституционной монархии, оговорив себе место бессменного премьер-министра. После этого вся собственность, которая принадлежит анонимным лицам, подставным кампаниям, фондам и пр., а фактически является собственностью людей из правящей ныне верхушки, перейдёт им на законных основаниях в качестве подарка новым русским дворянам, присягнувшим новому монарху.

Есть и другие варианты дальнейшего развития событий в российской власти. Главный - Ельцинский вариант - переизбраться на следующий срок, а перед концом этого срока сдать полномочия наиболее перспективному преемнику. Ещё один - иранский вариант предполагает введение должности духовного лидера нации и назначение себя на эту должность естественно через всенародную выборную процедуру. Духовный лидер может быть и пожизненным. Это неофициальная фигура. Тогда от повседневной управленческой мелочёвки Путин может уйти. Пусть шустрые и молодые этим занимаются, а он будет только надувать щёки и давать добро на назначение президентов и премьеров, сидя во дворце для приёмов. Возможен казахский вариант, как у Назарбаева - пожизненный президент, с передачей многих функций Парламенту и Верховному Суду. Впрочем, какой бы сценарий Путин не реализовал, никакого отношения к включению России в мировой цивилизационный процесс он иметь не будет.

Этим планам может помешать народная активность, которая значительно усилилась последнее время уже не только в Москве и Санкт-Петербурге, но и в периферийных городах - Новосибирске, Барнауле, Саратове и других. Как ни крути, но в последние годы люди-то стали жить хуже. Они так просто не могут слетать всей гоп-компанией на землю Франца Иосифа, чтобы отколоть кусочек льда от скалы или в сибирскую тайгу для развлечения, чтобы поймать щуку в речке. И даже курорты зарубежных стран становятся многим жителям России недоступны. Про то, что немалое число жителей России едва сводят концы с концами на зарплату в 18-25 тысяч рублей (300-350 долларов) в месяц и никакого отдыха за рубежом не могут себе позволить, я уже не говорю.

Иногда сознание отдельных групп людей пробуждается от политической спячки. И тогда они выходят на стихийные митинги. Уже на марше миллионов 12 июня 2012 года демонстранты несли плакат с лозунгом против Путина: "Путина бояться – в сортир не ходить". С тех пор Путин обложил свою властную правящую верхушку "крепостной стеной" из силовиков: Росгвардии, ОМОНа и ФСБ-шников, а также драконовскими законами о митингах, ограничивающими политическую активность населения. В условиях спокойной России, без войн, без резкого ухудшения уровня жизни, такую стену так просто не преодолеть.

Очень глубокую мысль по поводу нынешних возможностей президента Путина, который не верит в хорошее начало в своём народе и поэтому не желает что-то менять в своём отечестве высказал недавно известный политолог Глеб Павловский. Павловский охарактеризовал президента Путина, как глубокого скептика, который глубоко презирает людей. Он ни во что не верит и теперь "он настолько скептичен по отношению к стране и к качествам народа, что он не может быть уже лидером". [65] А лидером ему быть приходится. Можно сказать, за что боролся на то и напоролся. У лидера должны быть вера, чтобы зажечь народ и запустить процесс реформации или реновации. Одним чтением стихов Лермонтова, истерическими возгласами на митинге: "Мечтали умереть за отечество под Бородино. Умрёмте ж под Москвой. Битва за Россию продолжается. Победа будет за нами!" и парой удачных анекдотов, реформы не запустишь. Без высвобождения личности простого человека с улицы, страна обречена на стагнацию. По китайскому выражению Россия превратилась в "медленно тонущий корабль". Только Путин этого не хочет понимать.

Путин – умный, волевой человек из рабочих, ставший президентом. Подобно наркоману, подсевшему на наркотическую иглу, Путин подсел на иглу неограниченной власти. Теперь отказаться от власти самостоятельно он уже не может. А механизмы, которые позволяют культурно это сделать, он сам отключил. Новым трендом Путина сейчас является поиск всё новых внешних врагов и милитаризация экономики, как ответ на угрозы со стороны этих врагов. Как будто забыл, что "крупнейшая геополитическая катастрофа" второй половины XX века, когда развалилась мировая система социализма и СССР случилась именно из-за избыточно милитаризованной экономики и неэффективного административно-хозяйственного механизма СССР. А он как раз похожий механизм и возродил в России правда с поправкой на то, что около 30% собственности России находится во владении частных лиц.

Ради сохранения себя во власти Путин на многое готов. А именно одной рукой ублажать, а другой утихомиривать народ перед президентской кампанией, не трогать мумию Ленина в мавзолее и паноптикум у Кремлёвской стены, выпустить некоторых заключённых их тюрем на волю и прочие меры, направленные на сохранение предвыборного рейтинга. Главное для Путина сейчас "не гнать волну", выжать всё возможное из Фонда Национального Благосостояния и Резервного Фонда, который, кстати, прекратил своё существование первого января 2018 года, из остатков своей крымской популярности, из реновации ветхого жилья, а также из других вещей, дающих популярность. При этом Путин опирается на подконтрольные ему ветви власти через тех людей, которых он заботливо посадил на все ключевые посты: на руководство Государственной Думой, Советом Федерации, Советом Министров и на силовые ведомства.

То, что Путин берёт на себя всё больше и больше полномочий – это показатель не силы, а слабости его лично, слабости созданной им вертикали власти и слабости его команды. Государственный организм должен работать и без присутствия правителя в автономном режиме, если потребуется. В противном случае этот государственный организм болен.

Нынешняя Путинская элита – это факиры на час. Как только они потеряют власть, они потеряют многое. Никаких отличий от советских времён. Они тешат себя иллюзиями о своём могуществе, но это могущество существует только в их воображении. Повернётся колесо властной фортуны и останутся одни амбиции. Да и то ненадолго. Посмотрите, как лихорадочно цепляются некоторые приближённые к Путину лица за свою исключительность и "неподсудность". Каждый из элиты борется за место неприкасаемого в обойме. Медведев и Сечин на такие места уже вскарабкались.

В частности, премьер-министр Дмитрий Медведев, да и другие игнорируют расследования главы ФБК Алексея Навального об их непотизме по отношению к родственникам и знакомым. В цивилизованной стране их бы давно вытащили за ушко, да на солнышко отчитываться перед народом за сомнительные фонды, назначения и покупки.

Глава "Роснефти" Игорь Сечин по сути игнорировал четыре повестки в суд на слушания по делу бывшего министра Улюкаева, которого он же и посадил за решётку. Хотя кто он такой? По уголовной классификации – обычный провокатор, секретный сотрудник охранки или ФСБ. Но он считается "лицом, приближённым к телу президента", а, следовательно, неприкасаемым или обладающим иммунитетом против всяких "фантазий" какого-то жалкого судьи Замоскворецкого суда города Москвы. В нормальной стране на таких, как Сечин, судьи быстро находят управу, а в полуфеодальной России Сечина никто не смеет тронуть. Я бы здесь вспомнил обличительную речь Медведева о том, что Россия – страна правового нигилизма. Милый, да ты сам на себя в зеркало посмотри!

Сейчас всю чёрную работу за Путина выполняют его помощники. Лишь бы он не возражал. Он только надувает щёки на ответственных мероприятиях. Путин всё больше превращается в "свадебного генерала". Раньше он, как лидер, инициировал политические и экономические процессы. К началу своего третьего срока он добился чего хотел и вновь стал президентом, опираясь на лазейку в Конституции РФ. После этого он может себе позволить осуществлять общее руководство страной – формулировать цели, ставить задачи и контролировать их выполнение.

Журналист и телеведущий Антон Красовский как-то сравнил Путина с Моисеем, который водил евреев по пустыне пока они не заслужили Землю Обетованную. По мнению Красовского, только тот, кто только что родился при Путине, сможет строить обновлённую Россию. До этого русские будут нацией духовно зависимых людей. И никто им не поможет избавиться от этой зависимости. А сами себе они помочь сейчас неспособны. [45]

Конечно, советские "динозавры" должны вымереть, хотя по человечески их жалко. Да и Путин - явно не Моисей - тот переживал те же невзгоды, что и каждый из его попутчиков - голодал, страдал от жажды, от жары и от холода в Синайской пустыне, его тело высохло, а ступни были изранены. У Путина с телом всё в порядке. Низкокалорийный йогурт и овсяная кашка ждут его по утрам в холодильнике. А кроме того его ждут личный бассейн, личный самолёт, личный вертолёт и личный бронированный автомобиль. А также многочисленная охрана, услужливые журналисты, услужливые телевизионщики и услужливый специально подготовленный народ. Все эти люди готовы выполнить любой каприз своего босса. Впрочем, Путину до русского народа сейчас далеко, как до луны, хотя он постоянно подчёркивает свою неразрывную связь с ним. Скорее он снисходит к народу во время специально организованных прямых линий. Путинские "скрепы" также не тянут на моисеевские Заветы от Бога. Тем более, что он сам по ним не живёт.

Каковы экономические прогнозы для России на ближайшие годы? В декабре 2016 года директор программы Московского Центра Программа "Экономическая политика", осторожно-пессимистичный экономист Андрей Мовчан описал перспективы развития России при Путине, если он сохранит свой пост так: "... с 2019 года рост налогов ускорится, начнется активное наращивание внутреннего государственного долга и ограниченная эмиссионная подпитка бюджета. Россия пока далека от экономического краха и потери управляемости, но медленно движется в их сторону. Если удастся избежать катастрофических сценариев, связанных с ошибками руководства или внешними факторами, у России есть экономический запас прочности на срок от шести до десяти лет и более; затем вопрос будет стоять о необходимости срочных решительных изменений для сохранения целостности и управляемости страны. Однако, судя по общественным настроениям, такие изменения, скорее всего, будут включать в себя ужесточение контроля, дальнейшую национализацию, закрытие экономического пространства и упрощение экономической структуры." [58] По мнению Мовчана это всё следствия той политической линии, которую Путин ведёт, начиная с момента прихода к власти.

Приведу ещё одно мнение главного редактора сайта Carnegie.ru Александра Баунова, касающееся перспектив развития России в ближайшем будущем: "Путин разбудил те силы, которые он не может контролировать, строя идеологию государственную после 2012 года, декларативную вот эту антизападническую, православно-патриотическую, исключающую возможность вот этой самой толерантности". [6] В моноэтнических, монорелигиозных государствах такая стратегия ещё может работать, но в полиэтнической и многоконфессиональной России она как минимум недальновидна. Однако, Путин всё ещё надеется на свой главный козырь – на милитаризацию. Это сейчас для него важнейшее средство для того, чтобы удержаться у власти как можно дольше.

Заключение

Даже поверхностного взгляда на двенадцативековую русскую историю достаточно, чтобы понять, что русская власть была негуманной и даже преступной очень часто. Особенно это проявлялось на ранних стадиях образования Древнерусского государства и в Средние века. Альтернатива для правителей и племён Древней Руси была простая – либо существовать в полудиком туземном состоянии и ждать пока тебя завоюют, заставят платить дань, отправят в рабство другие правители и народы, либо организовать своё государство. Организовать его через ошибки и кровь, через взлёты и падения. А если сформулировать это совсем просто: либо другие ассимилируют тебя, твою семью, твоё племя, либо вы объединившись ассимилируете других в той степени, в какой хватит сил. Самый простой способ ассимиляции – через создание сильного государства, через завоевания, покорение других, насилие, грабежи и пр. Восточные славяне под руководством норманнов в IX веке пошли вторым путём. Начиная с XIII века, они стали объединяться с татарами, как с более мощным в военно-организационном отношении народом. Современная Россия – это гибридное в национальном и культурном отношении централизованное государство, которое традиционно строится на базе насилия поскольку иными методами его сохранять не умеют.

Даже те исторические факты, которые лежат на поверхности убеждают в том, что немалое количество правителей России и СССР отличались жестокостью и преступным нравом. Сейчас трудно сказать, нуждались ли они в оправдании своих действий перед кем-нибудь (перед своей совестью или перед богом), но только законченные социопаты в этом не нуждаются. Вспомним, сколько трупов было на совести Ивана Грозного, Ленина, Сталина. Они нуждались либо в самооправдании и покаянии перед людьми, перед богом, либо их личность разрушалась и деградировала.

Между 1917 и 1922 годом, меняя политический строй в бывшей российской империи с естественного на неестественный, Ленин принимал просто кошмарные решения, которые способен принимать только психически больной человек. Эти решения в сочетании с дурной наследственностью и приобретёнными во время революционной молодости болезнями подточили его здоровье и повлияли на ранний уход из жизни. Последний год жизни он выглядел как безумный старик. А ему было всего 53 года.

Когда Ельцин возвращал политический строй России от неестественного советского к естественному, рыночному, он в течение 9 лет с 1991 по 1999 года тоже принимал просто ужасные для всего народа решения. Это стоило его здоровью многих спокойных лет жизни. Ельцин ушёл от власти в возрасте 69 лет, а выглядел изношенным стариком, практически спился и вскоре после отставки умер.

Путин до сих пор выглядит, как огурчик потому, что ничего не принимает близко к сердцу и в глубине души толстокож, как маленький бегемотик. Что его волнует – так это собственные жизнь и здоровье. Что до других людей, то для него государственные соображения главнее всего остального. Недаром, встречаясь с родственниками погибших людей, погорельцев, травмированных, он от слов соболезнования быстро переходит к материальным компенсациям. Впрочем, людям с тонкой кожей в российской власти делать нечего.

Когда мы говорим о боге и совести, проясняется роль религии в укреплении центральной исполнительной автократической власти в России. Она духовно прикрывает и оправдывает любые деяния правителей – их злодейства и достижения. Этим она власти и полезна. Русским она нужна для того, чтобы не выглядеть варварами в глазах более продвинутых, цивилизованных наций.

В 90-е годы дикое естество присутствовало не только в поведении Путина. Это было почти универсальным трендом для многих советских людей, освободившихся от искусственных идеологических пут марксистско-ленинской идеологии, но ещё не обретших других пут – православных, мусульманских, иудейских и ещё не освоивших азов капиталистической морали. В эти годы Путин, как и многие другие советские люди, вёл себя, как вырвавшийся на свободу хищник, который почувствовал облегчение оттого, что ему удалось наконец скинуть изношенную до дыр советскую одежду. Скинуть-то они её скинули, но не заметили, что остались голыми. В смысле без ограничивающих пут, накладываемых общечеловеческой моралью. Крен в сторону религии у него и у других советских людей пошёл в 90-е годы недаром – надо было прикрыть срам, который торчал у них отовсюду.

Сам Путин как президент является очередной переходной фигурой в русской истории в основном потому, что на его долю пришёлся период социально-экономической ломки и перехода от государственного распределительного социализма к государственному капитализму. Он человек, пытающийся исправить ошибки молодости более правильной и полезной жизнью в зрелом возрасте. Своей второй половиной жизни относящейся к XXI веку Путин как бы оправдывает первую, обеляет её, пытается как умеет очиститься от грехов молодости. Чем не модифицированный князь Вольдемар – Креститель Древней Руси.

Монархия себя дискредитировала в 1917 году, номенклатурно-коммунистическая диктатура – в 1991 году. Теперь – черёд путинской имитационно-демократической вертикали власти. Однако процесс "интимных отношений" чекистов с Россией затягивается, хотя они этого не понимают. Пока в России чекисты - первые парни на деревне и им безразлично, если кто-то с этим не согласен.

Я надеюсь, что Россия в конце концов выплывет. Выплывет вопреки русским народным сказкам об Иванушке-дурачке, золотой рыбке и правителях-самодурах. Это, случится не при нынешнем и даже не при следующем правителе. Главное, чтобы в стране перевелись политики, которые ради имперских выгод жертвуют будущим каждого конкретного человека. Сколько в России останется к тому времени народу, территории и природных ресурсов – вопрос второй. Но только тогда она станет нормальной страной – может быть даже демократической. Сейчас ни правители, ни народ к этому не готовы.

Примечания

1. Я ставлю слово демократ в кавычки поскольку ничего общего с демократией эти люди не имели. Они могли быть либералами, автократами, идеалистами, приспособленцами, мошенниками, лицемерами, но в России демократов не воспитывали никогда. Если за тысячелетнюю историю России несколько человек получились демократами в западном понимании этого слова, то я готов лично перед ними извиниться за свою излишне обобщённую оценку.

2. Автомобильная торговая компания "ЛогоВАЗ" — акционерное общество, занимавшееся свободной продажей экспортных автомобилей "ВАЗ", отозванных из зарубежных автосалонов. Видимо, Путин познакомился с Березовским в ЛогоВАЗе ещё в те времена.

3. "Диссернет" — Добровольное сетевое сообщество профессиональных учёных, журналистов, гражданских активистов и волонтёров. См. интернет-портал https://www.dissernet.org/ Работает с января 2013 года. Направлено против фальсификаторов, мошенников и лжецов от науки. Проводит общественные экспертизы кандидатских и докторских диссертаций, защищённых в российских ВУЗах с конца 1990-х годов.

4. "общак" - по типу кассы взаимопомощи - денежный фонд, образованный нелегально из взносов богатых людей и организаций, которые держатель может тратить по своему усмотрению – выдавать премии за работу, расплачиваться за оказанные услуги, на которые государство не выделило денег.
В уголовном мире "общак" – это тайная общая касса как страховой, резервный фонд воровского сообщества на "чёрный день", хранящаяся у особо доверенных лиц для оказания помощи нуждающимся ворами и уголовникам после выхода на свободу.

5. Путин, который хорошо знает русскую историю, видно крепко запомнил, что трёхсотлетний дом Романовых рухнул в 1917 году только потому, что армия перешла на сторону бунтовщиков. Чтобы этого не допустить, он следит за тем, чтобы офицеров и солдат хорошо кормили и обеспечивали приличные зарплаты и условия проживания. При Медведеве-Путине были резко повышена зарплаты военнослужащим, полицейским, Росгвардии и спецслужбистам. Раз коммунистическая идея обанкротилась, так хоть деньги хорошие за работу платить верным псам режима надо. Теперь силовики готовы за президента в огонь и в воду, а "умные" речи "демократов", либералов и коммунистов их больше не прельщают, как было ещё 20 лет назад, когда силовики ходили "с голым задом" и любая антиправительственная агитация находила отклик в их душе.

6. Только те деньги и собственность, которые находятся под присмотром президента и лично им распределяются считаются чистыми. За остальные неофициальные доходы членов клана-команды ответственность несёт тот человек, который не поставил президента в известность об этом. Так главу министерства экономического развития Улюкаева поймали на взятке в 2 млн. долларов, на которую его спровоцировали глава Роснефти Игорь Сечин и бывший генерал ФСБ Феоктистов, работавший в то время у Сечина. Это верхний слой проблемы. На самом деле такая операция невозможна без разрешения и даже санкции самого Путина. Всё-таки уровень федерального министра.
Случаи коррупции, к которым имел отношение премьер-министр Дмитрий Медведев в бытность президентом РФ, изложенные в фильме Фонда Борьбы с Коррупцией: "Он вам не Димон" пока не вызвал тяжёлых последствий для Медведева поскольку Путин в курсе благотворительных фондов медведевских друзей, а значит, всё сделано по понятиям и состава преступления нет.
Имя самого президента Путина в связи с деньгами и собственностью упоминать запрещено под страхом очень большого наказания. То, как царь Пётр Первый лично порол Алексашку Меньшикова за воровство государственного добра, покажется поглаживанием младенца по попке по сравнению с этим.

7. Стратоцид – геноцид по параметру классовой принадлежности. Термин введён автором.

8. Внешэкономбанк – Государственный Банк развития при правительстве РФ - один из самых крупных банков России. По объёму активов на 1 сентября 2017 года входит в пятёрку крупнейших банков России. Он создавался под патронажем Путина для финансирования новых перспективных проектов на государственном уровне. Наполнялся из взносов олигархов в основном в 2000-е годы. Однако неразумная финансовая политика руководителей банка к 2016 году поставила его на грань банкротства. В настоящее время состояние банка стабилизировалось.

9. Немецкий психолог Альфред Адлер принадлежит к числу видных представителей фрейдовской школы психоанализа.

10. Проксемика – дисциплина, которая занимается социально-психологическими аспектами взаимодействия людей и вещей в пространстве при разных вариантах их взаимного расположения.

11. Поводом для иска Немцова, Рыжкова и Милова против Путина послужило заявление тогда премьер-министра в ходе "прямой линии" 16 декабря 2010 года. Отвечая на вопрос о том, "чего на самом деле хотят Немцов, Рыжков, Милов и так далее", премьер заявил: "Денег и власти, чего они еще хотят?! В свое время они "поураганили" в девяностых годах, утащили вместе с березовскими и с теми, кто сейчас находится в местах лишения свободы ... немало миллиардов". Неологизм "поураганили" – означает "присвоили так много государственной собственности, сколько могли".

12. "лампочка" и "старый славянский шкаф" – персонажи русских анекдотов про шпионов.

13. Кстати, сейчас при отборе и тренировке чиновников на номенклатурные должности, зам. главы Администрации президента Сергей Кириенко стал применять те же критерии, что раньше применял Путин в бытность свою предводителем ватаги мальчишек. По команде Путина те голышом прыгали в снег. Подобное же испытание Кириенко ввёл для претендентов на высокие должности в российской властной вертикали. Те без рассуждений прыгают с семиметровой скалы в холодную воду, демонстрируя свою готовность выполнять любые указания вышестоящего начальства.

14. Только не надо мне говорить о том, что во всём мире также встают в знак уважения к должности главы государства. Во-первых, встают не всегда и не все, а во-вторых, за то, что не встал, человеку не поставят чёрную метку против фамилии.

15. Деперсонализация — это механизм восприятия другого человека (других людей) как обезличенного, лишенного индивидуальности, как представителя некоторой группы, например, группы уголовников.

16. Коммунист Виктор Илюхин давно нервировал власть. 4 ноября 1991 года он возбудил против президента СССР Михаила Горбачева уголовное дело по статье 64 Уголовного Кодекса РСФСР (измена Родине) в связи с нарушением клятвы и Конституции СССР. Через два дня был уволен из Прокуратуры СССР. В 1998 г Илюхин выявил расхищение целевого кредита (МВФ) на сумму около 4.8 млрд долларов, выделенного для предотвращения дефолта, который вследствие этого расхищения и произошёл. В 1999 году Илюхин выдвинул обвинение в государственной измене против президента России Бориса Ельцина. До импичмента Ельцина Государственной Думе не хватило семнадцати голосов.

17. Случайных "примкнувших" к большевикам людей вроде солдат, не желавших воевать на фронте и поэтов вроде Александра Блока и Валерия Брюсова можно не считать за настоящих большевиков, их коммунистические воззрения развеялись быстро.

18. Сама цитата из речи Медведева в Государственной Думе звучит так: "Могла ли наша страна избежать такого сценария? Не могла. И мы все понимаем, почему. Серьезное внешнее экономическое давление на нашу страну вызвано главным политическим решением прошлого года — возвращением Крыма в состав России. И оно было единственно возможным. Мы все — и страна, и правительство, и парламент, его поддержали, осознавая вероятные последствия. И теперь вместе отвечаем за минимизацию экономических проблем и за сохранение стабильности и социального развития нашего государства".

19. Я написал эти строки уже давно, задолго до того, когда Путин перестанет кокетничать и озвучит свой намерения баллотироваться на четвёртый срок. Те, кто читает это в декабре

2017 года могут проверить мою интуицию. В России единожды потеряв власть, вернуть её уже нельзя. Что до Путина, то он эту власть фактически не терял. В этой стране люди признают только сильных лидеров, с которыми они становятся сильнее и мужественнее.

20. Проблема авторитетов состоит в зависимости отношения к человеку от места того в социальной иерархии.

21. Добровольцы "бригад" Частной Военной Компании: "Вагнер" набираются из разного сброда по всей России и воюют по контракту в горячих точках за рубежом под командованием отставных сотрудников российского спецназа.

22. Путин (Версия 1.0) – советский чекист, Путин (Версия 2.0) – имитационный демократ, Путин (Версия 3.0) – имперский консерватор.

Список Использованной Литературы

1. Адагамов Рустем. Facebook. Post. // [Электронный ресурс]. URL: https://www.facebook.com/adagamov/posts/764637643653163 (дата обращения: 17.11.2017).

2. Адвокат семьи Литвиненко Бен Эммерсон: убийство заказал Путин. // 2015. 31 июль. [Электронный ресурс]. URL: http://www.bbc.com/russian/uk/2015/07/150731_litvinenko_inquiry_putin (дата обращения: 17.11.2017).

3. Альбац Евгения. Передача "Особое мнение". / [Беседовала О. Журавлева] // Радиостанция "Эхо Москвы". 2017. 24 янв. [Электронный ресурс]. URL: http://echo.msk.ru/programs/personalno/1915058-echo/ (дата обращения: 03.09.2017).

4. Альбац Евгения. Передача "Особое мнение". / [Беседовала Т. Фельгенгауэр] // Радиостанция "Эхо Москвы". 2017. 27 июнь. [Электронный ресурс]. URL: http://echo.msk.ru/programs/personalno/2007518-echo/ (дата обращения: 03.09.2017).

5. Асламова Дарья. Сладкая жизнь. - М.: Олма-пресс, 2005. - 320 с.

6. Баунов Александр. Передача "Особое мнение". / [Беседовал А. Соломин] // Радиостанция "Эхо Москвы". 2017. 23 авг. [Электронный ресурс]. URL: http://echo.msk.ru/programs/personalno/2041732-echo/ (дата обращения: 03.09.2017).

7. Белковский Станислав. Передача "Персонально ваш ...". / [Беседовали А. Трефилова, В. Варфоломеев] // Радиостанция "Эхо Москвы". 2017. 16 июнь. [Электронный ресурс]. URL: http://echo.msk.ru/programs/personalnovash/2000706-echo/ (дата обращения: 03.09.2017).

8. Библейская энциклопедия Брокгауза. / Ф. Ринекер, Г. Майер. // - М.: Российское Библейское Общество, 1999. - 1120 с.

9. Блоцкий Олег. Владимир Путин. Дорога к власти. - М.: Осмос Пресс, 2002. - 312 с.

10. В чем причина аполитичности россиян? Интервью Мудрика А., Соколова В., Виноградова М., Данилина П., Сатарова Г. телеведущему радиостанции "Би-Би-Си" / [Беседовал Г. Степанов]

// 2008. 24 февр. [Электронный ресурс]. URL:
http://news.bbc.co.uk/hi/russian/russia/newsid_7261000/7261822.stm (дата обращения: 03.09.2017).

11. Венедиктов Алексей. Передача "Особое мнение". / [Беседовала Т. Фельгенгауэр] // Радиостанция "Эхо Москвы". Путь Путина во власть глазами очевидца. 2009. 06 авг. [Электронный ресурс]. URL: http://echo.msk.ru/programs/personalno/610884-echo/ (дата обращения: 03.09.2017).

12. Владимиров Виктор. Эхо "Прямой линии": уход от ответа – тоже ответ. // 2017. 16 июнь. [Электронный ресурс]. URL: https://www.golos-ameriki.ru/a/putin-call-in-react/3903702.html (дата обращения:17.11.2017).

13. Военный трибунал по разрушительной деятельности Путина В. В. // 2011. 11 февр. [Электронный ресурс]. URL: http://viktor-iluhin.ru/node/361 (дата обращения: 17.11.2017).

14. Волчек Дмитрий. Анатолий Собчак: отравленная память. // 2010. 20 февр. [Электронный ресурс]. URL: https://www.svoboda.org/a/1963503.html (дата обращения: 17.11.2017).

15. Гальперович Данила. Анастасия Кириленко: "Хуизмистерпутин" – результат работы по проверке фактов. // 2016. 11 янв. [Электронный ресурс]. URL: https://www.golos-ameriki.ru/a/dg-whoismisterputin-kirilenko-interview/3139087.html (дата обращения: 17.11.2017).

16. Ганапольский Матвей. В защиту Путина. [Электронный ресурс]. URL: https://echo.msk.ru/blog/ganapolsky/1741916-echo/ (дата обращения: 17.11.2017).

17. Гаррелс Энн. "Страна Путина": картина "настоящей" России. Интервью. / [Беседовал Д. Дэвис] // Издание "Fresh Air". 2016. 21 март. [Электронный ресурс]. URL: http://inosmi.ru/social/20160321/235795565.html (дата обращения: 03.09.2017).

18. Гвардеец № 1. Справка о директоре Федеральной службы войск национальной гвардии РФ Викторе Золотове. / Журнал: "The New Times", №12 (403). 09.04.16 // 2016. 10 апр. [Электронный ресурс]. URL: https://newtimes.ru/articles/detail/109704 (дата обращения: 04.09.2017).

19. Геворкян Наталия, Тимакова Наталья, Колесников Андрей. От первого лица - Разговоры с Владимиром Путиным. - М.: Вагриус, 2000. 13 мар. [Электронный ресурс]. URL: http://www.vagrius.com/html/books/putin/ (дата обращения: 03.09.2017).

20. Геворкян Наталия. Биограф В.Путина: Президент боится предательства. 2013. 24 мая. [Электронный ресурс]. URL: http://www.rbc.ru/politics/24/05/2013/570409189a7947fcbd4494 e3 (дата обращения: 15.10.2017).

21. Гиллори Шон. Система: как работает власть в современной России. / Источник: "Russia Direct" // Интернет-портал: "Гефтер" 2013. 28 окт. [Электронный ресурс]. URL: http://gefter.ru/archive/10413 (дата обращения: 03.09.2017).

22. Глогер Катя. Непредсказуемость - метод Путина. Интервью телеведущему "Deutsche Welle" (ФРГ). / [Беседовал Н. Жолквер] // 2015 12 окт. [Электронный ресурс]. URL: http://www.dw.com/ru/.../a-18768581 (дата обращения: 03.09.2017).

23. Глотов Владимир. Ложь о Путине. 2014. 13 мая. [Электронный ресурс]. URL: http://maxpark.com/community/politic/content/2733413 (дата обращения: 09.09.2017).

24. Гудков Лев. Смысл и истоки путинизма. Доклад 08.12.2009 / Конференция "Российские альтернативы", Левада-Центр. // 2009. 16 дек. [Электронный ресурс]. URL: http://stringer-news.com/publication.mhtml?Part=50&PubID=12553 (дата обращения: 04.09.2017).

25. Дмитриевски Игорь. Рейтинг стран мира - по уровню доходов на душу населения. 2016. 10 июль. [Электронный ресурс]. URL: http://stop-news.com/sobytiya-i-fakty/reyting-stran-mira-po-urovnyu-dohodov-na-dushu-naseleniya (дата обращения: 09.09.2017).

26. Доброхотов Роман. Рождественские сказки. 10 примеров того, как Путин обманул россиян на пресс-конференции. 2016. 23 дек. [Электронный ресурс]. URL: http://theins.ru/antifake/40705 (дата обращения: 04.11.2017).

27. Доброхотов Роман. Отвлечение инвесторов. 10 примеров лжи Путина на ПЭФ-2017. / 2017. 03 июнь. [Электронный ресурс]. URL: http://theins.ru/antifake/58920 (дата обращения: 04.11.2017).

28. Жизнь и смерть Ромы Бейленсона. Автор: sntz01. // 2016. 29 янв. [Электронный ресурс]. URL: https://putinism.wordpress.com/2016/01/29/roma_tsepov/ (дата обращения: 17.11.2017).

29. Забытое уголовное дело Путина. [Электронный ресурс]. URL: https://www.youtube.com/watch?v=ThNSkdLZaJw (дата обращения: 17.11.2017).

30. Злобин Николай. Передача "Особое мнение". / [Беседовала Т. Фельгенгауэр] // Радиостанция "Эхо Москвы". 2011. 08 дек.

[Электронный ресурс]. URL:
http://echo.msk.ru/programs/personalno/837047-echo/ (дата
обращения: 03.09.2017).

31. Илларионов Андрей. Заложников в Беслане не дал спасти
Путин. Программа "Культ личности", 2-я часть. / [Беседовал Л.
Велихов] // Радио "Свобода". 2016. 20 февр. [Электронный
ресурс]. URL: https://www.svoboda.org/a/27559447.html (дата
обращения: 19.09.2017).

32. Иноземцев Владислав. Сила и слабость Владимира Путина. /
Колонка. Интернет-портал: "snob.ru" // 2017. 31 авг.
[Электронный ресурс]. URL: https://snob.ru/selected/entry/128483
(дата обращения: 18.09.2017).

33. Кантор Александр. Комплекс крокодила, шаманизм и "язык
зоны": сексуальные аллюзии в лексике Путина с точки зрения
специалиста. / [Беседовал корреспондент журнала "The New
Times"] // Раздел: Путин на приёме у психоаналитика. 2017. 03
сент. [Электронный ресурс]. URL:
https://newtimes.ru/articles/detail/119158 (дата обращения:
17.09.2017).

34. Каныгин Павел. Задача в том, чтобы довести дело МН17 до
суда. / Интервью Фреда Вестербеке журналисту "Новой газеты",
№ 115 от 16.10.17 // 2017. 15 окт. [Электронный ресурс]. URL:
https://www.novayagazeta.ru/articles/2017/10/16/74187-zadacha-
v-tom-chtoby-nepremenno-dovesti-delo-do-suda (дата обращения:
04.11.2017).

35. Капитализация "Apple" впервые в истории преодолела рубеж
в $900 млрд. / [Интернет-портал: rosbalt.ru] // 2017. 03 нояб.
[Электронный ресурс]. URL:
http://www.rosbalt.ru/business/2017/11/03/1658397.html (дата
обращения: 29.12.2017).

36. Кара Мурза Владимир. Путину 64 года. / Передача "Грани
Недели" // Радиостанция "Эхо Москвы". 2016. 08 окт.
[Электронный ресурс]. URL:
http://echo.msk.ru/programs/graniweek/1851776-echo/ (дата
обращения: 03.09.2017).

37. Кириленко Анастасия, Иванидзе Владимир. Откуда взялся
Путин, разоблачение. По материалам расследования Анастасии
Кириленко и Владимира Иванидзе. VB Studio, 2016. [Электронный
ресурс]. URL: https://www.youtube.com/watch?v=2KlbIgq-ez0 (дата
обращения: 17.11.2017).

38. Колесников Андрей. Меня Путин видел! - М.: Эксмо, 2005. – 480
с.

39. Колесников Андрей. Человек Путина. (Фильм из цикла: "Русские Сенсации" на НТВ). "Любимый журналист Путина" впервые рассказал о новых фактах из жизни президента. 2017. 19 мар. и 26 мар. [Электронный ресурс]. URL: http://www.ntv.ru/novosti/1784341/ и http://www.ntv.ru/novosti/1787399/ (дата обращения: 03.09.2017).

40. Кондрашов Андрей. Крым. Путь на Родину. Док. фильм. ВГТРК. // 2015. 15 март. [Электронный ресурс]. URL: https://www.youtube.com/watch?v=t42-71RpRgl (дата обращения: 17.11.2017).

41. Кончаловский Андрей. Есть ли шанс у российского общества. Передача "2012". / [Беседовали В. Дымарский, К. Ларина] // Радиостанция "Эхо Москвы". 2012. 27 янв. [Электронный ресурс]. URL: http://echo.msk.ru/programs/year2012/852892-echo/ (дата обращения: 03.09.2017).

42. Коржаков Александр. Борис Ельцин: от рассвета до заката. – М.: Детектив-Пресс, 2004, - 529 с. [Электронный ресурс]. URL: http://nastural.ru/uploadedFiles/files/biblioteka/Ot_rassveta_do_zak ata.pdf (дата обращения: 22.10.2017).

43. Королёва Анна. Пора взяться за производительность. / Интернет-портал: "Expert Online" / 2015. 6 июнь. [Электронный ресурс]. URL: http://expert.ru/2015/05/8/pora-vzyatsya-za-proizvoditelnost/ (дата обращения: 03.09.2017).

44. Костюченко Елена. Мы все знали, на что идем и что может быть. Интервью с российским танкистом. / "Новая газета" № 22, 04.03.15. // 2015. 02 март. [Электронный ресурс]. URL: https://www.novayagazeta.ru/articles/2015/03/02/63264-171-my-vse-znali-na-chto-idem-i-chto-mozhet-byt-187 (дата обращения: 10.09.2017).

45. Красовский Антон. Передача "Особое мнение". / [Беседовала О. Журавлёва] // Радиостанция "Эхо Москвы". 2017. 05 июнь. [Электронный ресурс]. URL: [http://echo.msk.ru/programs/personalno/1993914-echo/ (дата обращения: 03.09.2017).

46. Кремль решил оценить разрыв между телевизором и жизнью. Редакционная статья. / Интернет-портал: "ng.ru" // 2017. 19 апр. [Электронный ресурс]. URL: http://www.ng.ru/editorial/2017-04-19/2_6977_red.html (дата обращения: 03.09.2017).

47. Крепостные крестьяне в 17 веке в России. / Интернет-портал: "perstni.ru" // 2016. 13 февр. [Электронный ресурс]. URL: http://perstni.com/magazine/history/krepostnyie-krestyane-v-17-veke-v-rossii.html (дата обращения: 03.09.2017).

48. Кричевский Никита. "Общак" и его смотрители. Почему российские олигархи и чиновники живут по воровским понятиям? / Газета "Московский комсомолец" №26323 от 03.09.13. // 2013. 2 сент. [Электронный ресурс]. URL: http://www.mk.ru/economics/article/2013/09/02/908719-obschak-i-ego-smotriteli.html (дата обращения: 03.09.2017).

49. Крутов Марк. "Кошельки" Владимира Путина. Интервью с журналистом "Новой газеты" Романом Шлейновым. / Радио "Свобода"// 2017. 27 окт. [Электронный ресурс]. URL: https://ru.krymr.com/a/28817539.html (дата обращения: 04.11.2017).

50. Литвиненко А. Фельдштинский Ю. ФСБ взрывает Россию. Федеральная служба безопасности - организатор террористических актов, похищений и убийств - 2-е изд., испр, и доп. / New York, NY. Liberty Publishing House, 2004 - 278 p. // [Электронный ресурс]. URL: http://www.lib.ru/HISTORY/FELSHTINSKY/litvinenko.txt (дата обращения: 15.09.2013).

51. Лошак Андрей. "Геополитические интересы России" — это прежде всего интересы Путина. / "Global Look Press" // 2016. 26 дек. [Электронный ресурс]. URL: https://blog.newsru.com/article/26dec2016/syria?tema (дата обращения: 03.09.2017).

52. Лукьянова Елена. Передача "Особое мнение". / [Беседовал А. Плющев] // Радиостанция "Эхо Москвы". 2017. 12 июнь. [Электронный ресурс]. URL: http://echo.msk.ru/programs/personalno/1997320-echo/ (дата обращения: 03.09.2017).

53. Лучше поздно, чем никогда: The Independent раскрыла причину опозданий Путина. / Интернет-портал: independent.co.uk/us. // Газета: "The Independent. UK and Worldwide News". 2017. 6 янв. [Электронный ресурс]. URL: https://russian.rt.com/inotv/2017-01-06/Luchshe-pozdno-chem-nikogda-The?utm_source=infox.sg (дата обращения: 03.09.2017).

54. Марат Эрика. Сценарии для Путина в 2012 году. / Интернет-портал: "golos-ameriki.ru"// 2011. 22 Апр. [Электронный ресурс]. URL: https://www.golos-ameriki.ru/a/putin-2012-2011-04-22-120483524/233474.html (дата обращения: 03.09.2017).

55. Медведев: "За Крым будет отвечать народ." Скандальная речь Димона. // 2017. 03 мау. [Электронный ресурс]. URL: https://www.youtube.com/watch?v=I2PdvVDYuI4 (дата обращения: 14.11.2017).

56. Медведев Рой. Время Путина. WebKniga. – М.: Время. 2015. - 1480 с.

57. Мовчан Андрей. Пенсии и силовики. О чем говорит проект бюджета 2017–2019. / Интернет-портал: "carnegie.ru"// 2016. 14 нояб. [Электронный ресурс]. URL: http://carnegie.ru/commentary/?fa=65069 (дата обращения: 03.09.2017).

58. Мовчан Андрей. Коротко о главном: российская экономика — 2017. / Интернет-портал: "carnegie.ru"// Программа "Экономическая политика". 2016. 29 дек. [Электронный ресурс]. URL: http://carnegie.ru/2016/12/29/ru-pub-66503 (дата обращения: 03.09.2017).

59. Мовчан Андрей. Что означают для России новые санкции США. / Интернет-портал: "carnegie.ru"// 2017. 19 июнь. [Электронный ресурс]. URL: http://carnegie.ru/commentary/71287 (дата обращения: 03.09.2017).

60. Морарь Наталья. "Чёрная касса" Кремля. / Журнал: "The New Times" № 44 от 10.12.07. // 2007. 10 дек. [Электронный ресурс]. URL: https://newtimes.ru/articles/detail/6628/ (дата обращения: 18.09.2017).

61. Над пропастью во лжи. 5 фактов, которые переврал Путин на пресс-конференции. / Интернет-портал: "theins.ru" - "The Insider"// 2015. 17 дек. [Электронный ресурс]. URL: http://theins.ru/politika/17921 (дата обращения: 04.11.2017).

62. Настоящий Путин. [Электронный ресурс]. URL: https://www.youtube.com/watch?v=59kPWY1Df3k (дата обращения: 17.11.2017).

63. Олбрайт Мадлен (Madeleine Albright). Путин — умный, но действительно злой человек. Интервью. / [Беседовали: К. Ультш (Christian Ultsch) и Т. Фирегге (Thomas Vieregge] // "Die Presse" (Австрия). 2016. 20 апр. [Электронный ресурс]. URL: http://inosmi.ru/politic/20160420/236216407.html (дата обращения: 18.09.2017).

64. Павловский Глеб. О выступлениях В. Путина и Д. Медведева. Передача "Интервью". / [Беседовал корр. "Эхо Москвы"] // Радиостанция "Эхо Москвы". 2011. 18 окт. [Электронный ресурс]. URL: http://echo.msk.ru/programs/beseda/821846-echo/ (дата обращения: 03.09.2017).

65. Павловский Глеб. Передача "Особое мнение". / [Беседовала О. Пашина] // Радиостанция "Эхо Москвы". 2017. 02 июнь. [Электронный ресурс]. URL: http://echo.msk.ru/programs/personalno/2009378-echo/ (дата обращения: 03.09.2017).

66. Пастухов Владимир. Взлет и падение государственного проекта Владимира Путина. / Интернет-портал: "polit.ru" // 2012. 07 март. [Электронный ресурс]. URL: http://polit.ru/article/2012/03/07/putin/ (дата обращения: 03.09.2017).

67. Плотникова Анна. Конституция России. 20 лет спустя. / Интернет-портал: "golos-ameriki.ru" // 2013. 12 дек. [Электронный ресурс]. URL: https://www.golos-ameriki.ru/a/russia-constitution-annyversary/1808458.html

68. "Покушение на Россию". / Док. фильм. Автор и режиссёр: Жан-Шарль Деньо, Продюсер: Шарль Газелль. Пр-во: Transparence Production, 2002. // [Электронный ресурс]. URL: https://www.youtube.com/watch?v=_qXlp2-Me2Y (дата обращения: 04.11.2017).

69. Полторанин Михаил. Власть в тротиловом эквиваленте. Наследие царя Бориса / (Политические тайны XXI века). / - М.: Эксмо: Алгоритм, 2010. - 512 с. http://www.karpovo.0o.ru/forum2/files/Poltoranin_vlast_v_trotilovom_ekvivalente.pdf

70. Путин Владимир. Пресс-конференция Владимира Путина 1 февраля 2007 года. / Интернет-портал: "vesti.ru" // 2007. 01 февр. [Электронный ресурс]. URL: http://www.vesti.ru/doc.html?id=117838 (дата обращения: 03.09.2017).

71. Путин Владимир. Мировая экономика начнет восстанавливаться к концу года. Интервью Владимира Путина агентству "Bloomberg". / РИА Новости // 2009. 27 янв. [Электронный ресурс]. URL: https://www.bfm.ru/news/11287?type=news (дата обращения: 03.09.2017).

72. Путин Владимир. Почему трудно уволить человека. / Журнал "Русский Пионер" №9 от 16.06.09 // 2009. 16 июнь. [Электронный ресурс]. URL: http://ruspioner.ru/ptu/single/1195/ (дата обращения: 03.09.2017).

73. Путин Владимир. Демократия и качество государства. Владимир Путин о развитии демократических институтов в России. / Газета "Коммерсантъ", №20/П (4805) // 2012. 06 февр. [Электронный ресурс]. URL: http://www.kommersant.ru/doc/1866753 (дата обращения: 03.09.2017).

74. Путин позавидовал мужской силе Кацава. / 2006. 19 окт. [Электронный ресурс]. URL:

https://lenta.ru/news/2006/10/19/putin/ (дата обращения: 03.09.2017).

75. Путин после сложения полномочий намерен "отоспаться за годы галер". /Сюжет: Последняя пресс-конференция президента Путина 14.02.2008// 2008. 07 июнь. [Электронный ресурс]. URL: https://ria.ru/politics/20080214/99234651.html (дата обращения: 29.12.2017).

76. Путин раскритиковал фонд Ролдугина. Интерфакс. / Интернет-портал: "meduza.io" // 2016. 2 нояб. [Электронный ресурс]. URL: https://meduza.io/news/2016/11/02/putin-raskritikoval-fond-roldugina (дата обращения: 03.09.2017).

77. Радзиховский Леонид. Передача "Особое мнение". / [Беседовала К. Ларина] // Радиостанция "Эхо Москвы". 07 октября 2011. [Электронный ресурс]. URL: http://echo.msk.ru/programs/personalno/818384-echo/ (дата обращения: 03.09.2017).

78. Райтшустер Борис. К 60-летию президента России: шесть главных мифов о Владимире Путине. / Интернет-портал: "inopressa.ru" // 2012. 8 окт. [Электронный ресурс]. URL: http://www.inopressa.ru/article/08Oct2012/focus/russia_putin.html (дата обращения: 03.09.2017).

79. Ремник Дэвид. Эхо во тьме. / Интернет-портал: "inopressa.ru" // "The New Yorker" 2008. 15 сент. [Электронный ресурс]. URL: https://www.inopressa.ru/article/15Sep2008/newyorker/echo.html (дата обращения: 03.09.2017).

80. Ремчуков Константин. Передача "Особое мнение". / [Беседовала Т. Фельгенгауэр] // Радиостанция "Эхо Москвы". 2009. 08 дек. [Электронный ресурс]. URL: http://echo.msk.ru/programs/personalno/638524-echo.phtml (дата обращения: 03.09.2017).

81. Рогов Кирилл. Границы власти Путина. / Интернет-портал: "vedomosti.ru" // 2012. 11 июль. [Электронный ресурс]. URL: https://www.vedomosti.ru/opinion/articles/2012/07/11/granicy_vlasti_putina (дата обращения: 03.09.2017).

82. Россияне стали реже пороть детей, но хотят, чтобы те работали и отдавали им деньги. / Интернет-портал: "newsru.com" // 2017. 01 июнь. [Электронный ресурс]. URL: http://www.newsru.com/russia/01jun2017/deti.html?utm_source=tema-main (дата обращения: 03.09.2017).

83. Русское экономическое чудо. Финансовая империя Путина. // Журнал "Корреспондент", №2 от 20.01.12. // 2012. 20 янв. [Электронный ресурс]. URL: http://korrespondent.net/business/economics/1311280-

korrespondent-russkoe-ekonomicheskoe-chudo-finansovaya-imperiya-putina (дата обращения: 03.09.2017).

84. Салье Марина. Марина Салье о тайнах Путина и Собчака. [Электронный ресурс]. URL: https://www.youtube.com/watch?v=Oilv2u5b5og (дата обращения: 17.11.2017).

85. Сатаров Георгий. Простота Путина. / Интернет-портал: "inosmi.ru" // "Project Syndicate" (США). 2015. 02 июль. [Электронный ресурс]. URL: http://inosmi.ru/russia/20150702/228913718.html (дата обращения: 03.09.2017).

86. Следователь рассказал, как Генеральная прокуратура РФ закрыли дело против Путина. / Интернет-портал: "apostrophe.ua" // 2015. 28 авг. [Электронный ресурс]. URL: https://apostrophe.ua/ua/news/world/ex-ussr/2015-08-28/sledovatel-rasskazal-kak-v-rf-zakryili-delo-protiv-putina-opublikovano-video/33721 (дата обращения: 04.11.2017).

87. Солдатов Андрей, Бороган Ирина. Новое Дворянство. Очерки истории ФСБ. - М.: Альпина Бизнес Букс, 2012. - 320 с.

88. Соловьёв Владимир. Путин. Путеводитель для неравнодушных. - М.: Эксмо, 2008. - 416 с.

89. Соловьев Владимир, Злобин Николай. Русский вираж. Куда идет Россия? - М.: Эксмо, 2015. - 320 с.

90. Сотников Даниил. В чем ошибся президент? Фактчек "Прямой линии с Путиным" / Интернет-портал: "tvrain.ru" // 2017. 15 июнь. [Электронный ресурс]. URL: https://tvrain.ru/articles/fakchek-437328/ (дата обращения: 03.09.2017).

91. Стрелков Игорь. "Кто ты, "Стрелок"?" / [Беседовал А. Проханов] Интернет-портал: "zavtra.ru" Сообщество "Новороссия" // 2014. 20 нояб. [Электронный ресурс]. URL: http://zavtra.ru/blogs/kto-tyi-strelok (дата обращения: 04.11.2017).

92. Тайбаков Алексей. Преступная субкультура. 2001 г. - 93 с. [Электронный ресурс]. URL: http://ecsocman.hse.ru/data/040/900/1216/014_tajbakov.pdf (дата обращения: 17.11.2017).

93. Такого не бывает, чтобы нас не пытались обмануть. 7 примеров лжи Владимира Путина в ходе прямой линии. / Интернет-портал: "theins.ru" - "The Insider"// 2017. 15 июнь. [Электронный ресурс]. URL: http://theins.ru/antifake/60544 (дата обращения: 04.11.2017).

94. Трибе Беньямин. Доктор Путин, покровитель наук. / Интернет-портал: "inopressa.ru" // "Neue Zürcher Zeitung". 2017. 28

июль. [Электронный ресурс]. URL:
https://www.inopressa.ru/article/28Jul2017/nzz/doctor1.html (дата
обращения: 03.09.2017).

95. Фасмер М. Этимологический словарь русского языка в 4
томах, Т. 1. - М.: АСТ/Астрель, 2004. - 2844 с.

96. Фельгенгауэр Татьяна. Передача "Особое мнение". /
[Беседовали В. Фадеев и Т. Фельгенгауэр] // Радиостанция "Эхо
Москвы". 2009. 04 сент. [Электронный ресурс]. URL:
http://echo.msk.ru/programs/personalno/617170-echo/ (дата
обращения: 02.09.2017).

97. Фогс Клэр. Воинственный подход не позволяет Путину спасти
лицо. / Интернет-портал: "inopressa.ru" // "The Times", 2017. 11
апр. [Электронный ресурс]. URL:
https://www.inopressa.ru/article/11apr2017/times/putin_west_1.ht
ml (дата обращения: 04.11.2017).

98. Фролова Мария. Непредсказуемость Путина поражает
разведку США. / Интернет-портал: "mirnov.ru" // 2016. 14 март.
[Электронный ресурс]. URL: http://mirnov.ru/lenta-
novostej/nepredskazuemost-putina-porazhaet-razvedku-ssha.html
(дата обращения: 03.09.2017).

99. Хакамада Ирина. Интервью телеведущему канала РБК
(Россия) / [Беседовал П. Селин] // 2017. 6 июль. [Электронный
ресурс]. URL:
http://tv.rbc.ru/archive/story/595e6b219a79479387ae764e (дата
обращения: 03.09.2017).

100. Частная Военная Компания Вагнера "Большое интервью
членов ЧВК Вагнера". / [Интернет-портал: onpress.info] // 2017.
24 дек. [Электронный ресурс]. URL: http://onpress.info/bolshoe-
yntervyu-chlenov-chvk-vagnera-112488 (дата обращения:
28.12.2017).

101. "Чекист". / Худож. фильм режиссёра Александра Рогожкина.
Совм. Пр-во: "Россия, Франция"// 1992. 16 сент. [Электронный
ресурс]. URL: https://www.youtube.com/watch?v=ib9gHKcWRNw
(дата обращения: 08.10.2017).

102. Шароградский Андрей. Добро пожаловать в застой. Беседа с
экономистом Дмитрием Травиным. / Интернет-портал:
"svoboda.org" // 2017. 05 сент. [Электронный ресурс]. URL:
https://www.svoboda.org/a/28717385.html (дата обращения:
07.09.2017).

103. Швец Юрий. Сокурсник Путина, экс-разведчик КГБ: Вы
серьезно думаете, что Путин, делающий подтяжку лица, развяжет
ядерную войну? У него от страха ботокс потечет. // 2015. 28 апр.
[Электронный ресурс]. URL:

http://gordonua.com/publications/sokursnik-putina-eks-razvedchik-kgb-vy-serezno-dumaete-chto-putin-delayushchiy-podtyazhku-lica-razvyazhet-yadernuyu-voynu-u-nego-ot-straha-botoks-potechet-77899.html (дата обращения: 17.11.2017).

104. Шевченко Дарина. Мне стало очень стыдно. / Интернет-портал: "svoboda.org" // 2017. 03 апр. [Электронный ресурс]. URL: http://www.svoboda.org/a/28406880.html (дата обращения: 03.09.2017).

105. Эйдман Игорь. Кудрин Путину не поможет. / Интернет-портал: "inosmi.ru" // 2016. 4 июнь. [Электронный ресурс]. URL: http://inosmi.ru/politic/20160604/236762752.html (дата обращения: 03.09.2017).

106. Элдер Мириам (Miriam Elder). Предупредительный выстрел Владимира Путина в сторону либералов: в обществе должен быть порядок. / Интернет-портал: "inosmi.ru" // 2010. 17 дек. [Электронный ресурс]. URL: http://inosmi.ru/politic/20101217/164998145.html (дата обращения: 03.09.2017).

107. Эрландсон Эдди, Лудман Кейт. Синдром альфа-лидера (Alpha Male Syndrome). / Пер. с англ. В. Башкирова - М.: 2007. Альпина Паблишер, - 206 с.

108. Ярмолюк Олена. Россиян готовят к мысли, что крепостное право — это благо. / Интернет-портал: "maxpark.com" // 2014. 23 апр. [Электронный ресурс]. URL: http://maxpark.com/community/4375/content/2887595 (дата обращения: 03.09.2017).

109. Åslund Anders. Russia's Neo-Feudal Economy. Fall 2017 [Электронный ресурс]. URL: https://www.jewishpolicycenter.org/2017/09/27/russias-neo-feudal-economy/ (дата обращения: 30.09.2017).

110. Bank of America составил карту мира по капитализации фондовых рынков. / [Интернет-портал: rbc.ua] // 2015. 14 авг. [Электронный ресурс]. URL: https://www.rbc.ua/rus/news/bank-of-america-sostavil-kartu-mira-kapitalizatsii-1439553930.html (дата обращения: 28.12.2017).

111. Fletcher Damien. Vladimir Putin was wife beater and love cheat, claimed spy. 2012. 12 Mar. [Электронный ресурс]. URL: http://www.mirror.co.uk/news/uk-news/vladimir-putin-was-wife-beater-and-love-89203 (дата обращения: 03.09.2017).

112. Larsson Mats (Матс Ларссон), Expressen, Швеция. У Путина до смешного много власти, и он может оказаться самым богатым человеком в мире. Пер. с шведск. // 2016. 13 апр. [Электронный

ресурс]. URL: http://inosmi.ru/politic/20160413/236120691.html (дата обращения: 17.11.2017).

113. Lie to me. 20 примеров того, как Путин обманул Оливера Стоуна. / Интернет-портал: "theins.ru" - "The Insider"// 2017. 23 июня. [Электронный ресурс]. URL: http://theins.ru/antifake/60633 (дата обращения: 04.11.2017).

114. Putin's Secret Riches. Reporter Richard Bilton, Producer Jonathan Coffey, Executive Producer Andrew Head, Editor Ceri Thomas, Release date: // 2016. 25 Jan. [Электронный ресурс]. URL: https://www.youtube.com/watch?v=LgDCRegyo7Q (дата обращения: 17.11.2017).

115. Reporters, CPJ brief Congressional caucus on dangers facing Russian journalists. / CPJ news release. // 2007. June 28. [Электронный ресурс]. URL: https://cpj.org/2007/06/reporters-cpj-brief-congressional-caucus-on-danger.php (дата обращения: 04.09.2017).

116. Ten Expensive Things Owned By Billionaire Russian President Vladimir Putin. Путин является владельцем состояния от 70 до 200 млрд долларов. [Электронный ресурс]. URL: https://www.youtube.com/watch?v=kpd637XzjKk (дата обращения: 17.11.2017).

117. Zakharov Vladimir. The Price Russians Pay. - Minneapolis. LVZ Human Development Center, 2014 - 486 pp.